中国科协科技期刊发展报告(2011)

ZHONGGUO KEXIE KEJI QIKAN FAZHAN BAOGAO

中国科学技术协会　主编

中国科学技术出版社
·北　京·

图书在版编目(CIP)数据

中国科协科技期刊发展报告(2011)/中国科学技术协会主编.—北京:中国科学技术出版社,2011.4

ISBN 978-7-5046-5834-0

Ⅰ.①中… Ⅱ.①中… Ⅲ.①科技期刊-出版工作-研究报告-中国-2011 Ⅳ.①G237.5

中国版本图书馆 CIP 数据核字(2011)第 040467 号

中国科学技术出版社出版

北京市海淀区中关村南大街 16 号　邮政编码:100081

电话:010－62173865　传真:010－62179148

http://www.kjpbooks.com.cn

科学普及出版社发行部发行

北京凯鑫彩色印刷有限公司印刷

*

开本:787 毫米×1092 毫米　1/16　印张:24.75　字数:594 千字

2011 年 4 月第 1 版　2011 年 4 月第 1 次印刷

印数:1—4000 册　定价:75.00 元

ISBN 978-7-5046-5834-0/G・554

前　言

中国科协所属全国学会主办的科技期刊（以下称“中国科协科技期刊”）是我国科技期刊的代表性刊群，是重要的出版与学术交流资源。截至2010年底，中国科协科技期刊共1003种，其中学术类期刊701种、技术类期刊186种、科普类期刊63种、综合类期刊49种、检索类期刊4种。在国家财政的大力支持下，2006年开始实施的中国科协精品科技期刊工程已成为国内规模最大的科技期刊资助体系。2009年精品科技期刊工程进入第二个周期，进一步推动了中国科协科技期刊的学术质量水平、资源集成度、品牌效应和竞争发展力的全面提升。

为及时反映中国科协科技期刊发展状况，客观反映和深入分析科技期刊发展规律，把握和揭示科技期刊发展特点和发展趋势，为科技期刊的管理决策以及创新发展提供科学依据，中国科协自2006年起开始编制年度性科技期刊发展系列报告，并且在每年的中国科协学术建设发布会上正式发布。《中国科协科技期刊发展报告(2011)》全面总结并呈现2006—2010年5年间中国科协科技期刊总体发展状况及发展特点，重点反映中国科协科技期刊在精品科技期刊建设、学术质量、数字化建设、体制创新以及中国科协科普科技期刊的现状及发展，并对中国科协科技期刊未来转型与变革提出分析和建议。

5年来，中国科协科技期刊建设取得显著成效，科技期刊学术质量持续提高，出版能力稳步增强，数字化建设实现快速发展，科技期刊体制改革也迈出了实质性步伐。2006年启动的精品科技期刊工程项目，不仅搭建了科技期刊创新与发展平台，提升了科技期刊基础条件和基础能力，提高了中国科协科技期刊的学术质量和出版质量，推进了科技期刊国际化与网络化，而且培育出一批在学科和专业领域内有较强影响力和辐射力的精品科技期刊，较好地发挥了精品科技期刊示范与引导作用，带动我国科技期刊整体质量和水平的提高。中国科协科技期刊的学术质量建设与出版能力建设进一步加强，主编作用得到较好发挥，编委职能优化，审稿专家规模壮大，编辑人员素质得到提升。期刊的快速反应能力增强，稿源更加丰富，稿件质量不断提高，各项学术指标均有较大提升，经营项目得到拓展，经营能力明显提升。同时，中国科协科普期刊作为中国科协及所属全国学会的重要科普工作平台，内容质量和水平不断提高，在办刊队伍建设、期刊经营等方面呈现出持续发展的良好势头，在传播普及科学技术知识、参与推广学会科普活动等方面发挥了重要作用。

为积极顺应由传统出版模式向数字出版模式的转变，中国科协科技期刊通过自建网站、加入商业数据库和学科期刊网的方式，充分利用内容资源，实现期刊的数字出版；建立期刊在线发布系统及全文数据库，实现对信息的深度挖掘和综合利用；引入或开发科技期刊稿件在线处理系统，实现编辑工作流程的数字化和网络化；实现开放获取和在线预出版，使科研成果得到更加广泛和快速的传播和利用；更好地开展读者和作者服务，树立起期刊的网络品牌形象，扩大了期刊的国内外显示度。

2006—2010年是我国新闻出版体制改革由试点转向全面推开并取得重大进展的5年，也是中国科协科技期刊积极探索出版体制改革与创新的5年。5年来，中国科协科技期刊的主管、主办和出版单位根据中央关于文化体制改革的政策精神，结合中国科协科技期刊的办刊特点和办刊实际，大力加强科技期刊出版体制改革创新的理论研究和实践探索，积极整合科技期刊出版资源，推进了科技期刊集群化建设和集团化发展。

随着我国经济与社会发展进入“十二五”发展时期，中国科协及全国学会主办的科技期刊将面临诸多的挑战，也将迎来更好的发展契机。中国科协科技期刊应把握好发展方向，厘清发展思路，明确发展战略，保障发展重点，推进重点项目，破解发展难题，继续加强和提升期刊的学术质量和出版水平，进一步加强科技期刊能力建设，着力建设精品科技期刊，加大力度提升编辑出版队伍的整体素质，实现科技期刊的可持续发展，进一步增强科技期刊的学术地位和学术影响力，提升科技期刊对自主创新能力建设的贡献力，推动期刊出版与国家科技创新体系建设的协调发展。

中国科协学会学术部

2011年3月

目　录

第一章　中国科协科技期刊2006—2010年发展概况 …… 1

第一节　中国科协科技期刊2006—2010年发展综述 …… 1

一、中国科协科技期刊出版能力稳步提高 …… 1

二、中国科协精品科技期刊建设取得显著成效 …… 2

三、中国科协科技期刊学术质量建设持续增强 …… 4

四、中国科协科技期刊数字化建设实现快速发展 …… 5

五、中国科协科技期刊积极探索出版体制改革与创新 …… 7

六、中国科协科普期刊持续进步 …… 9

第二节　中国科协科技期刊2006—2010年出版状况 …… 10

一、稿件处理周期缩短 …… 10

二、编辑审稿团队建设加强 …… 11

三、稿源丰富，稿件质量不断提高 …… 17

四、发挥学会优势，促进期刊发展 …… 20

五、学科刊群各具特色 …… 22

第三节　中国科协科技期刊的经营管理 …… 25

一、出版单位仍以非法人单位为主体 …… 25

二、经营模式在稳定中寻求创新 …… 26

三、经营项目多元化发展 …… 27

四、经营收支增加且基本保持平衡 …… 29

第二章　中国科协精品科技期刊建设 …… 33

第一节　中国科协精品科技期刊建设概述 …… 33

一、精品科技期刊工程项目概况 …… 33

二、精品科技期刊示范项目实施情况 …… 34

第二节　培育国际知名科技期刊 …… 40

一、组建期刊国际化编委 …… 41

二、推进期刊内容国际化 …… 41

三、出版水平走向国际一流 …… 42

四、增强期刊国际影响力 …… 43

第三节　培育国内领衔科技期刊 …… 45

一、推进专家办刊，提升出版水平 …… 45

二、组织优秀稿源，提高学术质量 …… 47

三、扩大传播范围，服务学科交流 …… 53

第四节　培育精品期刊队伍的后备力量 …… 56
一、提升期刊学术水平与编辑出版质量 …… 56
二、加强编审队伍建设 …… 59
三、注重作者和读者队伍培育 …… 60
四、促进期刊发行与传播 …… 60
五、提升期刊网络化与数字化水平 …… 60
第五节　中国科协英文版科技期刊国际化建设 …… 61
一、中国科协英文版科技期刊出版概况 …… 61
二、中国科协英文版科技期刊国际推广计划 …… 66
三、英文版科技期刊的未来发展 …… 73

第三章　中国科协科技期刊学术质量建设 …… 74

第一节　中国科协科技期刊学术质量概况 …… 74
一、在国内外权威数据库中的各项指标逐步提升 …… 74
二、中国科协科技期刊论文影响力进一步提升 …… 89
三、中国科协科技期刊的国内认可度持续增强 …… 92
第二节　中国科协科技期刊学术质量影响因素分析 …… 94
一、内部因素 …… 94
二、外部因素 …… 101
第三节　中国科协科技期刊学术质量提升路径 …… 104
一、强化期刊质量的基础工作 …… 104
二、提升作者层次，多途径开辟稿源 …… 107
三、积极做好科技期刊品牌推广工作 …… 111

第四章　中国科协科技期刊数字化建设 …… 114

第一节　中国科协科技期刊网站建设现状及其发展趋势 …… 114
一、期刊自建网站的数量明显增加 …… 115
二、不同地区、学科和类别期刊的网站发展速度差异较大 …… 117
三、期刊网站的功能增强、内容丰富 …… 120
四、期刊自建网站与主办学会网站的关系更加密切 …… 129
五、中国科协科技期刊网站建设的目的和网站的运营 …… 129
第二节　中国科协科技期刊在主要全文数据库上网情况 …… 132
一、95%的中国科协科技期刊在CNKI、万方和维普全文上网 …… 133
二、加入学科期刊网的中国科协科技期刊逐年增加 …… 142
三、中国科技期刊在国外网络出版平台全文上网的比例明显增加 …… 149
第三节　中国科协科技期刊开放获取出版现状及其发展趋势 …… 153
一、中国科协OA期刊的数量与上网形式 …… 155
二、不同地区、学科和类别的期刊OA呈现不同的发展速度 …… 156

三、中国科协 OA 期刊开放全文的特征 …… 160
四、中国科协 OA 期刊的学术影响力高于非 OA 期刊 …… 165
五、OA 出版的若干属性分析 …… 165
第四节 中国科协科技期刊数字化建设试点项目进展…… 173
一、中华医学会的中华医学会期刊网 …… 173
二、中国农学会的中国农业期刊数字化平台建设 …… 175
三、中国机械工程学会的中国机械工程学会期刊网 …… 176
四、中国药学会的“中国药学会期刊网络平台” …… 178
第五节 中国科协科技期刊由传统出版向数字出版转型…… 180
一、中国科协科技期刊的数字出版策略 …… 181
二、中国科协科技期刊由传统出版向数字出版转型的对策建议 …… 187

第五章 中国科协科技期刊出版体制创新与发展 …… 196

第一节 中国科协科技期刊出版体制现状及特点…… 196
一、中国科协科技期刊出版管理体制概述 …… 196
二、中国科协科技期刊出版单位现状分析 …… 203
三、中国科协科技期刊出版特点分析 …… 209
第二节 中国科协科技期刊出版体制的创新与探索…… 216
一、不断提高科技期刊管理工作水平 …… 216
二、大力推进科技期刊集群化建设和集团化发展 …… 219
三、少数学会探索设立具有法人资格出版单位 …… 224
第三节 努力推进中国科协科技期刊出版体制改革与创新…… 226
一、充分认识我国科技期刊面临的体制改革形势 …… 226
二、深入探析科技社团期刊出版体制改革的重大问题 …… 230
三、推进中国科协科技期刊出版体制改革的建议 …… 235

第六章 中国科协科普期刊现状与发展 …… 239

第一节 中国科协科普期刊出版现状…… 239
一、中国科协科普期刊基本情况 …… 239
二、中国科协科普期刊的编辑出版状况 …… 245
三、中国科协科普期刊的经营管理状况 …… 250
四、中国科协科普期刊经营模式及案例分析 …… 255
第二节 科普期刊面临的形势与发展趋势…… 257
一、科普期刊发展面临的形势 …… 257
二、科普期刊的发展趋势 …… 265
第三节 中国科协科普期刊发展对策…… 267
一、转变传统观念,重振科普期刊业…… 267
二、打造科普期刊精品 …… 268

三、推进科普期刊数字化 …… 268
四、转变机制，改革创新 …… 269

第七章　中国科协主办科技期刊发展状况 …… 270

第一节　发展概况 …… 270
一、《科技导报》发展概况 …… 270
二、《中国学术期刊文摘》发展概况 …… 270
三、《中国学术期刊文摘（英文版）》发展概况 …… 271
第二节　期刊建设 …… 271
一、《科技导报》质量建设 …… 271
二、《中国学术期刊文摘》（CSAC）质量建设 …… 273
第二节　学术建设 …… 276
一、继续开办“《科技导报》学术沙龙” …… 276
二、开展“博士生创新研究资助计划”收到良好效果 …… 276
三、承办“科技期刊与媒体见面会”推广科研成果 …… 276
四、参与评选年度“中国科学十大进展” …… 277
五、主办学术研讨会 …… 277
六、承担有关研究课题 …… 277
七、承担“精品科技期刊”宣传工作 …… 278
第三节　数字化和网络化建设 …… 278
一、数据库建设 …… 278
二、网站建设 …… 279
三、开设博客 …… 279
第四节　队伍建设 …… 279
一、编辑队伍建设 …… 279
二、编委和审稿专家队伍建设 …… 280
三、作者和读者队伍建设 …… 280
第五节　三种期刊的经营 …… 281

第八章　积极推动中国科协科技期刊的转型与变革 …… 282

第一节　科技期刊的发展环境与发展态势 …… 282
一、科技期刊面临的发展环境 …… 282
二、科技期刊的发展正经历着转型与变革 …… 283
三、中国科协科技期刊取得长足发展 …… 284
第二节　面向“十二五”的中国科协科技期刊发展举措 …… 286
一、进一步凝练科技期刊发展的战略目标 …… 286
二、加强精品科技期刊建设 …… 287
第三节　在改革中实现中国科协科技期刊的全面发展 …… 294

一、加强对改革重大问题的探讨，研究解决出版体制改革中的新问题…………… 294
二、加强规范管理，完善评价机制……………………………………………………… 295
三、加强办刊队伍建设，提升编辑出版能力………………………………………… 296
四、加强中国科协科普期刊建设，重振科普期刊业………………………………… 296
五、积极推动中国科协科技期刊体制机制变革 …………………………………… 297
六、探索建立中国科协科技期刊出版产业发展机制 ……………………………… 298

附录 A ……………………………………………………………………………… 299

附录 B ……………………………………………………………………………… 373

后　记………………………………………………………………………………… 384

第一章　中国科协科技期刊 2006—2010 年发展概况

截至 2010 年年底，中国科协所属全国学会主办科技期刊（下称“中国科协科技期刊”）1003 种[①]，其中学术类期刊 701 种、技术类期刊 186 种、科普类期刊 63 种、综合类期刊 49 种、检索类期刊 4 种。2006—2010 年，中国科协科技期刊在精品期刊建设、学术质量建设、数字化和网络化建设等方面取得新的进展，综合出版能力持续提高，在期刊出版体制改革方面也迈出了新的步伐。

第一节　中国科协科技期刊 2006—2010 年发展综述

2006—2010 年 5 年间，在中国科协精品科技期刊工程的推动下，中国科协科技期刊持续发展能力显著增强，期刊的学术交流能力得到提升，数字化和网络化程度普遍提高。

一、中国科协科技期刊出版能力稳步提高

2006—2010 年 5 年间，编辑队伍建设进一步加强，主编作用得到较好发挥，编委职能优化，审稿专家规模壮大，编辑人员素质提升；中国科协科技期刊稿件处理周期缩短；稿源更加丰富，稿件质量不断提高；注重发挥学会优势，促进期刊发展；期刊经营能力得到提升。例如，调查显示，2006—2010 年，中国科协科技期刊的从业人员队伍整体变化不大，5 年来刊均人数保持在 7 人左右，但呈现出高学历和年轻化趋势，硕士及以上学历的人员占 35.4%，其中学术类期刊的这一比例达到了 40.5%。2009—2010 年度中国科协科技期刊刊均编委 65.3 人，比上一年度的 60.5 人增加 4.8 人；刊均国际编委 6.2 人，较上一年度的 5.5 人增加 0.7 人；平均编委会换届周期为 4.1 年。截至 2010 年 6 月，中国科协科技期刊刊均审稿专家人数达 544 人，人数较 2007 年 6 月的 201 人增加了 1.7 倍。中国科协科技期刊 2006—2007 年度论文从投稿至录用的处理周期为 88.7 天，2009—2010 年度缩短至 74.6 天；2006—2007 年度论文从投稿至发表的周期为 8.2 个月，2009—2010 年度缩短至 6.8 个月。2009 年，中国科协科技期刊在中国知网数据库的可被引文献[②]总量达到 293690 篇，平均每刊有 314.8 篇文献可供读者阅读或作者引用，下载次数共达到 8061.15 万次，比上一年度增加 992.86 万次，平均每刊下载量达 8.6 万次，比上一年度增加 1 万次。刊均年经营收入 103.8 万元，较上一年度 90.3 万元有所增长。

---

① 根据调查，2010 年，中国科协及全国学会主办期刊 1003 种，较上年度的 954 种净增加 49 种，其中新创刊与更名期刊 74 种，调整 25 种。

② 指某期刊在指定时间范围内发表的可被引文献的总篇数。

二、中国科协精品科技期刊建设取得显著成效

2006—2010 年,中国科协启动精品科技期刊工程项目,搭建科技期刊创新与发展平台,提升了科技期刊基础条件和基础能力,发挥精品科技期刊示范与引导作用。中国科协精品科技期刊工程是目前国内规模最大的科技期刊资助体系,2006—2010 年共有 454 种(次)期刊成为精品科技期刊示范项目,其中 A 类项目 27 项(次),B 类项目 203 项(次),C 类资助项目 224 项(次),资助总额为 4840 万元。2009 年,中国科协精品科技期刊工程项目增加了英文版科技期刊国际推广计划,资助 7 种英文版期刊,两年资助金额达 112 万元。在 5 年累计资助的 164 种期刊中,《植物学报》(英文版)、《地质学报》(英文版)、《中国药理学报》(英文版)3 种期刊连续 5 年获得 A 类资助,《地理学报》、《电子学报》、《化工学报》等 16 种期刊连续 5 年获得 B 类资助,《化工进展》、《塑性工程学报》、《畜牧兽医学报》等 12 种期刊连续 4 年获得 C 类项目资助。5 年来,精品科技期刊建设提高了中国科协科技期刊的学术质量和出版质量,推进了科技期刊国际化与网络化,培育出一批在学科和专业领域内有较强影响力和辐射力的精品科技期刊,带动了我国科技期刊整体质量和水平的提高。

中国科协精品科技期刊立足于专家办刊、专业办刊,不断提升编辑出版质量,优化编辑出版流程,积极建设高素质办刊人才队伍,期刊的学术质量与出版指标显著提升。受资助期刊从编委会参与期刊审稿与运作、建立高素质的审稿人与编辑队伍、培育作者和读者队伍等环节入手,采取多种积极措施和方式组织原创论文、基金论文、重大科研项目进展与学科热点等高质量论文,不断提高期刊学术质量与学术影响。根据美国科技信息研究所 JCR 公布的数据,2010 年,《植物学报》(英文版)影响因子较上年增长 62%,达到 1.396;《分子植物》(英文版)创刊两年,SCI 影响因子达到 2.784,在 SCI 收录的中国期刊中排名第四,在 JCR 报告收录的全球植物科学期刊排名中进入前 15%行列。根据《中国科技期刊引证报告》(CJCR)2006—2010 年统计显示,《力学进展》、《中国有色金属学报》、《中华儿科杂志》、《水利学报》等期刊的影响因子连续 4 年学科排名第一;《地理学报》、《电子学报》、《中国电机工程学报》、《中国有色金属学报》、《中华儿科杂志》、《中华肿瘤杂志》、《水利学报》、《中国机械工程》、《中华放射学杂志》等期刊的总被引频次连续 4 年学科排名第一。《生态学报》指标增幅显著,2009 年总被引频次达 11764,是 2006 年的 2 倍。《航空学报》、《石油学报》、《药学学报》、《水产学报》、《中华肿瘤杂志》、《作物学报》等期刊连续 8 年被评为“百种中国杰出学术期刊”。

精品科技期刊努力提高稿源、编审、出版与发行等方面的国际化水平,期刊的国际影响力和国际同行认可度得到显著提升。2010 年,A 类项目资助期刊几乎全部是由院士担任主编,国际编委比例均占到编委总数的四分之一以上,《计算机科学技术学报》(英文版)、《植物学报》(英文版)、《分子植物》(英文版)国际编委比例分别达 53%、54%、62%。国际编委在组织海外投稿、推荐优秀稿件、海外审稿等方面发挥了重要作用,《计算机科学技术学报》(英文版)编委会组稿达 56%;同时,期刊的国际审稿量逐渐加大,《中国药理学报》(英文版)、《分子植物》(英文版)的海外审稿专家比例均在 60%以上,《计算机科学技

术学报》(英文版)国际审稿量达80%。5年来,A类项目期刊加强国际化建设,海外来稿量及发表海外论文数量增大,作者分布范围更广,高水平的原创性论文、基金论文比明显提高。统计显示,2010年受资助的A类期刊发表海外论文约390篇,海外论文比多数保持在25%以上,《分子植物》(英文版)2009年海外论文比达95%。更多的项目期刊加入国际检索系统和国际全文发布平台,《植物学报》(英文版)被SCI-E、PubMed等66种国际检索系统收录。

精品科技期刊注重数字化平台建设,从线稿件处理、在线出版、开放获取等方面加强了期刊网站建设。B类项目资助期刊中,65%的期刊增加了网站的英文版界面,90%的期刊实现期刊内容的在线发布,85%的期刊实现开放全文。《航空学报》、《宇航学报》等部分受资助期刊完成创刊以来全部过刊的开放获取。同时,项目资助期刊借助国外出版商的网络出版平台和市场推广与营销能力,期刊的网络版下载量、论文的国际浏览量和下载量均有提升。《应用数学学报》(英文版)与SpringerLink合作,国际浏览量和国际下载量分别从2008年的77689次、15646次,增加到167894次、32992次。《中国物理B》(英文版)在英国物理学会出版集团(IOPP)网站的国际下载量由2008年的17.3万篇次增加到2010年的25.8万篇次。

英文版科技期刊作为对外传播和推广我国科技成果、促进国际学术交流的主要传播媒介,其国际化建设对于提高我国的科技影响力具有重要的战略意义。2009年开始,中国科协设立科技期刊国际推广计划,重点支持英文版期刊的发展,以提高我国科技期刊的国际影响力,增强我国的文化软实力,提高我国在科技领域的国际竞争力。

2006—2010年,中国科协英文版科技期刊国际投稿呈上升趋势,所发表论文中,国际论文(所有作者单位均来自国外)所占的比例由2006年的5.7%上升到2010年的14.0%,国际合作论文比例(部分作者单位来自国外)由2006年的5.4%上升到2010年的11.8%,基金论文比一直保持在60%以上。中国科协英文版科技期刊出版频率较快,高于中国英文版科技期刊整体水平。

稿源国际化是期刊国际化的重要体现之一。中国科协英文版科技期刊论文引用作者的国家(地区)分布较论文作者国家(地区)分布更为广泛,平均为40个。中国科协42种英文版期刊中,论文引用作者国家分布数量在30个以下的期刊有15种,占统计样本的35.7%;分布数量在30~50个的期刊为14种,占33.3%;分布数量为50个及以上的期刊也有13种,占31.0%。其中,有8种期刊的海外引用比例已经超过了50%,分别为:《细胞研究》(英文版)、《分子植物》(英文版)、《中国昆虫科学》(英文版)、《中国免疫学杂志》(英文版)、《遗传学报》(英文版)、《颗粒学报》(英文版)、《植物学报》(英文版)、《中华医学杂志》(英文版)。

英文版科技期刊国际推广计划的入选期刊绝大部分采用立足国际、面向国际学术市场发展的定位,通过学习国外大刊的先进管理模式,期刊从选聘编委会、主编管理层面到具体的组稿、审稿、市场宣传及发行、广告、数据平台建设这些环节都走向了国际化,以遍布全球的作者、读者、编辑网络、营销网络提升国际知名度,扩大国际市场,提高国际影响力。国际推广计划实施以来,英文版科技期刊出版能力不断增强,学术质量稳步提高,国际化建设卓有成效,数字化和网络化日趋完善,编辑能力和视野也得到拓展。

三、中国科协科技期刊学术质量建设持续增强

2006—2010年,中国科协科技期刊学术质量建设呈现良好的发展态势:中国科协科技期刊在国内外权威数据库中继续保持较高的学术显示度,各项学术指标处于国内领先地位,在国内重要期刊及论文评奖项目中占据明显优势,是中国科技期刊领域重要的期刊群体和科学技术研究成果发布平台,在促进国内外学术交流中发挥着重要作用。

在北京大学出版社出版的《中文核心期刊要目总览》(以下简称《总览》)2004年版和2008年版中,中国科协科技期刊在诸多学科具有优势,2004年版收录中国科协科技期刊404种,占中国科协期刊总数的40%,有59个学科排名第一的为中国科协科技期刊;2008年版收录中国科协科技期刊476种,占中国科协期刊总数的47%,有68个学科排名第一的为中国科协科技期刊。

据中国科学技术信息研究所《中国科技期刊引证报告》(CJCR2006—2010),中国科协科技期刊学术指标5年来有较大提升,各学科总被引频次、影响因子、即年指数和引文数量等学术指标的平均值5年来均高于收录总体的平均值。有17个学科的期刊指标呈现如下特点:平均影响因子大于本学科期刊平均影响因子、平均总被引频次大于本学科期刊平均总被引频次,学科影响因子排名第一和学科总被引频次排名第一的均为中国科协科技期刊。这17个学科是:兵工技术,电子、通信与自动控制,海洋科学,航空、航天科学技术,护理医学,基础医学,计算机科学技术,生物学,水利工程,天文,土木建筑工程,物理学,畜牧、兽医科学,眼科学、耳鼻咽喉科学,冶金工程技术,仪器仪表技术,中医学与中药学。这表明中国科协科技期刊在这17个学科领域具有绝对优势。

中国科协科技期刊在国内高水平学术期刊群中具有较强的竞争优势。在中国科学技术信息研究所2008—2010年发布的各年"中国百种杰出学术期刊"中,2008—2010年3年间中国科协科技期刊共入选200种次,年均入选近67种,3年来均占入选期刊的60%以上。2006、2008、2010年度国家自然科学基金重点学术期刊专项基金共资助期刊31、31和36种,其中中国科协科技期刊入选种数为19、17和22种,占其基金资助期刊总量的61.3%、54.8%和61.1%。

汤森路透JCR2006—2010各年度报告显示,共收录中国内地科技期刊为2006年为75种、2007年为76种、2008年81种、2009年为114种,其中中国科协科技期刊2006年为39种、2007年为41种、2008年为43种、2009年为56种,中国科协科技期刊各年在收录的中国内地科技期刊中所占比例为:2006年为52.0%、2007年为54.0%、2008年为53.1%、2009年为49.1%。在JCR2006—2010年收录的中国科协科技期刊中,有3种中国科协科技期刊影响因子一直保持着较快增长,分别为《物理化学学报》(英文版),其影响因子由2006年的0.561上升到2009年的0.718;《植物学报》(英文版),其影响因子由2006年的0.515上升到2009年的1.395;《中华医学杂志》(英文版),其影响因子由2006年的0.615上升到2009年的0.952。

中国出版政府奖是我国新闻出版领域的最高奖项,每三年评选一次,表彰和奖励国内新闻出版业优秀出版物、出版单位和个人。2011年3月17日,第二届中国出版政府

奖揭晓，10个科技期刊获得了中国出版政府奖，其中中国科协有6种期刊获奖，分别是《中华结核和呼吸杂志》、《机械工程学报》、《舰船知识》、《中国国家地理》、《物理学报》和《中草药》；在获得中国出版政府奖提名奖的20种科技期刊中，中国科协有11种获奖，分别是《化工学报》、《药学学报》、《中国电机工程学报》、《作物学报》、《电子学报》、《兵器知识》、《铸造》、《细胞研究》(英文版)、《化学学报》、《中医杂志》、《中国危重病急救医学》。

四、中国科协科技期刊数字化建设实现快速发展

2007—2010年，中国科协科技期刊积极顺应由传统出版模式向数字出版模式的转变，通过自建网站、加入商业数据库和学科期刊网，充分利用内容资源，实现期刊的数字出版；建立期刊在线发布系统及全文数据库，实现对信息的深度挖掘和综合利用；引入或开发科技期刊稿件在线处理系统，实现编辑工作流程的数字化和网络化；实现开放获取和在线预出版，使科研成果得到更加广泛和快速的传播和利用；更好地开展读者和作者服务，树立起期刊的网络品牌形象，扩大了期刊的国内外显示度。

(一)期刊网站建设数量逐年增加、功能日渐增强、内容日益丰富

2007—2010年中国科协科技期刊自建网站的数量明显增加，绝大部分期刊建立了自己的网站，网站功能日趋完善、内容更加丰富，对网站建设的投入逐年增加，期刊网站的运营以公益性为主。

1. 期刊自建网站的数量明显增加，建设独立网站逐渐成为主流

2010年中国科协1003种期刊中有642种期刊通过自建网站形式上网。2007—2010年，中国科协科技期刊中自建网站所占比例由49.9%增加到64.0%。“一刊单独上网”和“数刊联合上网”这两家期刊社自主申请独立域名建设网站的比例明显增加13.1%。与1234种中国科技核心期刊①相比，中国科协科技期刊“一刊单独上网”的比例明显高出6.6%。

2. 期刊网站的功能日渐增强、内容日益丰富

2010年中国科协642种期刊的自建网站上有528种提供期刊目次，占642种期刊的82.2%。这其中有380种进一步提供期刊文章摘要，占642种期刊的59.2%。有273种提供期刊文章的全文，占642种期刊的42.5%，其中有222种期刊实现全文开放获取，占提供期刊全文的81.3%。中国科协642种期刊的自建网站上具有“在线投稿”、“在线审稿”、“在线查稿”和“远程编辑”4种功能的网站分别占64.2%、57.5%、60.7%和53.7%，比中国科技核心期刊的网站分别高出11.1%、8.3%、7.4%和5.8%。与中国科技核心期刊相比，中国科协科技期刊网站上提供的服务功能和扩展信息相对较多。自建网站的642种中国科协科技期刊中有190种期刊网站的主页为中文版，有相对应的英文版界面，

① 《中国科技期刊引证报告(核心版)》2009年版中收录有1868种核心期刊，包括634种中国科协科技期刊，其余的核心期刊为1234种。

高于中国科技核心期刊自建网站中英文版界面所占比例4.7%。

2007—2010年,中国科协科技期刊自建网站上提供有关期刊的各种信息均有不同程度的增加;发布网刊的总量大幅增加,提供目次、摘要和全文的网站所占比例分别增加了3.1%、9.9%和2.6%;实现网络预出版的期刊由6种大幅增加到31种。在线办公系统日益普及,网站上具有"在线投稿"、"在线审稿"、"在线查稿"、"在线远程编辑"4项功能所占比例分别增加了15.5%、11.2%、19.9%和18.0%。有英文版界面的网站增加了8.5%。

3. 对期刊网站建设的投入逐年增加,网站的运营以公益性为主

2010年的问卷调查显示,建设期刊网站的目的以"实现编辑办公的网络化"、"树立期刊品牌形象,扩大期刊的国内外显示度"、"在线发布网刊"和"为读者和作者提供服务"为主。2006—2010年,对自建网站投入资金的中国科协科技期刊数量呈逐年增加的趋势,由45.8%增加到69.3%;投入资金数额也呈逐年增长的趋势,由每年刊均2.66万元增加到刊均3.15万元;有66.8%的期刊计划今后继续对期刊网站投入资金。期刊网站的运营以公益性为主,2010年免费向读者开放期刊内容(目次、摘要和全文)的网站占77.4%,有13.0%的网站需付费浏览期刊内容,另有4.6%的网站采取对会员收取会费的办法实现赢利。

(二)加入商业数据库和学科期刊网,实现期刊的数字出版

2010年中国科协1003种期刊中分别有91.7%、87.8%和77.6%在"中国知网"、"万方数据"和"维普资讯"全文上网;有78.5%在3个商业数据库同时全文上网。2007—2010年,中国科协科技期刊在3个商业数据库同时全文上网期刊所占比例增加了3.1%。中国科协科技期刊在3个商业数据库的全文数字化率达到95.6%,比2007年提高1.5%。截至2010年11月,有313种中国科协科技期刊与"中国知网"签订独家授权数字出版协议;118种中华医学会系列杂志与万方数据签订了独家合作协议。

2007—2010年,加入"中国科技论文在线"的中国科协科技期刊由2种增加到23种,加入"首席医学网"的期刊由7种增加到26种,加入"中国光学期刊网"的期刊由12种增加到20种。在国外出版商网络出版平台全文上网的中国科协科技期刊由2007年的42种增加到64种。另外,有23种加入"科学出版社期刊发布平台";有46种加入"龙源期刊网",比2009年增加了10种。

(三)实现开放获取,提高期刊的学术影响力

2010年中国科协1003种科技期刊中有开放获取(OA)期刊241种,占24.0%,比2007年的140种净增101种,所占比例增加8.4%。其中有英文版期刊30种(2007年仅为20种),占中国科协全部70种英文版期刊的42.9%,远高于全部中国科协科技期刊中OA期刊的比例18.8%。中国科协241种OA期刊中有83.4%为学术类期刊,明显高于中国科协全部1003种期刊中学术类期刊所占比例13.7%。"一刊单独上网"逐渐成为实现OA的主要方式,4年间其比例明显增加了9.9%,而"依托主办单位上网"明显减少了9.5%。2007—2010年,中国科协OA期刊开放全文的回溯年代有明显加长的趋势,将自

创刊以来的所有全文全部开放的中国科协科技期刊由22种增加至64种；OA期刊开放全文的时滞逐年缩短，“超前”和“现刊”所占比例增加了6.8%；OA期刊开放全文的期数显著增加，期数分布在50期以下所占比例由60.6%下降至41.0%，开放全文100期以上的期刊由2007年的30种增加到79种。OA期刊总被引频次、影响因子和即年指数的5年增长率分别高于非OA期刊7.3%、6.2%和59.0%，说明实现OA可切实提高期刊的学术影响力。2010年对中国科协OA期刊的调查结果显示，有近一半的期刊是近3年才开始实现OA出版，56.9%的OA期刊有明确的开放获取政策；82.6%的中国科协OA期刊实行同行评议制度，保障了OA期刊的学术质量，期刊开放获取的资金主要来自上级单位经常性经费、上级单位专项经费和编辑部自筹资金，影响期刊开放获取发展的因素多种多样，主要有国家和科研资助机构缺乏支持开放获取的政策、期刊开放获取的可持续经营的经济机制没有建立、所在机构或刊物主办机构缺乏对开放获取的支持等，实现OA后，期刊印刷版本发行量、发行费收入和运营成本“基本持平”的所占比例分别为49.0%、52.9%和51.9%。

(四)中国科协科技期刊数字化建设项目试点进展良好

中国科协于2009年设立“科技期刊数字化建设试点项目”，以支持全国学会建立科技期刊数字出版、信息发布并集成各类资源的一站式网络平台，重点支持主办或参与主办多种科技期刊学会的数字平台建设。首批支持的4个学会有中华医学会、中国农学会、中国机械工程学会和中国药学会。目前项目总体进展情况良好，各期刊数字平台建设各具特色。

“中华医学会期刊网”目前已完成《中华儿科杂志》等23种期刊编辑部的子网站建设；初步建成期刊发行管理系统、会议管理系统和广告管理系统，实现了网刊数据、发行数据、广告合同、会议信息的网络化管理；尝试出版两种期刊的手机报，增加了信息推送和宣传渠道。

“中国农业期刊数字平台”目前已构建起基于云计算中国农业期刊数字平台框架，完成了1720种涉农期刊的信息收集和整理，完成了400万篇涉农期刊文献的收集和整理，实现了涉农期刊论文中参考文献的互联互通，开发了期刊动态引证报告发布系统。

“中国机械工程学会期刊网”完善了期刊科技期刊在线工作平台和科技期刊在线发布系统及全文数据库的建设，重点加强资源数据库的管理技术和知识分析抽取工具软件的开发，引入电子阅读方式和DRM(内容数字版权加密保护技术)技术，并加强相应资源数据库和知识数据库的建设。

“中国药学会期刊网络平台”目前已基本完成对药学期刊网主体架构及主要功能的搭建和开发，完成了二、三级页面的设计制作，设计和构建了期刊工作数据库、学术论文数据库和综合信息数据库，完成部分期刊内容数据的整理及导入，并进行了网站的上线测试，实现了部分中国药学会主办期刊的稿件在线处理和编辑流程网络化。

五、中国科协科技期刊积极探索出版体制改革与创新

中国科协科技期刊作为我国科技社团主办的期刊群，其出版目的是促进学术交流和

科学普及,出版性质具有非营利性的显著特征。尽管中国科协科技期刊的主管、主办和出版三级管理体系日益完善,但由于主办单位多元化和主管单位多元化比较普遍,加之多数出版单位设立在全国学会的挂靠单位和其他主办单位或协办单位,主办单位与出版单位之间关系复杂,使得中国科协科技期刊的出版管理体制错综复杂,从而增加了出版体制改革和出版资源整合的难度。另外,中国科协科技期刊的出版单位规模较小实力较弱,多数出版单位不具备市场主体地位,出版单位改革创新的期望和需求不一致。因此,探索适合中国科协科技期刊的体制改革路径,成为管理部门和办刊单位的共同任务。

2006—2010 年是我国新闻出版体制改革由试点转向全面推开并取得重大进展的 5 年,也是中国科协科技期刊积极探索出版体制改革与创新的 5 年。5 年来,中国科协科技期刊的主管单位、主办单位和出版单位根据中央关于文化体制改革的政策精神,结合中国科协科技期刊的办刊特点和办刊实际,大力加强科技期刊出版体制改革创新的理论研究和实践探索,积极整合科技期刊出版资源,推进了科技期刊集群化建设和集团化发展。

集团化发展既是国外科技期刊发展的成功经验,也是我国科技期刊发展的必然要求,是我国科技期刊乃至整个期刊业改革发展的趋势和方向。要实现科技期刊的集团化发展,必须大力整合期刊出版资源,加强科技期刊集群化建设,推进科技期刊的规模化出版、集约化经营和集团化管理。2006 年以来,中国科协及其全国学会注重发挥科学共同体的办刊优势,不断加深对科技期刊集群化的认识,积极引导全国学会主办期刊创新出版模式和运行机制,探索科技期刊的学科集群、网络集群、数字出版和集团化出版,中国科协科技期刊在集群化建设和集团化发展方面取得明显进展,涌现出中华医学会系列杂志、中华预防医学会系列杂志、中国光学期刊联盟、中国抗癌协会系列杂志等一批集群化建设和集团化发展的典型。还有一些主办期刊较多或所在学科期刊较多的学会,如中国力学会、中国药学会、中国地质学会、中国农学会、中国机械工程学会,也在积极探索学科期刊的集群化之路。可见,在单本期刊规模普遍较小并且编辑部市场主体不到位的情况下,通过建立数字化平台的方式实现对相同或相近学科期刊资源的聚集,已经成为全国学会科技期刊集群化建设的重要手段。

全国学会作为中国科协科技期刊的主办单位,在科技期刊出版体制创新和资源整合方面坚持发挥主导作用。2006 年以来,除了大力推进学科期刊集群化建设之外,部分全国学会还在塑造期刊出版市场主体方面迈出探索性步伐,尝试成立具有独立法人资格的杂志社或杂志社有限公司。据不完全统计,2006 年以来,有 18 个全国学会加入设立法人出版单位的行列,共成立 18 家杂志社或杂志社有限公司。

中国科协作为全国学会的业务主管单位和全国学会主办期刊的主管单位,认真履行主管职责,对全国学会科技期刊出版体制创新和资源整合的相关变更事项,及时办理审批手续。同时,积极采取多种具体措施,加强对全国学会和期刊出版单位创新出版体制机制的指导、服务和支持,如:通过定期举办科技期刊发展论坛等方式,搭建科技期刊体制改革的研讨、交流平台;通过组织开展相关课题研究和编撰年度性中国科协科技期刊发展报告等方式,加强科技期刊体制改革的理论研究,及时总结推广全国学会在出版体制改革和期刊资源整合方面的经验,向有关管理部门反映科技社团期刊出版体制改革遇到的问题和相关政策需求;通过设立全国学会科技期刊体制改革试点和数字化试点等方式,支持全国学会进行出版体制改革创新和资源整合的探索与实践。

我国科技期刊正处在体制改革的重要关口，如何通过体制改革实现科技社团期刊出版资源的有效整合，如何通过体制改革确立科技社团的办刊主体地位，如何通过体制改革解决科技社团出版期刊的公平经营权问题，如何在推进体制改革的同时进一步加强对科技社团办刊的政策支持，都是值得进一步深入研究的问题。科技期刊体制改革的推进和改革目标的实现，不仅需要办刊单位在实践中积极探索、大胆创新，也离不开国家在政策、资金等方面的大力支持。针对科技期刊面临的现实问题，建议国家在体制改革中进一步细化相关政策，完善制度安排，加强对科技期刊体制改革的支持和指导。

六、中国科协科普期刊持续进步

中国科协科普期刊是中国科协所属全国学会科普工作的重要平台，是一支重要的科普宣传力量，在传播普及科学技术知识、参与推广学会科普活动等方面发挥着重要的作用。近几年，中国科协科普期刊发展稳定，内容质量和水平不断提高，在办刊队伍建设、期刊经营等方面呈现出持续发展的良好势头。

截至2009年年底，中国科协科普期刊共63种，占中国科协科技期刊总数1003种的6.3%，占全国科普期刊总数455种的13.8%。在中国科协所属197个全国学会中，共有51个全国学会主办或参与主办科普期刊，占学会总数的25.9%。

中国科协科普期刊以专业科普期刊为主，共有51种，占总数63种的80.9%；分属13个学科领域，工业技术学科的最多，占27.0%；在京期刊共57种，占90.5%；幅面尺寸方面，以大16开为主，共33种，占52.4%；中国科协科普期刊平均定价10.8元，比全国科普期刊平均定价9.0元略高，定价最高30元，最低4.5元；刊载容量方面以页数在100页(含)以下的为主，共40种，占63.5%；出版周期方面以月刊为主，共39种，占61.9%。

中国科协科普期刊办刊队伍总人数达881人，刊均14.0人，高于中国科协科技期刊整体刊均人数；采编人员刊均7.9人，经营人员刊均3.5人，行政人员刊均2.6人，人员分布较合理；办刊人员学历方面，中国科协科普期刊以本科学历人员为主，占总数的57.5%，硕士及以上学历人员占17.2%，略低于学术期刊硕士及以上学历人员比例；在编现职人员比例为50.1%，聘用人员比例为43.9%，比例已经接近1∶1。

2009年，中国科协科普期刊平均每刊的期发行量为27632册，较2005年的17240册增长60.3%，年总印数和年总发行量也有增长；2009年平均出刊15期，较2005年平均出刊11期增长36.3%；编校质量方面，有专人负责管理与审读的共45种，占总数的71.4%。

中国科协科普期刊中，独立法人出版单位出版的期刊共40种，占中国科协科普期刊总数的63.5%，其中企业法人单位出版的期刊18种，事业法人单位出版的期刊22种。

2009年，中国科协科普期刊刊均总收入359.5万元，发行收入刊均241.8万元，占总收入的67.3%，其次为广告收入刊均62.6万元，占总收入的17.4%；刊均总支出293.3

万元,出版印刷费支出为152.6万元,占总支出的52.0%,其次是员工工资支出49.7万元,占17.0%;有5种中国科协科普期刊年收入总额在1000万元以上,依次为《中国国家地理》、《汽车之友》、《糖尿病天地》、《大众软件》以及《兵器知识》。

第二节　中国科协科技期刊2006—2010年出版状况

2006—2010年,中国科协科技期刊整体出版实力进一步加强。随着期刊数字化、网络化的推进,中国科协科技期刊刊载容量增大、出版时效增强,办刊人员整体素质提高,稿源丰富、海外来稿数量不断增多,收支平衡、略有盈余。

一、稿件处理周期缩短

随着数字化、信息化时代的到来,作为信息的承载者,中国科协科技期刊逐步引入稿件采编系统,提高效率,缩短稿件处理时间。在期刊出版方面,刊载容量逐步增大,时效性增强。

据中国知网数据库统计①,中国科协科技期刊以国际标准大16开本出版的期刊占82.7%,部分期刊选用16开,占16.8%,其余期刊以小16开本出版。2006—2010年,有194种期刊进行了出版周期的调整,占总数的19.3%,其中,有191种期刊为缩短刊期的调整,另有3种期刊从半月刊变为月刊。中国科协科技期刊的平均页码为103.3页,其中≤100页的占60.5%,100～199页的占35.0%,200～299页的占3.4%,≥300页的占1.1%。中国科协科技期刊在中国知网数据库2008年的可被引文献总量为295463篇,平均每刊提供316.7篇文献供读者作者阅读和引用,其下载次数共达到7068.29万次,平均每刊下载量达7.6万次;2009年的可被引文献总量达到293690篇,平均每刊提供314.8篇文献供读者作者阅读和引用,下载次数共达到8061.15万次,比上一年度增加992.86万次,平均每刊下载量达8.6万次,比上一年度增加1万次。

调查显示,中国科协科技期刊2006—2007年度论文从投稿至录用的处理周期为88.7天,2009—2010年度缩短至74.6天。2009—2010年度,论文从投稿至录用的处理周期≤50天的占43.2%,51～100天的占38.5%,101～200天的占14.6%,>200天的占3.7%,表明接近一半的期刊可在50天之内将明确的审阅结果反馈至作者。

调查显示,中国科协科技期刊2006—2007年度论文从投稿至发表的周期为8.2个月,2009—2010年度缩短至6.8个月。2009—2010年度,论文从投稿至发表的周期≤90天的占13.6%,91～180天的占38.8%,181～240天的占14.1%,大于240天的占33.5%。尽管投稿至发表的周期有所缩短,但是对比稿件录用的时间,录用至出版阶段所占的时间仍偏长。部分期刊通过自建网站的最新录用栏目或与"中国知网"的学术期刊优先数字出版平台合作,实现录用稿件的优先发表。

---

① 中国科协科技期刊中有933种刊被中国知网数据库收录,占其总收录期刊(自然科学与工程技术部分)的25.3%。

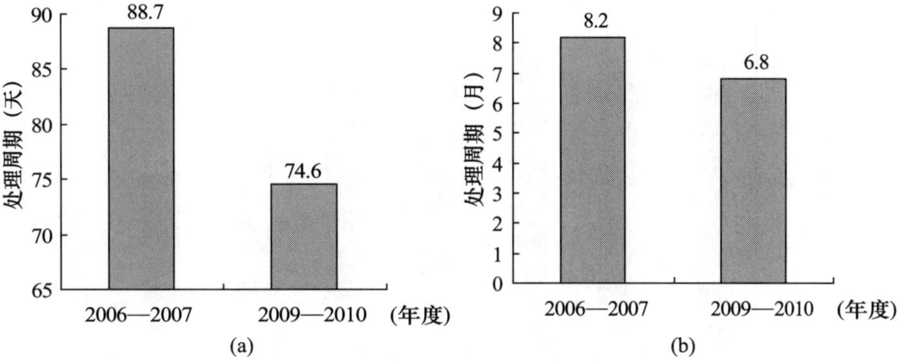

图 1－1　中国科协科技期刊论文的处理周期

(a)从投稿至录用;(b)从投稿至发表

二、编辑审稿团队建设加强

中国科协科技期刊的编辑团队包括主编及编辑部成员，是期刊运作的主体力量。2006—2010 年，中国科协科技期刊的主编作用加强、编委职能优化、形成稳定的编辑团队，编辑人员素质提升。作为期刊同行评议的主体，随着期刊数字化推进和载文量的加大，审稿专家规模逐步壮大。

(一)主编作用加强

主编是科技期刊的学术领军人物，担负期刊发展战略、对期刊学术质量和编辑质量把关等重要职责。主编的学术权威性可有效提高科技期刊在读者和作者心目中的地位。调查显示，2009—2010 年度中国科协科技期刊主编中，院士占 25.3%，具有正高职称的占 92.6%，较上一年度的 89.9%略有增加，表明中国科协科技期刊主编中学术带头人比重较大，对刊物学术质量和影响力的提升有着重要作用；专职主编占 29.8%，所占比例较上一年度的 26.1%有所上升；从学历结构方面看，硕士及以上学历占 58.4%；在年龄结构方面，2009—2010 年度主编年龄呈年轻化走向，45～64 岁年龄段的占 53.1%，较上一年度的 52.6%略有上升，65 岁以上年龄段的占 40.3%，较上一年度的 41.7%有所下降。

科技期刊主编的职能主要表现在把握期刊的定位和发展方向、主持制定期刊发展战略、规划和计划对期刊学术质量和编辑质量进行把关等方面。调查显示，80%以上受调查期刊的主编在制订办刊宗旨、把握学科前沿和制定期刊发展战略规划方面行使其职能，超过 65%的期刊主编承担终审和保证期刊质量工作，51%的期刊主编承担组稿工作，44.7%的主编负责编辑队伍的培养，直接参与日常工作的主编占 25.9%，如图 1－2 所示。与上一年度相比，主编对各项工作的参与度均有所上升。部分受调查期刊的主编还承担组织编委会、组织学术会议、确定重大选题、处理疑难稿件以及约稿和邀请审稿人等上述未提及的其他工作。

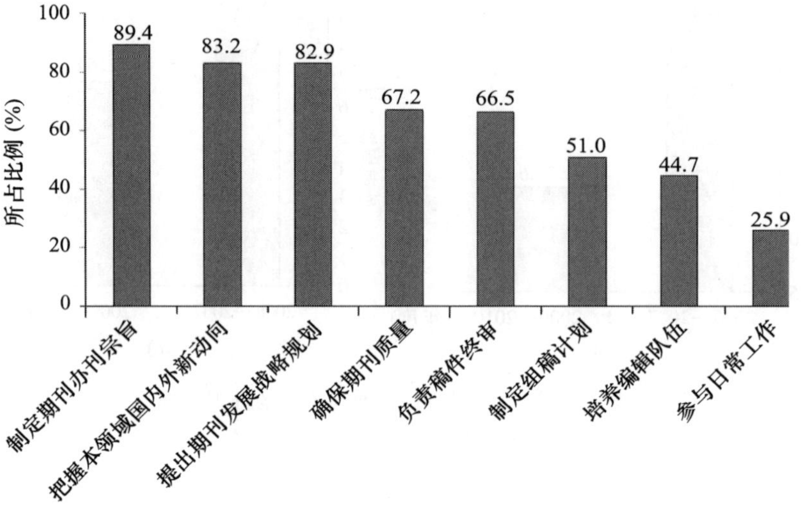

图 1－2　主编承担工作情况

(二)编委职能优化

编委会对于科技期刊健康发展起着举足轻重的作用，调查显示，2009—2010 年度中国科协科技期刊刊均编委 65.3 人，比上一年度的 60.5 人增加 4.8 人，由于编委会规模的扩大，编委中刊均院士为 5.2 人，占 7.3%，较上一年度略有下降，刊均国际编委 6.2 人，较上一年度的 5.5 人增加 0.7 人。接受调查的期刊中有 55.7%的期刊拥有国际编委，这些期刊中 85.3%为学术类期刊，10.2%为技术类期刊，其中《中国组织工程研究与临床康复》和《中国神经再生研究》(英文版)两刊的国际编委人数均达到百人以上，编委分别来自全世界近 40 个国家①。

科技期刊综合考虑专业分布、学术水平、地域和单位、年龄结构等因素会适时进行编委会调整，进行编委会换届工作。调查显示，中国科协科技期刊编委会换届的平均周期为 4.1 年，其中≤2 年的占 8.9%，2～4 年(含 4 年)的占 60.5%，>4 年的占 30.1%。

中国科协科技期刊充分发挥编委的专业优势和学术地位，为期刊学术质量的把关、组织或撰写稿件。调查显示，87.1%期刊的编委承担审稿工作，70.1%的编委参与确定期刊定位和战略，50%左右的编委参与宣传、组稿以及承担期刊和专家之间沟通桥梁的作用，编委撰稿和撰写评述类文章分别占 70.1%和 41.5%，另有 29.5%的专家参与期刊的定稿工作。较上一年度，编委在审稿、与专家联络和沟通、撰写评述和定稿四个方面的参与度上升，但在宣传方面有所下降。整体来看，中国科协科技期刊编委在期刊的学术工作方面作用逐步加强。

① [2010－12]http://cn.sjzsyj.com/Html/2010_11_23/2_135338_2010_11_23_137398.html.

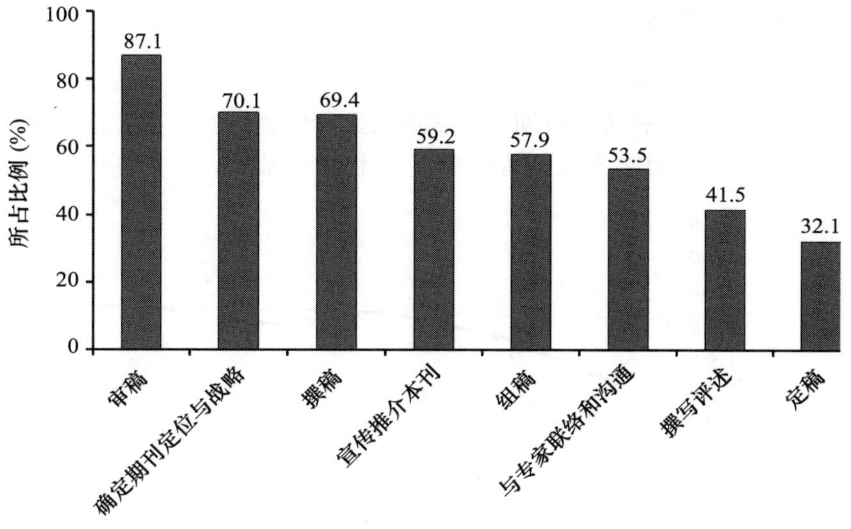

图 1－3　编委承担工作情况

(三)审稿专家规模壮大

中国科协科技期刊大都采用同行评议的审稿方式,通过业内同行专家对论文进行最专业的评审,同行评议的基础在于拥有大量不同研究方向审稿专家。调查显示,截至2010年6月中国科协科技期刊刊均审稿专家人数达544人,人数较2007年6月的201人相比增加近2.6倍。除越来越重视审稿专家队伍的建设外,网上编辑加工系统、数字化手段的使用和载文量加大也是审稿专家大幅上升的因素。30%的期刊审稿专家库人数超过400人,10%以上的期刊审稿专家库的规模超过1200人,有4.7%的期刊审稿专家库的规模甚至达3000人以上(图1－4)。部分学会如中华医学会建立了“杂志社远程稿件管理系统”,专家可通过学会网站登录系统审稿,各刊共享审稿专家资源。

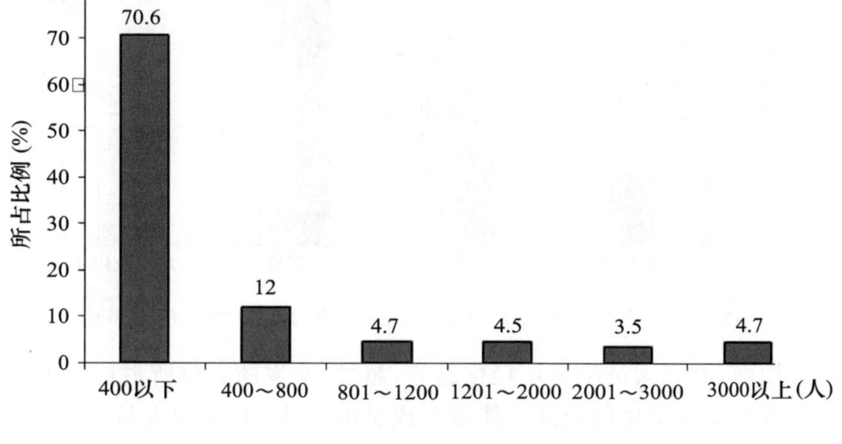

图 1－4　审稿专家规模状况

(四)编辑人员素质提升

1. 形成稳定优化的办刊人员队伍

2006—2010 年,中国科协科技期刊的从业人员队伍整体变化不大,5 年来刊均人数均在 7 人左右,如图 1-5,且男女比例基本相当,女性比重稍大。

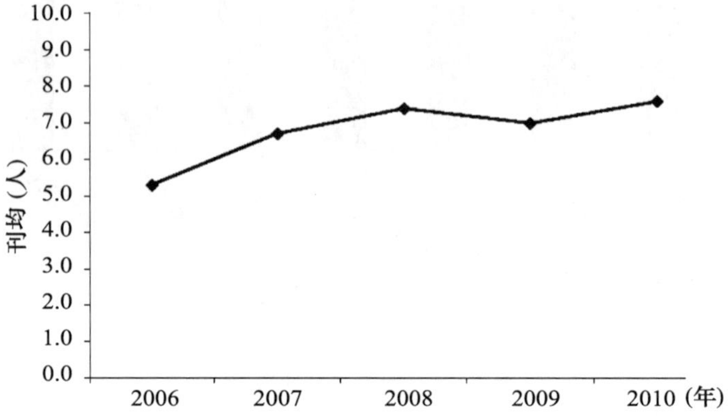

图 1-5　2006—2010 年办刊人员队伍变化情况

从办刊人员结构看,期刊仍以采编人员为主,占到 66.6%,说明中国科协科技期刊以学术内容建设为主项;从学历结构看,2008—2010 年 3 年间,高学历人员比例有增加的趋势,但总体结构基本不变,如图 1-6。2009—2010 年度硕士及以上学历的人员占 35.4%,其中学术期刊其比例达到 40.5%,高学历人员逐步加入中国科协科技期刊办刊人员队伍,编辑人员逐步学科专业化,与国际期刊接轨。

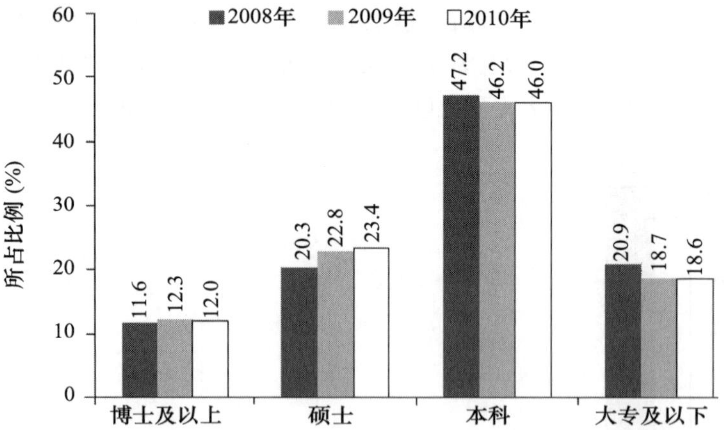

图 1-6　2008—2010 年办刊人员学历结构情况(按学历排序)

从年龄结构看,办刊人员呈现年轻化趋势,超过 55 岁的人员所占比例进一步下降,仅占 16.3%,35 岁以下人员比例最高。伴随新成员的加入,非在编人员所占的比例逐步上升,已由 2008 年的 43.0%上升至 2010 年的 46.5%。

表 1－1　中国科协科技期刊人员分布情况

项目调查	项目分类	所占比例(%)
岗位类型	采编人员	66.7
	经营人员	17.8
	其他人员	15.5
学历结构	博士及以上	12.0
	硕士	23.4
	本科	46.0
	大专及以下	18.6
职称结构	高级职称	40.8
	中级职称	30.8
	初级职称及以下	28.4
年龄结构	55 岁及以上	16.3
	45～55 岁	23.4
	35～45 岁	22.6
	35 岁以下	37.7
性别结构	男性	45.1
	女性	54.9
身份性质	在编人员	53.5
	非在编人员	46.5

数据来源：中国科协科技期刊 2010 年调查数据。

2. 把握学科前沿，提升编辑能力

中国科协科技期刊编辑通过多种方式关注与跟踪本学科发展前沿。调查显示，中国科协科技期刊编辑通过参加学术会议获取学科发展信息的占被调查期刊的 94.2%，通过阅读本领域最新文献获取学科发展信息的占 89.4%，通过组织主办学术研讨会的占 50.2%，通过走进科研一线、参与科研交流从而把握学科发展方向的占 50.0%。以上指标较上一年度均有所上升，表明期刊编辑能够主动把握学科前沿，保持专业编辑特色。同时，一些期刊通过参与相关部委和研究机构的调研工作或课题研究、设置"前沿"栏目、举办审稿专家座谈会等多种方式提升期刊编辑的学术素养。

表 1－2　编辑部对本学科前沿的关注与跟踪方式

项　目	期刊数量(种)	所占比例(%)
参加学术会议，听取学术报告	437	94.2
阅读本领域的最新文献	415	89.4
组织主办学术研讨会	233	50.2
走进科研一线，参与科研交流	232	50.0

数据来源：中国科协科技期刊 2010 年调查数据(有效问卷 464 份)。

调查显示,2006—2010年,期刊编辑参与学术交流更加频繁。中国科协科技期刊参加和组织各项学术活动的人次逐年增加,特别是参加国际学术会议的人次增幅明显,2009年参加人次几乎为2006年的2倍。通过组织参加国际性展览①,充分利用国际图书展览交流平台,逐步扩大中国科协所属科技期刊的国际影响力和国际认知度,推动版权合作与代理发行。除了参加学术会议,编辑人员还参加中国科技期刊发展论坛②以及编辑业务等培训③,培训人次也逐年增加,见表1-3。

表1-3　2006—2010年编辑参加学术活动情况

年份(年)	国内学术会议(人次)	国际学术会议(人次)	国内考察(人次)	国外考察(人次)	编辑业务培训(人次)
2006	1991※	241	498	61	790
2007	2335	311	555	69	856
2008	2593	334	643	107	962
2009	2807	443	683	100	1112
2010(截至6月30日)	1882	315	509	72	780.3

※中国科协科技期刊编辑总参会人次,下同。

数据来源:中国科协科技期刊2010年调查数据。

作为信息交流的媒介,期刊编辑部是读者、作者和专家联系的纽带,组织学术活动具有先天的优势。2006—2010年,中国科协科技期刊组织国内会议年均达到800次左右,仅2010年上半年组织国内会议达到597次,在接受调查的期刊中组织国内会议的期刊占到70%以上,表明大部分期刊适时抓住期刊学会交流的特点和契机,扩大宣传,加大组稿力度,推广本刊在业内的影响力和号召力。国际会议方面,由于受期刊语言和其他客观因素的限制,仅10%左右的期刊组织过国际会议,随着近几年国际交流的频繁,组织国际会议的次数也逐年上升,2009年达到86次。举办专题培训班是中国科协科技期刊与业内人士交流的又一有效方式,与会议相比,专题培训班涉及面更加专业和深入。2006—2010年,30%左右的中国科协科技期刊举办专题培训班,其中2009年共举办240次。此外,中国科协科技期刊还组织国内、国际的刊际交流活动,与国内外同行交流办刊经验,提升编辑业务能力,见表1-4。

---

① 2009年,中华医学会代表团13人参加中国作为主宾国的第61届法兰克福书展;派出20人出席在温哥华举行的第六届国际生物医学期刊同行评议和出版大会。

② 2006—2010年,中国科协连续举办5届中国科技期刊发展论坛,从2008年起,论坛由中国科协和国家新闻出版总署联合主办。

③ 中国科协举办中国科协主管期刊负责人持证上岗培训班,以提高期刊负责人履行岗位职责必备的工作能力、业务知识,通过学习达到相应岗位要求和接受继续教育的要求。

表 1－4　2006—2010 年编辑部组织学术活动情况

年　份（年）	国内会议（次）	国际会议（次）	专题培训班（次）	国内刊际交流（次）	国际刊际交流（次）
2006	695	65	173	412	107
2007	856	56	196	459	110
2008	849	80	232	496	170
2009	935	86	240	538	142
2010（截至 6 月 30 日）	597	60	188	425	124

数据来源：中国科协科技期刊 2010 年调查数据。

三、稿源丰富，稿件质量不断提高

稿源是一个刊物具有生命力和可持续发展的源动力，有了充足的稿源才能精选出更多适合刊物的稿件，才能保证刊物的质量和刊发周期。中国科协科技期刊重视吸引和组织国内外优秀稿件，通过参加学术会议、与研究机构紧密联系主动约稿，或通过主编、编委组稿和撰稿，以此提升期刊论文的学术水平，扩大期刊的影响力。

（一）总收稿量、海外来稿增加

调查显示，2006—2010 年，中国科协科技期刊的刊均总收稿量逐年增加。2007、2008 年的刊均收稿量增幅均在 90 篇左右，2009 年涨幅有回落，为 18 篇，2010 年上半年，刊均总收稿量已达到 614 篇。中国科协英文版科技期刊仅占总体的 7％左右，而拥有海外来稿的期刊占总体的 40％左右，表明中国科协科技期刊在海外有一定的作者群。尽管海外来稿数量较少，但也呈现逐年增长的态势，平均增幅约为 2 篇/年，2010 年上半年，中国科协科技期刊的海外来稿量平均已达 10.1 篇，见表 1－5。部分定位为面向国际发展的期刊海外来稿量比较可观，其中《分子细胞生物学报》（英文版）和《分子植物》（英文版）的海外来稿量比例均超过总收稿量的 77％，《中国物理 C》（英文版）的海外来稿量占到总收稿量的 60％。

表 1－5　2006—2010 年刊均来稿情况

年份	总收稿量（篇）	海外来稿量（篇）
2006	914	9.4
2007	1000	11.6
2008	1094	13.5
2009	1112	15.5
2010（截至 6 月 30 日）	614	10.1

数据来源：中国科协科技期刊 2010 年调查数据。

正式发表的论文中国际论文(所有作者均来自国外)和国际合作论文(部分作者单位来自国外)的比重相当,二者数量逐年略有上升,总体看来,二者之和占发表论文的比例很小,中国科协科技期刊所发表论文仍以国内论文为主,见表1-6。

表1-6 2006—2010年刊登国内、外论文情况

年份	国内论文比例(%)	国际论文比例(%)(所有作者单位均来自国外)	国际合作论文比例(%)(部分作者单位来自国外)
2006	95.0	1.1	1.2
2007	95.3	1.1	1.2
2008	96.1	1.1	1.3
2009	96.6	1.3	1.2
2010(截至6月30日)	95.9	1.7	1.6

数据来源:中国科协科技期刊2010年调查数据。

2006—2010年上半年,中国科协科技期刊刊均载文量分别为259.7、273.0、294.4、307.6和168.3篇,稿件发表率分别为28.7%、27.3%、26.9%、27.7%和27.4%。尽管总收稿量增加,但是中国科协科技期刊5年来的稿件发表率基本稳定在27%左右,保证论文学术质量稳定。

(二)组稿力度加大,论文质量提高

2006—2010年,中国科协科技期刊编辑的学术活动频繁,期刊的约稿量也逐年上升,2009年刊均约稿量达到63.5篇,比2006年多27.5篇。约稿占载文量的比例逐年上升,2010年6月达到23.5%,如图1-7所示。通过参加学术会议组织优秀稿件是中国科协科技期刊编辑约稿的重要方式,但所占比重已经逐步降低,从2006年的87.5%下降至2009年的61.2%。编辑约稿方式不再单一,显示出期刊学术交流活动更加活跃,见表1-7。

表1-7 2006—2010年刊均约稿情况

年份	约稿量(篇)	参加会议组织稿件(篇)
2006	36.0	31.5
2007	49.4	32.9
2008	58.3	32.6
2009	63.5	38.9
2010(截至6月30日)	39.5	25.9

数据来源:中国科协科技期刊2010年调查数据。

基金论文往往代表某研究领域的新趋势和"制高点",在各项评价指标中,"基金论文

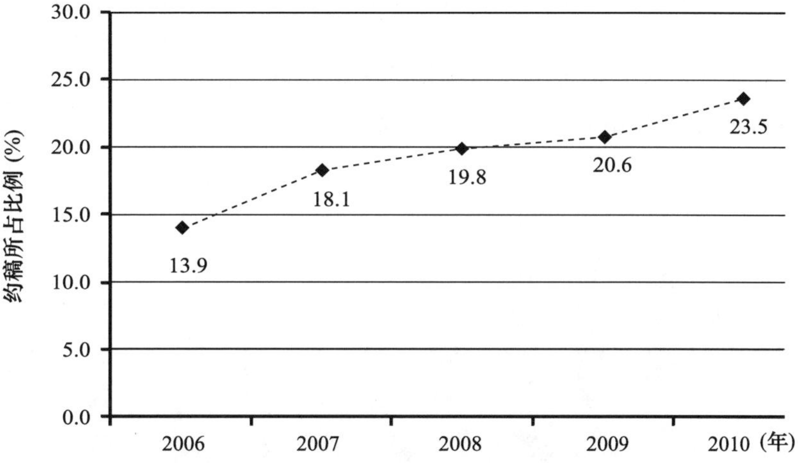

图 1－7　2006—2010 年约稿占载文量的比例(截至 2010 年 6 月)

比”为重要的学术指标。调查显示,2006—2010 年,中国科协科技期刊基金论文的比重逐年增加,从 2008 年开始,基金论文所占的平均比例均超 50％,如图 1－8 所示。调查显示,农业科学、计算机、数理科学和化学、天文和地球科学及生物科学等领域的科技期刊基金论文比例较高,均达到 90％以上,有 16 种期刊的基金论文比达到 100％。

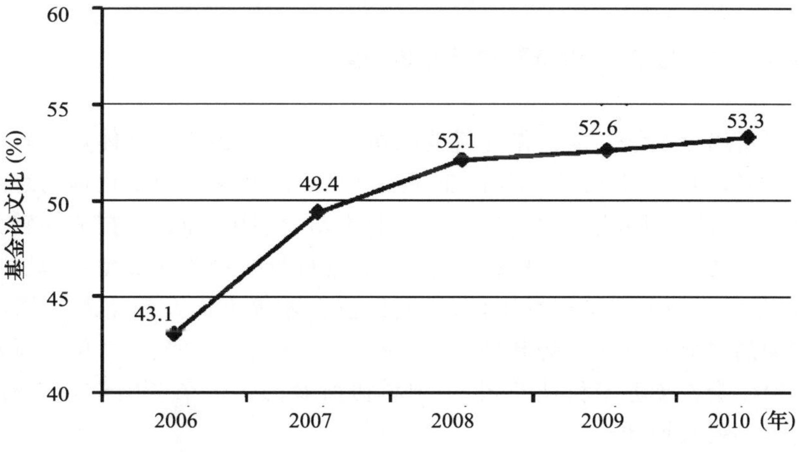

图 1－8　2006—2010 年基金论文所占比例(截至 2010 年 6 月)

(三)多种方式吸引优秀论文

稿源是科技期刊保持生命力和可持续发展的源动力。随着我国科研能力的提升,我国科研人员在国外期刊发表的论文特别是高质量稿件日益增多,中国科协科技期刊面临着全球同类期刊特别是国际大刊的冲击,为此,更应重视吸引国内外优秀稿源,采取多种形式吸引优秀论文。为优秀论文的快速优先发表的绿色通道,是中国科协科技期刊最重要的手段,82.4％的期刊采用这种方式吸引优秀稿件。《植物学报》(英文版)特别为我国科学家提供快速发表通道,为我国学者抢占学术研究优先权发挥作用,同时也提升了期刊的影响力。减免版面费、整期策划并约稿及优稿优酬等方式也是常用的方式，所占比例分别为48.4%、45.1%、36.4%。此外，实行开放获取、封面论文、参加新闻媒体见面会①、单篇约稿、设立科研或出版基金等方式也占相当比例。除上述提及的方式外，还有推荐参加会议、在相关网站进行介绍与发布、出版优秀论文集等方式，见图1-9。

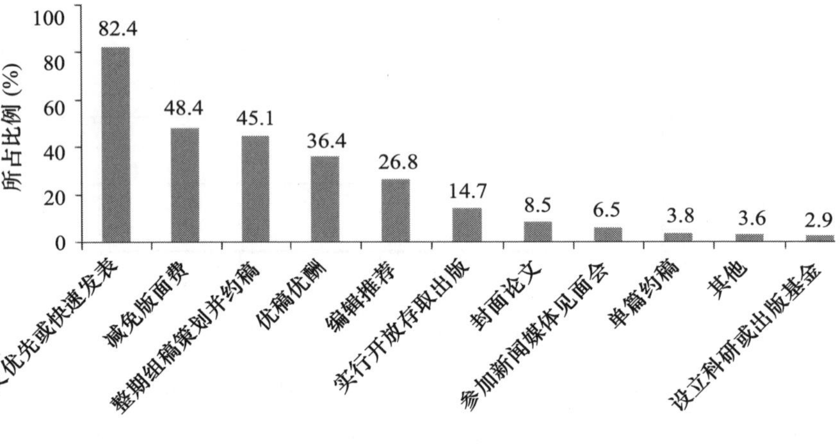

图1-9 吸引优秀论文的举措

数据来源：中国科协科技期刊2010年调查数据。

四、发挥学会优势，促进期刊发展

中国科协所属全国学会学会作为科技社团，拥有强大的会员群体，汇集了我国各学科的高层专家学者，是学术共同体中跨行业、跨地域、广泛联系的网络化横向组织，汇集和交流学术信息，推动产学研结合，促进科技知识的流动和应用，加快科技成果转化，有效地服务国家创新体系建设。学会在开展科技服务，促进科技的繁荣和发展，促进科技成果的推广应用，开展学术交流和科学普及工作、促进科技人才等方面发挥重要作用，同时在主办科技期刊方面的也显示学术优势和公信力。根据自身的学科特点和专业领域，绝大多数中国科协主管学会都创办了科技期刊，中国科协所属的197个全国学会中有171个学会主办或参与主办科技期刊。

作为学会工作的重要组成部分，中国科协所属学会通过各种方式对所属期刊进行指导与支持，并与期刊工作形成良好的互动与合作关系。各学会对期刊的指导与支持可以总结为以下八个方面：①定位期刊的办刊宗旨和特色，调整期刊的发展战略。学会统筹安

① 中国科协为推动国内科技期刊所发表研究成果在大众媒体中的传播，建立科学技术原创成果与传媒的沟通机制，促进公众对最新科学技术成果的了解和理解，从2007年开始每月举办一期科技期刊与新闻媒体见面会活动，并被评为2007年中国十大科普事件之一，已在社会上产生了广泛的影响，并为推动我国科普事业的发展、全民科学素质的提高起到了积极的促进作用。截至2010年12月已经举办了46期。

排期刊，对期刊的定位进行指导，避免不必要的重复和竞争；②设置专门部门或职位分管期刊工作，对期刊的工作和发展进行管理、指导和监督①；③确定编辑部人员结构，学会任命或推荐主编人选，组织筹建编委会，并指导与管理编委会的换届，指导管理编辑部人员的选用；④发展会员成为作者或是审稿专家。学会会员为期刊稿件的主要撰稿人，并从会员中挑选专家组成动态专家库，成为学会主办期刊稿件外审专家的主要来源；⑤举办学会会议，为期刊提供交流和宣传机会，向与会人员征稿约稿，或帮助期刊开展征稿工作；⑥开展面向编辑出版人员的培训班、研讨会或期刊工作会议，提升编辑人才队伍的职业素养；⑦学会网站集中展示主办期刊，提供期刊目录索引，与期刊网站直接链接，或转载期刊论文，一些学会凭借学科优势发展学科网络平台，推进期刊向数字化和网络化发展；⑧帮助期刊进行海外推广活动，指导期刊与国外出版商或国外学会开展合作。另外，有部分学会统筹经费管理和使用，有些还对期刊进行物质或资金上的支持。

2010 年调查显示，有 88.9%的期刊得到其主办学会的管理、指导和监督；80.7%的期刊得到学会提供的交流和宣传机会；50.5%的期刊得到专家资源的支持；25.1%的学会为期刊提供物质或资金支持，见表 1－8。

表 1－8　学会对期刊的支持

项　目	期刊数量(种)	所占比例(%)
学会作为主办单位对期刊进行管理、指导和监督	415	88.9
为期刊提供交流和宣传机会	377	80.7
为期刊提供专家资源	236	50.5
帮助期刊组织稿件	167	35.8
为期刊提供物质或资金支持	117	25.1

注：百分数为选择此选项的期刊数占被调查期刊总数(467 份有效)的比值。

数据来源：中国科协科技期刊 2010 年数据调查。

科技期刊源于科技社团及科学交流，同时促进科学和科技社团的发展。科技期刊不仅是科技社团所掌握的学术评价工具，而且是科学技术的传播工具，是满足会员和社会需要的服务产品。通过科技服务的提供，不仅满足会员和科技工作者的需要，而且增强学会的综合实力和生存发展能力。学会主办的科技期刊为学会的发展作出贡献，成为学会事业发展重要的学术评价、物质条件、资金来源、人力资源储备等支撑，成为学会发展的重要基础。调查显示，70.5%的中国科协科技期刊协助学会组织专业会议或制作论文集；74.0%的期刊会对学会会员免费赠送期刊或实行会员订阅优惠政策；40.6%的期刊对学会会员论文发表费优惠或免收发表费。此外，还有一部分期刊能为学会发展提供物质或资金支持以及人力资源的支持，见表 1－9。综上，科技期刊是科技社团不可或缺的服务产品，科技期刊不仅能为学会提供经济上的支持，还赋予科技社团获得话语权的渠道，对

① 中国科协每年举办全国学会秘书长科技期刊政策法规及运营培训班，通过邀请部委级领导和期刊出版专家授课，提高了主办单位秘书长及期刊出版管理人员的政策法规意识。

提升科技社团的学术声望、社会公信度、组织权威性和普遍认可度，增强科技社团的凝聚力，聚集人气，促进学科发展，提升职业人群素质等有重要作用。

表1－9　期刊对学会的配合与支持

项　目	期刊数量(种)	所占比例(%)
期刊协助学会组织专业会议或制作论文集	325	70.5
对学会会员免费赠送期刊或实行会员订阅优惠政策	341	74.0
对学会会员论文发表费优惠或免收发表费	187	40.6
对学会发展提供物质或资金支持	91	19.7
为学会提供人力资源	164	35.6

注：百分数为选择此选项的期刊数占被调查期刊总数(461份有效)的比值。

数据来源：中国科协科技期刊2010年数据调查。

五、学科刊群各具特色

中国科协科技期刊是我国科技界和出版界的优质出版资源，是我国科技期刊的代表性刊群。截至2010年年底中国科协科技期刊共1003种，尽管这些期刊数量只占我国科技期刊不到20%，但学科门类比较齐全，覆盖面广，基本涵盖理、工、农、医及各个交叉学科，在学科上具有广泛的代表性。据2010年统计，中国科协科技期刊分属18个学科领域，医药卫生和工业技术类期刊数量最多，两者共占中国科协科技期刊总量的63%。见表1－10。

表1－10　中国科协科技期刊学科分布情况

学科	期刊数量(种)	所占比例(%)	学科	期刊数量(种)	所占比例(%)
医药、卫生	342	34.1	文化、科学、教育、体育	19	1.9
工业技术	290	28.9	经济	13	1.3
数理科学和化学	82	8.2	航空、航天	12	1.2
天文学、地理科学	56	5.6	环境科学、安全科学	9	0.9
农业科学	55	5.5	综合类	2	0.2
生物科学	48	4.8	其他(5个学科)	11	1
自然科学总论	35	3.5	合计	1003	100
交通运输	29	2.9			

近年来，各学会根据学科优势及所属期刊特点，重视期刊发展与规划，逐渐形成了以学科为纽带的学科刊群。学会主办科技期刊的学科刊群是由学会主办的相同、相近与相关科技期刊的聚集，共同构成的群体；通过外部整体性、经济性、联动性与制度效应构成集群效应，从而使学会主办科技期刊在竞争中产生很强的竞争优势。根据国家文化体制改

革和出版发行体制改革的要求，按照分类指导、分步推进的原则，深化管理体制和运行机制改革，加强资源整合，逐渐改变中国科协期刊小、散、弱的体制和机制，引导学会逐步建立期刊印刷、发行、广告、宣传集群化的产业经营模式；加强期刊主办单位与期刊出版单位的密切联系与合作，进一步发挥期刊主办单位和出版单位各自优势，切实促进期刊体制机制的转变与发展。中国科协学科刊群中，学会所属学科发展历史较长、二级学科较多的学会，其主办期刊数量较大，拥有期刊数量在 10 个以上的学会有 22 个，共有期刊 529 个，占中国科协科技期刊的半数以上。见表 1－11。

表 1－11　中国科协科技期刊学科刊群分布

所属学会	期刊数量（种）	占科协期刊比例（%）	所属学会	期刊数量（种）	占科协期刊比例（%）
中华医学会	123	12.3	中国地质学会	13	1.3
中华预防医学会	65①	6.5	中国仪器仪表学会	13	1.3
中国机械工程学会	36	3.6	中国中西医结合学会	12	1.1
中国药学会	23	2.3	中国计算机学会	11	1.1
中华中医药学会	23	2.3	中国有色金属学会	11	1.1
中国物理学会	22	2.2	中国数学会	11	1.1
中国化学会	20	2.0	中国地理学会	10	1.0
中国电子学会	20	2.0	中国电机工程学会	10	1.0
中国金属学会	20	2.0	中国造船工程学会	10	1.0
中国兵工学会	17	1.6	中国化工学会	10	1.0
中国力学学会	16	1.6	中国建筑学会	10	1.0
中国光学学会	13	1.3	中国抗癌协会	10	1.0
			合计	529	52.7

注：统计时间截至 2010 年 6 月。

中国科协部分有条件的学会率先对学会现有主办科技期刊进行经营资源的优化整合和配置，组建学会期刊集团，创新办刊机制，变革期刊经营机制，提高科技期刊经营管理水平。学会科技期刊集群化，可提高学会科技期刊在合作交流中的谈判地位和竞争力，为维护学会科技期刊的地位和利益，争取更好的发展空间创造条件。2006—2010 年，已有一些学会尝试以主办或者以同一学科或相邻学科为单位进行集约化经营运作，改变了每种科技期刊单兵作战的困境。

中华医学会发挥学会优势，进行跨地区期刊重组，将本学科领域内具一定影响力和水平较高的科技期刊吸纳到学会期刊阵容，不断增强学会在该行业或学科领域的引领作用

① http://www.cpma.org.cn/Article_Class.asp? ClassID=157.

和话语权。中华医学会成立了科技期刊出版协调管理的专门机构——中华医学会杂志社,行使对中华医学会主办期刊的统一管理,从而走向通往中华医学会期刊出版集团的道路。2009年6月,国家新闻出版总署批准成立"中华医学杂志社有限责任公司",中国医学会杂志社旗下拥有的期刊数量占中国医药卫生期刊十分之一。中华医学会建设了中华医学会信息管理平台,自主开发的"稿件远程管理系统"已正式启用,免费向中华医学会系列杂志提供全方位服务。中华医学会与北京万方数据股份有限公司达成的"中华医学会系列杂志数据库"独家战略合作已成功运行3年,新一轮的独家合作协议也于2010年6月底续签①。在双方合作的3年中,万方数据开发完成了覆盖中西医学全领域的信息内容产品体系,搭建了开放、和谐、创新的医学知识链接全开放平台——万方医学网。中华医学电子音像出版社和北京万方数据股份有限公司合作,为中华医学会电子版系列杂志申请了DOI专号②。

中华预防医学会是继中华医学会拥有期刊数量最多的学会,学会把期刊出版作为学会工作的重要组成部分,并进行统一管理,每年召开中华预防医学会系列杂志工作会议暨学会编辑专业委员会学术交流会议。为提高系列期刊的质量,组织专家对会内系列杂志进行审读工作,评选出优秀期刊并给予奖励。2007年,为了搞好期刊管理,促进期刊发展,学会在大量调查研究、多次讨论修改的基础上,修改完善了《中华预防医学会系列杂志管理办法》。该文件的出台对学会规范系列期刊的管理提供了保障。2010年,中华预防医学会系列杂志启用新封面设计,学会系列杂志启用新的封面设计,进一步规范了学会系列杂志的整体形象,为创办精品科技期刊、打造中华预防医学会系列杂志品牌奠定了良好的基础。

在一些学科面相对较窄、期刊分布较分散的学科也有所突破。在药学领域,中国药学会打造中国药学会系列杂志品牌,在保持各自杂志特色的基础上统一期刊封面,统一期刊发行等经营活动。以中国药学期刊网③为平台,逐步形成一个开放的药学专业期刊群。中国药学会在期刊转制方面在积极探索,于2009年6月成立中国新药杂志有限公司。以该公司为龙头,统一学会期刊的广告经营,在期刊经营方面进行新的尝试,并对新办期刊实行试办期制度。地学领域,以中国地质学会期刊为基础,建立"中国地学期刊网"④;中国地质学会主管期刊实现编辑人员专业共享,打破单刊界限,根据编辑专业分配稿件,实现稿件处理的专业化,并节约专业人才。光学领域,中国光学学会激光杂志社利用《光学学报》、《中国激光》、《中国光学快报》(英文版)等优秀期刊品牌,成立光学期刊联合编辑部,并建立"中国光学期刊网"⑤。网站由当初的6家期刊加盟已经发展到拥有45家期刊

① 2008年,中华医学会突破"一女多嫁"的多家授权形式,面向全社会启动期刊数据库合作招标工作,希望通过独家授权将其专业信息内容与数据库运营商数字化技术手段进行整合,共同打造数字化平台,深度开发医学文献的数字化产品,最终万方数据以相对高价获得中华医学会115种期刊的网络传播权的独家授权。

② DOI. 10. 3877/cma. j. issn. * * * * — * * * * . yyyy. nn. zzz.

③ http://zgyxzz. com. cn/.

④ http://www. geojournals. cn/default. aspx.

⑤ http://www. opticsjournal. net/index. htm.

的行业网站。在网络环境下探索纸版与电子版的捆绑销售、联合征订、联合发行、组建广告同盟等多方位联合发展的道路。通过联合优势互补资源信息共享，整合后的光学期刊取得了良好的社会和经济效益。力学领域，中国力学学会在学会网站上专门建设"中国力学学会期刊网"①学会期刊网，对所主办期刊进行集中展示和介绍，并实现编辑系统统一化。

第三节 中国科协科技期刊的经营管理

2006年以来，中国科协科技期刊的出版单位性质基本未发生改变，多数出版单位不具备法人资格。科技期刊以单刊独立经营模式为主，能够实现完全独立核算的期刊出版单位接近30%。2005年以来，中国科协科技期刊刊均收入和支出均有大幅度提高，收支基本达到平衡，刊均收入由2005年的61.5万元上升至2009年的103.8万元，年均涨幅14.1%，收入结构上，主要收入来源由文章发表费和发行收入调整为发行和广告收入；刊均支出由2005年的61.2万元提高到2009年的98.7万元，员工薪酬支出与印刷费同时成为最大的支出项目。同时，中国科协科技期刊也在不断探索新的经营模式，集团化出版模式、学科期刊集群出版模式、网络化出版模式和股份制出版模式等仍处于探索发展阶段，部分期刊积极寻求与国内外出版机构合作经营。中国科协科技期刊也积极寻求多样化的期刊经营方式，开展特色经营项目，采取多种形式进行宣传推广活动。

一、出版单位仍以非法人单位为主体

中国科协科技期刊出版单位的性质目前仍以事业法人出版单位、企业法人出版单位和非法人出版单位的形式并存，中国科协科技期刊的出版单位性质绝大多数未发生改变，不具备法人资格的出版单位占多数。从目前对中国科协科技期刊出版单位性质的调查情况看，多数出版单位不具备市场主体地位，市场化程度不高。

调查显示，2006年以来，91.6%的期刊出版单位的性质保持不变，65.7%的调查期刊出版单位一直是非法人出版单位，25.9%的期刊一直是事业或企业法人出版单位。有32个期刊(占调查期刊的7.3%)出版单位已完成或正在进行转企改制，有0.9%的期刊因变更主办单位出版单位性质发生了改变。2010年调查数据显示，62.7%的调查期刊出版单位未具备法人资格，20.3%的期刊出版单位为事业法人性质，有17.0%的期刊出版单位为企业法人性质，非法人性质的期刊出版单位仍占多数。

就期刊类别而言，学术期刊、技术期刊和综合期刊半数以上的出版单位为非法人性质，而科普期刊则多数具有独立法人资格。学术期刊中非法人性质的出版单位比例最高，企业法人性质的出版单位比例最低；技术期刊中事业性质出版单位比例最低，企业法人性质的比例在各类期刊中最高，这与技术期刊为企业和产业服务关系紧密，能更好更快地调整市场方向及定位，更容易实现自负盈亏，更容易推进期刊的转企改制；科普期刊虽需要

① http://js.cstam.org.cn/CN/volumn/home.shtml.

较高独立性经营和管理活动，出版单位中三分之二具有独立法人资格，但因刊物的公益性及历史沿革，三分之一以上的科普期刊出版单位具有事业法人资格。见表1-12。

表1-12　中国科协科技期刊出版单位性质

出版单位性质	调查期刊		学术期刊		技术期刊		科普期刊		综合期刊		检索期刊	
	数量（种）	比例（%）	数量（种）	比例（%）	数量（种）	比例（%）	数量（种）	比例（%）	数量（种）	比例（%）	数量（种）	比例（%）
事业单位	109	20.3	74	19.6	11	12.4	15	38.5	5	21.7	2	100
企业法人	91	17.0	49	12.9	26	29.2	11	23.2	5	21.7	0	0
非法人	336	62.7	256	67.5	52	58.4	13	33.3	13	56.6	0	0
合计	536	100	379	100	89	100	39	95	23	100	2	100

数据来源：中国科协科技期刊2010年调查数据(有效问卷536份)。

二、经营模式在稳定中寻求创新

在国家推进出版业体制改革的基本要求下，中国科协科技期刊积极探索，创新期刊出版经营模式，拓展期刊经营项目，在稳定中寻求创新发展。集团化出版模式、学科期刊集群出版模式、网络化出版模式和股份制出版模式等都具有一定的代表性，但这些出版模式仍处于探索发展阶段。

调查显示，中国科协科技期刊目前仍以单刊的独立经营模式为主体，单刊独立经营模式占到了69.2%，2006年以来，从单刊独立经营过渡到多刊联合经营的期刊比例不足10%；学科刊群经营模式所占比例较2009年度有所上升，为3.2%，目前已有554个期刊分别归属于24个学会期刊集群，相比之下，学科刊群经营模式比例仍不高，有较大发展空间。这也说明，尽管一些期刊具备集群化经营的可能，但因学会与其期刊出版单位不存在行政隶属关系，在制定相应的管理办法和签订相关协议等方面缺乏统一管理、规范和经验，致使学科刊群经营模式发展缓慢。

2006年以来，57%调查期刊认为自己在数字出版和网络出版方面取得进展，在期刊出版数字化和网络化进程的驱动下，网络集群出版模式有了较快发展，包括“中国科技论文在线”、“首席医学网”、“光学期刊网”、“地学期刊网”、“龙源期刊网”及“中国材料期刊网”等，这些网络集群平台或者承担期刊的统一发行和广告运作，或者提供远程稿件处理及数据共享等多种服务，为中国科协科技期刊的网络集群模式进行了有益的探索。此外，有一部分期刊依托承办单位经营或与出版社、国外出版机构合作经营，另有一部分期刊未开展任何经营活动。

中国科协科技期刊开始有意识地设立专职的经营部门或经营人员，但进展较为缓慢。对于中国科协科技期刊是否设有专职经营部门或经营人员的调查显示，2010年，设有专职经营部门的期刊占23.6%，比2009年度增加了3.3%，有专职经营人员的期刊占32.3%，比2009年度增加了2.5%，虽然两项调查增长幅度不大，但说明中国科协科技期刊在出版体制改革的背景和自身发展的客观需求中，有意识地设立专职的经营部门，扩大专职经营人员队伍，从而开展有效的经营活动。中国科协科技期刊总体经营改革进展缓慢，2006 年以来，仅有 9.3%的调查期刊开展新增经营机构或经营人员、编辑部门与经营部门相对对立的举措，这种整体经营低水平状况与多数出版单位不具备法人资格及单刊独立经营为主的分散经营模式有密切关系。见表 1—13。

表 1－13　中国科协科技期刊经营模式

经营模式	所占比例(%)(2009)	所占比例(%)(2010)
单刊独立经营	62.8	69.2
一个主办单位下多种期刊的规模集成经营	27	22.8
学科刊群经营	1.9	3.2
其他	8.3	4.8
合计	100.0	100.0

数据来源：中国科协科技期刊 2009 年和 2010 年调查数据。

三、经营项目多元化发展

2010 年，中国科协科技期刊开展的经营项目以发行、收取发表费、开展广告及举办学术会议等为主，开展此类经营项目的期刊比例基本保持不变，开展理事或成员及举办业务培训项目的期刊比例较 2009 年度有所上升，说明中国科协科技期刊为开拓经营项目做出一定努力。见表 1－14。

表 1－14　中国科协科技期刊的主要经营项目

经营项目	期刊数量(种)	所占比例(%)	经营项目	期刊数量(种)	所占比例(%)
发行	391	89.5	举办业务培训班	42	9.6
收取发表费	304	69.6	出版其他印刷物	28	6.4
广告	237	54.2	联合主办	24	5.5
举办学术会议	109	24.9	咨询	23	5.3
协办	68	15.6	其他	9	2.1
理事会成员	44	10.1			

数据来源：中国科协科技期刊 2010 年调查数据。

中国科协科技期刊积极寻求多样化、多渠道和多介质的经营方式，针对期刊特色经营项目的调查显示(表 1－15)，47.6%的期刊开展了特色经营项目，与 2009 年度基本持平。22.8%的期刊开展了“数字出版”特色经营项目，比 2009 年度上升了 5.6%，以此项目为基础的网络版发行的刊均收入比 2009 年度也有所增加，由原来的 0.3%增加至 0.8%；以

"合作办刊"为特色的期刊占 11.9%,比 2009 年度的比例略有下降,此外还有采取版权合作、设立评奖项目、中外合作、形成品牌系列刊群及中外合作方式作为特色经营项目,开展这些特色经营项目的期刊比例与 2009 年度相比基本保持不变。

表 1－15 本刊设立的特色经营项目

经营项目	期刊数量(种)	所占比例(%)	经营项目	期刊数量(种)	所占比例(%)
合作办刊	46	11.7	形成品牌系列刊群	24	6.1
数字出版	90	22.9	设立评奖项目	30	7.6
版权合作	42	10.7	中外合作	25	6.4
设立科研或出版基金	3	0.8	其他	21	5.3

数据来源:中国科协科技期刊 2010 年调查数据。

科技期刊宣传是:提高期刊影响率,实现其功能价值的重要方式;实施期刊品牌战略,打造科技期刊品牌优势必不可少的途径;期刊走向市场,让读者了解科技期刊、提高市场占有率和期刊竞争力的保证。

中国科协科技期刊采取各种宣传推广活动宣传期刊,通过多种形式突出论文特色、扩大影响力、吸引优秀论文,包括发表编辑部评论、进行主题策划、创办特色栏目、出版专辑或专题以及重要论文推介等形式;宣传渠道主要有发行宣传、展会宣传、广告宣传、网络宣传、相关学术会议宣传等。调查显示,中国科协科技期刊中有 69.3%的期刊发表编辑部评论,方式有主编寄语、编辑点评、编者推介等;有 68.4%的期刊进行主题策划,周期一般为每季度、每半年、每年等;有 67.1%期刊设置特色栏目;有 68.4%的期刊出版专辑或专题,有 11.3%的期刊每期发表,不发表专辑和专题的期刊比例仅为 13.2%。见表 1－16。

表 1－16 2010 年度发表专辑或专题情况

专辑或专题	期刊数量(种)	所占比例(%)
每期发表	49	11.3
年度发表	35	8.1
不定期发表	292	67.4
无	57	13.2

数据来源:中国科协科技期刊 2010 年调查数据(433 份有效)。

中国科协科技期刊注重重要论文推介。调查显示,75.3%的期刊选择将重要论文放在重要栏目,22.6%的期刊在相关学术会议上进行宣传,12.3%的期刊通过封面论文进行推介,10.7%的期刊通过网页预先介绍进行推介,见图 1－10。除上述论文推介方式之外,中国科协科技期刊重要论文推介方式还包括在期刊博客中宣传、在中国知网优先出版、附编者按或评论等。

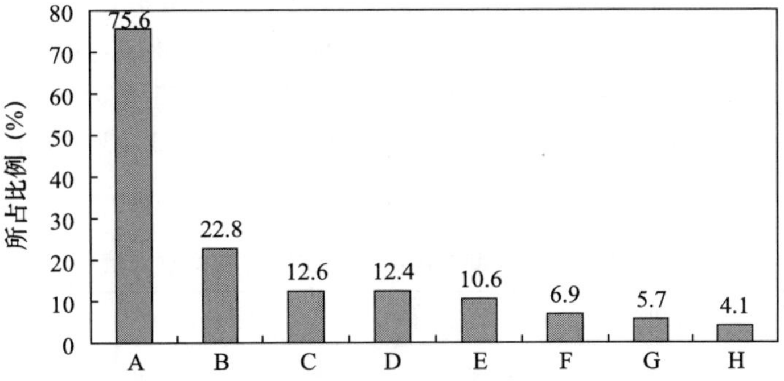

图 1－10　中国科协科技期刊重要论文推介方式

A 放在重要栏目；B 在相关学术会议宣传；C 无相关推介；D 封面论文；E 在网页上预先介绍（预印本）；F 其他；G 在相关附页宣传；H 论文成果新闻发布

数据来源：中国科协科技期刊 2010 年调查数据。

四、经营收支增加且基本保持平衡

2005—2009 年，中国科协科技期刊的刊均收入和支出均有大幅增加（表 1－17）。期刊收支结构也发生变化。统计显示，期刊主要收入来源由文章发表费和发行收入调整为国内期刊纸版的发行收入和广告收入，广告收入逐年增长，在所占比例中也逐年升高。支出项目中以印刷费和员工薪酬为主要支出项目，员工薪酬逐年上升，在支出项目中所占比例也逐年增大，由 2005 年的 20.4％上升至 2009 年的 29.2％，与印刷费所占比例基本持平。

表 1－17　2005—2009 年中国科协科技期刊刊均收支情况比较

年度	刊均收入	主要收入项目			刊均支出	主要支出项目		
		项目[a]	金额	比例（%）		项目[b]	金额	比例（%）
2005	61.5	文章发表费	19.4	31.5	61.2	印刷费	20.9	34.1
		发行收入	14.9	24.3		员工薪酬	12.5	20.4
2006	65.59	发行收入	19.3	29.4	64.66	印刷费	22.52	34.8
		广告收入	17.96	27.4		员工薪酬	12.91	19.9
2007	86.0	国内纸版收入	31.9	37.1	67.3	印刷费	19.5	28.9
		广告收入	19.7	22.9		员工薪酬	18.9	28.0
2008	90.3	国内纸版收入	31.0	34.4	87.5	印刷费	20.5	23.4
		广告收入	23.9	26.4		员工薪酬	22.2	25.4
2009	103.8	国内纸版收入	33.0	31.8	98.7	印刷费	28.7	29.2
		广告收入	27.9	26.9		员工薪酬	28.7	29.2

注：a 为年度收入所占比例最大的两项；b 为年度支出所占比例最大的两项。

数据来源：中国科协科技期刊 2007—2010 年调查数据。

2009 年度中国科协科技期刊刊均收入情况如表 1－18 所示。2005 年以来，中国科协科技期刊刊均收入有大幅增长，2009 年，科普期刊刊均收入最高，为 384.4 万元，比 2005 年上涨 131.2%，涨幅最大。检索类期刊刊均收入最低，为 25.6 万元。学术类期刊刊均收入也大幅增长，比 2008 年度增长 44.2%，比 2005 年增长 55.1%；技术类期刊刊均收入五年的增长幅度也有 23.4%。

表 1－18　2009 年度中国科协科技期刊刊均收入情况　　（金额：万元）

收入项目	学术期刊		技术期刊		科普期刊		综合期刊		检索期刊		总平均	
	金额	比例（%）	金额	比例（%）	金额	比例（%）	金额	比例（%）	金额	比例（%）	金额	比例（%）
国内纸版收入	21.4	21.2	32.6	25.8	285.2	64.8	59.4	37.0	25.6	100.0	33.0	31.8
国内网络版收入	1.1	1.1	0.9	0.7	3.6	0.8	0.9	0.6	0	0.0	0.9	0.9
国外纸版收入	1.0	1.0	0.6	0.4	3.9	0.9	0.0	0.0	0	0.0	0.9	0.9
国外网络版收入	1.0	1.0	0.2	0.2	0.0	0.0	0.0	0.0	0	0.0	0.6	0.6
广告收入	22.3	22.0	55.3	43.7	86.0	19.5	52.9	33.0	0	0.0	27.9	26.9
发表费收入	33.4	33.1	19.2	15.2	0.0	0.0	27.3	17.0	0	0.0	23.7	22.8
拨款及基金资助	11.2	11.2	9.3	7.4	17.9	4.2	8.2	5.0	0	0.0	9.4	9.1
其他增值服务收入	9.7	9.5	8.4	6.6	43.2	9.8	11.9	7.4	0	0.0	7.4	7.0
合计	101.1	100.1	126.5	100.0	439.8	100.0	160.6	100.0	25.6	100.0	103.8	100.0

数据来源：中国科协科技期刊 2010 年数据调查。

中国科协科技期刊的收入主要来自于国内发行、广告及发表费三方面。不同类别的期刊其主要收入来源也有所不同。2009 年度学术期刊收入结构以发表费和广告收入为主，比 2008 年以发表费和国内发行为主的收入结构有所调整，除国外纸版收入下降，其他各项收入比 2008 年度都有所增长；技术期刊仍以广告收入为主，刊均各项收入都有增长，刊均发表费比例较 2008 年度有所上升，刊均广告收入及国内纸版收入比例较 2008 年度有所下降。科普期刊仍以国内发行和广告为主要收入来源，但广告收入比例下降，国外纸版收入及其他增值服务收入都有所提高，这可能与科普期刊开拓国际市场、传媒方式多元化有关。除检索类期刊，其他各类期刊本年度刊均获得拨款或基金资助的收入都有所提高。

中国科协科技期刊年度总收入差异较大，从中国科协科技期刊 2009 年度收入分布图看(图 1－11)，期刊年收入主要集中在 10 万～100 万元，最高的分布区间是 50 万～100 万元，占调查期刊的 27.0%。2008 年期刊收入的最高分布区间是 10 万～30 万元，占当年调查期刊的 28.3%。有 4.9%的期刊年收入不足 10 万元，低于 2008 年的期刊比例(8.1%)；12.6%的期刊年收入超过 200 万元，高于 2008 年收入超过 200 万元期刊比例。这说明 2009 年中国科协科技期刊年收入整体水平好于 2008 年。其中，《中国国家地理》2009 年收支超过 5000 万元，《兵器知识》和《大众软件》的收入超过 1000 万元，《航空知识》年收入接近 800 万元，这些高收入期刊全部为科普期刊，作为中国科协科普期刊经营

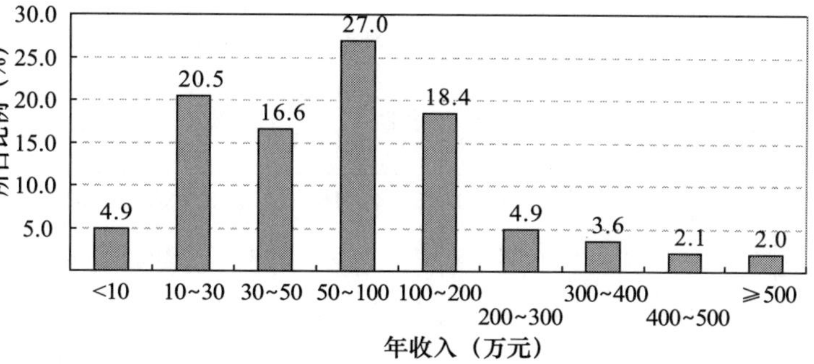

图 1－11　中国科协科技期刊 2009 年度收入分布图

数据来源：中国科协科技期刊 2010 年调查数据

的成功案例值得学习和借鉴。

中国科协科技期刊具备一定的转企改制条件。调查显示，2010 年出版单位的经费来源靠上级拨款或全额拨款的比例不到两成。事业法人单位的主要核算方式为自收自支，占 58.5%。在经费来源方面只有 17.8%的事业法人单位仍为全额拨款；近半数非法人出版单位（49.5%）的经费为上级拨款与自筹相结合，完全自筹的比例占 35.7%，只有 14.8%的单位经费来自上级拨款。在具有独立企业法人资格的出版单位中，只有三分之一的企业为有限责任公司，其余的为全民所有制企业和集体所有制企业及其他性质的企业。这些企业的资本构成 68.4%为国有独资，投资方多为主办单位。调查显示，有 29.8%期刊的出版单位为完全独立核算单位，但是只有不到两成的单位经费完全需要全额拨款或靠上级拨款，这为今后的转企改制工作奠定了基础。见表 1—19。

表 1－19　中国科协科技期刊非企业法人单位的经费来源

事业法人单位的经费来源	期刊数量（种）	所占比例（%）	非法人单位的经费来源	期刊数量（种）	所占比例（%）
全额拨款	46	17.8	上级拨款	49	14.8
差额拨款	61	23.7	自筹	119	35.7
自收自支	151	58.5	上级拨款与自筹结合	165	49.5
合计	258	100.0	合计	333	100.0

数据来源：中国科协科技期刊 2010 年数据调查。

2005—2009 年，中国科协科技期刊刊均支出也逐年上涨，总体基本能达到收支平衡。在支出项目方面，员工薪酬与出版印刷费为主要支出项目。各类期刊刊均员工薪酬都比上一年度有所提高，一方面是重视吸引人才，提高编辑的整体收入水平结果；另一方面也是国家经济状态的反映。从期刊类型看，科普期刊面向大众发行，发行量最大，因此在出版印刷费的支出上也最大，同时获得利润最大，刊均上缴利润也最多；检索类期刊的出版印刷费在各项支出中的比例最大，严重入不敷出，面临生存问题，此类期刊是当前出版体制改革的重点。见表 1－20。

表 1-20 中国科协科技期刊刊均支出情况　　(金额:万元)

收入项目	学术期刊		技术期刊		科普期刊		综合期刊		检索期刊		总平均	
	金额	比例(%)	金额	比例(%)	金额	比例(%)	金额	比例(%)	金额	比例(%)	金额	比例(%)
员工薪酬	26.3	28.8	42.9	33.2	54.4	16.2	54.0	38.4	12.0	29.7	28.7	29.2
出版印刷费	23.0	25.2	27.9	21.6	191.7	57.2	41.6	29.6	22.3	55.2	28.7	29.2
审稿及审稿费	11.8	12.9	9.3	7.2	14.6	4.4	8.7	6.2	5.5	13.6	10.1	10.2
信息化建设	3.8	4.1	2.4	1.9	2.9	0.9	1.7	1.2	0	0.0	3.3	3.3
会议培训	2.8	3.0	1.9	1.4	2.0	0.6	1.7	1.2	0	0.0	2.3	2.3
管理费	4.6	5.0	8.3	6.4	4.9	1.5	7.9	5.6	0	0.0	4.8	4.9
办公费	4.6	5.0	3.2	2.5	9.7	2.9	3.9	2.8	0.6	1.5	4.0	4.1
上缴税金	5.4	5.9	7.5	5.8	10.7	3.2	9.0	6.4	0	0.0	5.8	5.9
上缴利润	3.6	3.9	11.1	8.5	37.8	11.3	7.0	4.9	0	0.0	4.6	4.7
其他支出	5.4	5.9	14.9	11.5	6.5	1.8	5.1	3.7	0	0.0	6.4	6.5
合计	91.1	100.0	129.3	100.0	372.3	100.0	138.3	100.0	40.4	100.0	98.7	100.0

第二章　中国科协精品科技期刊建设

为促进中国科协及全国学会主办科技期刊的深化改革与创新发展，增强科技期刊核心竞争力，努力提高科技期刊学术质量和出版质量，培育一批在学科和专业领域内有较强影响力和辐射力的精品科技期刊，从而带动我国科技期刊整体质量和水平的提高，更好地推动科技发展和为建设创新型国家服务，中国科协从 2006 年开始实施精品科技期刊工程，并提供精品科技期刊工程项目经费资助。5 年来，该项目以实施精品科技期刊战略为核心，突出科技期刊学术质量、办刊能力、国际化以及网络化建设，通过搭建科技期刊创新与发展平台，加强精品科技期刊示范与引导，着力打造精品科技期刊群体，带动我国科技期刊整体质量和水平的提高。

第一节　中国科协精品科技期刊建设概述

中国科协精品科技期刊工程项目是迄今为止我国对科技期刊支持力度最大的项目，也是一项推动科技期刊发展的国家级工程，对促进我国科技期刊的发展具有重要意义，受到了科技界和科技期刊界的广泛关注。中国科协及其全国学会主办的科技期刊是我国具有典型代表的优质刊群，中国科协精品科技期刊建设项目实施 5 年来，取得了丰硕的成果，为我国科技期刊的发展起到良好的示范与引导作用。

一、精品科技期刊工程项目概况

中国科协精品科技期刊工程项目遵循“明确目标、突出重点；专家评审、公开公正；择优支持、动态管理；年度考核、追踪问效”的基本原则，围绕精品科技期刊示范项目、科技期刊国际推广计划、科技期刊创新平台建设项目等，有效推进了项目建设目标和建设内容。

精品科技期刊示范项目包括：培育国际知名科技期刊（A 类），旨在重点培育一批国际化程度较高、有一定国际影响力的科技期刊（英文版）或有一定国际化基础的我国优势学科、重点学科、民族特色学科科技期刊，支持其实施精品科技期刊战略和国际化战略，参与国际国内科技界和工程界的学术交流，在稿源、编审、出版、发行等方面进一步提高国际化水平，逐步成长为在相关学科领域具有广泛影响的国际国内知名科技期刊；培育国内领衔科技期刊（B 类），旨在重点培育一批国内专业学科领域中综合评价指标居前、具有较好品牌效应或具有较强发展潜力、为我国科技发展战略确定的重点学科领域的科技期刊，支持其进一步提高学术质量和出版质量，逐步成长为学科或专业领域的领衔科技期刊，为实施科教兴国战略与人才强国战略、推动自主创新和建设创新型国家服务，逐步成长为期刊精品；培育精品科技期刊队伍的后备力量（C 类），旨在重点催化培育一批在相关学科领域（特别是国内优势学科和民族特色学科）中虽有差距、基础条件差，但具有学科或专业领域的代表性、有发展潜力的科技期刊，使之进一步成长为精品科技期刊队伍的后备力量。

科技期刊国际推广计划包括设立英文版科技期刊国际推广资助项目、科技期刊国际化专业人才培训、开展国际性科技期刊出版专题学术交流与研讨、组织参加重要国际性出版会议及期刊展览等。英文版科技期刊国际推广计划旨在重点支持英文版科技期刊积极参与国际竞争,加强国际交流与合作,吸引国际国内优秀论文,充分发挥自身优势,通过在稿源、编审、出版、发行、培训等方面开展的相关工作,进一步提高国际化水平,扩大英文版科技期刊在国际上的影响力和权威度,打造中国的世界名刊。英文版科技期刊国际推广计划自 2009 年起实施,项目实施周期为 3 年,资助额度为每项 8 万元/年,《中国化学》(英文版)、《稀土学报》(英文版)、《海洋学报》(英文版)、《高分子科学》(英文版)、《中国化学工程学报》(英文版)、《中国机械工程学报》(英文版)、《中国航空学报》(英文版)共七种期刊获得了首期资助。

科技期刊创新平台建设项目包括科技期刊数字化建设、科技期刊出版体制改革试点、搭建科技期刊与大众媒体交流平台、科技期刊基础理论建设、科技期刊基础条件建设等。

中国科协精品科技期刊工程项目实施 5 年来,重点扶植、培育了一批在专业学科领域具有较强核心竞争力、在国内外有较高知名度和较强国际影响力的高端科技期刊,充分发挥其示范引导作用,着力打造了精品科技期刊群体,带动了我国科技期刊整体质量和水平的提高;扩大了科技期刊国际交流与合作,学习和借鉴世界先进办刊经验和出版理念,推进国际版权合作与代理发行,增强了我国科技期刊的国际影响力和市场竞争力,提高了科技期刊的国际化水平;同时,该项目也加强了科技期刊基础理论和基础条件,推进科技期刊体制改革,优化资源配置,增强了科技期刊的创新和自我发展能力。

二、精品科技期刊示范项目实施情况

为有效推进中国科协精品科技期刊工程的实施,提高项目资助成效,精品科技期刊示范项目从紧密结合国家科技发展目标、立足于推动我国科技事业的发展、服务于国民经济建设、密切结合科学发展需求的高度,按期刊发展水平设定目标和条件,从 A、B、C 三个不同级别和着力于打造国际化期刊、重点支持优势学科和重点学科期刊、扶持民族特色科技期刊三个层面确定资助条件和目标。

2006—2010 年,精品科技期刊示范项目共资助 164 种科技期刊,累计共 454 项(次),其中 A 类项目 27 项(次),B 类项目 203 项(次),C 类资助项目 224 项(次),各类项目资助额度分别为每项每年 25 万、15 万、5 万元,5 年来累计资助金额达 4840 万元(表 2-1),该项目于 2009 年在财政部组织的绩效考评中获得“优+”的最高评价。其中《植物学报》(英文版)、《地质学报》(英文版)、《中国药理学报》(英文版)3 种期刊连续 5 年获得 A 类项目资助,《作物学报》等 16 种期刊连续 5 年获得 B 类项目资助,《化工进展》等 12 种期刊连续 4 年获得 C 类项目资助(表 2-2)。2009 年,精品科技期刊示范项目设置非资助类期刊 100 项,授予“中国科协示范精品科技期刊”名称并颁发证书。

表 2－1　中国科协精品科技期刊示范项目 2006—2010 年资助期刊数量与资助金额

年　份	A类		B类		C类		合计金额（万元）
	期刊数量	每项金额（万元/年）	期刊数量	每项金额（万元/年）	期刊数量	每项金额（万元/年）	
2006	5	25	40	15	61	5	1030
2007	5	25	40	15	65	5	1050
2008	5	25	43	15	53	5	1035
2009	5	25	40	15			725
2010	7	25	40	15	45	5	1000
合计	27	675	203	3045	224	1120	4840

表 2－2　中国科协精品科技期刊示范项目 2006—2010 年资助期刊

序号	期刊名称	所属学会	2006 年	2007 年	2008 年	2009 年	2010 年
1	地质学报(英文版)	中国地质学会	A	A	A	A	A
2	地质学报	中国地质学会	B	B	B		
3	数学学报(英文版)	中国数学会	A	A	B	A	A
4	中国药理学报(英文版)	中国药理学会	A	A	A	A	A
5	中国物理 B(英文版)	中国物理学会	B	B	A	A	A
6	中国物理快报(英文版)	中国物理学会	B	A	A		
7	理论物理通讯(英文版)	中国物理学会	B	B			
8	兵工学报(英文版)	中国兵工学会	C	C			
9	兵工学报	中国兵工学会	C	C	B		C
10	计算机科学技术学报(英文版)	中国计算机学会	B	B	B		A
11	植物学报(英文版)	中国植物学会	A	A	A	A	A
12	金属学报	中国金属学会	A	B	B		C
13	编辑学报	中国科学技术期刊编辑学会		C	C		C
14	病毒学报	中国微生物学会		C	C		
15	材料科学技术(英文版)	中国金属学会		C	C		
16	材料研究学报	中国材料研究学会			B		
17	草地学报	中国草学会			C		
18	测绘学报	中国测绘学会	B	B			C
19	船海工程	武汉造船工程学会		C	C		

续表

序号	期刊名称	所属学会	2006 年	2007 年	2008 年	2009 年	2010 年
20	地理学报	中国地理学会	B	B	B	B	B
21	地球物理学报	中国地球物理学会			B	B	B
22	地震学报	中国地震学会		C	C		C
23	地质论评	中国地质学会	C	C			
24	电镀与精饰	天津市电镀工程学会	C				
25	电工技术学报	中国电工技术学会					C
26	电子测量与仪器学报	中国电子学会					C
27	电子显微学报	中国物理学会	C	C	C		
28	电子学报	中国电子学会	B	B	B	B	B
29	动物学报	中国动物学会				B	B
30	动物营养学报	中国畜牧兽医学会		C			
31	纺织学报	中国纺织工程学会			C		
32	分析化学	中国化学会	B				
33	分子植物(英文版)	中国植物生理学会					A
34	高分子通报	中国化学会	C				
35	高分子学报	中国化学会		B	B		
36	光谱学与光谱分析	中国光学学会				B	B
37	光学学报	中国光学学会			C		C
38	广西科学	广西科协	C	C	C		
39	广西植物	广西植物学会		C			
40	硅酸盐学报	中国硅酸盐学会	B			B	B
41	海洋学报	中国海洋学会		C	C		C
42	海洋与湖沼	中国海洋湖沼学会	B				
43	航空学报	中国航空学会	B			B	B
44	化工进展	中国化工学会	C	C	C		C
45	化工学报	中国化工学会	B	B	B	B	B
46	化学学报	中国化学会	B	B		B	B
47	火炸药学报	中国兵工学会	C	C			C
48	机械工程学报	中国机械工程学会	B	B	B	B	B
49	基础医学与临床	北京生理科学会	C	C	C		
50	计算机辅助设计与图形学学报	中国计算机学会	C	C			C

续表

序号	期刊名称	所属学会	2006年	2007年	2008年	2009年	2010年
51	计算机学报	中国计算机学会	C	C	C	B	B
52	技术经济	中国技术经济研究会	C				
53	解剖学报	中国解剖学会	C	C	C		
54	精细化工	中国化工学会	C	C			
55	昆虫学报	中国昆虫学会	B				
56	力学进展	中国力学学会	B	B	B	B	B
57	力学学报(英文版)	中国力学学会		B	B		
58	量子光学学报	山西省物理学会			C		
59	林业科学	中国林学会	C	B	B	B	B
60	煤炭学报	中国煤炭学会		C			C
61	棉花学报	中国农学会					C
62	模式识别与人工智能	中国自动化学会					C
63	农业工程学报	中国农业工程学会					C
64	气象学报	中国气象学会		B	B	B	B
65	软件学报	中国计算机学会	B	B	B		
66	色谱	中国化学会					C
67	生态学报	中国生态学会	C	C	C		C
68	生物多样性	中国植物学会			B	B	B
69	生物化学与生物物理进展	中国生物物理学会	B	B			
70	生物物理学报	中国生物物理学会	C	C			
71	生物学通报	中国动物学会	C	C	C		
72	生物学杂志	合肥市科协	C				
73	声学学报	中国声学学会	C	C			
74	石油学报	中国石油学会	B	C	C	B	B
75	石油学报(石油加工)	中国石油学会	C	C	C		C
76	世界中西医结合杂志	中华中医药学会					C
77	数学进展	中国数学会		C	C		C
78	水产学报	中国水产学会	C	C	C	B	B
79	水利学报	中国水利学会	C	C	C		C
80	塑性工程学报	中国机械工程学会	C	C	C		C
81	铁道学报	中国铁道学会	C				

续表

序号	期刊名称	所属学会	2006 年	2007 年	2008 年	2009 年	2010 年
82	通信学报	中国通信学会		C	C	B	B
83	无机化学学报	中国化学会				B	B
84	物理	中国物理学会	C	C			
85	物理化学学报	中国化学会			B		C
86	物理学报	中国物理学会			B	B	B
87	物理学进展	中国物理学会	C	C	B		
88	稀土学报(英文版)	中国稀土学会		C	C		
89	稀有金属材料与工程	中国有色金属学会		B			C
90	系统工程理论与实践	中国系统工程学会	B	B	B	B	B
91	系统工程学报	中国系统工程学会					C
92	现代制造工程	北京机械工程学会	C	C	C		
93	畜牧兽医学报	中国畜牧兽医学会	C	C	C		C
94	岩矿测试	中国地质学会	C				
95	岩石力学与工程学报	中国岩石力学与工程学会	C	C	C	B	B
96	岩石学报	中国矿物岩石地球化学学会				B	B
97	岩土工程学报	中国水利学会	B	B	B		C
98	药物分析杂志	中国药学会	C	C	C		C
99	药学学报	中国药学会	C	C	B	B	B
100	仪器仪表学报	中国仪器仪表学会	B	B	B	B	B
101	遗传学报	中国遗传学会	B	B	B	B	B
102	应用数学学报	中国数学会	B				
103	应用数学学报(英文版)	中国数学会				B	B
104	宇航学报	中国宇航学会		C	C	B	B
105	园艺学报	中国园艺学会	B	B	B		C
106	植物保护学报	中国植物保护学会	C	C	C		
107	植物病理学报	中国植物病理学会					C
108	植物生理学通讯	中国植物生理学会	C	C	C		C
109	植物生态学报	中国植物学会		B	B		
110	中国标准化(英文版)	中国标准化协会			B		
111	中国表面工程	中国机械工程学会			C		
112	中国病理生理杂志	中国病理生理学会					C

续表

序号	期刊名称	所属学会	2006 年	2007 年	2008 年	2009 年	2010 年
113	中国电机工程学报	中国电机工程学会	B	B	B	B	B
114	中国化学快报(英文版)	中国化学会		C	C		
115	中国环境科学	中国环境科学学会		B	B		
116	中国机械工程	中国机械工程学会	C	C	C		C
117	中国科技史杂志	中国科学技术史学会	C	C	C		
118	颗粒学报(英文版)	中国颗粒学会	C	C			
119	中国昆虫科学(英文版)	中国昆虫学会			C	B	B
120	中国粮油学报	中国粮油学会					C
121	中国临床药理学杂志	中国药学会		C			
122	中国免疫学杂志	中国免疫学会	C				
123	中国免疫学杂志(英文版)	中国免疫学会			B		
124	中国生物化学与分子生物学报	中国生物化学与分子生物学会		C			
125	中国稀土学报	中国稀土学会	C				
126	中国新药与临床杂志	中国药学会	C	C	C		
127	中国烟草学报	中国烟草学会	C				
128	中国药理学通报	中国药理学会	C	C	C		C
129	中国药学杂志	中国药学会	B	B	C		C
130	中国医院药学杂志	中国药学会	C				
131	中国有色金属学报	中国有色金属学会	B	B	B	B	B
132	中国针灸	中国针灸学会		C	C		
133	中国中西医结合急救杂志	中国中西医结合学会	C	C	C		
134	中国中西医结合杂志	中国中西医结合学会	B	B	B		C
135	中国中药杂志	中国药学会	C	C	B	B	B
136	中华病理学杂志	中华医学会		C	C		C
137	中华儿科杂志	中华医学会	B	B	B	B	B
138	中华耳鼻咽喉头颈外科杂志	中华医学会		C	C	B	B
139	中华放射学杂志	中华医学会	C	C	C		C
140	中华放射肿瘤学杂志	中华医学会	C	C	C		
141	中华妇产科杂志	中华医学会	B	B	B	B	B
142	中华骨科杂志	中华医学会	B				C

续表

序号	期刊名称	所属学会	2006 年	2007 年	2008 年	2009 年	2010 年
143	中华护理杂志	中华护理学会	C				
144	中华急诊医学杂志	中华医学会	C	C	C		
145	中华结核和呼吸杂志	中华医学会	B	B	B	B	B
146	中华口腔医学杂志	中华医学会	B	B		B	B
147	中华劳动卫生职业病杂志	中华医学会	C	C			
148	中华内科杂志	中华医学会					C
149	中华神经科杂志	中华医学会	B	B			
150	中华神经外科杂志	中华医学会	C	C			
151	中华外科杂志	中华医学会	C	C	C		
152	中华微生物学和免疫学杂志	中华医学会	C				
153	中华物理医学与康复杂志	中华医学会	C		C		
154	中华心血管病杂志	中华医学会					C
155	中华血液学杂志	中华医学会	C	C	C		
156	中华眼科杂志	中华医学会	B	B	B	B	B
157	中华医学杂志	中华医学会	B	B	B		C
158	中华医学杂志(英文版)	中华医学会		B	B		
159	中华预防医学杂志	中华医学会	C	C	C		
160	中华中医药杂志	中华中医药学会	C				
161	中华肿瘤杂志	中华医学会	B	B	B	B	B
162	自动化仪表	中国仪器仪表学会	C				
163	自然资源学报	中国自然资源学会	C	C	C		C
164	作物学报	中国作物学会	B	B	B	B	B

从学科分布看,中国科协精品科技期刊示范项目2006—2010年资助的期刊分属数理科学、化学科学、地球科学、生命科学、农业科学、医学、工程科学、能源与环境科学、材料科学、信息科学、管理科学与综合11个学科领域,其中医学领域受资助期刊的数量与金额最多,接近项目总额的四分之一,其次是数理科学和生命科学,各占约10%。

第二节　培育国际知名科技期刊

精品科技期刊A类项目针对符合以下条件的中国科协及全国学会主办(含其他部门主管和省级科协所属)的科技期刊实施资助:国际化程度较高、有较大国际影响,被SCI、EI、CA等国际主要综合或同行检索机构收录的科技期刊;具有一定国际化基础的我国优势学科、重点学科、民族特色学科，并在一定范围内被国际同行认可的科技期刊。2006—2010年，先后有9种期刊受到A类项目资助，包括《地质学报》(英文版)、《植物学报》(英文版)、《中国药理学报》(英文版)、《数学学报》(英文版)、《中国物理B》(英文版)、《中国物理快报》(英文版)、《金属学报》(英文版)、《计算机科学技术学报》(英文版)、《分子植物》(英文版)，其中《植物学报》(英文版)、《地质学报》(英文版)、《中国药理学报》(英文版)3种期刊连续5年获得A类资助。

2006—2010年，精品科技期刊A类项目资助期刊围绕实施科技期刊在编委、稿源、审稿、编辑、出版、传播、读者等方面的精品化战略和国际化战略，提高科技期刊的影响力和国际国内同行认可程度，提高科技期刊学术水平和出版质量，数字出版和期刊版本多样化，建立学术论文对科技发展快速反应机制，扩大国际发行，加强编辑人员队伍建设，实施体制机制调整和改革等主要方向实现了重点突破。

一、组建期刊国际化编委

实施科技期刊编委国际化战略，是A类项目资助期刊向国际知名科技期刊发展的第一步。拥有国际化的编审队伍，不仅可以保证期刊在选稿阶段就拥有国际化的视野，而且有助于提高期刊的国际影响力，实现海外同行评议制度。A类项目资助期刊十分重视加强国际编委的力量，据统计，2010年，A类项目资助期刊几乎全部是由院士担任主编，国际编委比例均占到编委总数的四分之一以上，《计算机科学技术学报》(英文版)、《植物学报》(英文版)、《分子植物》(英文版)国际编委比例分别达53%、54%、62%。国际编委在组织海外投稿、推荐优秀稿件、海外审稿等方面发挥了重要作用，如《植物学报》(英文版)编委2010年发表论文21篇；《计算机科学技术学报》(英文版)编委会组稿达56%；《地质学报》(英文版)聘请国际编委进行国际信息咨询；《分子植物》(英文版)邀请知名专家担任专题的组稿编委。

A类项目资助期刊拥有一定数量的海外审稿专家，并且实施严格的审稿制度与规范的审稿流程，近年来期刊的国际审稿量逐渐加大。如《计算机科学技术学报》(英文版)现有审稿专家8219人，其中海外专家5763人。该刊2010年国际审稿量达80%。《中国药理学报》(英文版)、《分子植物》(英文版)的海外审稿专家比例均在60%以上。

二、推进期刊内容国际化

期刊论文的水平是期刊核心竞争力的最重要方面，围绕如何提高论文质量、数量、国际化等内容，A类项目期刊进行了多种途径的尝试和努力，包括组织编委进行专题策划、跟踪学科前沿与热点、论文推介服务以及提高稿源数量的各种宣传评奖活动等。《地质学报》(英文版)在加大对国际水平学术论文的遴选力度，提高刊物所载论文的国际影响力方面积累了一定的经验。该刊物2010年在组织优秀稿源、展示期刊内容国际化方面采取一系列举措，登载国际地科联合作研究项目(IGCP)的成果，把中外地质学家共同研究的成果推向国际领域；登载在国际地学界处于前沿领域的我国科技人员的研究成果；登载荣获国际科技进步一、二等奖的“973”项目、“国家自然科学基金重大项目”成果;发挥科技期刊的导向作用,出版专题或专刊,如,国家“973”重大基础研究发展规划项目“中国西部典型叠合盆地油气成藏机制与分布规律”专辑,国家“973”项目“三江特提斯复合造山与成矿作用”的最新研究成果等。《植物学报》(英文版)自2008年开始推出“年度优秀论文”评选活动,按照文章被引频次、下载次数和学术水平分别排名,再由编委会投票评选出2篇最佳论文。2010年,该刊在举办“科学论文写作规范”培训班期间特邀院士为获奖论文的作者颁奖。同时,该刊自2010年起为“高被引论文”颁发证书,从而扩大高被引论文的影响。

5年来,A类项目期刊加强国际化建设,海外来稿量及发表海外论文数量增大,作者分布范围更广,高水平的原创性论文、基金论文比明显提高。统计显示,2010年受资助的A类期刊发表海外论文约390篇,海外论文比多数保持在25%以上,《地质学报》(英文版)海外论文比从2009年的23.1%增长为2010年的36.4%,《分子植物》(英文版)2009年海外论文比达95%,《中国物理B》(英文版)2010年组织报道重要原创性学术论文14篇。2010年,期刊海外来稿量明显增加,《计算机科学技术学报》(英文版)收到来自52个国家和地区海外投稿占总收稿量的56%。

此外,A类项目资助期刊坚持按照国际标准遴选学术论文,通过组稿、选题策划、出版专辑等措施,关注研究热点,反映学科发展态势。2010年,项目资助期刊出版了颇具特色的学术专辑和会议论文集,如为了纪念华罗庚先生100周年诞辰,《数学学报》(英文版)向国内外著名华人数学家约稿出版了《纪念华罗庚先生100周年诞辰》纪念专辑;《植物学报》(英文版)紧扣研究热点,出版了*Plant Vascular Biology and Agriculture*、*The Plant Cell Surface*、*Frontiers of Integrative Plant Biology*、*Photosynthesis*、*Plant Metabolic Biology*等五期高质量的主题专刊,较好地带动了期刊发行量的增长;《分子植物》(英文版)约请知名专家担任专刊的组稿编委,出版了*Plant Metabolism*、*Nutrient Sensing*、*Nucleus Biology and Signaling*、*Assimilate Partitioning and Plant Development*四期专刊,受到读者的好评。《中国药理学报》(英文版)2010年出版创刊30周年纪念版,在该领域形成较好的学术影响。

三、出版水平走向国际一流

A类项目资助期刊特别注重了解和借鉴国际著名期刊的通行做法,并在此基础上结合自身实际情况对刊物内容和形式进行改进,不断增加刊载容量,加快稿件处理流程,缩短期刊出版周期,提高期刊印刷质量,以求更快地向国际一流期刊迈进。以《地质学报》(英文版)为例,该刊学习和借鉴国际知名刊物,在提高期刊出版水平方面采取了一系列的措施,增加了期刊页码,扩大了刊载容量,期刊页码从2005年的859页提高到2010年的1562页,增长81.8%;增加单行本数量以方便读者阅读,从2005年的4530本提高到2010年的12100本,增长167.1%;提高印装质量以提高地质图件的精度,彩版数量从2005年的36个增加到2010年的322个;聘请英语为母语的外籍专家以及国际合作出版集团的专家,进行文字语言润色等。

努力缩短出版周期,提高期刊的快速反应能力,也是A类项目资助期刊提升出版水平、向国际知名期刊迈进的一个重要方面。2006—2010 年 A 类项目资助期刊的平均稿件处理周期和发表周期呈现出缩短的趋势，其中，《植物学报》(英文版)的发表周期从 2008 年的 161 天缩短为 2010 年的 110 天，该刊的海外审稿周期较 2009 年缩短 30 天。此外，《金属学报》(英文版)、《中国物理快报》(英文版)、《地质学报》(英文版)的海外审稿周期也都有不同程度的缩减。

四、增强期刊国际影响力

A 类项目资助期刊以实施国际化战略为重点，努力提高期刊在稿源、编审、出版与发行等方面的国际化水平，期刊的国际影响力得到显著提升，具体表现在：期刊的计量指标不断上升，论文国际下载大幅增加，被更多的国际重要检索系统收录以及与国际知名出版集团合作。

根据美国科技信息研究所 JCR 公布的数据，A 类项目资助期刊的被引频次、影响因子总体呈稳步上升态势(图 2-1、图 2-2)，即年指数、来源文献量、被引半衰期等主要文献计量指标也有较好表现。2010 年，《植物学报》(英文版)影响因子比 2009 年增长 62%，达到 1.396；《分子植物》(英文版)影响因子为 2.784，在 112 种中国 SCI 期刊中排名第四，在植物科学领域的国内期刊中排名第一，在 JCR 报告收录的全球 172 种国际植物科学期刊中排名第 26，位于前 15%行列。

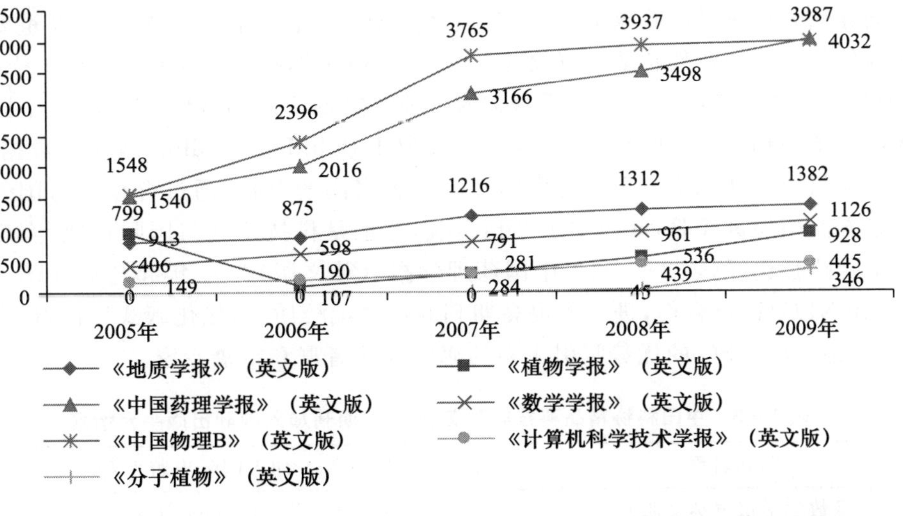

图 2-1　2010 年获得 A 类项目资助期刊的 2005—2009 年在 JCR 的被引频次情况

在期刊国际发行与论文国际下载方面，A 类项目资助期刊采取积极措施，扩大期刊的国际传播。根据 SpringerLink 数据，《数学学报》(英文版)国际下载量和国际浏览量近年来大幅度增加，分别从 2006 年的 17599 篇次、80408 篇次，增加到 2009 年的 49206 篇次、247825 篇次。《中国物理 B》(英文版)从 2001 年开始与英国物理学会出版集团(IOPP)合作出版，该刊的海外发行量和影响力显著提高，2009 年该刊通过 IOPP 在 109 个国家和地区的 1705 个平台上发行，论文国际下载量增幅明显，由 2008 年的 17.3 万篇

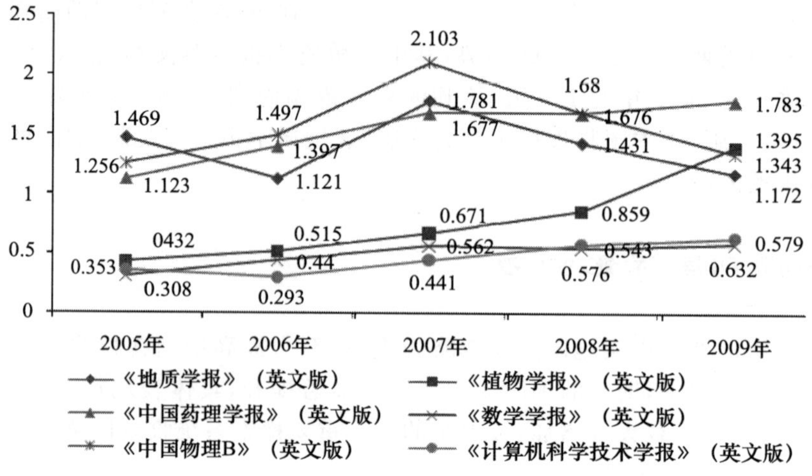

图 2－2　2010 年获得 A 类项目资助期刊的 2005—2009 年在 JCR 的影响因子情况

中国物理(英文版)自 2008 年开始更改刊名为 Chinese Physics B，因此 2009 年的总被引频次为 Chinese Physics(2846)和 Chinese Physics B(1141)之和(2009 年度 Chinese Physics B 的影响因子为 1.293)。《分子植物》(英文版)2008 年创刊

次增加到 2010 年的 25.8 万篇次。根据 Wiley-Blackwell 数据，《植物学报》(英文版)国际全文及摘要下载量近年来持续上升，2009 年国际浏览量达 140251 篇次，同时该刊全球电子版订户也在持续增加。

在国际重要检索系统收录方面，A 类项目资助期刊普遍被较多的国内外重要检索系统及国内外相关的专业性检索系统收录。其中，《植物学报》(英文版)被 SCI-E、PubMed 等 66 种国际检索系统收录，《地质学报》(英文版)被 SCI、GeoRef、GA 等 25 个国际数据库收录，《分子植物》(英文版)创刊两年多即被 SCI、PubMed/Medline 等主要数据库收录。

A 类项目资助期刊十分重视与国际知名出版集团的合作，通过合作学习国外同行编辑和出版方面的先进经验，并应用于办刊实践，这也是科技期刊与国际接轨、实现期刊国际化的重要路径选择(表 2－3)。《中国药理学报》(英文版)2009 年起与 Nature Publishing Group(NPG)进行合作，进一步提高期刊的英文编校质量，优化版式设计，提高国际知名度，同时还借助 NPG 的优势吸引更多的海内外作者群和审稿专家。

表 2－3　中国科协精品科技期刊工程 A 类期刊加入国际出版平台情况

期刊名称	加入国际出版平台
《数学学报》(英文版)	Springerlink
《中国物理 B》(英文版)	IOPP
《地质学报》(英文版)	Wiley-Blackwell
《植物学报》(英文版)	Wiley-Blackwell、Interscience
《分子植物》(英文版)	OUP
《中国药理学报》(英文版)	Nature Publishing Group(NPG)
《计算机科学报技术学报》(英文版)	SpringerLink

第三节 培育国内领衔科技期刊

精品科技期刊示范项目B类针对符合以下条件的中国科协及全国学会主办(含其他部门主管和省级科协所属)的科技期刊实施资助:期刊学术质量高、被国内或国际本学科领域读者、作者和科技人员所广泛认可的科技期刊;在国内优势学科、重点学科中,综合评价指标位居前三位、有持续发展潜力的科技期刊;学术水平较高,具有较好品牌效应,并具有我国民族特色的科技期刊为我国科技发展战略确定的重点学科领域的科技期刊。2006—2010年,先后有73种期刊受到B类示范项目资助,其中有16种期刊连续5年获得资助,包括《地理学报》、《电子学报》、《化工学报》、《机械工程学报》、《力学进展》、《系统工程理论与实践》、《仪器仪表学报》、《遗传学报》(英文版)、《中国电机工程学报》、《中国有色金属学报》、《中华儿科杂志》、《中华妇产科杂志》、《中华结核和呼吸杂志》、《中华眼科杂志》、《中华肿瘤杂志》、《作物学报》。

2006—2010年,精品科技期刊示范项目B类资助期刊围绕实施科技期刊(编委、稿源、审稿、编辑、出版、传播、读者等)精品化战略,提高科技期刊的影响力和同行认可程度;提高科技期刊学术水平和出版质量,数字出版和期刊版本多样化,建立学术论文对科技发展快速反应机制,增加刊载容量,扩大传播发行范围;加强编辑人员队伍建设,实施体制机制调整和改革等主要方向实现重点突破。一批优秀科技期刊在项目资助下,努力提高期刊学术水平和出版质量,反映科技进步和学科创新,服务创新型国家建设,逐步成长为我国科技发展战略确定的重点学科领域或专业领域的领衔科技期刊,为我国科技期刊发展起到良好的示范引导作用。

一、推进专家办刊,提升出版水平

专家办刊在期刊发展中起到非常重要的作用。中国科协精品科技期刊注重发挥编委会与审稿专家的专业优势,积极组织优秀稿件,实行严格的同行评议制度,推动期刊出版质量不断提升。

(一)编委会参与期刊审稿与运作

受资助期刊普遍重视编委会在期刊学术质量建设中的核心作用,通过召开编委会会议、调整编委会结构、建立编委会制度等形式,使编委会更好的参与期刊审稿与运作。

2010年调查显示,B类项目资助期刊的刊均编委79人,海外编委平均比例12.4%。《应用数学学报》(英文版)海外编委比例占52%;《机械工程学报》的40位海外编委分布在15个国家和地区;《作物学报》2010年编委数量从92人增加至122人,其中两院院士25位,占编委总人数的20%,吸纳更多热心支持期刊工作的学科带头人及国家重点科研项目课题负责人加入期刊编委,同时兼顾编委的年龄与地域分布,使编委队伍更加年轻化,学科和地区的分布更加合理。

B类项目资助期刊注重通过发挥编委会作用进一步明确期刊发展方向与目标。2010

年，《药学学报》、《作物学报》、《中华妇产科杂志》、《中华眼科杂志》、《无机化学学报》、《生物多样性》等陆续召开编委会会议，明确期刊发展方向、制订期刊工作计划、讨论期刊提高学术质量和出版水平的措施，以及如何扩大期刊的影响力等。

为充分发挥编委会的作用，受资助期刊通过加强编委会制度建设，策划专刊或专栏，撰写或推荐综述文章等形式，有效调动编委参与期刊工作的积极性。《计算机学报》根据学科领域将编委会分成专业大组，根据学科专业方向将大组细分成小组，两者在组织学科大领域的专辑与学科方向的专题方面各具优势。《中华耳鼻咽喉头颈外科杂志》邀请编委参与学术交流活动和举办专家报告等加强与国内外编委的联系与交流，同时，该刊组建核心专家队伍，每年召开1～2次核心组专家会议探讨刊物的选题策划与学术活动组织。《作物学报》请每位编委每年至少撰写或推荐一篇高质量的论文，撰写能对学科的进一步发展有引导作用的综述文章。

(二)建立高素质的审稿人与编辑队伍

期刊对快速反应的追求和不断加大的论文投稿数量，都要求刊物审稿专家库有足够的规模，并且在专业上能够涵盖期刊涉及的专业领域与方向。《电子学报》通过了解国家重大科研项目分布、编委推荐、作者调查、参与学术交流等方式，不断补充学科带头人、项目负责人进入审稿人队伍，2010年审稿人队伍达5100多人。《物理学报》2010年审稿专家达6857人，比2009年增加约700人。《机械工程学报》自2005年开始连续6年评选优秀审稿专家。《中国电机工程学报》授予长期为学报审稿、审稿数量多且审稿质量高的专家"特约审稿专家"荣誉称号。《水产学报》加强审稿人评价不断优化审稿专家库。调查显示，2009—2010年受资助期刊的审稿周期普遍缩短，《通信学报》、《作物学报》审稿周期比2006—2007年缩短约50天。

B类项目资助期刊通过外部引进与内部培养的方式不断提高编辑人员队伍素质。调查显示，受资助期刊普遍参加专业交流活动或出版业务培训，如"中国科技期刊发展论坛"、"中国科协主管期刊主编岗位培训班"、"全国科技期刊编辑业务培训班"、"中国科技期刊青年编辑学术研讨会"，从编辑出版规范、期刊品牌建设、期刊国际化、网络与数字化等方面帮助编辑人员巩固与提高业务素质。中华医学会组织"期刊编审系统编辑培训班"、"编辑规范沙龙"、"网络期刊学习"等多种形式的培训活动，并开展编辑技能竞赛，鼓励编辑人员提高业务素质。

(三)期刊出版能力持续提高

近5年来，受资助期刊立足于推进专家办刊、专业办刊，推进建立高素质期刊人才队伍，不断提升编辑出版质量，优化编辑出版流程，期刊出版指标显著进步，刊载容量稳步增加、论文发表周期进一步缩短。

在连续5年受到精品科技期刊示范项目B类资助的16种期刊中，2010年刊均全年页码比2006年增加419页，刊均载文量比2006增加了7篇。《机械工程学报》2010年从月刊调整为半月刊，全年页码从2006年的2880页增加至4800页，论文发表周期从2006年的10个月缩短到2010年的8个月。《力学进展》2008年从季刊调整为双月刊，论文发表周期从 2006 年的 12.9 个月缩短到 8.5 个月，载文量从 2006 年的 46 篇增加至 73 篇。《作物学报》、《化工学报》的论文发表周期分别比 2006 年缩短了 4.9 个月、4 个月。《仪器仪表学报》的载文量从 2006 年的 309 篇增加至 552 篇，增幅达 79%。

在 2010 年受到精品科技期刊示范项目 B 类资助的 40 种期刊中，《动物学报》2009 年改为英文版，全年页码是 2009 年的 1.9 倍，载文量从 2009 年的 57 篇增加到 81 篇，其中 60 篇为约稿论文。《航空学报》和《地球物理学报》2009 年从双月刊调整为月刊，载文量分别从 2008 年的 267 篇、222 篇增加到 313 篇、321 篇。有些期刊的论文发表周期比 2009 年缩短超过 30 天，如《电子学报》、《遗传学报》(英文版)、《中国电机工程学报》、《中华妇产科杂志》、《光谱学与光谱分析》、《航空学报》、《林业科学》。

二、组织优秀稿源，提高学术质量

中国科协精品科技期刊加强了编委、稿源、审稿、编辑、出版、传播、读者等环节的精品化战略，组织优质内容，不断提高期刊学术质量与学术影响。

(一)积极采取措施组织优质稿源

中国科协精品科技期刊在推进专业办刊、专家办刊的同时，十分重视组织国内优秀稿源，通过策划专刊、设计专栏、跟踪国家重大科研项目分布与进展、编委与审稿人撰稿与推荐、重要论文即时发表、优秀论文评选与推介、参加中国科协科技期刊新闻媒体见面会、维系和培育核心作者等多种途径和方式，积极吸引高水平的原创论文、基金论文等优质稿件，不断提高期刊的学术质量。2010 年《药学学报》配合国家新药项目的实施，策划推出"抗甲型 H1N1 流感药物研究"专栏，集中报道科技部甲型 H1N1 流感联防联控应急科研项目的研究进展和成果。《机械工程学报》2010 年全年组织"轨道交通技术"等 7 个专栏，约稿 69 篇。2010 年，《中国电机工程学报》开展首届百篇杰出学术论文评选活动，收到读者和作者推荐论文 376 篇，编辑部推荐中国科协优秀论文、中国百篇最具影响国内学术论文及 SCI 引用论文 32 篇，该活动有效提高了期刊在行业的影响力和知名度。《药学学报》和《硅酸盐学报》分别连续 4 年、5 年举办期刊优秀论文评选活动，吸引高水平论文。《中华眼科杂志》举办"健康眼压"杯、"珍爱角膜"杯、"全程视觉"杯等有奖征文活动，吸引优秀稿件。《生物多样性》重视编委作用的发挥，2010 年发表编委第一作者或通讯作者的稿件 26 篇，占所发表稿件的 33%。《化工学报》编辑人员深入实验室一线，走访中国科学院和国内重点高校的专家，组织国家重点研究领域的重要论文。《地球物理学报》密切跟踪国家"863"、"973"项目等重大科技项目，联系项目首席科学家及骨干力量，及时刊登项目阶段性成果与进展。《中国有色金属学报》服务国家科技发展战略，增加镁合金和纳米材料等研究领域的发文量。《动物学报》通过将定稿后的论文上传刊物网站和国际网站，积极主动向国际主流学术期刊的作者约稿，提升被录用稿件的科学写作水平等方式吸引投稿。

由于受资助期刊加大吸引高质量论文，尤其是基金论文、高水平原创论文的组稿力度，根据《中国科技期刊引证报告(2009)》(CJCR2009)，精品科技期刊示范项目 B 类

2009—2010 年受资助的 40 种期刊,2009 年基金论文比平均值和国际论文比平均值达到 0.68 和 0.04,分别比 2008 年增加 0.03 和 0.02,比全国科技期刊的平均值高出 0.19 和 0.02。部分期刊基金论文比增幅较大,《中国电机工程学报》刊登国家自然科学基金项目、"863"项目、国家科技攻关项目以及"973"项目等重大课题的基金论文比达 75%,充分体现了刊物所在专业领域的水平。根据受资助期刊的海外论文比,可以看出受资助期刊在扩大期刊的国际影响力方面也取得了一定进展。如《动物学报》2010 年发表来自 22 个国家海外论文为 67 篇,占全年发表论文的 83%,《物理学报》2010 年刊发来自 10 个国家的国际论文 22 篇(表 2-4)。

表 2-4　中国科技精品科技期刊示范项目 B 类 2009—2010 年的受资助期刊在 CJCR 中论文统计

期　刊	基金论文比		国际论文比	
	2008 年	2009 年	2008 年	2009 年
地理学报	0.9	0.96	0.02	0.08
地球物理学报	0.92	0.97	0.01	0.11
电子学报	0.84	0.89	0.00	0.02
动物学报	0.77	0.58	0.19	0.6
光谱学与光谱分析	0.96	0.99	0.00	0.03
硅酸盐学报	0.76	0.77	0.00	0.05
航空学报	0.73	0.8	0.00	0.01
化工学报	0.83	0.83	0.00	0.02
化学学报	0.85	0.88	0.00	0.01
机械工程学报	0.84	0.87	0.00	0.03
计算机学报	0.92	0.95	0.00	0.05
力学进展	0.79	0.58	0.13	0.09
林业科学	0.78	0.89	0.00	0.03
气象学报	0.90	0.97	0.02	0.05
生物多样性	0.93	0.93	0.01	0.04
石油学报	0.92	0.96	0.00	0.01
水产学报	0.93	0.98	0.00	0.01
通信学报	0.90	0.89	0.00	0.02
无机化学学报	0.89	0.89	0.01	0.02
物理学报	0.88	0.9	0.00	0.02
系统工程理论与实践	0.85	0.85	0.00	0.05
岩石力学与工程学报	0.80	0.82	0.07	0.05
岩石学报	0.90	0.98	0.01	0.06

续表

期刊	基金论文比		国际论文比	
	2008年	2009年	2008年	2009年
药学学报	0.60	0.64	0.01	0.05
仪器仪表学报	0.63	0.78	0.01	0.02
遗传学报	0.78	0.82	0.10	0.25
应用数学学报(英文版)	0.74	0.75	0.11	0.22
宇航学报	0.50	0.55	0.00	0.01
中国电机工程学报	0.71	0.77	0.00	0.04
中国昆虫科学(英文版)	0.54	0.52	0.55	0.72
中国有色金属学报	0.78	0.85	0.00	0.03
中国中药杂志	0.59	0.68	0.01	0.02
中华儿科杂志	0.30	0.25	0.01	0.01
中华耳鼻咽喉头颈外科杂志	0.25	0.28	0.00	0.02
中华妇产科杂志	0.33	0.36	0.00	0.01
中华结核和呼吸杂志	0.24	0.31	0.01	0.01
中华口腔医学杂志	0.39	0.54	0.01	0.03
中华眼科杂志	0.25	0.35	0.00	0.01
中华肿瘤杂志	0.44	0.47	0.00	0.01
作物学报	0.95	0.99	0.00	0.02
平均值	0.72	0.75	0.03	0.07

(二)期刊学术质量稳步上升

2006—2010,在精品科技期刊示范项目B类的资助下,一批国内专业学科领域中综合指标居前、具有较好品牌效应与较强发展潜力的科技期刊,逐步成长为我国学科或专业领域的领衔科技期刊。《航空学报》、《石油学报》、《药学学报》、《水产学报》、《中华肿瘤杂志》、《作物学报》等期刊连续8年被评为“百种中国杰出学术期刊”。

根据《中国科技期刊引证报告》(CJCR)2006—2010年统计显示,精品科技期刊示范项目B类连续5年受资助的16种科技期刊中,《力学进展》、《中国有色金属学报》、《中华儿科杂志》等期刊的影响因子连续4年学科排名第一;《地理学报》、《电子学报》、《中国电机工程学报》、《中国有色金属学报》、《中华儿科杂志》、《中华肿瘤杂志》等期刊的总被引频次连续4年学科排名第一;2009年影响因子学科排名第一与进入学科排名前三位的期刊分别为6种和10种;2009年总被引频次学科排名第一与进入学科排名前三位的期刊分别为9种和14种;2009年影响因子学科排名与总被引频次学科排名均为前三的期刊有9种,其中《地理学报》、《中国有色金属学报》、《中华儿科杂志》、《作物学报》2009年影响因子学科排名与总被引频次学科排名均为第一(表2-5)。

表 2-5　中国科协精品科技期刊示范项目 B 类 2006—2010 年连续 5 年受资助种期刊 CJCR 统计数据

指标与年份 / 期刊	总被引频次/学科排名				影响因子/学科排名			
	2006 年	2007 年	2008 年	2009 年	2006 年	2007 年	2008 年	2009 年
地理学报	3164/1	3621/1	3961/1	4522/1	2.302/1	2.143/2	2.138/1	2.236/1
电子学报	2652/1	3199/1	3413/1	3942/1	0.506/9	0.540/7	0.591/6	0.784/4
化工学报	1591/2	1802/2	2098/1	2270/1	0.695/3	0.695/4	0.660/5	0.664/5
机械工程学报	1694/2	2060/2	2539/2	3172/2	0.442/9	0.463/9	0.568/7	0.607/3
力学进展	640/6	707/5	789/4	847/4	0.845/1	0.955/1	0.923/1	0.881/1
系统工程理论与实践	1889/2	2159/2	2270/2	2547/2	1.006/3	0.896/1	0.598/3	0.56/3
仪器仪表学报	1054/1	1406/2	2020/1	2128/1	0.565/2	0.564/2	0.924/2	0.638/2
遗传学报(英文版)	1929/7	2114/8	2142/8	1750/10	0.938/7	1.096/7	0.887/9	0.386/43
中国电机工程学报	8127/1	9060/1	9678/1	10682/1	2.537/2	2.003/1	1.557/1	1.468/3
中国有色金属学报	2279/1	2493/1	2620/1	2549/1	1.03/1	0.918/1	0.799/1	0.757/1
中华儿科杂志	3413/1	3511/1	3473/1	4066/1	1.652/1	1.338/1	1.095/1	1.34/1
中华妇产科杂志	3360/2	3490/2	3054/2	3972/2	1.101/2	1.032/2	0.707/5	0.671/8
中华结核和呼吸杂志	3879/1	4337/1	4697/1	5293/2	1.171/2	1.494/1	1.573/1	1.492/1
中华眼科杂志	2062/1	2379/1	2111/2	2251/2	0.807/3	0.875/1	0.533/2	0.436/6
中华肿瘤杂志	2522/1	2409/1	2537/1	2603/1	1.217/1	0.998/1	0.956/2	0.613/5
作物学报	3511/2	4061/2	4727/1	5121/1	1.253/8	1.408/5	1.367/2	1.464/1
平均值	2735	3050	3258	3607	1.13	1.09	0.99	0.94

根据《中国科技期刊引证报告 2009》(CJCR2009),精品科技期刊示范项目 B 类 2009—2010 年受资助的 40 种期刊中,除《动物学报》因 2009 年改为 *Current Zoology*,暂无指标数据,其余 39 种期刊的平均影响因子为 0.985,平均被引频次为 3206 次,分别比全国科技期刊平均值高出 0.533、2293 次。2008—2009 年,有 8 种期刊的影响因子连续两年保持学科排名第一,《林业科学》、《作物学报》等刊物的影响因子提高显著,学科排名上升至第一;有 17 种期刊的总被引频次连续两年保持学科排名第一,《气象学报》、《石油学报》、《岩石学报》等刊物的总被引频次增加显著,学科排名上升至第一(表 2-6)。

表 2-6　中国科协精品科技期刊示范项目 B 类 2009—2010 年受资助期刊 CJCR 统计数据

期刊	总被引频次/学科排名		影响因子/学科排名		即年指数	
	2008 年	2009 年	2008 年	2009 年	2008 年	2009 年
地理学报	3961/1	4522/1	2.138/1	2.236/1	0.169/1	0.133
地球物理学报	3556/1	4121/1	2.295/2	2.084/3	0.541	0.434
电子学报	3413/1	3942/1	0.591/6	0.784/4	0.046	0.034
动物学报	1247/21	—	0.684/17	—	0.080	—

续表

期刊	总被引频次/学科排名		影响因子/学科排名		即年指数	
	2008年	2009年	2008年	2009年	2008年	2009年
光谱学与光谱分析	4239/2	4269/2	1.337/3	1.097/6	0.101	0.059
硅酸盐学报	1971/2	1984/2	0.649/6	0.549/14	0.069	0.069
航空学报	1311/1	1450/1	0.669/1	0.707/1	0.049	0.029
化工学报	2098/1	2270/1	0.660/5	0.664/5	0.119	0.069
化学学报	2849/3	3052/3	0.866/5	0.905/6	0.087	0.07
机械工程学报	2539/2	3172/2	0.568/7	0.607/3	0.032	0.04
计算机学报	2871/4	3399/4	1.250/2	1.239/2	0.078	0.061
力学进展	789/4	847/4	0.923/1	0.881/1	0.179	0.075
林业科学	2639/1	2959/1	0.817/3	0.856/1	0.158	0.087
气象学报	2390/2	2594/1	1.482/6	1.468/2	0.351	0.269
生物多样性	1359/19	1634/15	1.474/4	1.553/4	0.075	0.293
石油学报	2489/2	2897/1	1.396/3	1.691/2	0.145	0.171
水产学报	1630/1	1852/1	1.027/2	1.004/2	0.084	0.135
通信学报	1079/8	1210/9	0.392/15	0.528/9	0.023	0.028
无机化学学报	1842/4	2042/4	0.739/13	0.751/11	0.058	0.129
物理学报	8457/1	8716/1	1.426/2	1.203/4	0.173	0.141
系统工程理论与实践	2270/2	2547/2	0.598/3	0.56/3	0.062	0.035
岩石力学与工程学报	5192/1	5202/1	1.448/1	1.367/1	0.228	0.146
岩石学报	2931/2	5468/1	1.786/3	2.603/2	0.583	1.945
药学学报	2910/3	2981/4	0.903/2	0.97/3	0.106	0.136
仪器仪表学报	2020/1	2128/1	0.924/2	0.638/2	0.045	0.069
遗传学报	2142/8	1750/10	0.887/9	0.386/43	0.076	0.035
应用数学学报(英文版)	194/19	184/21	0.225/12	0.192/16	0.025	0.000
宇航学报	993/3	1278/2	0.449/3	0.5/3	0.026	0.033
中国电机工程学报	9678/1	10682/1	1.557/1	1.468/3	0.113	0.136
中国昆虫科学(英文版)	127/59	153/60	0.213/57	0.383/45	0.108	0.259
中国有色金属学报	2620/1	2549/1	0.799/1	0.757/1	0.046	0.032
中国中药杂志	4943/2	5544/2	0.701/4	0.707/7	0.057	0.085
中华儿科杂志	3473/1	4066/1	1.095/1	1.34/1	0.250	0.246
中华耳鼻咽喉头颈外科杂志	2350/1	2763/1	0.814/1	0.676/1	0.152	0.285
中华妇产科杂志	3054/2	3972/2	0.707/5	0.671/8	0.062	0.108
中华结核和呼吸杂志	4697/1	5293/2	1.573/1	1.492/1	0.105	0.188
中华口腔医学杂志	1540/1	1566/1	0.658/1	0.401/11	0.064	0.06

续表

期刊	总被引频次/学科排名		影响因子/学科排名		即年指数	
	2008 年	2009 年	2008 年	2009 年	2008 年	2009 年
中华眼科杂志	2111/2	2251/2	0.533/2	0.436/6	0.058	0.063
中华肿瘤杂志	2537/1	2603/1	0.956/2	0.613/5	0.064	0.084
作物学报	4727/1	5121/1	1.367/2	1.464/1	0.116	0.201
平均值	2831	3206	0.989	0.985	0.124	0.166

(三)被更多检索系统收录

随着期刊学术质量的不断提高,受资助期刊被更多的国内外检索系统收录,这在一定程度上显示了期刊影响力在逐渐提升。2010 年,《动物学报》被美国《科学引文索引》、*Current Contents* 收录,《水产学报》被《日本科学技术社数据库》、英国《动物学记录》收录,《中华耳鼻咽喉头颈外科杂志》被美国《化学文摘》、美国《乌利希期刊指南》收录,《航空学报》被美国《化学文摘》、荷兰 Elsevier 公司 Scopus 数据库收录,《中国电机工程学报》被波兰《哥白尼索引》收录(表 2-7)。

表 2-7 精品科技期刊示范项目 B 类 2009—2010 年部分受资助期刊的国际检索机构 2010 年收录情况

期　刊	国外主要检索工具收录情况
地理学报	AJ,CSA,JST
地球物理学报	SCI-E,AJ,CSA,JST,PA,UIRICH,CA
电子学报	EI,INSPEC
动物学报	SCI,Current Contents,Scopus,Biosis,BA,CA
光谱学与光谱分析	SCI ,EI,CA,AA,
硅酸盐学报	EI COMPENDEX,CAPLUS、Information Science for Physics,Electronics,and Computing(INSPEC)、ALUMINIUM Industry Abstracts(AIA)[ALUMINIUM]、CORROSION Abstracts(CORROSION)、Metals Abstracts/Alloy Index(METADEX)、PASCAL(PASCAL)、CSA,AJ
航空学报	EI,AJ,IAA,CSA,CA,Scopus
化工学报	EI,CA,AJ,JICST
化学学报	SCI,CA,JICST,AJ
机械工程学报	EI,CA,SA/INSPEC,AJ,JICST
计算机学报	EI,SA,美国《数学文摘》,JICST
力学进展	JST
林业科学	AJ,CA,CSA,CABI,ZR,AGRIS,IC,JST,UIPD
生物多样性	CABI,CA,AЖ,Biosis Previews,BA,Zoological Record
石油学报	EI,JST,AJ,CA,PA,GEOREF,CSA,IC
水产学报	CA,PЖ,OA,CSA,ASFA,BA,jst,zr

续表

期　刊	国外主要检索工具收录情况
通信学报	EI,CSA,JST,SA
无机化学学报	SCI(网络版),CA
物理学报	SCI,SCIE,Scopus,Current Contents,INSPEC,CA,MathSci
系统工程理论与实践	EI
岩石力学与工程学报	EI COMPENDEX
药学学报	IM/Medline,CA,SciFinder Scholar,BA,IPA,AJ,CBST,Ulrich,TOXCENTER,CABI,Elsevier Scopun,IC,The Western Pacific Region Index Medicus(WPRIM)
仪器仪表学报	EI
遗传学报(英文版)	SCI-E,PubMed
应用数学学报(英文版)	SCIE,Math Review
宇航学报	EI,AJ
中国电机工程学报	EI,SA,AJ,ZM,JST,IC
中国昆虫科学(英文版)	AJ,BA,CABI,CSA,CSCD,SCI,CSTPCD,BIOSIS
中国有色金属学报	EI,CA,SA,JICST,AJ,美国《金属文摘》,美国《工程材料文摘》、英国《矿冶文摘》
中国中药杂志	SciFinder,Medline,CA,Elsevier 公司 Scopus 数据库,IPA,ToxFile,AJ,IC,WPRIM
中华耳鼻咽喉头颈外科杂志	IM/MEDLINE,CA,UIPD
中华妇产科杂志	IM/Medline,AJ
中华结核和呼吸杂志	MEDLINE,BA,AJ
中华口腔医学杂志	MEDLINE,CA,CANCERLIT,TOXLINE,AJ,Index Medicus
中华眼科杂志	IM/MEDLINE,CA,AJ,EMBASE
中华肿瘤杂志	Index Medicus,Excerpta Medica,Medline,CA,BA,AJ
作物学报	AGRIS(FAO),BA,CABI,CSA,CA,J ST,VINITI,Index of Copurnicus

三、扩大传播范围，服务学科交流

中国科协精品科技期刊示范项目 B 类资助期刊在提高期刊学术水平和出版质量的同时，注重推进期刊数字化平台建设，实现编审程序化和学术论文网上开放获取，通过数字出版和期刊版本多样化，扩大期刊传播发行范围。

(一)推进期刊数字出版平台建设

精品科技期刊示范项目 B 类资助期刊普遍从在线稿件处理、在线出版、开放获取等方面加强了期刊网站建设，从而使期刊服务作者、审稿者、编辑、读者的功能更加方便快捷,期刊的出版能力与学术影响力进一步提升。

调查显示,2009—2010 年,98%的精品科技期刊示范项目 B 类资助期刊有自建网站,并且实现了稿件从投稿、送审、评审、编辑加工等环节的在线处理。《中国昆虫科学》(英文版)采用了为国际审稿人较为熟悉的 ScholarOne Manuscript 在线稿件处理系统,期刊国际投稿量显著增加。《生物多样性》对网站全面改版,界面设计符合国际同类系统的风格,简洁美观,操作方便,增加功能,从而更加有效地服务作者、审者、编者和读者。

为加强期刊的国际影响力,65%的精品科技期刊示范项目 B 类资助期刊都增加了网站的英文版界面。《药学学报》从中文刊中选择高质量的研究论文,经作者翻译和专家语言润色、编辑按网刊格式排版后,在药学学报网站上发表,加强了发表文章的传播途径。

调查显示,90%的精品科技期刊示范项目 B 类资助期刊实现了期刊内容的在线发布,85%的期刊实现了开放全文,且开放全文的时间与印刷版同步、提前、滞后的比例分别为 32%、18%、29%。《药学学报》、《航空学报》、《作物学报》、《中国中药杂志》、《中国有色金属学报》、《宇航学报》等受资助期刊完成了创刊以来全部过刊的开放获取。

部分精品科技期刊努力将网站建成学科信息中心。《中华眼科杂志》创建了中华眼科杂志网(http//:www. cjo-eye. com),网站集中期刊稿件管理系统和学科信息,延伸了为作者、审者、编者、读者的服务的内容。《中国电机工程学报》2010 年开始筹建“电力科技期刊网”网站,设有电子期刊、电力动态、电力统计、企业风采、信息咨询服务、专题报告等多个模块,积极打造电力领域集学术专题和行业信息为一体的专业网站。

部分期刊通过与国际出版机构合作,借助国外出版商的网络出版平台和市场推广与营销能力,期刊的网络版下载量、论文的国际浏览量和下载量均有提升(表 2-8)。《应用数学学报》与 SpringerLink 合作,国际浏览量和国际下载量分别从 2008 年的 77689 次、15646 次增加到 167894 次、32992 次,增幅分别达 116.1%和 110.9%。《生物多样性》为加强国际传播,一方面将英文摘要适当加长,写明研究目的、研究方法、研究结果和研究结论,并请专家对英文摘要和英文文章进行语言润色与修改,同时期刊文章尽量提供详尽的英文图题,以增加强国外读者的可阅读性;另一方面该刊物还在 2010 年把创刊以来的所有文章的摘要等信息全部上传到开放获取数据库 DOAJ 中,以增加被国外读者检索的机会。

表 2-8 精品科技期刊示范项目 B 类部分期刊 2010 年国际合作情况

期刊	加入国外出版平台状况
地球物理学报	与美国地球物理学会(AGU)联合出版英文网络版
机械工程学报	加入 CrossRef,与国际论文库互联
系统工程理论与实践	Elsevier 出版公司和 ScienceDirect 网络出版平台
遗传学报(英文版)	Elsevier 出版公司和 ScienceDirect 网络出版平台
应用数学学报(英文版)	Springer 出版公司和 SpringerLink 网络出版平台
中国昆虫科学(英文版)	Wiley-Blackwell 出版公司
作物学报	Elsevier 出版公司和 ScienceDirect 网络出版平台

(二)在学科服务中强化期刊品牌

精品科技期刊示范项目B类资助期刊立足于提高学术质量和出版质量，借助期刊的学术平台和影响力，在为广大科技工作者提供学科服务中不断强化期刊品牌建设。

2010年，一些受资助期刊围绕科技前沿与热点，组织编委与审稿专家，推出了一些高质量的学术专辑或专题(表2-9)，较好地提高期刊影响力。《力学进展》针对国家重大需求和热点问题，组织出版专刊"固体力学发展与重大工程应用"的专题，内容涉及高层建筑、江河大坝、大型隧道、大型桥梁、高速公路、高速铁路和海洋平台等，如翟婉明教授的《高速铁路工程中若干典型力学问题》，刊出后几个月内下载量已达400余次。

表2-9　精品科技期刊示范项目B类部分期刊2010年出版专辑情况

期　刊	专辑名称
动物学报	鱼类的生态、进化与行为
硅酸盐学报	功能陶瓷薄膜和涂层材料的制备、特性与应用
力学进展	固体力学发展与重大工程应用
气象学报	气候预测研究
生物多样性	外来物种入侵:机制、影响与防控
通信学报	下一代网络体系结构，泛在通信与物联网
药学学报	抗艾滋病药物研究
遗传学报	植物遗传学，干细胞研究，模式动物与人类健康
中国昆虫科学(英文版)	昆虫与生物能源
中华眼科杂志	庆祝创刊60周年庆典活动出版纪念专刊

受资助期刊借助期刊学术平台，开展了一系列的活动。《中华耳鼻咽喉头颈外科杂志》自2009年开始发展VIP会员，现已发展至708人，会员缴纳注册费后可全年获得期刊封面印有会员编号及姓名的个性化期刊、中华医学会杂志社出版的其他杂志1份、免收稿件处理费、同等条件下学术论文优先发表等优惠条件；同时，《中华耳鼻咽喉头颈外科杂志》为全年订户免费提供期刊年度光盘，内容涵盖期刊论文检索系统、上年度期刊全文、知名专家手术录像、当年学术会议论文汇编等，这些举措有效稳定了期刊的发行量。《计算机学报》作为中国计算机学会的会刊，积极参与学会的活动，如2010年计算机学会年会，有1000多人参会，该刊负责会议的参会注册、展位注册、投稿审稿、选择《计算机大会优秀论文》专辑稿件。《药学学报》在第十一届编委会期间组织"转化医学—药物研究与创新"专题学术研讨会。《系统工程理论与实践》为庆祝创刊30周年，制作了从创刊至今所有发表论文的全文数据光盘，作为会议资料进行发放，方便读者查阅。《中华妇产科》将近10年来刊登的各种"临床指南"编辑成12000本便携手册，有效地对文献进行二次发掘和利用，受到临床医师的欢迎，取得较好的社会效益和经济效益。《生物多样性》组织200余人的读者、作者、审者见面会，提高期刊显示度。《中华眼科杂志》以本刊编委会为主体在全国范围内创建品牌学术会议，拓展和发挥期刊的外延作用。自2009年起举办中华眼科中

青年论坛(暨组稿会),与具有学术实力的眼科机构,如北京协和医院、北京友谊医院等共同组织2010年全国神经眼科学临床与基础新进展学习班和2010年缺血性眼病的跨学科联合治疗和神经保护新进展学习班。此外,《中华眼科杂志》还开发"中华眼科手机报",每月出版,日前发送给5000~7000位眼科从业人员,内容为即将出版杂志的中文目录和作者单位、眼科重要信息,彩信制作突出高质量画面、大容量信息、方便阅读等特点。

第四节　培育精品期刊队伍的后备力量

精品科技期刊示范项目C类针对符合以下条件的中国科协主管(含省级科协所属)的科技期刊实施资助:在相关学科领域(特别是我国优势学科、重点学科、民族特色学科)中具有学科或专业领域代表性的科技期刊;为国家科技自主创新所需、属于我国国民经济和社会发展重点领域的科技期刊;在本学科领域尚不具备优势、且自主发展能力条件较差、但近年来发展较快、具有打造精品科技期刊潜力的科技期刊。2006—2010年,先后有110种期刊受到C类示范项目资助,其中《化工进展》、《塑性工程学报》、《畜牧兽医学报》、《药物分析杂志》、《植物生理学通讯》、《中国机械工程》、《中国药理学通报》、《中华放射学杂志》、《自然资源学报》、《生态学报》、《石油学报(石油加工)》、《水利学报》12种期刊连续4年获得C类项目资助。

2006—2010年,精品科技期刊示范项目C类主要侧重:提升期刊学术水平与编辑出版质量;建设编委、编辑和审稿队伍;扩大稿源,培养作者、读者,促进发行与传播;扩大期刊刊载容量以及提升网络化、数字化程度;改善办刊手段和条件;根据期刊自身特点,采取多种促进期刊发展的措施等。在项目资助与培育下,一批具有学科或专业领域代表性、且具有发展潜力的科技期刊正逐步成长为精品科技期刊队伍的后备力量。

一、提升期刊学术水平与编辑出版质量

在精品科技期刊项目资助下,受资助期刊重点从加强编审队伍建设、培育期刊作者队伍、促进期刊发行与传播、提升期刊网络与数字化水平等方面采取了一系列积极有效的措施,提高了期刊的学术水平与出版质量,从而增强了期刊可持续发展能力。

2008—2009年,受资助期刊的页码、发文量、论文发表周期等出版指标均有显著增长。2009—2010年受资助的45种期刊,刊均编委80人,刊均全年页码1846页,刊均年发文量约340篇,论文平均发表周期为7个半月,比2008年缩短了35天。《色谱》从双月刊调整为月刊,全年页码增加了40%,《生态学报》从月刊调整为半月刊,全年页码增加了960页。

连续4年受资助的期刊的学术指标也取得明显进步。根据《中国科技期刊引证报告》(CJCR)2006—2010年统计显示,在精品科技期刊示范项目C类连续4年资助的12种期刊中,《水利学报》影响因子连续4年学科学排名第一;《水利学报》、《中国机械工程》、《中华放射学杂志》总被引频次连续4年学科学排名第一;《生态学报》、《水利学报》2009年影响因子学科排名和总被引频次学科排名均为第一。连续4年受资助期刊的2009年总被

引频次平均值为 3179 次，影响因子平均值为 0.846，分别比全国科技期刊平均值高出 2266 次、0.394。《生态学报》指标增幅显著，2009 年总被引频次是 2006 年的 2 倍，达到了 11764 次，影响因子 2006 年增长了 22%，达到 1.812(表 2-10)。

表 2-10　精品科技期刊示范项目 C 类 2006—2010 年连续四年受资助期刊 CJCR 统计数据

刊名	总被引频次/学科排名				影响因子/学科排名			
	2006 年	2007 年	2008 年	2009 年	2006 年	2007 年	2008 年	2009 年
畜牧兽医学报	776/5	915/4	1273/3	1254/4	0.642/4	0.601/5	0.746/4	0.603/6
化工进展	1072/4	1169/5	2098/1	1670/3	0.565/10	0.618/7	0.660/5	0.624/7
生态学报	5801/2	8368/1	8956/1	11764/1	1.491/3	1.837/1	1.669/1	1.812/1
石油学报(石油加工)	383/20	445/22	466/23	606/22	0.404/13	0.453/14	0.467/14	0.669/12
水利学报	2467/1	2752/1	2999/1	3494/1	0.948/1	1.09/1	1.131/1	1.194/1
塑性工程学报	357/23	432/25	603/22	688/20	0.436/10	0.457/10	0.380/15	0.404/13
药物分析杂志	1199/8	1376/8	2202/6	1703/7	0.253/29	0.308/27	0.262/33	0.304/35
植物生理学通讯	2803/4	3115/6	3187/6	3362/6	0.511/32	0.708/22	0.635/24	0.564/29
中国机械工程	2357/1	2845/1	3120/1	3174/1	0.516/5	0.617/4	0.554/8	0.484/8
中国药理学通报	2102/3	3205/1	3459/1	3374/2	0.721/4	1.708/1	1.892/1	1.266/1
中华放射学杂志	3383/1	3790/1	4182/1	4133/1	1.174/1	1.082/1	0.822/1	0.612/4
自然资源学报	1926/4	2177/5	2347/5	2926/4	1.675/1	1.823/1	1.597/1	1.616/2
平均值	2052	2549	2907	3179	0.778	0.942	0.901	0.846

根据《中国科技期刊引证报告 2009》(CJCR2009)，精品科技期刊示范项目 C 类 2009—2010 年受资助的 45 种期刊，平均影响因子为 0.765，平均被引频次为 2424 次，分别比全国科技期刊平均值高出 0.313、1511 次。2008—2009 年，总被引频次连续两年保持学科排名第一的期刊有 10 种；影响因子连续两年保持学科排名第一的期刊有 5 种，《色谱》影响因子提高显著，比 2008 年增长 60%，学科排名上升至第一(表 2-11)。

表 2-11　精品科技期刊示范项目 C 类 2009—2010 年受资助期刊 CJCR 统计数据

刊　名	总被引频次/学科排名		影响因子/学科排名		即年指数	
	2008 年	2009 年	2008 年	2009 年	2008 年	2009 年
畜牧兽医学报	1273/3	1254/4	0.746/4	0.603/6	0.054	0.05
化工进展	2098/1	1670/3	0.660/5	0.624/7	0.064	0.04
生态学报	8956/1	11764/1	1.669/1	1.812/1	0.104	0.131
石油学报(石油加工)	466/23	606/22	0.467/14	0.669/12	0.094	0.082
水利学报	2999/1	3494/1	1.131/1	1.194/1	0.110	0.311
塑性工程学报	603/22	688/20	0.380/15	0.404/13	0.040	0.041
药物分析杂志	2202/6	1703/7	0.262/33	0.304/35	0.018	0.042
植物生理学通讯	3187/6	3362/6	0.635/24	0.564/29	0.078	0.071

续表

刊　名	总被引频次/学科排名		影响因子/学科排名		即年指数	
	2008 年	2009 年	2008 年	2009 年	2008 年	2009 年
中国机械工程	3120/1	3174/1	0.554/8	0.484/8	0.040	0.037
中国药理学通报	3459/1	3374/2	1.892/1	1.266/1	0.110	0.184
中华放射学杂志	4182/1	4133/1	0.822/1	0.612/4	0.082	0.08
自然资源学报	2347/5	2926/4	1.597/1	1.616/2	0.094	0.111
编辑学报	1035/1	1121/1	1.021/1	0.876/1	0.144	0.17
兵工学报	602/1	790/1	0.284/5	0.35/5	0.023	0.012
测绘学报	991/2	1076/3	0.967/1	0.869/3	0.034	0.034
地震学报	1065/13	1077/15	0.953/13	0.709/18	0.083	0.171
电工技术学报	1611/5	1882/5	0.621/5	0.726/6	0.025	0.036
电子测量与仪器学报	360/32	385/34	0.620/5	0.466/14	0.028	0.08
光学学报	3068/4	3943/3	1.571/1	2.000/1	0.121	0.099
海洋学报	1425/2	1639/2	0.613/4	0.574/4	0.015	0.042
火炸药学报	492/3	538/3	0.580/1	0.523/2	0.058	0.059
计算机辅助设计与图形学学报	1557/9	1743/10	0.496/7	0.511/8	0.028	0.029
金属学报	1960/2	2181/2	0.722/3	0.7/3	0.137	0.111
煤炭学报	1111/1	1574/1	0.502/2	0.678/4	0.058	0.053
棉花学报	987/10	967/11	1.406/1	1.144/3	0.135	0.052
模式识别与人工智能	339/21	367/22	0.242/17	0.274/19	0.015	0.014
农业工程学报	4390/1	5588/1	1.024/2	1.126/2	0.135	0.117
色谱	1684/7	1918/6	1.093/4	1.75/1	0.261	0.188
世界中西医结合杂志	—	133/60	—	0.12/59	—	0.034
数学进展	439/9	267/15	0.271/9	0.216/12	0.034	0.000
物理化学学报	1822/5	2035/5	0.793/11	0.848/9	0.137	0.124
稀有金属材料与工程	1862/4	1952/3	0.574/8	0.52/10	0.045	0.032
系统工程学报	624/7	708/6	0.438/5	0.431/6	0.025	0.049
岩土工程学报	3062/2	3390/2	0.853/4	0.845/3	0.078	0.127
园艺学报	3236/2	3842/2	0.876/6	1.023/5	0.083	0.079
植物病理学报	1374/10	1440/13	0.826/11	0.721/11	0.009	0.098
中国病理生理杂志	2244/1	2582/1	0.715/2	0.753/2	0.056	0.08
中国粮油学报	966/6	1173/6	0.471/11	0.525/8	0.017	0.02
中国药学杂志	3339/2	3084/3	0.745/4	0.548/14	0.053	0.045
中国中西医结合杂志	3846/3	4113/3	0.829/2	0.73/5	0.067	0.064
中华病理学杂志	1418/2	1349/4	0.611/5	0.427/17	0.072	0.116

续表

刊名	总被引频次/学科排名		影响因子/学科排名		即年指数	
	2008年	2009年	2008年	2009年	2008年	2009年
中华骨科杂志	3539/3	3910/3	1.119/2	0.87/5	0.073	0.123
中华内科杂志	3484/3	3674/4	0.788/7	0.55/20	0.041	0.073
中华心血管病杂志	4186/2	4623/3	1.375/1	1.391/2	0.119	0.179
中华医学杂志	5465/1	5859/1	0.684/3	0.464/11	0.076	0.08
平均值	2238	2424	0.807	0.765	0.072	0.086

二、加强编审队伍建设

精品科技期刊C类项目资助的期刊，依据项目的资助方向，结合期刊自身特点，采取了一系列积极措施，促进编委、审稿专家和编辑队伍建设。

受资助期刊从专业、项目、单位、年龄、地域分布等方面不断扩充编委和审稿专家队伍。如《电子测量与仪器学报》现有编委74名，年轻编委的比例达到60%，多数来自“211”和“985”工程重点院校和国家级重点科研机构。《煤炭学报》紧跟行业热点，在2010年特别补充了在“充填开采和煤层气开采”方面的审稿专家。同时，各期刊编辑部普遍建立审稿专家数据库，对审稿专家实行动态管理，这同时也是网络采编系统基础信息所要求的。

受资助期刊注重有效发挥编委及审稿专家的学术优势，通过专题研讨或座谈，为期刊进行专题策划或专栏设计。如《色谱》在编委会的支持下，2010年新增栏目“聚焦”和“特别策划”，前者锁定国际上色谱学科在各领域发展中的前沿、进展与热点问题，由编委撰写所在领域国际优秀期刊最新发表的研究成果的微型述评；后者锁定色谱学科在特定领域的国际热点问题在我国的最新研究和应用成果，由编辑部聘请编委任客座主编，再由客座主编邀请学科领域具有突出成绩或学术造诣的优秀团队的代表撰写，如2010年第2期“特别策划”栏目为“色谱技术在蛋白质组学研究中的应用”，集中展示色谱及其相关技术在蛋白质组学研究领域的应用情况。

受资助期刊积极主动邀请编委、审稿人或行业专家撰写或推荐文章。如《电子测量与仪器学报》从2009年起，尽量每期发表一篇由行业知名专家单独署名的综述性文章和若干特约学术论文，以提高期刊的品质和学术影响力。

受资助期刊重视青年编辑队伍的培养，通过积极参加学术会议和刊际交流，鼓励参加编辑业务培训和出版专业职业资格考试，鼓励编辑撰写出版领域学术论文等形式，尽快提高编辑的综合素质，这同时也是期刊未来发展必不可少的人力因素。如《金属学报》定期组织责任编辑进行交流和讨论，针对日常期刊工作中的问题分别成立学习小组，提高编辑业务水平综合素质。《世界中西医结合杂志》加强学习型团队建设，2010年，该刊采取请进来、走出去的办法，多次邀请国内同行业影响较大的期刊社、出版社负责人作学术报告，并对杂志质量进行评价，传授办刊经验，提高杂志影响力。

三、注重作者和读者队伍培育

受资助期刊注重发现和培育作者、读者队伍，这是期刊扩大稿源、促进发行与传播的基础。如《塑性工程学报》为青年作者的论文提供具体指导，帮助作者提高论文写作水平，团结、培养了作者队伍。《色谱》在上海和大连分别举办期刊推介会，吸引更多作者、读者关注。《棉花学报》走访扬州大学、南京农业大学、江苏农科院及华中农业大学等单位，在与科研专家的交流中组织优秀稿件。《模式识别与人工智能》与行业学会合作，参与到与本刊专业内容相关的学术会议中，加强了与作者、读者的联系。

四、促进期刊发行与传播

受资助期刊通过期刊宣传、赠送或优惠订阅、开放获取等形式扩大期刊的发行与传播，在传播中更好地实现了期刊服务科技进步和学科创新的功能。一些期刊采取了十分灵活的方式，促进期刊发行。如《煤炭学报》在各煤炭院校和煤矿企业成立期刊通讯站，积极宣传刊物，发行量由 2009 年的 1000 份增加到 2010 年的 1300 份。《棉花学报》每期 50 份国际赠阅，新刊出目次通过电子邮件的方式通知读者及时查阅网络最新内容。《畜牧兽医学报》从 2009—2010 年发表的论文中精选出 20 篇优秀论文，请作者翻译，并经外籍编委逐一审阅、修改，出版一期英文版增刊，扩大刊物的国际交流。

五、提升期刊网络化与数字化水平

调查显示，受资助普遍投入资金建设期刊网站与网络采编系统，这也是 C 类项目受资助期刊经费主要支出之一。但由于网站建设、系统维护与升级、网站功能扩充与完善等，都需要投入相当的物力与人力，这在一定程度上影响了期刊网络化与数字化的水平。据统计，2009—2010 年，88.4%的精品科技期刊示范项目 C 类资助期刊有自建网站，大部分期刊实现稿件从投稿、送审、评审、编辑加工等环节的在线处理，少部分期刊实现期刊内容的在线发布，63%的期刊实现开放全文，且开放全文的时间与印刷版同步、提前、滞后的比例分别为 11.1%、14.8%、74%。

期刊建设网站，最首要的功能是实现稿件的在线处理，这对于解决期刊目前投稿数量增多、页码和载文量增长、编辑人手紧张的现状，是必不可少的手段。其次，网站功能的深入开发，可以提高期刊出版的质量和扩大期刊传播，更好地为作者、读者服务。随着读者阅读习惯的改变，网络期刊的发展将非常迅速，因此需要期刊加大网络建设的投入力度。

2010 年，一些受资助期刊在数字化和网络化建设方面取得了一定进展。如《火炸药学报》实现电子化办公后，审稿周期从原来的 3～5 个月缩短为 30 天左右，最快的 2 周完成，同时，作者通过在线投稿系统可以实时了解稿件动态、查看清样，减少了大量的电话咨询。《计算机辅助设计与图形学学报》对网站改版以及稿件采编系统的功能扩充、完善，使网站设计更专业、合理、突出重点、浏览方便，改进后的采编系统，编、审、作者交流更加方便、快捷，有助于缩短审稿及发表周期。《色谱》为2010年的全部刊发论文注册DOI，通过CrossRef数据库建立起与本刊注册DOI的论文的链接，引导读者通过其他平台访问本刊网站，进一步拓宽了读者访问本刊的途径，使得本刊论文能更方便地被检索、阅读和下载。《中国粮油学报》将网站与中国粮油学会的网站相结合，扩大了刊物的影响。《生态学报》2010年重点建设中国生态环境科技期刊网，将本领域信息做强做大，提高在国内外科技信息传播市场的竞争力。

第五节　中国科协英文版科技期刊国际化建设

英文版科技期刊作为对外传播和推广我国科技成果、促进国际学术交流的主要传播媒介，其国际化建设对于提高我国的科技影响力具有重要的战略意义。2009年开始，中国科协设立科技期刊国际推广计划，重点支持英文版期刊的发展，打造科技期刊“走出去”队伍，重点培育一批有国际影响力的科技期刊，从而扩大我国科技期刊的国际影响力，增强我国的文化软实力，提高我国在科技领域的国际竞争力。

根据中国科学技术信息研究所《中国英文版科技期刊数据库》的统计数据①，截至2009年6月，我国出版英文版科技期刊有212种，分属于34个学科领域，占我国科技期刊总量的4%左右。2010年中国科协主办英文版科技期刊70种，约占全国英文版科技期刊总数的三分之一。

一、中国科协英文版科技期刊出版概况

(一)主管单位、学科分布和地域分布

2010年，中国科协所属全国学会主办英文版科技期刊70种，占中国科协主办科技期刊总量(1003种)的6.98%。其主管单位分布情况为：中国科协主管39种，中国科学院主管21种，学会主管3种，其他单位主管7种。

中国科协英文版科技期刊涉及工业技术、航空航天、生物科学、数理科学和化学、天文学和地球科学、医药卫生、自然科学总论共七大领域，重点集中在工业技术(19种)、数理科学和化学(16种)以及医药卫生(15种)三个领域，这三类期刊占科协英文期刊总数的71.4%。从全国范围来看，期刊的学科分布更均匀一些。2009年我国出版英文版科技期刊有212种，分属于34个学科领域，其中比例最大的依次为：综合类10.9%、地学类8.5%和数学类8.0%。

英文版科技期刊的创办与发展，在一定程度上显示出学科的发展水平，也反映出各地区的科研实力和科技发展状况。中国科协70种英文版期刊的地区分布，与各地科研院所

① 潘云涛．中国英文版科技期刊的评价．第五届中国英文版科技期刊研讨会，长沙：2010. http://www.istic.ac.cn.

的数量和科研实力呈正相关关系。统计表明,中国科协英文版期刊主要分布在北京、上海等科研院所较集中的地区。其中,65.7%的英文版期刊集中在北京,10%在上海,其他地区占24.3%,这一比例与全国英文版期刊的地区分布情况也是一致的。

2010年,接受问卷调查的英文版科技期刊共有50种,占中国科协英文版科技期刊总量的71.4%。中国科协70种英文版期刊与接受问卷调查的英文版期刊的学科分布情况如图2-3所示。可以看出,调查问卷的样本涵盖中国科协英文版科技期刊的所有学科领域,具有代表性,基本反映了中国科协英文版科技期刊的发展现状。

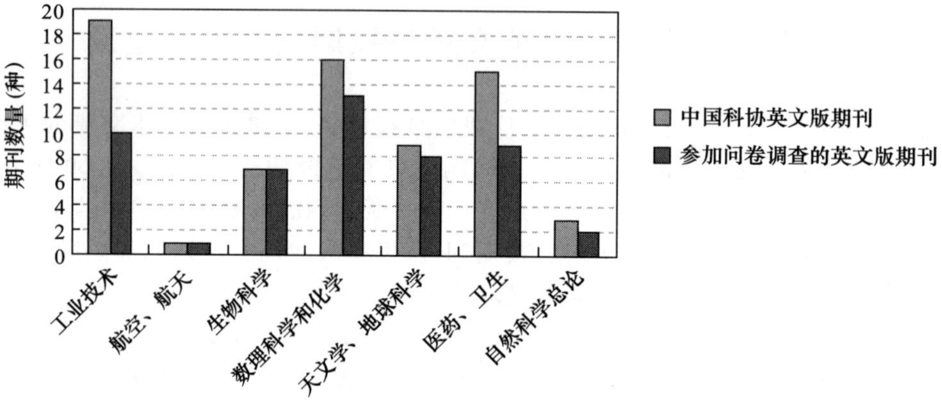

图2-3 中国科协英文版科技期刊学科分布

(二)国际论文比例和出版频率

1. 论文比例变化彰显期刊发展趋势

随着中国科协英文版科技期刊国际化进程的加快和学术水平的提高,在报道我国重点科技成果、促进国际学术交流中发挥着越来越大的作用。2006—2010,中国科协英文版科技期刊国际投稿呈上升趋势,所发表论文中,国际论文(所有作者单位均来自国外)所占的比例由2006年的5.7%上升为2010年的14.0%,国际合作论文比例(部分单位来自国外)由2006年的5.4%上升为2010年的11.8%,基金论文比一直保持在60%以上(图2-4)。

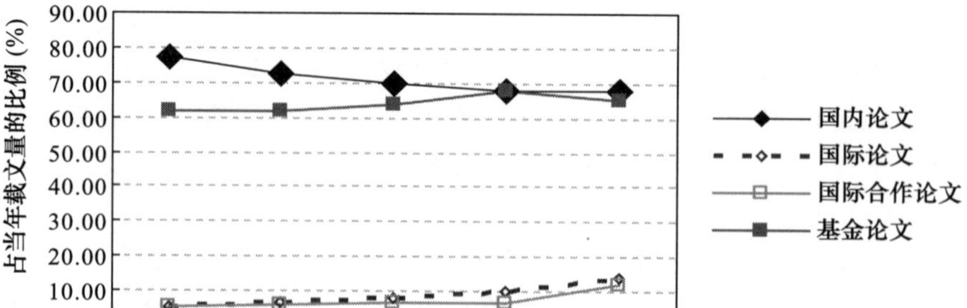

图2-4 中国科协英文版科技期刊2006—2010年论文比例情况

2. 出版频率还需加快

出版周期可以反映出科技期刊刊载学术信息的时效性和出版的灵活性。统计表明，70 种中国科协英文版期刊中没有周刊、旬刊和年刊，以双月刊为主(34 种，48.6%)，其次是月刊(17 种，24.3%)和季刊(17 种，24.3%)。中国科协英文版期刊出版频率较快，高于中国英文版科技期刊整体水平。2009 年，我国英文版科技期刊刊期较快的期刊(包括双月刊、月刊、半月刊、旬刊和周刊)有 103 种，占全国 212 种英文版科技期刊的 48.6%，2009 年中国科协英文版期刊这一比例为 75.4%，2010 年为 74.3%。国外学术期刊大部分为半月刊和月刊，甚至是旬刊或周刊，刊期短，出版灵活，与之相比，中国科协英文版期刊出版周期相对偏长。

(三)国际化进程

1. 国际化效果明显

2010 年发布的 JCR 引证报告共收录中国科技期刊 114 种，其中 56 种为科协期刊，占总数的 49.1%。

随着我国科技水平的提高以及科技期刊国际显示度的增强，我国科技期刊被 SCI 收录的期刊数量呈上升趋势(图 2－5)。

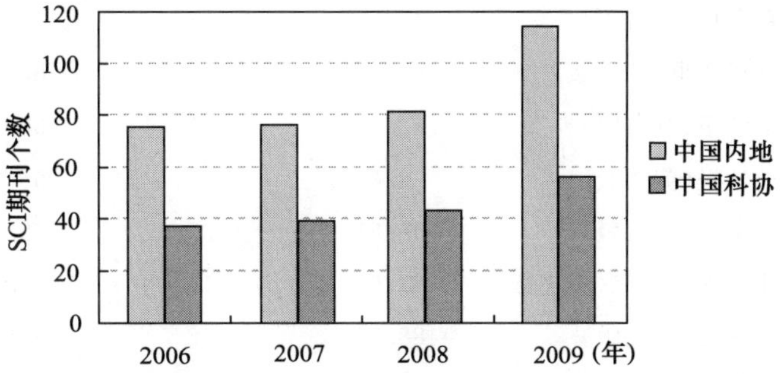

图 2－5　2006—2009 年 JCR 报告中收录中国内地及中国科协期刊数量

为进一步了解中国科协英文版期刊稿源的国际化程度和论文的国际显示度，现以汤森路透《JCR2009》收录的 42 种中国科协英文版期刊为数据源进行分析。

优质稿源是学术期刊质量的根本保障，稿源国际化是期刊国际化的重要体现之一。中国科协 42 种英文版科技期刊的作者国家(地区)分布主要在中国，刊均中国作者比例高达 83.14%；其中，比例最高的是《系统工程与电子技术》(英文版)，为 99.8%，比例最低的是《分子植物》(英文版)，为 14.1%。42 种中国科协英文版期刊的平均作者国家(地区)分布数量为 24 个，作者国家(地区)分布数量在 20 个以下的期刊有 18 种，占统计样本的 42.9%；分布数量在 20～30 个的英文版期刊有 9 种，占 21.4%；分布数量为 30 个及以上的英文版期刊有 15 种，占 35.7%(表 2－12)。

表 2－12　JCR2009 收录的 42 种中国科协英文版科技期刊作者及引文分布

序号	刊　名	中国作者比例(%)	作者国家(地区)分布数量	中国引用比例(%)	施引国家(地区)总数
1	材料科学技术(英文版)	68.55	30	52.00	45
2	等离子体科学和技术(英文版)	88.33	29	50.79	36
3	地理学报(英文版)	97.96	7	85.37	22
4	地震工程与工程振动(英文版)	66.39	16	56.57	22
5	地质学报(英文版)	91.71	30	88.64	35
6	分子植物(英文版)	14.07	28	16.60	54
7	高分子科学(英文)	78.93	21	63.88	35
8	固体力学学报(英文版)	92.61	11	87.67	18
9	海洋学报(英文版)	96.31	17	71.43	25
10	核技术(英文版)	81.05	17	51.06	25
11	化学物理学报(英文版)	95.58	14	60.62	40
12	计算机科学技术学报(英文版)	66.20	33	57.40	39
13	颗粒学报(英文版)	43.55	23	36.19	40
14	理论物理通讯(英文版)	96.34	32	85.58	51
15	力学学报(英文版)	82.49	31	58.45	38
16	数学学报(英文版)	72.05	55	55.33	49
17	数学学报(英文版)	92.81	22	75.00	26
18	天文和天体物理学研究(英文版)	82.61	15	51.30	39
19	稀土学报(英文版)	88.11	38	69.06	54
20	稀有金属(英文版)	94.10	19	62.20	40
21	系统工程与电子技术(英文版)	99.80	9	85.28	18
22	细胞研究(英文版)	52.03	24	14.19	70
23	遗传学报(英文版)	87.20	15	31.03	45
24	应用地球物理(英文版)	96.52	11	81.58	12
25	植物学报(英文版)	77.62	39	37.35	79
26	中国癌症研究(英文版)	98.80	5	67.27	18
27	中国光学快报(英文版)	91.37	30	83.95	38
28	中国海洋工程(英文版)	89.25	16	82.24	11
29	中国航空学报(英文版)	96.69	10	82.83	20
30	中国化学(英文版)	85.14	30	60.73	59
31	中国化学工程学报(英文版)	90.54	31	64.95	56
32	中国化学快报(英文版)	90.54	26	57.97	68

续表

序号	刊　名	中国作者比例(%)	作者国家(地区)分布数量	中国引用比例(%)	施引国家(地区)总数
33	中国结合医学杂志(英文版)	92.59	11	55.21	19
34	中国昆虫科学(英文版)	38.71	44	18.52	55
35	中国免疫学杂志(英文版)	76.35	18	19.88	58
36	中国通信(中、英文版)	70.12	15	55.17	9
37	中国物理 B(英文版)	99.30	26	93.99	49
38	中国物理 C(英文版)	91.77	27	87.07	29
39	中国物理快报(英文版)	93.92	54	73.72	75
40	中国药理学报(英文版)	96.31	17	72.02	25
41	中国有色金属学报(英文版)	90.46	32	72.64	58
42	中华医学杂志(英文版)	97.14	30	42.11	78
	平均值	83.14	24	61.31	40.05

数据来源：web of science；按期刊名排序。

中国科协英文版科技期刊在国际上已具有一定的学术影响力，其刊载论文已得到国际范围的关注和认可。中国科协英文版期刊论文的引用作者的国家(地区)分布较论文作者国家(地区)分布更为广泛，平均为 40 个。中国科协 42 种英文版期刊中，论文引用作者国家分布数量在 30 个以下的期刊有 15 种，占统计样本的 35.7%；分布数量在 30～50 个的期刊为 14 种，占 33.3%；分布数量为 50 个及以上的期刊也有 13 种，占 31.0%。其中，有 8 种期刊的海外引用比例已经超过 50%：《细胞研究》(英文版)、《分子植物》(英文版)、《中国昆虫科学》(英文版)、《中国免疫学杂志》(英文版)、《遗传学报》(英文版)、《颗粒学报》(英文版)、《植物学报》(英文版)、《中华医学杂志》(英文版)。

2. 国际竞争力亟待提高

尽管我国 SCI 期刊的数量呈上升趋势，但我国科技期刊的学术质量难尽如人意①。统计表明，2000 年我国科技期刊发表的我国 SCI 论文 9208 篇，占我国 SCI 论文总数(22608篇)的 40.7%，2008 年我国科技期刊(20804 篇)对本国 SCI 论文(92337)产出的贡献则下降至 22.5%。与此同时，我国 SCI 期刊的影响力(引证指标)明显低于国际 SCI 期刊。据 2009 年度 JCR 统计，我国 114 种 SCI 期刊的平均总被引频次为 916，平均影响因子为 0.83，远低于 JCR 收录的 7347 种期刊的平均值(4410 和 2.00)，中国科协 42 种英文刊被引频次和影响因子的平均值分别为 807 和 0.92，也远低于世界平均水平。因此，中国科协英文版科技期刊要提高国际竞争力、扩大国际影响力，仍然是一个艰巨的任务。

① 任胜利．我国科技期刊：学术质量难尽人意．//第 10 届中国科技期刊青年编辑学术研讨会，贵阳：2010. http://www.sciencenet.cn/m/user_content.aspx? id=349235。

同时也要看到，部分期刊立足于自身条件和优势，更新办刊理念，提高服务质量，融入国际规范，加强国际合作与加流，提高了刊物质量和学术影响力，国际显示度和竞争力显著提高。中国细胞生物学学会主办的《细胞研究》(英文版)杂志，通过引入国际人才、与国际著名的出版集团开展合作、为优秀论文开辟快速审理的绿色通道、国际编委协助组织专题稿件、期刊发表的优秀原创论文推荐到顶级学术期刊点评栏目等措施，不断在吸引作者与读者上下工夫，为科学家群体服务，打造了一支高素质的编辑队伍，夯实了发展基础，实现了跨越发展。《细胞研究》(英文版)2009 年度 JCR 影响因子达 8.151，在国际细胞生物学领域内 162 种核心期刊中排名第 21 位，首次进入前 10%，影响因子连续五年在中国科技期刊中排名第一。

二、中国科协英文版科技期刊国际推广计划

英文版科技期刊国际推广计划支持英文刊发挥自身优势、鼓励参与国际竞争，通过培养一批国际化的专业编辑人才队伍和扩大科技期刊国际交流与合作范围，提高英文版科技期刊的国际化水平，从而提高我国英文版科技期刊在国际上的学术地位和影响力，打造一批属于中国的世界名刊。

2009 年 5 月，中国科协推出首批科技期刊国际推广计划资助项目 7 项，每项资助 8 万元。2010 年，中国科协英文版科技期刊推广计划进入第二个执行年度(表 2－13)。

表 2－13　中国科协英文版科技期刊国际推广计划入选期刊情况

期刊名称	学科类别	主管单位	主办单位
高分子科学(英文版)	数理科学和化学	中国科协	中国化学会、中国科学院化学研究所
海洋学报(英文版)	天文学、地球科学	中国科协	中国海洋学会
稀土学报(英文版)	工业技术	中国科协	中国稀土学会
中国航空学报(英文版)	航空、航天	中国科协	中国航空学会
中国化学(英文版)	数理科学和化学	中国科协	中国化学会、中国科学院上海有机化学研究所
中国化学工程学报(英文版)	工业技术	中国科协	中国化工学会、化学工业出版社
中国机械工程学报(英文版)	工业技术	中国科协	中国机械工程学会

对于科技期刊的学术质量建设而言，期刊的定位和办刊方向是至关重要的。有专家对国内科技期刊发展策略做了一个详细调查，提出科技期刊可以采取以下四种定位方式①：①定位国内、面向国内市场；②立足国内、面向国际市场；③立足国际，面向国内；④立足国际、面向国际市场。英文版科技期刊国际推广计划的目标是打造一批中国的世界名刊，入选期刊绝大部分采用立足国际、面向国际学术市场发展的定位，通过学习国外

① 肖宏．关于中国科技期刊办刊层次与发展模式的思考．中国科学基金，2010，24(3)：166—168.

大刊的先进管理模式，期刊从选聘编委会、主编管理层面到具体的组稿、审稿、市场宣传及发行、广告、数据平台建设这些环节都走向了国际化，以遍布全球的作者、读者、编辑网络、营销网络提升国际知名度，扩大国际市场，提高国际影响力。

国际推广计划实施以来，英文刊出版能力不断增强，学术质量不断上升，国际化建设卓有成效，数字化和网络化建设蒸蒸日上，编辑能力和视野也得到了拓展。

(一)出版能力增强

1. 刊载容量增加

期刊载文量与期刊影响力之间有着重要的关系。统计分析发现，学术影响力与期刊载文量存在正相关关系，即学术影响力大的期刊其载文量相对多一些，学术影响力小的期刊其载文量相对少一些[①]。国际推广计划的 7 种期刊 2008 年刊均载文量为 163 篇，2009 年为 168 篇，期刊的刊载容量有逐渐上升的趋势(表 2－14)。

表 2－14　中国科协英文版科技期刊国际推广计划资助期刊载文量情况

年份 \ 期刊		高分子科学(英文版)	海洋学报(英文版)	稀土学报(英文版)	中国航空学报(英文版)	中国化学(英文版)	中国化学工程学报(英文版)	中国机械工程学报(英文版)
载文量(篇)	2008 年	96	89	190	76	399	160	131
	2009 年	105	82	214	100	404	152	117
	2010 年(1～11 月)	106	84	319	96	359	123	109

数据来源：2010 年中国科协英文版科技期刊国际推广计划总结材料。

2. 稿件处理周期加快

对于科技论文的发表问题，科技工作者广泛认同这一观点，即"不发表即灭亡"(Publish or Perish)。因为对于科研成果而言，如果没有被发表，就等于其不曾存在，对于研究人员而言，发表研究论文是科研人员展示其研究能力和获得同行认可的重要途径，论文的质量和数量是研究人员申请科技基金、竞争科研职位和晋升职称的重要条件，也是对其科研成果进行考核、评价的重要依据。在数字网络环境下，科技工作者越来越重视发表的速度。加快稿件的出版周期，能够吸引更多的作者投稿，提高科技期刊的时效性，也吸引更多的读者，提升期刊的影响力。国际推广计划期刊将缩短出版周期、加快出版速度作为一个重要目标，7 种期刊 2008 年平均论文发表周期为 11 个月，2009 年为 10.5 个月，2010 年缩短为 9.7 个月(表 2－15)。为了进一步缩短出版周期，《稀土学报》(英文版)2011 年开始，将变更刊期，由双月刊改为月刊。

① 陈留院. 载文量与学术影响力关系研究 . 中国科技期刊研究，师范大学学报：自然科学版，2010，21(3)：316－319.

表 2－15　2009—2010 年中国科协英文版科技期刊国际推广计划资助期刊发表周期

期　刊		高分子科学（英文版）	海洋学报（英文版）	稀土学报（英文版）	中国航空学报（英文版）	中国化学（英文版）	中国化学工程学报（英文版）	中国机械工程学报（英文版）
论文发表周期（月）	2008 年	11.3	12	11	12	9.5	11	10
	2009 年	13	10.3	10	12	9	10.3	9
	2010 年	12	9	8	11	8	9.6	10

数据来源:2010 年英文版期刊国际推广计划资助期刊总结材料。

中国科协国际推广计划资助期刊全部实现编辑办公的网络化,在线投稿、在线审稿等得到普及。随着编辑办公网络化的实现,期刊的平均审稿周期,尤其是海外审稿周期显著缩短。2006—2007 年,稿件平均审稿周期为 185 天,2009—2010 年,平均审稿周期为 139.2 天。2009—2010 年海外审稿周期平均为 110 天,比 2008～2009 年海外审稿周期缩短 43 天左右。

(二)学术影响力提升

国际推广计划资助期刊制定了较为完善的审稿标准,普遍采用同行评议制度,以保障发表论文的学术质量水平。同时采取了约稿、评选优秀论文、减免版面费、优稿优酬、实行论文开放获取出版、重要论文优先或快速发表等方式吸引优秀稿源,以提高期刊的学术质量水平,2008—2010 年中国科协国际推广计划资助期刊的学术影响力有了提升。《高分子科学》(英文版)、《海洋学报》(英文版)、《稀土学报》(英文版)、《中国航空学报》(英文版)、《中国化学》(英文版)和《中国化学工程学报》(英文版)已被 SCI 收录。期刊的总被引频次上升趋势明显,这虽然跟期刊总发表文章数量逐年增加有着直接的关系,但也从一个侧面反映期刊的学术影响力在扩大。值得关注的是,国际推广计划的英文刊的影响因子学科排名相对靠后,与世界一流期刊的差距还比较大。这些期刊还需积极提高期刊的学术质量水平,进一步深化国际化进程,提高学术影响力和国际知名度,争取早日打造成中国的世界级名刊(表 2－16)。

表 2－16　中国科协英文版科技期刊国际推广计划资期刊 JCR 统计数据

刊名	年份	总被引频次	影响因子	影响因子学科排名	影响因子学科排名/学科期刊总数	即年指数	来源文献量	被引半衰期
高分子科学（英文版）	2007	393	0.753	47	47/74	0.127	79	4.6
	2008	407	0.644	50	50/73	0.052	96	4.5
	2009	387	0.526	59	59/76	0.133	105	4.9
海洋学报（英文版）	2007	494	0.716	36	36/50	0.093	97	4.6
	2008	512	0.441	44	44/50	0.034	88	5.7
	2009	629	0.481	48	48/56	0.029	69	6.5

续表

刊名	年份	总被引频次	影响因子	影响因子学科排名	影响因子学科排名/学科期刊总数	即年指数	来源文献量	被引半衰期
稀土学报（英文版）	2007	660	0.398		49/62	0.061	147	3.4
	2008	861	0.53	44	44/61	0.032	190	3.7
	2009	905	0.572	46	46/64	0.046	217	3.8
中国航空学报（英文版）	2007							
	2008							
	2009	123	0.294	21	21/27	0.02	100	3.7
中国化学（英文版）	2007	1226	0.719	84	84/127	0.105	343	3.7
	2008	1503	0.945	74	74/127	0.093	399	3.3
	2009	1780	0.8911	81	81/140	0.077	404	3.7
中国化学工程学报（英文版）	2007	406	0.462	80	80/114	0.052	153	3.8
	2008	458	0.572	73	73/116	0.038	160	3.9
	2009	615	0.693	77	77/128	0.066	152	3.7

数据来源：2007—2009 版《期刊引证报告》(JCR)。

（三）国际化水平进一步提高

作者国际化是期刊国际化的一个重要指标。SCI 在全球范围内择优挑选期刊时，期刊作者来源的国际化是一个重要的指标。吸收更多的海外投稿，提高作者国家分布数量是在国际上推广期刊的一个有效措施。2006—2010 年，国际推广计划资助期刊的海外作者比例不断增加，作者分布的国家数量也不断增多（表 2-17）。2010 年，《中国化学》（英文版）国外的投稿比（截至 2010 年 11 月 9 日）达到 47.2%，较 2009 年提高近 10%。

表 2-17　中国科协英文版科技期刊国际推广计划资助期刊作者国家分布情况

作者情况	年份	高分子科学（英文版）	海洋学报（英文版）	稀土学报（英文版）	中国化学（英文版）	中国化学工程学报（英文版）
中国作者比例(%)	2005—2007	80.5243	96.2457	93.2821	91.4547	95.3596
	2006—2008	81.3636	96.8198	93.1034	88.999	94.0043
	2007—2009	78.9286	96.3100	88.1143	85.1423	90.5376
作者分布国家数	2005—2007	10	16	25	24	27
	2006—2008	18	18	31	24	26
	2007—2009	21	17	38	30	31

数据来源：web of science.

引文来源的国际化程度是英文版期刊国际化的最直接的体现，2006—2010 年，7 种英文刊的海外引用比例不断增加，引用国家（地区）数量也不断增多（表 2-18）。

表 2-18　中国科协英文版科技期刊国际推广计划资助期刊引文来源情况

	年　份	高分子科学(英文版)	海洋学报(英文版)	稀土学报(英文版)	中国化学(英文版)	中国化学工程学报(英文版)
来自中国的引用比例(%)	2005—2007	84.5324	80.9302	80.8824	72.4011	76.7025
	2006—2008	76.8889	76.4706	74.4986	66.1799	73.0769
	2007—2009	63.8767	72.0238	69.0557	60.7299	64.9502
引用国家(地区)数	2005—2007	25	20	41	46	39
	2006—2008	25	23	44	49	48
	2007—2009	35	25	54	59	56

数据来源:web of science.

国际编委会两大作用体现在约稿和审稿两个方面。作为国际性期刊的一个重要标志,是拥有一支国际知名度高的审稿队伍为刊物审稿,为稿件把关,发挥国际知名科学家的作用,提高审稿质量。国际编委人数的增多,国际编委国家覆盖面的增加,能使期刊有效的提高审稿标准,确保稿件的学术质量水平,提高国际竞争力和国际影响力。英文版科技期刊国际推广计划资助期刊国际编委比例适中,来源国家较为广泛(表 2-19)。

表 2-19　中国科协英文刊国际推广计划资助期刊国际编委情况

期　刊	高分子科学(英文版)	海洋学报(英文版)	稀土学报(英文版)	中国航空学报(英文版)	中国化学(英文版)	中国化学工程学报(英文版)	中国机械工程学报(英文版)
编委总人数	41	61	101	89	62	60	146
国际编委人数	13	9	11	14	9	14	34
国际编委涉及国家个数	9	5	8	7	4	11	12

数据来源:中国科协科技期刊 2010 年调查数据。

为了提高我国科技出版行业的出版、发行能力,扩大我国科技出版的影响范围,短期内与国外的出版和合作是一种有效的途径。7 种期刊全部与国外出版商签订了合作出版协议,通过借助国外出版机构的出版平台和销售渠道,扩大海外发行量,提高海外影响力(表 2-20)。

表 2-20　英文刊国际推广计划资助期刊与国外出版机构合作情况

期　刊	国外出版机构
高分子科学(英文版)	由 World Scientific Publishing 改为 Springer
海洋学报(英文版)	Springer
稀土学报(英文版)	Elsevier
中国航空学报(英文版)	Elsevier
中国化学(英文版)	Wiley-Blackwell
中国化学工程学报(英文版)	Elsevier
中国机械工程学报(英文版)	IFToMM,ASME

《中国机械工程学报》(英文版)通过切实有效的努力工作,促成了与国外学术机构及出版商的合作,与 IFToMM 签订了 2010—2013 年合作意向,与 ASME 续签了 2010—2011 年北美地区发行合同,与 Springer 签署了 2012—2016 年合作出版协议,通过国外出版平台,有效提高了期刊的国际影响。

(四)国际化期刊质量提升策略

1. 内容为王,优质稿件是期刊发展之源

近年来,科研经费的持续投入极大地提高了我国的科研创新能力,科技产出呈现迅猛发展态势[①]。根据汤森路透集团的科学论文索引数据库显示,2006 年我国研究论文产出达 8.3 万篇,超过了传统的科学强国日本、德国和英国等国家。2009 年中国论文产出超过 12 万篇,仅次于美国的 35 万篇。我国科技产出的学术影响力有了很大的提升,但是我国科技期刊在反映我国重要科研成果、促进学术交流中的作用却并不相称,这跟我国科技期刊学术水平和学术影响与国际高水平期刊相比还存在较大差距有着很大的关系。根据对中国科协科技期刊的问卷调查显示[②],编辑部及学科专家认为,"学科发展水平制约"、"优质稿件外流"和"科研评价导向"是影响我国期刊质量的三个主要因素。科技期刊的学术质量水平是科技期刊的立身之本,发展之源。为了提高期刊的学术质量水平,中国科技期刊应该立足于本国的科技资源,面向世界,努力吸收本国优秀的科技产出,积极吸引国内外市场。

论文的学术内容和质量决定期刊的学术质量水平。积极约稿、组稿,吸引高质量论文,从而提高期刊的学术质量水平,是期刊编辑们的共识。七个期刊均十分重视约稿,约稿比例有了明显提升。《中国化学工程学报》(英文版)免收国际论文和约组文章的版面费。《稀土学报》(英文版)为了鼓励二次投稿,对稿件质量稳定的二次投稿作者和国外来稿,减免审稿费和版面费,并对高被引文章的作者给予物质奖励。

2009—2010 年间,中国科协英文版科技期刊国际推广计划资助期刊为了吸引优质稿源,积极约稿,约稿比例有了很大的提升(图 2-6)。2010 年,《高分子科学》(英文版)的约稿比例高达 15.3%。

为了增强外文期刊的可读性,开拓国外市场,国际推广计划资助期刊重视提供增值服务,对英文稿件进行语言润色,取得了很好的效果。《高分子科学》(英文版)和《中国机械工程学报》(英文版)加强了对稿件内容的英文润色工作,提高了稿件的可读性。《中国航空学报》(英文版)聘用了一名专职英文编辑,对来稿进行初审把关及英文润色,提高了期刊的英文质量。《中国化学》(英文版)聘请一名海外留学的博士做英文编辑,为期刊的语言把关。

为了组织高质量与原创性的稿件,《海洋学报》(英文版)、《中国机械工程学报》(英文版)和《稀土学报》(英文版)等编辑部持续关注国家重大项目(如国家"973"项目、国家自然科学基金重大项目等)和专项课题的研究进展情况,实现了科研成果产出与科研成果发布的双赢。不仅推动了期刊的发展,而且取得了良好的社会效益。

---

① 庞景安,黄军英,徐峰,杨朝峰,曹燕. 创新提高中国科技影响力.[2011-01-11]. http://www.qsjournal.com.cn/kj/zzcx/201003/t20100329_25381.htm.

② 中国科学技术协会主编. 中国科协科技期刊发展报告(2010). 北京:中国科学技术出版社,2010.

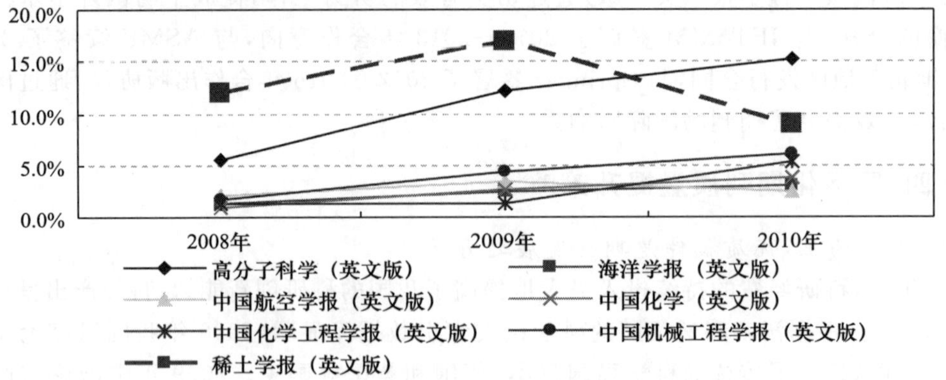

图 2－6　2009—2010 年中国科协英文版科技期刊国际推广计划资助期刊约稿比例变化

2. 与时俱进,迎接期刊出版数字化时代

随着数字出版时代的到来,传统的纸质出版的模式已难以适应时代的发展要求,数字化和网络化是科技期刊的发展趋势。期刊数字化网络化能提高科技论文的传播的速度和广度,促进科技期刊影响力的提升。国际推广计划资助期刊通过自建网站以及在国外出版平台在线发布期刊网络版,期刊显示度得到了极大提升,期刊的国际浏览量和国际下载量显著提升。《高分子科学》(英文版)为了加快出版周期,吸引作者投稿,提高论文的被引频次,实现了在线优先出版(Online First),2010 年 4 月开始在 SpringerLink 网络出版平台进行文章的在线优先出版,扩大了期刊的影响力。《中国机械工程学报》(英文版)研发制作了本刊的电子刊(数字期刊),进行电子刊的申报工作,并开展电子刊的用户体验活动,取得了良好的效果,为其后续的发行与推广工作打下基础。

3. 以人为本,加强编辑队伍建设

国际推广计划资助期刊的主编普遍具有高学历和较强学术背景,通过制订期刊办刊宗旨、把握本领域国内外新动向、提出期刊发展战略规划以及制订组稿计划等促进期刊的发展(表 2－21)。

表 2－21　中国科协英文版科技期刊国际推广计划资助期刊主编情况

期刊	高分子科学（英文版）	海洋学报（英文版）	稀土学报（英文版）	中国航空学报（英文版）	中国化学（英文版）	中国化学工程学报（英文版）	中国机械工程学报（英文版）
主编学位	博士	本科	博士	博士	硕士	硕士	本科
主编是否为院士	是	是	是	否	否	否	否
主编行使职能情况	A,B,D,F	A,D,F,G,H	A,C,D,E	A,B,C	E	A,B,C,E,F	A,B,C,H

注:A 制定期刊办刊宗旨;B 把握本领域国内外新动向;C 提出期刊发展战略规划;D 制定组稿计划;E 负责稿件终审,F 确保期刊质量;G 培养编辑队伍;H 参与日常工作;I 其他。

编辑部参加和组织国际性学术活动对于提高期刊的显示度、知名度,推动期刊的国际化进程有着重要的作用。参加与期刊相关的学术会议,在会议上宣传期刊,充分利用专家资源，在会议上积极约稿或者出版与学术会议相关的专辑，是期刊编辑部提升期刊影响力的普遍策略，取得了很好的效果。

三、英文版科技期刊的未来发展

随着我国科学技术的发展，科研人员与国外交流与合作的深入，我国科学家已经站在了很多学科的世界前沿领域。从我国被 SCI 收录的科技论文的数量和其中有杰出影响力的论文数量上来看，我国的科研已经走向了世界。同时，我们也应看到，我国科技期刊的发展相对迟缓，影响力尤其是国际影响力还存在差距。面对国际一流科技期刊的全球化，争取我国科技期刊在世界科技领域的一席之地是当务之急。为提高我国英文版科技期刊的国际影响力，英文版科技期刊将承担起参与国际科技出版竞争的使命，我国的英文版科技期刊未来的努力方向将体现在以下方面。

1）提高英文版期刊的出版、发行能力，促进与国外的出版和合作，扩大我国英文版期刊的影响范围。国外大型出版集团广泛进入我国学术出版领域，通常以合作出版或者合作发行的方式与国内科技期刊合作，这种合作往往以版权共享或者版权转让为前提。从短期来看，这种合作方式提高了科技期刊的国际知名度，拓宽了其出版发行渠道。但长期来看，过度依赖国外的出版平台将会降低我国科技出版行业的出版和发行能力，而且不利于我国知识产权的保护。为了提高我国科技期刊的国际影响力，必须下大力气促进我国科技期刊的出版、发行能力，增强其国际市场竞争力。

2）提高英文编辑水平，增强文章的可读性。一方面，期刊编辑部在开拓国外市场时，注意聘请外籍专家特别是英语作为母语的专家来修改稿件的语言问题，以便在语言表述上实现较好的效果；另一方面要利用国际出版商及编辑服务机构的英文写作资源，按照有关英文科研论文写作指南的要求规范研究论文写作与编辑，提高英文期刊的编辑质量。

3）立足本国优秀资源，努力提高我国科技期刊在我国科技人员中的影响力，积极约稿、组稿。由于我国当前对科技工作者、科研团体的评价机制，我国科技期刊相对薄弱的国际影响力等原因，我国科技人员每年都有大量极为优秀的科技论文发表于国外科技期刊，形成科技论文的“外流”现象。处于科学前沿的科研工作人员在阅读文献时，也是倾向于参考国际一流期刊。这使我国的英文版期刊处于非常不利的地位。因此，英文版科技期刊需要注重宣传，加大约稿组稿力度，积极争取国内一流作者的优质稿件。

4）随着数字出版时代的到来，传统的纸质出版模式已经不适应时代的发展要求，网络化、数字化是未来科技期刊的发展趋势。为了在新的挑战中能够取得良性发展，英文版期刊应适应时代的发展要求，加快编辑出版电子平台的建设，提升刊物的传播能力，发展在线出版平台，近期可重点考虑利用国际化的在线投稿、审稿和编辑系统提升编辑水平，利用国际上具有较大影响力的出版平台传播期刊内容。

5）加强国际化期刊的人才队伍建设。从国际知名科技期刊的编辑结构可以看出，国际期刊编辑出版从业门槛相对较高，一位真正的学术编辑，必然是在他所处的学科仍然活跃的学者或学术活动组织者。英文版科技期刊的编辑队伍要更加主动地关注内容，注意追踪学术前沿、掌握新技术和具有敏锐把握学科发展态势的能力。

第三章　中国科协科技期刊学术质量建设

科技期刊是科技传播的重要媒体之一，承载着传播科研成果和促进科研人员学术交流的重要使命。科技期刊的学术质量是科技期刊学术水平的重要保证，是科技期刊赖以生存的基础和发展的根基，决定了科技期刊的整体质量水平。2006—2010 年，中国科协及全国学会持续加强对科技期刊学术质量的管理，加大科技期刊的指导和质量监督，密切关注期刊学术影响力，取得了一定的成效。5 年来中国科协科技期刊的质量稳步提升，期刊影响力明显提升，中国科协科技期刊在中国科技期刊刊群中占据着越来越重要的地位。

本章揭示中国科协科技期刊 2006—2010 年的学术质量建设概况，对影响中国科协科技期刊学术水平的若干因素进行分析，并提出提高科技期刊学术质量的途径。本章第一节数据主要参考了国内外相关引证数据库；第二节和第三节的数据来源于"中国科协科技期刊发展报告"项目组 2010 年普查数据，以及"中国科协科技期刊学术质量建设"子项目组针对学科专家及期刊专家所做的问卷调查数据①。

第一节　中国科协科技期刊学术质量概况

期刊的学术质量可以通过三种方式予以揭示：①期刊在权威数据库中的收录情况以及反映学术水平的各项学术指标，如期刊的影响因子、期刊被引率、期刊总下载频次等；②期刊所刊载的论文的影响力情况，如期刊论文的被引频次、总下载频次、高被引论文所占比例等；③期刊本身获得的荣誉，如期刊获奖情况、期刊论文获奖情况、期刊受资助情况等。2006—2010 年，中国科协科技期刊在权威数据库的收录情况及各项指标稳中有升，期刊论文影响力逐年增强，受资助范围不断扩大。

一、在国内外权威数据库中的各项指标逐步提升

(一)国内权威数据库收录及各项引证指标情况

科技类核心期刊遴选数据库，目前国内主要有三种：北京大学图书馆的《中文核心期刊要目总览》、中国科学技术信息研究所的《中国科技论文统计源期刊》、中国科学院国家科学图书馆的《中国科学引文数据库(CSCD)来源期刊》。

基于核心期刊数据库所收录期刊数据，三大数据库分别出版或发布了相应的期刊引证指标分析报告及相关引文数据，即：北京大学图书馆《中文核心期刊要目总览》的期刊综合排名，中国科学技术信息研究所的《中国科技期刊引证报告》，以及中国科学院国家科学

① "中国科协科技期刊学术质量建设"子项目组对中国部分学科专家和期刊专家进行问卷调查，共发放问卷 500 份，回收有效问卷 296 份。

图书馆的“中国科学引文数据库”。

1.《中文核心期刊要目总览》收录及排名情况

《中文核心期刊要目总览》(以下简称《总览》)是由北京大学图书馆和北京高校图书馆期刊工作研究会共同主持的研究项目,项目自1990年开始启动,1992年出版了第一版研究成果,以后每隔4年研究并出版一次。2006—2010年,《总览》共修订两次,为2004年版和2008年版。《总览》收编包括社会科学和自然科学等各种学科类别的中文期刊,通过定量指标和专家评定相结合的方式,按照《中国图书馆分类法》分学科对中国国内出版的期刊进行排序并划定核心期刊。《总览》是国内最有影响力的期刊评价体系,对科协科技期刊在《总览》中的收录情况和排名情况进行统计和分析,能够基本反映中国科协科技期刊在全国期刊的地位和水平,因而具有一定的意义。《总览》2004版和2008版的数据显示:中国科协科技期刊在诸多学科具有优势,其所收录量占学科收录量的一半以上。

《总览》(2004年版)从我国正在出版的中文期刊中评选出1913种核心期刊。其中,中国科协期刊404种,占核心期刊总量的21%,占中国科协期刊总数的40%,涵盖了77个学科。有59个学科排名第一的为中国科协科技期刊,占总学科数的51%,中国科协科技期刊在外科学、物理、力学、基础医学、肿瘤学、生物、天文学、金属学、地球物理学、药学、植物保护、预防医学、机械、仪表工业、昆虫学、内科学、化学、武器工业等学科核心期刊数量占该学科核心期刊总量一半以上,具有明显的学科优势。见表3-1。

表3-1 《总览》2004年版中中国科协科技期刊核心期刊数量占本学科一半以上的学科

学科名称	各学科核心期刊总数	科协科技期刊种数	科协科技期刊所占比例(%)
外科学	17	15	88.2
物理	29	23	79.3
力学	18	14	77.8
基础医学	25	19	76.0
肿瘤学	7	5	71.4
综合性生物	24	16	66.7
天文学	3	2	66.7
金属学与金属工艺	25	16	64.0
地球物理学	11	7	63.6
药学	16	10	62.5
植物保护	8	5	62.5
预防医学、卫生学	25	15	60.0
眼科学	5	3	60.0
机械、仪表工业	23	13	56.5
动物学/昆虫学	9	5	55.6

续表

学科名称	各学科核心期刊总数	科协科技期刊种数	科协科技期刊所占比例(%)
内科学	22	12	54.5
武器工业	11	6	54.5
化学	24	13	54.2
一般工业技术	26	14	53.8
特种医学	8	4	50.0
神经病学与精神病学	6	3	50.0

《总览》(2008年版)从我国正在出版的中文期刊中评选出1983种核心期刊。其中,中国科协科技期刊476种,占核心期刊总数的24%,占中国科协期刊总数的47%,有68个学科排名第一的为中国科协科技期刊,占总学科数的51%。中国科协科技期刊在工程基础科学、天文学、声学工程、计量学、物理、基础医学、农业工程、外科学、金属学与金属工艺、力学、内科学、肿瘤学、生物科学综合、地球物理学、机械、仪表工业、预防医学、卫生学、中国医学、动物学/人类学、眼科学、安全科学、药学、水路运输、武器工业、制冷工程、真空技术、工业通用技术与设备等学科核心期刊数量占该学科核心期刊总量一半以上,具有明显的学科优势。尤其是工程基础科学、天文学、声学工程和计量学四个学科,核心期刊名单均被中国科协科技期刊包揽,见表3-2。

表3-2 《总览》(2008年版)中国科协科技期刊收录数量在学科内占一半以上的学科

学科名称	各学科核心期刊总数	科协科技期刊种数	科协科技期刊所占比例(%)
工程基础科学	3	3	100.0
天文学	2	2	100.0
声学工程	2	2	100.0
计量学	1	1	100.0
物理	22	18	81.8
基础医学	25	20	80.0
农业工程	8	6	75.0
外科学	26	19	73.1
金属学与金属工艺	26	18	69.2
力学	13	9	69.2
内科学	24	16	66.7
肿瘤学	9	6	66.7
生物科学综合	25	16	64.0

续表

学科名称	各学科核心期刊总数	科协科技期刊种数	科协科技期刊所占比例(%)
地球物理学	11	7	63.6
机械、仪表工业	27	17	63.0
预防医学、卫生学	26	16	61.5
中国医学	20	12	60.0
动物学/人类学	10	6	60.0
眼科学	5	3	60.0
安全科学	5	3	60.0
药学	17	10	58.8
水路运输	9	5	55.6
武器工业	11	6	54.5
制冷工程	2	1	50.0
真空技术	2	1	50.0
工业通用技术与设备	2	1	50.0
初等教育/中等教育(物理)	2	1	50.0
初等教育/中等教育(化学)	2	1	50.0

2.《中国科技期刊引证报告》(CJCR)收录及引证情况

《中国科技期刊引证报告》(核心版)(CJCR)以中国科技论文与引文数据库(CSTPCD)为基础,选择数学、信息与系统科学、物理学、力学、化学、天文学、地学、生物学、医药卫生、农业科学、工业技术、环境科学等学科的重要科技期刊作为来源期刊。自1997年第1版面世至今,已连续出版10余版。《中国科技期刊引证报告》是一种专门用于期刊引用分析研究的重要检索评价工具,利用CJCR所提供的统计数据,可以清楚地了解期刊引用和被引用的情况,了解单个期刊、部分期刊以及整体期刊的学术水平和学术影响力,评估期刊在科学交流体系中的作用和地位。CJCR2006—2010各版数据显示:中国科协科技期刊所收录数据和各项引证指标均在学科内占有绝对优势,指标平均水平半数以上高于学科全体期刊的平均水平,收录中国科协科技期刊的增长幅度高于收录全国期刊的增长幅度。CJCR2006—2010收录中国科技论文统计源期刊总数及收录中国科协科技期刊数情况见表3-3。从表3-3可以看出,在总被引频次大于等于1000的科技期刊中,中国科协科技期刊在2006—2009年四年中均占半数以上;在影响因子大于等于1的科技期刊中,中国科协科技期刊5年均占总收录期刊的半数以上,因而具有绝对的影响力。

表 3-3　CJCR2006—2010 年收录中国科协科技期刊及引证指标情况

年份＼指标	收录期刊总数	收录中国科协科技期刊数	所占比例(%)	所涵盖的学科	总被引频次大于等于1000的期刊种数			影响因子大于等于1的期刊种数		
					中国科协科技期刊	全部期刊	所占比例(%)	中国科协科技期刊	全部期刊	所占比例(%)
2006	1652	587	35.5	53	136	209	65.1	53	93	57.0
2007	1723	604	35.1	53	189	304	62.2	68	119	57.1
2008	1765	578	32.7	53	202	379	53.3	73	118	61.9
2009	1868	615	32.9	56	226	447	50.6	64	123	52.0
2010	1946	655	33.7	56	272	549	49.5	59	117	50.4

从表 3-3 可以看出,中国科协科技期刊除 2008 年外,其余 4 年来被收录数量不断增加,其中 2010 年,CJCR 收录中国全体科技期刊相对于 2009 年的增长量中,有一半以上来自于中国科协科技期刊,见表 3-4。

表 3-4　中国科协科技期刊增长量在收录中国期刊全体增长量中的情况

项　目	相对于上一年的增长量			
年　份	2007	2008	2009	2010
收录中国全体科技期刊增长量	71	42	103	78
科协科技期刊增长量	17	-26	37	40
增长部分所占比例(%)	23.9	—	35.9	51.3

根据 CJCR2006—2010,5 年中,有 40 个学科 5 年的平均影响因子均大于本学科平均影响因子,这 40 个学科分别是:保健医学,兵工技术,材料科学,畜牧、兽医科学,大气科学,地质科学,电子、通信与自动控制,动力与电力工程,管理学,海洋科学,航空、航天科学技术,核科学技术,护理医学,化学工程,化学,环境科学技术,机械工程,基础医学、医学综合,计算机科学技术,交通运输工程,矿山工程技术,临床医学,能源科学技术,内科学,农学,神经病学、精神病学,生物学,数学,水产学,水利工程,天文,土木建筑工程,物理学,信息科学与系统科学,眼科学、耳鼻咽喉科学,药学,冶金工程技术,仪器仪表技术,预防医学与卫生学,中医学与中药学类。如表 3-5 所示。

表 3-5　平均影响因子大于本学科期刊平均影响因子的学科数量

年份(年版)	2006	2007	2008	2009	2010
科协期刊所属学科数量	47	51	47	53	46
全部学科数量	55	55	55	58	61
所占比例(%)	85.5	92.7	85.5	91.4	75.4

根据 CJCR2006—2010,5 年中,有 44 个学科 5 年的平均总被引频次均大于本学科平均总被引频次。这 44 个学科分别是:保健医学,兵工技术,材料科学,畜牧、兽医科学,大

气科学，地理科学，地球科学，地质科学，电子、通信与自动控制，动力与电力工程，妇产科学、儿科学，管理学，海洋科学，航空、航天科学技术，护理医学，化学工程，化学，机械工程，基础医学、医学综合，计算机科学技术，交通运输工程，口腔医学，矿山工程技术，林学，临床医学，内科学，能源科学技术，农学，神经病，精神病学，生物学，数学，水产学，水利工程，天文，土木建筑工程，外科学，物理学，信息科学与系统科学，眼科学、耳鼻咽喉科学，药学，冶金工程技术，仪器仪表技术，预防医学与卫生学，中医学与中药学。如表 3-6 所示。

表 3-6　平均总被引频次大于本学科期刊的平均被引频次的学科数量

年份(年版)	2006	2007	2008	2009	2010
科协期刊所属学科数量	45	47	48	48	50
全部学科数量	55	55	55	58	61
所占比例(%)	81.8	85.5	87.3	82.8	82.0

根据 CJCR2006—2010，5 年中，影响因子在本学科排名第一的期刊为科协期刊的学科有 24 个，分别为：兵工技术，电子、通信与自动控制，妇产科学、儿科学，管理学，海洋科学，航空、航天科学技术，核科学技术，护理医学，化学，基础医学、医学综合，计算机科学技术，交通运输工程，力学，内科学，生物学，水利工程，天文，土木建筑工程，物理学，畜牧、兽医科学，眼科学、耳鼻咽喉科学，冶金工程技术，仪器仪表技术，中医学与中药学类。如表 3-7 所示。

表 3-7　影响因子在本学科排名第一的期刊为科协期刊的学科数量

年份(年版)	2006	2007	2008	2009	2010
科协期刊所属学科数量	39	38	36	40	31
全部学科数量	55	55	55	58	61
所占比例(%)	70.9	69.1	65.5	69.0	50.8

根据 CJCR2006—2010，5 年中，有 34 个学科总被引频次在本学科排名第一且为科协期刊，这 34 个学科分别为：保健医学，兵工技术，大气科学，地理科学，电子、通信与自动控制，动力与电力工程，妇产科学、儿科学，海洋科学，航空、航天科学技术，核科学技术，护理医学，化学工程，机械工程，基础医学、医学综合，计算机科学技术，军事医学与特种医学，口腔医学，矿山工程技术，林学，临床医学，生物学，水产学，水利工程，天文，土木建筑工程，外科学，物理学，信息科学与系统科学，畜牧、兽医科学，眼科学、耳鼻咽喉科学，冶金工程技术，仪器仪表技术，预防医学与卫生学，中医学与中药学类。如表 3-8 所示。

表 3-8　总被引频次在本学科排名第一的为科协期刊的学科数量

年份(年版)	2006	2007	2008	2009	2010
科协期刊所属学科数量	41	42	43	42	44
全部学科数量	55	55	55	58	61
所占比例(%)	74.5	76.4	78.2	72.4	72.1

科协科技期刊平均影响因子大于本学科期刊平均影响因子、平均总被引频次大于本学科期刊平均总被引频次、学科影响因子排名第一、学科总被引频次排名第一，以上四种条件都达到的学科共有17种，反映了这17个学科中有影响力的期刊多为中国科协科技期刊。17个学科为：兵工技术，电子、通信与自动控制，海洋科学，航空、航天科学技术，护理医学，基础医学，计算机科学技术，生物学，水利工程，天文，土木建筑工程，物理学，畜牧、兽医科学，眼科学、耳鼻咽喉科学，冶金工程技术，仪器仪表技术，中医学与中药学。

17个优势学科中，每个学科综合排名第一的期刊均为中国科协科技期刊，5年来各项指标情况如表3-9所示。

表3-9　17个优势学科中排名第一的期刊5年引证指标变化情况

刊　名	年度	总被引频次	影响因子	即年指数	他引率	被引半衰期
兵工技术学科 第一：爆炸与冲击	2006	406	0.556	0.051	0.82	5.3
	2007	462	0.327	0.031	0.85	5.6
	2008	651	0.622	0.095	0.88	5.43
	2009	598	0.469	0.043	0.89	5.91
	2010	697	0.556	0.042	0.88	6.4
电子、通信与自动控制学科 第一：中国激光 2006年曾用名：中国激光A	2006	1642	0.958	0.137	0.66	3.7
	2007	1818	0.975	0.163	0.70	3.7
	2008	1902	0.919	0.104	0.71	3.80
	2009	2614	1.757	0.164	0.67	3.10
	2010	2733	1.679	0.069	0.55	3.2
海洋科学学科 第一：海洋与湖沼	2006	1424	1.404	0.125	0.88	6.9
	2007	1574	1.631	0.157	0.89	7.0
	2008	1607	1.202	0.056	0.93	8.26
	2009	1647	0.814	0.068	0.93	8.93
	2010	1870	0.677	0.057	0.94	9.4
航空、航天科学技术学科 第一：航空学报	2006	666	0.400	0.045	0.90	5.9
	2007	871	0.646	0.076	0.87	5.7
	2008	1094	0.570	0.114	0.81	5.80
	2009	1311	0.669	0.049	0.81	5.42
	2010	1450	0.707	0.029	0.84	5.0
护理医学学科 第一：中华护理杂志	2006	4411	1.648	0.137	0.93	4.1
	2007	5805	1.861	0.181	0.93	4.5
	2008	5913	1.473	0.096	0.93	4.87
	2009	6667	1.395	0.132	0.95	5.25
	2010	8408	1.485	0.128	0.95	5.8

续表

刊名	年度	总被引频次	影响因子	即年指数	他引率	被引半衰期
基础医学学科 第一：中国病理生理杂志	2006	1621	0.541	0.055	0.79	4.0
	2007	1881	0.535	0.053	0.78	4.1
	2008	1950	0.551	0.053	0.76	4.28
	2009	2244	0.715	0.056	0.71	3.92
	2010	2582	0.753	0.080	0.71	4.1
计算机科学技术学科 第一：软件学报	2006	2257	1.792	0.094	0.93	3.6
	2007	2743	1.436	0.139	0.94	3.9
	2008	3450	1.644	0.133	0.89	4.35
	2009	3619	1.538	0.117	0.94	4.99
	2010	4158	1.432	0.140	0.92	5.2
生物学学科 第一：生态学报	2006	5233	1.688	0.089	0.77	4.7
	2007	5801	1.491	0.089	0.86	4.9
	2008	8368	1.837	0.143	0.78	5.07
	2009	8956	1.669	0.104	0.84	5.17
	2010	11764	1.812	0.131	0.78	5.4
水利工程学科 第一：水利学报	2006	1696	0.600	0.076	0.89	6.0
	2007	2467	0.948	0.138	0.83	5.6
	2008	2752	1.090	0.160	0.84	5.66
	2009	2999	1.131	0.110	0.87	5.84
	2010	3494	1.194	0.311	0.88	6.1
天文学科 第一：天文学进展	2006	81	0.246	0.030	0.89	4.9
	2007	48	0.152	0.065	0.79	5.4
	2008	56	0.313	0.059	0.79	4.25
	2009	85	0.369	0.097	0.87	4.92
	2010	108	0.231	0.103	0.82	5.5
土木建筑工程学科 第一：岩石力学与工程学报	2006	2521	0.693	0.117	0.58	3.7
	2007	3344	0.794	0.136	0.66	3.7
	2008	4112	1.094	0.267	0.67	3.93
	2009	5192	1.448	0.228	0.74	4.47
	2010	5202	1.367	0.146	0.84	5.2

续表

刊　名	年度	总被引频次	影响因子	即年指数	他引率	被引半衰期
物理学学科 第一:物理学报	2006	5090	1.351	0.236	0.57	3.5
	2007	6485	1.462	0.200	0.53	3.3
	2008	8332	1.566	0.204	0.56	3.41
	2009	8457	1.426	0.173	0.62	3.51
	2010	8716	1.203	0.141	0.59	3.8
畜牧/兽医科学学科 第一:草业学报	2006	887	1.627	0.081	0.64	3.4
	2007	1046	1.486	0.074	0.62	3.8
	2008	1315	1.510	0.105	0.71	4.46
	2009	1709	2.486	0.271	0.64	4.14
	2010	2325	3.795	0.203	0.65	3.6
眼科学/耳鼻咽喉科学学科 第一:中华耳鼻咽喉 头颈外科杂志 2006 年曾用名:中华耳鼻 咽喉科杂志	2006	1647	0.979	0.123	0.82	6.0
	2007	1964	1.097	0.058	0.86	6.0
	2008	2046	0.827	0.171	0.85	5.84
	2009	2350	0.814	0.152	0.87	6.14
	2010	2763	0.676	0.285	0.86	6.2
冶金工程技术学科 第一:中国有色金属学报	2006	1927	0.859	0.112	0.84	4.1
	2007	2279	1.030	0.102	0.85	4.1
	2008	2493	0.918	0.076	0.84	4.45
	2009	2620	0.799	0.046	0.81	4.87
	2010	2549	0.757	0.032	0.86	5.4
仪器仪表技术学科 第一:光学精密工程	2006	552	0.624	0.089	0.59	4.1
	2007	766	0.902	0.094	0.62	4.5
	2008	1487	2.359	0.100	0.38	2.98
	2009	1689	1.454	0.065	0.50	3.36
	2010	2115	1.314	0.056	0.51	3.2
中医学与中药学学科 第一:中国中药杂志	2006	2587	0.579	0.089	0.88	6.2
	2007	3260	0.634	0.087	0.90	5.9
	2008	3937	0.693	0.061	0.87	5.68
	2009	4943	0.701	0.057	0.89	5.83
	2010	5544	0.707	0.085	0.89	5.7

在以上这 17 种学科中，有 5 个学科收录的中国科协科技期刊数占收录总体的一半以上，分别是基础医学、生物学、天文、物理学、仪器仪表技术。这个学科的收录情况，各项指标平均值如表 3－10 所示。

表 3－10　17 个学科中收录的科协科技期刊占到收录总体一半以上的学科

学　科	中国期刊数量	中国科协期刊数量	中国科协科技期刊所占比例（%）	中国期刊平均总被引频次	中国科协期刊平均总被引频次	中国期刊平均影响因子	中国科协期刊平均影响因子
基础医学	47	31	66.0	620	741.77	0.390	0.414
生物学	61	37	60.7	1421	1829.51	0.618	0.710
天文	4	3	75.0	105	127.33	0.201	0.216
物理学	36	28	77.8	1129	1346.57	0.576	0.659
仪器仪表技术	12	6	50.0	641	924.17	0.361	0.516

3.《中国科学引文数据库》(CSCD)收录中国科协科技期刊情况及引证分析

《中国科学引文数据库》(CSCD)分为核心库和扩展库，核心库的来源期刊经过严格的评选，是各学科领域中具有权威性和代表性的核心期刊。表 3－11 反映了《中国科学引文数据库》(CSCD)（2006—2009）收录中国科技期刊和中国科协科技期刊的各项基本指标数据。中国科协科技期刊的基本指标与中国科技期刊总体指标相比，在平均影响因子、平均被引频次方面均大于所收录的中国期刊总体的各项数据。

表 3－11　CSCD2006—2009 收录中国科协科技期刊情况

年份	收录期刊总数	收录中国科协期刊数	收录总体期刊平均影响因子	科协期刊平均影响因子	总体期刊平均被引频次	科协期刊平均被引频次
2006	1040	374	0.3966	0.4722	541	704
2007	1048	391	0.4245	0.5016	656	814
2008	1048	396	0.4466	0.5056	704	886
2009	1123	405	0.4094	0.4810	790	995

（二）国外权威数据库收录情况

2006—2010 年，中国科协科技期刊被国际检索工具或系统收录的期刊总量除 2010 年外其余各年逐年增加，各项引证指标有所提高，国际影响力不断提升。中国科协 1003 种科技期刊 2006—2010 年被国际重要检索工具或系统收录情况如表 3－12 所示。

表 3-12　国外权威数据库 2006—2010 年收录中国科协科技期刊情况

年　份	2006	2007	2008	2009	2010
收录中国内地期刊种数	1584	1830	1909	2077	2158
其中收录中国科协科技期刊种数	360	437	458	512	524
中国科协科技期刊约占比例(%)	22.7	23.9	24.0	24.7	24.3

1.《科学引文索引》(扩展库)(SCIE)收录情况

《科学引文索引》[*Science Citation Index*(SCI)]是由美国科学信息研究所(ISI)于1961年创办的引文数据库,学科覆盖面广,历来被公认为世界范围最权威的科学技术文献索引工具,反映了科学技术领域最重要的研究成果。发表的学术论文被SCI收录或引用的数量,已被世界上许多国家和地区作为评价学术水平的一个重要标准。《科学引文索引》(扩展库)(SCIE)是在SCI基础上的扩展版。《科学引文索引》(扩展库)(SCIE)2006—2010年收录中国期刊和中国科协科技期刊的情况,以及以2006年收录中国内地期刊种数为基数,测度中国科技期刊(包括中国科协科技期刊)与中国科协科技期刊在SCIE中各年度增长情况见表3-13。由表3-12可知,2006—2010年SCIE收录中国科协科技期刊的数量在不断增长,中国科技期刊被SCIE收录的数量也在逐年增多,中国科协科技期刊不仅在所收录的中国内地期刊中占据一定的比例,而且在每年新增收录的期刊中占有一定的比例。

表 3-13　《科学引文索引》(扩展库)(SCIE)2006—2010 年
收录中国内地科技期刊和中国科协科技期刊及增长率情况

年份	收录中国内地期刊种数	收录中国科协科技期刊种数	中国科协科技期刊所占比例(%)	中国内地期刊相对于2006年的增长率(%)	中国科协科技期刊在增长率中的贡献(%)
2006	76	38	50.0	—	—
2007	78	39	50.0	2.0	50.0
2008	112	53	47.3	47.4	41.7
2009	119	58	48.7	56.6	46.5
2010	143	62	43.4	88.2	35.8

2.《工程索引》(核心版)收录情况

《工程索引》(*Engineering Index*,EI)是当前世界上一种鉴定、评价科学研究人员、工程技术人员论文学术成果的权威性工具,具有综合性强、资料来源广、地理覆盖面广、报道量大、报道质量高、权威性强等特点。EI收录文献几乎涉及工程技术各个领域,包括动力、电工、电子、自动控制、矿冶、金属工艺、机械制造、土建、水利等,但不收录纯基础理论方面的论文。其期刊主要来源于世界上工程技术类几十个国家和地区的期刊、会议录、科技报告、标准、图书等出版物。2010年EI核心库收录中国大陆期刊226种,其中中国科协科技期刊 89 种，较 2006 年增加 27 种，2010 年收录总数占我国内地被收录期刊总量的 39.4%，在国内名列前茅。各年收录情况如表 3－14 所示。

表 3－14 《工程索引》(核心版)(Ei—C)2006—2010 年收录中国内地期刊和中国科协科技期刊情况

年份	收录中国内地期刊种数	收录中国科协科技期刊种数	中国科协科技期刊所占比例(%)
2006	157	62	39.5
2007	171	69	40.4
2008	173	80	46.2
2009	198	82	41.4
2010	226	89	39.4

注：2009 年已经拒收全部非核心期刊。

3.《医学索引》收录情况

《医学索引》(*Index Medicus*，IM)创刊于 1879 年，由美国国家医学图书馆(National Library of Medicine)编辑出版，收录世界 70 多个国家和地区、40 余种文字出版的 4800 种生物医学及相关学科期刊，是当今世界最具权威的生物医学文献检索系统，收录文献反映了全球生物学领域较高水平的研究成果。该系统有较为严格的选刊程序和标准，期刊发展水平彰显度较为客观合理。2009 年 IM 收录中国内地科技期刊 107 种，其中中国科协学术期刊 55 种，较 2006 年增加 8 种，占中国内地被收录期刊总量的 51.4%，显示了中国科协科技期刊在医药卫生领域具有较强实力。各年收录情况如表 3－15 所示。

表 3－15 《医学索引》(IM)2006—2009 年收录中国内地期刊和中国科协期刊情况

年份	收录中国内地期刊种数	收录中国科协科技期刊种数	中国科协科技期刊所占比例(%)
2006	82	47	57.3
2007	81	49	59.8
2008	85	51	60.0
2009	107	55	51.4

注：2010 年《医学索引》纸质版停刊。

4. 其他重要国际权威数据库收录情况

中国科协科技期刊在其他国际权威数据库的收录情况如表 3－16 所示，可以看出，其在各数据库中的收录情况也是逐年增加的。

表 3-16 其他国际权威检索系统收录中国科协科技期刊情况

国家	文摘或数据库	收录中国内地期刊数/其中收录中国科协科技期刊数				
		2006 年	2007 年	2008 年	2009 年	2010 年
俄罗斯	文摘杂志(AJ)(2009 年拒收生物、医学期刊)	715/181	737/188	761/187	676/164	675/95
美国	生物学文摘(预评)(BA)	68/34	86/41	93/44	111/46	89/44
英国	英国海事技术文摘(BMT)	5/2	5/2	5/2	5/2	9/2
美国	化学文摘(网络版)(CA)	1010/242	1110/268	1225/317	1403/354	1419/365
英国	农业与生物科学研究中心文摘,公共健康研究数据库(CABI)	194/52	240/66	257/96	291/78	275/82
美国	剑桥科学文摘(CSA)	560/111	640/128	754/154	921/159	868/169
荷兰	医学文摘(EM)	67/26	77/29	64/31	107/32	78/41
英国	食品科技文摘(FS)	20/0	33/2	19/1	25/3	29/4
美国	地质文献预评数据库(GP)	—	—	—	—	61/11
波兰	哥白尼索引(IC)	77/22	202/48	304/69	400/85	450/95
美国	国际药学文摘(IPA)	19/8	20/9	21/9	19/7	18/7
美国	生物医学检索系统(简称)(Med)	—	—	—	—	94/57
美国	数学评论(MR)	174/16	146/15	153/15	169/14	117/15
美国	石油文摘(PA)	28/6	35/8	37/8	39/8	43/8
英国	高分子图书馆(继承《瑞普拉文摘》)(PL)	10/0	11/2	11/2	17/4	12/2
英国	英国皇家化学学会系列文摘(RSC)	16/10	16/10	16/10	105/38	96/36
英国	物理学、电技术、计算机及控制信息社数据库(SA)	189/60	198/61	224/63	242/64	272/73
荷兰	斯高帕斯数据库(Sco)	—	—	—	499/199	481/192
菲律宾	西太平洋地区医学索引(WPR)	—	—	—	202/118	202/118
英国	世界纺织文摘(WT)	5/0	5/0	6/0	5/0	4/0
德国	数学文摘(见《中国数学文摘》2010,No. 1)(ZM)	163/15	163/14	188/16	193/18	195/20
英国	动物学记录(ZR)	121/31	167/39	173/41	211/42	182/42

5. JCR 影响力分析

《期刊引证报告》(*Journal Citation Reports*,JCR)2006—2009 年收录中国科技期刊和中国科协科技期刊情况如表 3-17、图 3-1 所示。

表 3－17　JCR2006—2009 年收录中国期刊和中国科协科技期刊相关数据

比较项目	年份	收录中国期刊种数	中国科协科技期刊种数	中国科协科技期刊所占中国期刊比例(%)
收录数量	2006	75	39	52.0
	2007	76	41	54.0
	2008	81	43	53.1
	2009	114	56	49.1

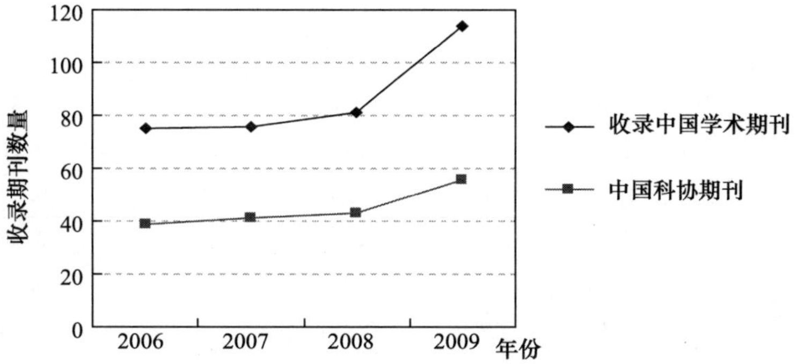

图 3－1　JCR2006—2009 年收录中国期刊和中国科协科技期刊情况

表 3－18 显示了 2006—2009 年 JCR 收录中国科技期刊和中国科协科技期刊的各项指标情况。从表 3－17 可以看出，2008—2009 年，收录中国期刊中具有最高影响因子的期刊为中国科协科技期刊；2006—2009 年，收录中国科协科技期刊的总被引频次平均值、收录论文数平均值均大于收录中国期刊全体的总被引频次平均值和收录论文数平均值；其余各项指标如影响因子平均值，即年指数平均值等与收录中国科技期刊基本持平，有进一步提升的潜力。

表 3－18　JCR2006—2009 年相关数据

比较项目	年份	收录中国期刊指标值	中国科协科技期刊指标值
最高影响因子	2006	3.426	1.497
	2007	4.217	2.103
	2008	4.535	4.535
	2009	8.151	8.151
影响因子平均值	2006	0.650	0.568
	2007	0.707	0.640
	2008	0.770	0.738
	2009	0.857	0.850

续表

比较项目	年份	收录中国期刊指标值	中国科协科技期刊指标值
最高被引频次	2006	5245	5245
	2007	6265	6265
	2008	10822	6421
	2009	12740	6600
总被引频次平均值	2006	778.15	959.50
	2007	914.29	1096.47
	2008	1073.86	1165.86
	2009	916.53	999.45
5年影响因子平均值	2006		
	2007	0.680	0.603
	2008	0.750	0.701
	2009	0.870	0.841
即年指数平均值	2006	0.100	0.088
	2007	0.115	0.085
	2008	0.144	0.141
	2009	0.154	0.146
收录论文数平均值	2006	222.12	299.89
	2007	239.62	305.37
	2008	230.30	248.58
	2009	195.42	242.34
半衰期	2006	4.44	4.19
	2007	4.37	4.26
	2008	4.29	4.26
	2009	4.35	4.19

在JCR2006—2010年收录的中国科协科技期刊中，有三种中国科协科技期刊影响因子一直保持着较快增长，分别为《物理化学学报》(英文版)、《植物学报》(英文版)和《中华医学杂志》(英文版)，如表3－19、图3－2所示。

表3－19　2006—2009年三刊影响因子情况

年份	植物学报(英文版)	中华医学杂志(英文版)	物理化学学报
2006	0.515	0.615	0.561
2007	0.671	0.636	0.611
2008	0.859	0.858	0.673
2009	1.395	0.952	0.718

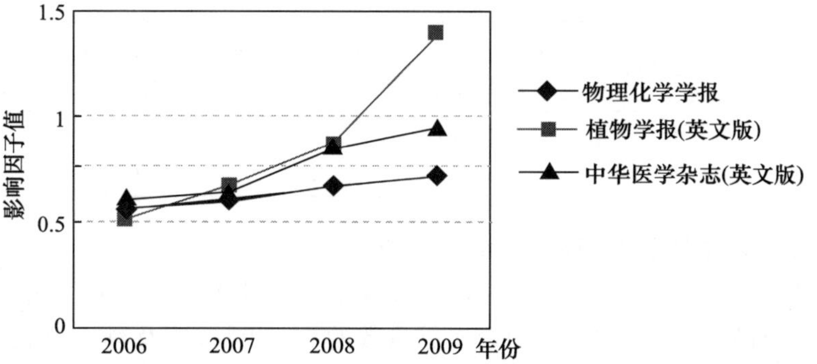

图 3－2 《物理化学学报》、《植物学报》和《中华医学杂志》2006—2009 年影响因子情况

二、中国科协科技期刊论文影响力进一步提升

科研论文是学术期刊的内容，提高刊载论文学术水平是学术期刊质量建设的核心内容。科研论文影响力主要表现形式为发表在何种刊物上、论文类别、被转载、被引用、被收录及获奖等情况，其中被引次数和获奖情况是被广泛认可的评价标准。检索结果表明，中国科协科技期刊所发表的论文在国内国际检索数据库中的下载及引用次数均较高，表现出持续稳定的国内影响力和逐步提升的国际影响力。

(一)中国科协科技期刊论文在国内数据库中的引用情况

中国科协科技期刊论文在国内各检索工具或评价系统中，高被引、高下载论文占有较大比例，获奖论文比例较高，具有较为持续、稳定的学术影响力。这些学术成果一方面代表学术界广泛关注的热点研究领域；另一方面也对我国科学技术发展产生引领作用。

1. 中国知网(CNKI)高被引及高下载论文比例高

中国知网是目前国内收录期刊数量最多、涉及学科领域最广的期刊论文数据库。据统计，目前 CNKI 共收录期刊 6179 种，其中基础科学 772 种、工程科技 2177 种、农业科技 594 种、医药科技 1170 种、哲学与人文科学 792 种、社会科学 674 种。而 CNKI 的《中国引文数据库》(*Chinese Citation Database*，CCD)收录了 CNKI 的所有源数据库产品的参考文献，并揭示各种类型文献之间的相互引证关系。因此，CNKI 不仅可以为科学研究提供新的交流模式，同时也可以作为一种有效的科学管理及评价工具。

(1)《中国引文数据库》(CCD)高被引论文情况

CCD 高被引论文中，被引次数在 400 次以上的论文有 361 篇，其中科协科技期刊论文 119 篇，占论文总数的 32.9%，涉及科协科技期刊 55 种，占科协科技期刊的 5.5%；被引次数在 300 次以上的论文共有 767 篇，其中科协科技期刊论文 266 篇，占论文总数的 34.68%，涉及科协期刊 93 种，占科协科技期刊的 9.3%。检索显示，科协期刊高被引论文在全体高被引论文中所占比例基本保持稳定。详见表 3－20。

表 3-20 CCD 高被引论文情况

各项指标	论文总数	科协科技期刊论文数	科协科技期刊论文比例(%)	科协科技期刊数	占科协科技期刊比例(%)
被引用 400 次以上	361	119	32.9	55	5.5
被引用 300 次以上	767	266	34.68	93	9.3

(2)《中国引文数据库》CCD 高下载论文情况

CCD 高下载论文中,下载次数在 1300 次以上的论文有 1635 篇,其中科协期刊论文有 214 篇,涉及科协期刊 67 种,占到论文总量数的 13.09%,涉及科协期刊 67 种,占中国科协科技期刊 6.68%。通过对 1635 篇高下载论文进行对比发现,下载次数较高的多为社会科学与管理类文章,而中国科协主要为科技类期刊,从 1635 篇论文中筛选出科技类论文共 265 篇,其中科协期刊论文有 138 篇,占到论文总量的 52.1%,涉及科协期刊 59 种,占中国科协科技期刊 5.88%。详见表 3-21。

表 3-21 CCD 高下载科技类论文情况

各项指标	论文总数	科协科技期刊论文数	科协科技期刊论文比例(%)	科协科技期刊数	科协科技期刊比例(%)
下载 1300 次以上	1635	214	13.1	67	6.68
下载 1300 次以上	265	138	52.1	59	5.88

2. CSTPCD 优秀国内学术论文具有绝对优势

(1)入选 CSTPCD“百篇最具影响力优秀国内学术论文”情况

2007 年年底,中国科技论文与引文数据库(CSTPCD)发布首届“百篇最具影响力优秀国内学术论文”,主要是从 2006 年 CSTPCD 中高被引的论文选出来的,选取了来自 85 种期刊中的 100 篇优秀论文。论文选取时,既照顾了学科覆盖面,同时也对我国的优势学科、重点发展领域和研究热点的论文进行倾斜,因此选取指标具有权威性和科学性。其后,CSTPCD 又相继于 2008、2009、2010 年发布第二届、第三届及第四届百篇最具影响优秀国内学术论文。

表 3-22 是 2007—2010 年 CSTPCD 发布的四届“百篇最具影响的国内学术论文”统计情况。2007 年,中国科协科技期刊共入选论文 56 篇,来自 48 种期刊;2008 年,中国科协科技期刊共入选论文 63 篇,来源期刊为 50 种;2009 年,中国科协科技期刊共入选论文 69 篇,来源期刊为 46 种;2010 年,中国科协共入选论文 58 篇,来自 26 种科协期刊。

表 3-22 2007—2010 年“百篇最具影响的国内优秀论文”情况

年份	2007	2008	2009	2010
中国科协优秀论文数	56	63	69	58
涉及科协期刊数	48	50	46	26

从入选情况来看,2007—2010 年,四届入选优秀论文在数量方面呈现逐年递增趋势,在来源期刊数量方面基本稳定。2010 年入选的论文数较 2009 年有所减少,来源期刊也

远少于 2009 年，但从入选的论文数量来看，4 年来，中国科协科技期刊入选论文数均占到半数以上，具有很强的优势。

(2)第四届 CSTPCD 科协期刊优秀论文学科分布

对第四届“百篇最具影响的优秀论文”中的 58 篇来自中国科协科技期刊论文的学科分布情况进行统计，在涉及的 26 种科协来源期刊中，医药卫生领域期刊有 18 种，共有 44 篇优秀论文，其中《中华儿科杂志》、《中华结核和呼吸杂志》、《中华内科杂志》、《中华心血管病杂志》各 5 篇，《中华流行病学杂志》、《中华护理杂志》各 4 篇。由此可见，中国科协科技期刊在医药卫生领域占有一定优势，影响力较强，如图 3－3 所示。

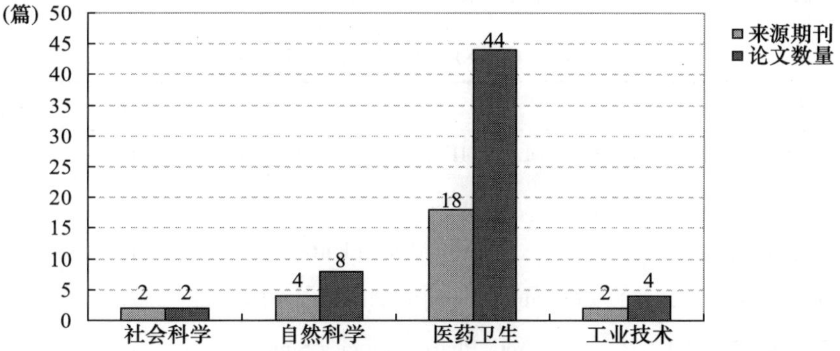

图 3－3 中国科协期刊第四届“百篇国内优秀论文”的学科分布情况

(二)中国科协期刊论文的国际影响力有待于提高

中国科协科技期刊论文被国际著名数据库收录的数量近年来不断上升，但其中高被引论文和热点论文的数量及被引次数与国际著名期刊仍有一定差距。

1. 中国科协科技期刊论文在 SCI 中的数量保持稳定

在 SCI 数据库中，通过刊名和地区检索得出中国作者在国内外发表论文的情况。2006—2010 年期间中国作者发表论文的数量逐年增加，但是中国期刊被 SCI 收录的论文数量却并没有呈现逐年递增的趋势(表 3－23)。因此可见，受科研评价体系、期刊出版环境等因素影响，中国作者的大量优秀论文流失到国外。

从表 3－22 中可以看出，中国期刊以及中国科协科技期刊被 SCI 收录的论文数量，在近 5 年均呈现出基本稳定的发展态势。由此可见，中国科协科技期刊的影响力和学术水平已得到国内及国际科研群体广泛认可，正处于稳定发展中。

表 3－23 2006—1010 年 SCI 收录期刊论文统计情况

论文 \ 年份	2006	2007	2008	2009	2010
中国科协 SCI 论文	12566	11010	11509	11200	12300
中国期刊 SCI 论文	19062	18783	21152	20497	11873
中国作者 SCI 论文	73800	87709	88491	88874	90007

2. 中国科协科技期刊论文在 ESI 中的影响力较弱

基本科学指标(*Essential Science Indicators*,ESI)是由美国汤森路透公司研制的一种期刊论文评价工具,高被引论文(Highly Cited Papers)和热点论文(Hot Papers)是 ESI 中两项重要的评价指标。

近五年,ESI 高被引论文共 2930 篇,其中中国科协科技期刊论文仅有 6 篇,涉及科协科技期刊 5 种(表 3-24),其中《地球物理学报》(*Chinese J Geophysics*)为 2 篇,其余为 1 篇。中国科协科技期刊论文最高被引频次为 86,为《中国药理学报》(英文版)(*Acta Pharmacologica Sinica*)上的论文 *Progress in studies of huperzine A,a natural cholinesterase inhibitor from Chinese herbal medicine*(2006)。

表 3-24　ESI 中国科协高被引论文

中文刊名	英文刊名	篇数	篇最高被引频次
等离子体科学和技术(英文版)	PLASMA SCIENCE & TECHNOLOGY	1	25
地球物理学报	Chinese J Geophysics	2	81
分子植物(英文版)	Molecular Plant	1	39
理论物理通讯(英文版)	Communications in Theoretical Physics	1	25
中国药理学报(英文版)	Acta Pharmacologica Sinica	1	86

在热点论文中,近五年中国期刊(包括中国科协科技期刊)尚无论文进入,中国科协科技期刊论文在国际学术界的影响力亟需进一步提升。

三、中国科协科技期刊的国内认可度持续增强

(一)获得中国百种杰出学术期刊情况

中国科学技术信息研究所每年出版的《中国科技期刊引证报告》(核心板)定期公布中国科技论文与引文数据库收录的中国科技论文统计源期刊的 20 余个科学计量指标。1999 年开始,以此指标为基础,研制了中国科技期刊综合评价指标体系。2002 年公布了第一届中国百种杰出学术期刊名单。此后每年公布一次。2008—2010 年,中国科技论文与引文数据库(CSTPCD)发布了"中国百种杰出学术期刊"(表 3-25),能够荣获得此殊荣,代表着该期刊在国内的学术地位和学术影响力。

表 3-25　2008—2010 年"百种杰出学术期刊中"中国科协科技期刊数量

公布时间	评选时间范围	中国科协期刊种数
2008 年	2007	72
2009 年	2008	61
2010 年	2009	66

(二)入选国家自然科学基金重点学术期刊

为改善办刊条件,使部分优秀的中国科技期刊进一步提高其总体水平及国内外影响,国家自然科学基金委员会自1999年起每年划拨300万元设立“重点学术期刊专项基金”。该专项基金每逢偶数年受理一次申请。资助期限为2年,资助强度分别为季刊16万元、双月刊20万元、月刊和半月刊24万元。评审的标准综合考虑以下三个方面:①期刊的主要指标:包括汤森路透的JCR、中国科技信息所的CJCR和中国科学院文献情报中心的CSCD中的各项学术指标(如影响因子、总被引频次);②期刊的国际竞争力:包括学科优势及学术影响力、编委会组成、来稿情况(国外投稿)、审稿机制、被国内外主要数据库检索及被引用情况等;③期刊的发展潜力:期刊近年的发展变化情况、期刊的人员组成、办刊条件、编辑出版质量、网络化服务和以往受资助情况等。

2006年荣获国家自然科学基金重点学术期刊专项基金资助的期刊共有31种,其中中国科协学术期刊19种,占61.3%。中国科协19种获得资助的期刊中,数理化等自然科学领域期刊7种,分别为《力学学报》(英文版)、《应用数学学报》、《中国物理》(英文版)、《中国物理快报》(英文版)、《化学学报》、《分析化学和光学学报》;工业技术类期刊4种,分别为《中国化学工程学报》(英文版)、《材料科学技术》(英文版)、《稀有金属材料与工程》和《计算机科学技术学报》;医学卫生领域期刊4种,分别为《中华医学杂志》(英文版)、《中华内科杂志》、《中国中西医结合杂志》和《中国药理学报》(英文版)。另外,还有农业、生物学、地学类期刊共4种,分别为《植物学报》(英文版)、《作物学报》、《地球物理学报》和《岩石学报》。

2008年荣获国家自然科学基金重点学术期刊专项基金资助的全部期刊有31种,其中中国科协科技期刊为17种,占54.8%。19种重点资助期刊中,数理化等自然科学领域期刊4种,分别为《中国物理快报》、《分析化学》、《数学学报》(英文版)、《物理化学学报》;工业技术类期刊3种,分别为《计算机科学技术学报》、《稀有金属材料与工程》、《软件学报》;医学卫生类期刊3种,分别为:《中国药理学报》、《中国免疫学杂志》(英文版)、《中华医学杂志》(英文版);农学、生物学、地学类期刊7种,分别为《植物学报》、《细胞研究》(英文版)、《岩石学报》、《作物学报》、《地球物理学报》、《岩石力学与工程学报》、《中国昆虫科学》(英文版)。

2010年荣获国家自然科学基金重点学术期刊专项基金资助的全部期刊有36种,其中中国科协22种,占61.1%。22种期刊中,数理化等自然科学领域期刊6种:《力学学报》(英文版)、《天文和天体物理学研究》、《中国物理B》(英文版)、《物理学报》、《中国化学》、《物理化学学报》;工业技术类期刊5种:《中国电机工程学报》、《中国化学工程学报》(英文版)、《材料科学技术》(英文版)、《金属学报》、《电子学报》;农学、生物学、地学类期刊7种:《植物学报》(英文版)、《分子植物》(英文版)、《细胞研究》、《作物学报》、《地质学报》(英文版)、《地球物理学报》、《岩石力学与工程学报》;医学卫生类期刊4种:《中华医学杂志》(英文版)、《中华内科杂志》、《中国药理学报》(英文版)、《中国中西医结合杂志》。

各年受资助期刊种数如表3-26所示。

表 3-26 2006、2008、2010 年三年受国家自然科学基金重点学术期刊专项基金资助情况

年 份	中国科技期刊种数	中国科协科技期刊数	所占比例(%)
2006	31	19	61.3
2008	31	17	54.8
2010	36	22	61.1

其中,《作物学报》连续 3 次 12 年获得资助,并成为在 2008 年和 2010 年该项基金的评选中唯一一种获得资助的农业类期刊。

第二节 中国科协科技期刊学术质量影响因素分析

对期刊学术质量影响因素分析,厘清影响期刊质量因素及之间的关系有利于有针对性地采取措施,不断改善和提高期刊的学术质量。根据各种因素对期刊影响作用的范围,可以将期刊学术质量影响因素大致分为内部影响因素和外部影响因素。内因是事物的内在矛盾,外因是事物之间的相互作用和相互影响。内因是事物存在的基础,是一事物区别于他事物的内在本质,是事物运动的源泉和动力,它规定着事物运动和发展的基本趋势。外因是事物存在和发展的外部条件,它通过内因而作用于事物的存在和发展,加速或延缓事物的发展进程,但不能改变事物的根本性质和发展的基本方向。内因是第一位的原因,外因是第二位的原因。科技期刊的发展也是内部因素和外部因素综合作用的结果。

一、内部因素

科技期刊的学术质量最终的落脚点体现在稿件的质量上,因此,按照稿件的编辑出版流程,依次提取出论文、作者、主编、评审等对科技期刊学术质量具有重要影响的内在因素逐一进行分析。

(一)论文

论文是期刊出版传播产业链上的源头环节,期刊学术质量的高低归根结底取决于其刊发论文的创新性、科学性、理论及实践指导价值等,因此论文是影响期刊质量的最直接因素。2006—2010 年,中国科协学术期刊普遍重视对论文资源(稿件)的掌握,采取了有效举措获取国内外优秀稿件。

1. 积极参与学术交流,积极约稿组稿

自发来稿是大多数学术期刊稿件的主要来源,其数量多寡能够在一定程度上反映期刊内容定位是否准确合理、作者是否认可等。从自发来稿情况看,中国科协学术期刊近五年来收稿数量呈平稳增长态势,刊均来稿量为 2006 年 914 篇、2007 年 1000 篇、2008 年 1094 篇、2009 年 1112 篇,而 2010 年上半年刊均收稿量已达 614 篇。

除吸收自发来稿以外,2006—2010 年,中国科协各期刊编辑部大多数通过参加学术会议、加强与科研一线人员联系等方式参与业界学术交流,进行约稿。虽然与自发来稿相比约稿的数量只占一小部分，但由于约稿具有较强的目的性、计划性、针对性，其对象大多是各刊编委、学术带头人、重大科研计划项目负责人，约稿方向往往是学术热点前沿领域、国家重大科研项目和计划成果等，因而约稿质量普遍优于自发来稿，对于提高期刊的学术质量和影响力具有重要作用。调查结果表明，2006—2009 年中国科协学术期刊刊均约稿量持续增长，从 36.0 篇增长到 63.5 篇，2010 年上半年已实现约稿 39.5 篇。

同时，各期刊编辑部积极参与国内外学术交流活动，每年通过举办或参加学术研讨会策划组织的最新论文成果不断增加，2006—2009 年中国科协学术期刊编辑组织的会议稿件数量分别为 7536 篇、8390 篇、7785 篇、9540 篇，2010 年上半年达到 6770 篇。

一般来说，稿件录用率能够反映出学术期刊的稿源情况和同行评议的严格程度，在一定时期内发表文章总数不变的情况下，稿源多，则稿件录用率相对较低；稿源少，则稿件录用率相对较高。稿件录用率不超过 30%的期刊稿源是比较丰富的，如果超过 50%则意味着稿源的相对匮乏，特别是超过 70%则表示期刊对稿源基本没有选择的余地，因此发表的论文质量也就有待商榷。国际优秀期刊的稿件录用率普遍低于 50%。

从表 3－27 中可以看出，在接受调查的中国科协学术期刊中，2009 年约有四分之三的期刊(76.40%)稿件录用率在 50%及以下，其中超过三分之一(36.40%)的期刊稿件录用率不超过 30%，录用率在 30%～50%的期刊最多(40.00%)。这说明大多数中国科协及其全国协会学术期刊的稿源比较充足，基本能够满足刊登的质量需求，但是仍有少数期刊需要继续扩大稿源，以便从中选择优秀论文进行刊登。

表 3－27　2009 年中国科协学术期刊稿件率统计

稿件录用率 x(%)	样本期刊数量(种)	占总数比例(%)
$x \leqslant 10$	11	3.61
$10 < x \leqslant 30$	100	32.79
$30 < x \leqslant 50$	12	40.00
$50 < x \leqslant 70$	55	18.03
$70 < x \leqslant 100$	17	5.57
合计	305	100.00

2. 不断优化稿源结构，吸引优秀论文

进一步分析论文结构，可以发现中国科协学术期刊发表的基金论文逐年稳定增长。科研基金资助的研究成果在一定程度上更能体现科研工作的质量和水平，因此，在各种期刊上发表的由各类科研基金资助的论文数量的多少，也往往成为衡量该刊学术质量和学术水平的一项重要指标。调查显示，2006 年以来，中国科协学术期刊在载文量不断增加的情况下，发表的基金资助论文始终保持较高比例，并逐年缓步递增，刊均基金论文比 2006 年为 43.1%，2007 年为 49.4%，2008 年为 52.1%，2009 年为 52.6%，2010 年上半年为 53.3%。调查显示，农业科学、计算机、数理科学和化学、天文和地球科学及生物科学等领域的科技期刊基金论文比例较高，均达到 90%以上，有 16 种期刊的基金论文比达到 1。表 3－28 列出部分 2006—2009 年发表基金论文比例每年均超过 90%的期刊及其在 CJCR 中的若干引证指标,可以看出,这些基金论文比较高的期刊在本学科领域期刊中的各项学术指标及排名也大多名列前茅。

表 3－28　部分发表基金论文较多的中国科协期刊及其学术指标

刊　名	基金论文比(%)				2009 年被引用频次/学科排名	2009 年影响因子/学科排名	2009 年 CJCR 收录本学科期刊总数
	2006 年	2007 年	2008 年	2009 年			
生态学报	98	98	98	98	11764/1	1.812/1	61
应用生态学报	100	100	100	100	9430/2	1.733/3	61
植物生态学报	99	93	95	98	4384/3	1.771/2	61
生态学杂志	100	100	100	100	4048/5	1.396/5	61
水生生物学报	97	98	98	98	1773/9	0.759/14	61
水产学报	99	99	94	93	1852/1	1.004/2	10
软件学报	95	97	97	97	4158/3	1.432/1	27
自动化学报	95	95	95	95	1677/5	0.841/3	67
作物学报	99	98	95	98	5121/1	1.464/1	29
地理学报	96	90	92	95	4522/1	2.236/1	14
地质学报	95	95	95	97	2747/3	1.871/4	32
地质评论	95	93	90	90	2231/6	1.470/9	32
测绘学报	94	92	95	96	1076/3	0.869/3	11
草业学报	93	95	91	92	2325/2	3.795/1	14
畜牧兽医学报	92	94	94	95	1254/4	0.603/6	14
冰川冻土	98	99	99	99	1932/7	0.888/15	32

海外论文的收稿和发表情况则反映了期刊稿件的国际化程度,是优秀学术期刊国际化战略的重要体现。目前中国科协学术期刊主体为中文刊,英文版科技期刊仅占总体的7%左右,但拥有海外来稿的期刊占总体的 40%左右,表明中国科协科技期刊在海外有一定的作者群。尽管海外来稿数量较低,但是也呈现出逐年增长的态势,2009 年中国科协科技期刊的海外来稿量平均已达 15.5 篇,其中《分子细胞生物学报》和《分子植物》(英文版)的海外来稿量比例均超过总收稿量的 77%,《中国物理 C》(英文版)的海外来稿量占总收稿量的 60%。但海外论文的实际发表比例要低于其收到的比例,2006 年以来每年海外论文的实际发表量占载文量比例不足 4%,一方面是因为中国科协期刊对海外来稿进行了严格的审稿和筛选,另一方面是因为中国科协期刊收到的海外来稿中有不少国外的二、三流稿件,真正的国际化一流稿件仍然严重匮乏,需要进一步努力吸引这部分稿件。

(二)作者

作者是学术期刊论文的原始创造者,很大程度上决定了期刊的学术质量。从期刊的角度而言,对作者资源的占有也就是对学术信息资源的占有,只有充分了解和掌握作者信息,才能深入挖掘作者资源,保障和促进期刊学术质量。

1. 作者群体的基本构成

2010 年 11 月 26 日，中国科学技术信息研究所基于中国科技论文与引文数据库(CSTPCD)发布了 2009 年度中国科技论文统计结果，其中对我国科技期刊论文作者的机构分布情况进行了统计，结果显示：2009 年我国有较高影响力的论文(论文的被引用次数高于学科均线，即论文发表后的影响超过了其所在学科的一般水平)82%由高等学校贡献，近 17%产自研究院所。高校及科研院所主要来自北京、上海、江苏、浙江和湖北等省市，其中上海有较高影响力的论文占全部论文的比例最高，为 17.4%。化学、物理、数学、生物学、电子通信与自动化等 5 个学科有较高影响力的论文最多；水产、矿业、化工、能源、农学等 5 个学科产出的有较高影响力的论文，占其全部论文的比例较高。浙江大学、上海交通大学、清华大学列 2009 年有较高影响力论文的高校前三位，中国科学院所属研究院所包揽了 2009 年有较高影响力论文的研究机构前 20 位。

中国科协期刊是 CSTPCD 收录的重要对象，在以 CSTPCD 为基础的 2010 年版《中国科技期刊引证报告》(核心版)(CJCR)中，共收录科技期刊 1946 种，其中中国科协科技期刊为 655 种，占 33.7%。对中国科协学术期刊的抽样调查结果同样表明，高校和研究机构是科协学术期刊高质量稿件的主要来源。这两大主流科研机构中的研究人员作为国家科技创新的重要参与者，从事了多年的研究工作，了解学科发展方向，处于学科研究的前沿，是中国科协学术期刊的主要作者群。其中，中青年教师、研究生、科研工作者又是高校和研究机构作者群中的中坚力量，各期刊编辑部应当深入调查了解这部分作者的需求尤其是潜在需求，采取各种措施凝聚优秀的学者和研究人员，建立自己的核心作者队伍。

2. 影响作者选择投稿期刊的因素

作者发表学术论文的主要目的是为了促进学术交流，使自己的科研成果能够得到国内外同行的关注和认可。学术期刊被国际权威数据库收录，是论文被国内外同行发现的重要途径。对我国科研人员来说，其业绩考核、专业技术职务晋升、基金申请、科研奖励等均与论文发表的期刊有密切关系。对国内部分学者和研究人员的调查显示，科研人员选择投稿期刊时考虑的首要因素是期刊是否被 SCI、EI 等权威数据库收录及期刊声望，其次考虑的是期刊的影响因子、被引率或评价排名情况，排在第三位的是审稿速度及发表周期，而发表费用、是否采用在线投稿及评审方式等因素处于相对次要的位置，如图 3－4 所示。

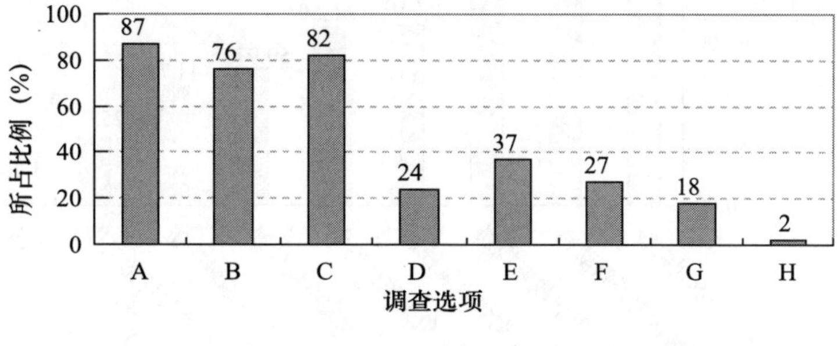

图 3－4　科研人员选择投稿期刊时考虑的因素

A 期刊是否被 SCI、EI 等权威数据库收录；B 期刊的影响因子、被引率或评价排名情况；C 期刊在本学科领域的声望；D 审稿速度及发表周期；E 论文评审质量；F 发表费用；G 是否在线投稿；H 是否受到了期刊编辑的约稿

数据来源：学科专家问卷调查

(三)主编

期刊主编是刊物的领军人物,对期刊发展起着举足轻重的作用,包括确定期刊办刊宗旨、把握国内外学术研究新动向、提出期刊发展战略规划、制定组稿计划、指导和控制编辑出版流程、确保期刊学术质量和培养编辑队伍等,主编的学术权威性将有效地提高期刊在读者和作者心目中的地位。调查显示,中国科协学术期刊主编,在年龄结构方面,目前平均年龄为 62.4 岁,较 2007—2008 年调查的数据平均年龄 60.8 岁有所增长。若按年龄划分,据 2008—2009 年的调查数据显示,40 岁以下的占 1.6%,40~49 岁的占 20.6%,50~59 岁的占 28.2%,60 岁以上占 49.6%。2009—2010 年的调查数据显示,40 岁以下的占 1.2%,40~49 岁的占 18.5%,50~59 岁的占 25.5%,60 岁以上占 54.8 %(有效问卷 427 份)。总体而言,年龄相对老化。

在学历方面,2007—2008 年的调查数据显示:本科学历的占 40.3%,硕士学历的占 19.3%,博士学历的占 39.5%;2008—2009 年的调查数据显示:本科学历的占 38.2%,硕士学历的占 21.7%,博士学历的占 37.7%;2009—2010 年的调查数据显示:本科学历的占 34.6%,硕士学历的占 16.4%,博士学历的占 48.4%(有效问卷 434 份)。可以看出 3 年来高学历所占比例逐年增加,尤其是 2010 年本科学历、硕士学历和博士学历人数总和达到了 62%,说明主编队伍的知识层次在提升,知识结构趋于合理,在准确地把握学科发展态势、培育和推动期刊的建设方面起到关键性作用。

调查还显示,由院士来担任主编的中国科协学术期刊达到 25%。院士担任主编极大地提升了期刊的地位和声望,对于增强期刊的影响力有很大的促进作用。但应该看到,中国科协学术期刊专职主编比例比较小,有相当部分的主编同时还担任其他刊物的主编,兼职主编占 67.7%,这同国际一流期刊的差距还是相当明显的。在主编行使职能方面,排在前五位的分别是:参与期刊办刊宗旨制定的达到 89.4%,把握专业领域国内外新动向的为 83.2%,提出期刊发展战略规划的为 82.9%,确保期刊质量的为 67.1%,承担刊物终审的为 66.5%。主编参与的各项工作(有效问卷 463 份)所占比例如图 3-5 所示。

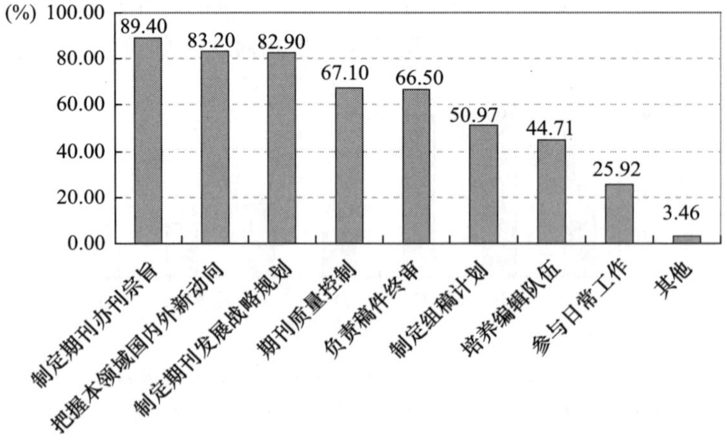

图 3-5 主编参与工作情况

(四)编委会

近年来,期刊发展面临数字化网络化的挑战,期刊的生存危机骤然显现,期刊质量、期刊国际化以及期刊的发展机制等,成为期刊竞争力的核心要素,编委会在期刊发展中的作用也得到高度重视,中国科协科技期刊普遍采取增加编委人数、改善编委结构、发挥编委作用等多种举措。2009年,中国科协学术期刊刊均编委数量为60.5人,比2008年增加了3.7人;刊均国际编委数量5.5人。2010年,编委会人员数量增至平均每刊65.4人;其中国际编委占9%。国际编委人数最多的三种刊物为:《中国组织工程研究与临床康复》400人,《中国神经再生研究》(英文版)180人,《中国天然药物》46人。有些刊物的编委会主任直接由外籍学者担任。

2010年,中国科协学术期刊继续发挥编委会的学科优势,协助主编把握学术质量,坚持学科方向,向编辑部推荐高质量学术稿件,或组织、撰写一定数量的稿件。调查显示,中国科协学术期刊2010年上半年发表的论文中,经编委推荐的稿件占23.6%,比2008年的19.4%增加4.2%,比2009年增加了2.9%,编委会的作用得到了进一步的发挥。

(五)编辑部

调查显示,2008年,中国科技期刊刊均专职编辑人员4.6人,高级职称占45.6%,中级职称人员占28.2%,初级职称人员占26.2%。2009年,中国科技期刊刊均专职编辑人员4.8人。2010年,中国科技期刊刊均专职编辑人员4.8人,高级职称占43.1%,中级职称人员占30.8%,初级职称人员占26.1%。编辑部是期刊发展的灵魂。编辑部既是编委会、主编办刊方针与战略的执行者,也是推动办刊水平的最主体的力量,承担着与作者、读者联系的桥梁作用。中国科协科技期刊各编辑部在策划约稿、编辑加工、出版发行、广告经营、网络平台等方面发挥着越来越重要的作用。

(六)稿件评审

1. 审稿周期不断缩短

审稿周期一般是指稿件从投稿到稿件被录用的时间。审稿周期越短,越能保障文章的新颖,特别是在发展速度比较快、半衰期较短的学科领域。科研人员希望能尽快知道稿件是否能被录用。而编辑部对审稿周期的控制,某种程度上体现了期刊对学术交流的服务意识和服务能力。2006—2010年,中国科协学术期刊的平均审稿周期不断缩短。调查显示,2006—2007年度中国科协学术期刊的平均审稿周期是96.71天;2007—2008年度,中国科协学术期刊的平均审稿周期是58天,有近63.2%的学术期刊较上一年度缩短了审稿周期;2008—2009年度,中国科协学术期刊的平均审稿周期是54.1天,有近72.8%的学术期刊较上一年度缩短了审稿周期,如表3-29所示。

表 3－29　2006—2009 年各年度论文平均审稿周期(天)

年度	有效问卷	平均天数
2006—2007	305	96.71
2007—2008	450	58.0
2008—2009	398	54.1

2. 稿件评审制度和方式不断完善

任何一种学术期刊都必须建立一套适合其自身的质量评价体系，明确地规定论文的审稿要素和审稿标准，并在实践中忠实准确地加以贯彻实施，保证稿件在审核过程中有据可依、客观公正。调查显示，中国科协绝大多数学术期刊已经建立了完善的审稿标准，少数期刊尚有所欠缺。已经建立了完善的审稿标准的期刊百分比由 2008—2009 年度的 79.6%上升到 83.69%，审稿制度和标准已经建立但尚需修订完善的期刊数由上一年度的 19.7%降低到 15.41%，没有制定审稿标准的期刊也由上一年度的 3 家减少为 2 家。如表 3－30 所示。

表 3－30　期刊制定审稿标准(规范)情况

期刊		已制定完善的审稿标准	尚需修订完善	尚未制定
2009—2010 (有效问卷:331)	总数	277	51	3
	百分比(%)	83.69	15.41	0.90
2008—2009 (有效问卷:446)	总数	355	88	3
	百分比(%)	79.6	19.7	0.673

评审方式是保证评审制度有效实施、提高期刊质量的重要环节。由于学术成果的评审具有很强的专业性和复杂性，因此引入学科专家进行同行评议是目前比较科学、国际通行的审稿方式。调查显示，中国科协的学术期刊已有 98.79%的期刊采用同行评议的审稿方式，与 2006—2007 年度调查结果的 57.1%比较，完全实行同行评议的期刊数量大幅提升，这充分保证了学术期刊审稿流程的科学严谨，说明中国科协学术期刊整体上已经建立了科学的评审方式。

3. 审稿专家队伍建设与完善

学术期刊建立的专家资源是学术质量建设的重要保障。同行评议、策划组稿都离不开学科专家的参与。调查显示，截至 2010 年 6 月，中国科协学术期刊刊均审稿专家 608.69 人，比上一年同期的平均 424 人大幅增加，增长 43.6%左右，其中《计算机科学技术学报(英文)》、《中国物理 B》、《物理学报》的审稿专家总人数分别达到 8212 人、6700 人、6500 人。

吸纳海外审稿专家是国际化办刊的一项重要举措。调查显示，278 种中国科协学术期刊已经建立海外审稿专家队伍，比 2008—2009 年度增加 71 种，英文期刊在组织海外审稿专家方面成绩尤其突出。调查显示，2010 年中国科协期刊海外审稿专家总体规模为

21389人，刊均76.94人。其中海外审稿专家最多的3种期刊分别是《计算机科学技术学报（英文）》（5750人）、《中国药理学报》（英文版）（2040人）、《力学学报》（英文版）（1600人）。而2008—2009年度海外审稿专家最多的期刊是《中国药理学报》（1500人），可见，中国科协学术期刊正在走向国际化。

二、外部因素

外部因素对科技期刊的学术质量也产生重要的影响。从影响力大小来看，主要包括在期刊外在声誉、学科发展水平和期刊评价环境等方面。

（一）期刊声誉

期刊声誉是在长时间的历史积淀中形成的，是各利益相关者主体（作者、读者、广告客户等）根据所掌握的直接或间接的经验或信息对期刊所做出的总体评价，反映了各利益相关主体对科技期刊信任与认可程度。学术期刊的声誉在很大程度上取决于学术期刊的总体水平，包括刊物的学术质量、编辑出版质量等，是构成期刊学术声誉的主体[①]。学术质量高的期刊在行业内的学术声誉也高，往往能够吸引更多的作者、读者等外界主体关注，获得更多的优秀稿件和其他支持，从而进一步促进期刊质量建设。例如，在对国内部分学者和科研人员的调查中，82%的被调查对象认为期刊在本学科领域的声誉是学者或研究人员在选择投稿时需要考虑的重要因素。

主办单位在国内或国际的学术领先地位、优势学科地位、学术和社会影响、拥有的领衔学科带头人或科学家的国内外影响等，对期刊声誉的培育和保证期刊学术质量也具有重要作用。如中华医学会主办的《中华神经外科杂志》，主办单位为北京天坛医院，该院神经外科在国内外具有学科领先地位和影响，该刊总编王忠诚院士也是该院国际著名神经外科专家，从而为该刊学术质量建设提供了不可多得的资源保障。在中国科协期刊中，其主办单位为在国内和国际具有学术影响的科学共同体（学会）或科研院所的占97.8%[②]，为科技期刊声誉的建立和学术质量建设起到了重要的支撑与促进作用。

期刊主管单位的权威性和公众认可程度，能给读者、作者和社会公众以信任感和安全感，对期刊声誉的树立和质量的提高具有不容忽视的影响。中国科协作为我国影响最大、权威性最强的科技社团和科学共同体，对其主管的期刊的声誉建立本身就具有重要意义和作用。同时，中国科协和主管部门重视科技期刊的品牌建设，以落实科技期刊精品战略为重点，实施了“科技期刊精品工程”等项目，并加强政策引导，为中国科协期刊质量建设提供了强有力的领导和组织保证。

（二）学科发展水平

期刊的学术质量与学科发展水平密切相关，学科发展水平较高，则该领域内学术期刊

---

① 杨兆弘．关于科技期刊学术声誉的思考．中国科技期刊研究，2005，16（1）：16－18．

② 中国科学技术协会．中国科协科技期刊展报告（2010）．北京：中国科学技术出版社，2010．

的办刊基础相对较好，对期刊的学术质量建设有一定促进作用。近年来，中国的科学技术发展迅速，科技竞争力不断提高，已引起全球瞩目。科研机构、科研队伍是国家科技创新的重要力量，随着国家对科研机构的投入不断加大和对科研人才的重视不断提高，各个学科都获得了长足的发展，很多学科的科研水平已进入世界前列。

1. 学科发展水平与相关领域期刊的发展正相关

学科发展水平的不断提高，将促进相关领域的期刊迅速发展。统计分析表明，分布在我国优势学科中的中国科协学术期刊，其学术水平相对较高。调查显示，《JCR2009》共收录中国期刊 114 种，比《JCR2008》收录中国期刊的 81 种增加了 33 种，增长约 40.7%。其中数学、地球科学、工程技术、材料科学、化学、生物科学和物理学的期刊数量居多，是我国在世界上的优势学科。

《JCR2009》收录中国科协学术期刊 53 种，占《JCR2009》收录中国期刊总数的 46.5%，比《JCR2008》收录中国科协学术期刊(43)增加 10 种，增长约 23.3%，其学科分布与中国优势学科的分布情况基本一致，在化学(种)、物理学(种)、材料科学(种)以及生物科学(种)中均占据数量上的绝对优势。

以上数据显示，科学研究水平较高的学科，该学科领域进入国际视野的期刊数量也相对较多，整体学术水平具有一定优势。而在我国学科相对排名较弱的领域，科研产出的数量不足、质量不高，相应地会对期刊质量的提升产生制衡。因此，科技期刊的发展，需要学科发展做后盾。没有学科的发展，也很难有科技期刊的真正发展。

2. 国内学术期刊发展滞后于学科发展

国内学术水平较高、具备一定国际影响力的期刊大部分集中在我国的优势学科领域，但这些期刊的发展并没有与其所在学科的发展保持同步，而是滞后于学科的发展速度。调查显示，大多数期刊在 JCR 中的学科排名处于偏后位置，尚未进入国际高水平期刊的行列。

调查还显示，进入 JCR 2009 的中国学术期刊多数分别在各自学科领域中的排名为后 50.0%中，能够进入该领域排名前三分之一的期刊不足 10%。大部分期刊位于该领域的后三分之一。尽管这些期刊在国内同类期刊中已属较高水平，但其国际影响力依然较弱。

3. 学科发展水平对期刊质量影响分析

一般来说，期刊的学术质量会受学科发展水平的影响，但基于不同的定位和办刊模式，期刊学术质量对学科发展水平的依赖程度也各有不同。对于立足国内、面向国内市场为主的中国科协学术期刊，其学术质量的基础是该学科的国内发展水平，超越国内学科发展将面临稿源不足、难以维系的困境。例如中国科协的医学类期刊，尽管数量众多，但由于国内该学科的研究水平与国际医学研究水平还有相当的差距，因此进入国际视野的期刊也相对较少。采取立足国内、面向国际办刊模式的中国科协学术期刊，其学术质量的基础是该学科的国际发展水平。目前进入国际视野的中国科协学术期刊大多数属于此类，但这些期刊的发展基本上滞后于本学科的国际发展水平。采取立足国际、面向国际办刊模式的中国科协学术期刊，其学术质量对国内学科发展水平的依赖性最小，但目前仅有少数刊物属于此类，当然这类期刊学术质量的发展也不可避免地会受到国内人才、出版水平、机制等因素的限制。

(三)期刊评价环境

期刊评价是一项复杂的系统工程。科学、公正地对期刊进行评价,是一项十分重要和有意义的工作。20 世纪 80 年代末以来,随着国内期刊评价理论和实践的不断升温,学者们提出了许多期刊评价工具、方法和计量指标体系,使我国期刊评价工作进入了一个新阶段。目前,国内已有 9 家文献情报单位相继建立了自然科学和社会科学核心期刊遴选系统,包括中国科技信息研究所的《中国科技期刊引证报告》、北京大学图书馆和北京高校图书馆期刊研究会的《中文核心期刊要目总览》、中国科学院文献情报中心的"中国科学引文数据库"、清华大学的"中国学术期刊综合评价数据库"等。随着评价方法和指标等研究的深入,各期刊评价遴选系统更多地使用影响因子、引用率、下载率等动态的、定量的和客观性强的指标取代静态的、定性的和主观性强的指标,从而使评价结果更加客观和易于比较。客观地说,这些评价系统的研制和应用,对于期刊扩大影响,衡量自身办刊水平,强化学术质量、规范与服务,促进期刊积极向上发展起到了积极作用,同时也为科研管理机构择优扶持期刊、优化配置办刊资源等提供了依据。

尽管期刊评价体系设立的初衷是积极的,但在现有的科研管理体制环境下,期刊评价还不能科学地把握科研评价的本质,评价的导向和政策还存在一定的偏差,突出表现在以下两个方面。

1. 科研评价政策和评价导向失当

随着我国经济的飞速发展和国力的增强,近年国家逐步加大了科研投入,特别是国家重点科技资助项目的建立,科技创新能力得到了提高,中外差距在逐步缩小,科技创新性论文的产出量成倍增加,已进入世界大国行列。但我国的科技期刊学术质量却未能全面反映出我国科技发展的真实水平,其原因之一是高水平创新论文外流。导致这一现象出现的原因是国内不少学术研究和管理评价机构为了提高研究成果的国际显示度与影响力,制定了针对在国际知名学术期刊,例如 SCI 收录的国外期刊上发表论文的各种奖励政策。在这样的政策导向下,我国学者投稿首选国外高影响力期刊,造成大量的优质稿件向外流失。对学者和专家的调查显示,国内优质科研论文外流情况严重(216 人,占 80%)、国内科研成果评价体系(如申请项目、晋升职称等)的导向失当(225 人,占 83%)已成为当前影响或制约国内本领域学术期刊质量提升的最主要因素。因此,如果不改变当前的科研评价导向机制和政策,倡导国内学者和专家将优秀成果更多地投向国内期刊,论文外流现象势必进一步加剧,导致国内期刊无法获得优秀科研成果的首发权,内容质量和学术影响力难以提高。

外流的大量中国科研论文中,不乏极具科研价值和学术影响力的一流论文,这一点从中国作者在国外若干领域高影响因子期刊上发表的论文数量迅速增加可见一斑。例如,近年来,美国《工程学与科学中的计算机建模》(*CMES-Computer Modeling in Engineering & Sciences*)在 JCR 中的影响因子为 4.785,2000 年时还未发表中国作者论文,2008 年发表中国作者论文数量达到 33 篇,占该刊全年载文量的 16.7%,份额列美国之后,位居第二(美国为 42 篇)。在材料科学领域,2001 年《纳米快报》(*Nano Letters*,美国化学会主办,影响因子 10.37,在 JCR 材料科学期刊中排名第六)发表中国作者论文为 5 篇,至

2009年已增长到72篇。

2. 过分注重量化学术指标，引发学术不端

在重视论文数量、期刊影响因子、核心期刊的“指挥棒”下，科研人员为了应对各种考核评价，研究生为了顺利获得学位，已不再仅仅出于学术交流的需要而发表论文，而往往带有晋升职称、评选优秀、获得项目资助和奖励等“功利性”目的。这种看似客观、简便的评价方式，其实是一种过度量化、过于简单、忽略论文及科研成果实际价值的学术评价方式，严重背离了学术研究的宗旨，在某种程度上体现了我国学术评价机制的不健全，也催生出大量的“学术泡沫”。对学者和专家的调查显示，优质科研论文数量较少(262人，占96%)和低水平重复现象突出(213人，占78%)已成为我国学术期刊质量方面存在的两大突出问题。过于追求量化学术评价指标、评价结果与职称和考核“挂钩”的结果，使整个学术界沉浸在急功近利的浮躁氛围中，甚至成为引发一稿多投、同一学术成果重复发表等学术不端现象的主要社会根源。

在期刊的分级分类评定过程中，过度依赖量化评价指标同样带来弊端。在量化指标成为学术质量主要衡量准绳的情况下，某些期刊为了提高相关指标，不择手段，采取一些不客观的人为方法提高某些指标，完全成为了评价指标的“奴隶”。具体体现为：人为干扰参考文献的引用，要求作者多加引用自身期刊的参考文献，以此提高被引频次和影响因子；为提高基金资助文章的比例，对无基金资助的论文拒之门外；为缩短报道时差，不是采取有效措施加快稿件处理速度，而是注明修改稿定稿日期作为收稿日期，并不注明收到原始稿件的日期，以此获得较短的报道时差。

因此，亟须建立健全科学的、符合中国国情的科研评价环境，使评价体系起到促进科研的作用，这也是国内期刊提升学术质量迫切需要解决的问题。

第三节　中国科协科技期刊学术质量提升路径

近几年来，中国科协科技期刊的学术质量不断提高，在展现我国科技水平与促进科技传播方面取得了显著成绩。不过，从长期发展来看，中国科协科技期刊在继续提高学术质量方面还有较大的发展空间。通过强化科技期刊基础工作，提升作者层次与稿件质量，积极开展品牌活动等方式，可以不断提高中国科协科技期刊学术质量，更好地反映我国科技水平与科研实力，与我国科技大国的地位相匹配。

一、强化期刊质量的基础工作

(一)重视编委会作用

编委会的主要职责是把好期刊的质量关。科技期刊编委会在学术鉴定、学术把关和学术交流方面的作用是无可替代的。

发挥编委会在期刊总体设计和选题组稿上的导向作用。科技期刊的编委会成员都是业内颇有建树的专家学者，了解和掌握国内外本学科学术发展的动态，可以充分利用他们

所具有的信息优势和学术优势，及时做出报道计划，加强刊物的导向性和指导性功能。这不但可以提高期刊的权威性和影响力，还能进一步吸引更多的读者、作者，形成良性循环。

借助编委会加强审稿力度，保证期刊的高质量。科技期刊尤其是学术期刊应以对科学研究负责、对读者和作者负责为准则，坚持同行评议和专家评审，保证审稿的严肃性和高水平，从而保证刊出高质量的稿件，使期刊始终处于本学科的发展前沿。各期刊出版单位，应充分借助编委会的力量，网罗专家资源，加强审稿力度。这需要期刊出版单位在明晰编委会的责任与义务的同时，通过多种措施激发编委的责任心和使命感，加强编辑部与编委的联络和沟通，发挥他们在学术鉴定、学术把关方面的作用，并通过编委会带动和影响更多的作者和读者，全方位促进期刊质量的提升。

（二）加强编辑部建设

编辑部是期刊质量建设的组织者，也是具体执行者，在期刊质量建设中具有枢纽作用。

加强制度与规范建设。在编辑出版工作规范化、制度化的过程中，编辑部应制定相应的规章制度，对编辑人员、作者和审稿专家的责任与权利进行规范。例如，制订目标管理或绩效管理制度，拟订长期规划或年度规划；制定期刊内容质量标准，并实施全面质量管理；制定期刊出版质量标准，降低期刊错误率。顺应媒介融合所要求的传统业务和新业务的融合，重新组合资源和改造流程，使编辑部的工作更加协同、高效、快捷。

编辑部应注重对期刊基本信息的统计分析，通过统计数据了解期刊发展的现状与水平。统计指标可包括：全年收稿量、组稿量、稿件利用率、发表周期、基金论文比、作者来源、作者机构、海外论文比、发行量、广告收入、盈亏状况、编辑人员参加培训和会议的频率等。借助于统计、总结与分析，明确未来发展中需要改进与完善的重点。

（三）提高编辑人员素质

提升每个编辑人员的综合素质，发挥其主观能动性、开拓性和创新性，是提高科技期刊质量的核心问题。除了广博精深的专业知识和高尚的道德品质等基本素质外，在信息泛滥的今天，编辑尤其要树立新闻意识，增强信息意识，善于把握学科态势。

1. 树立新闻意识，增强信息意识

新闻意识是新闻工作者主观意识对客观世界所做出的职业性反映，是新闻感觉和思维、观念等各种新闻心理过程的总和，是新闻工作者必备的业务素质①。面对市场竞争，从科技期刊的选题策划、组稿、审稿、编辑加工到发行传播等各个环节去审视，要从众多的学术文论文中优选出“政治性、思想性、科学性、创新性和文化积累性”较好的论文，并有效地实现知识传播功能，科技期刊编辑的新闻意识极为重要。

编辑的新闻意识对科技期刊的选题策划和组稿大有裨益。科技期刊编辑只有具备敏锐的新闻意识，才能及时了解最新的研究热点、前瞻性的研究课题和最新的科技成果，并

① 魏强．学术期刊编辑的新闻意识——由王振铎的编辑学三原理谈起．青年记者，2010(24)：60-61.

依此主动约稿，或从众多的投稿中挑选出优秀论文，保证科技期刊学术质量的不断提升。

新闻意识的价值也体现在编辑对新的研究领域的引导作用。科技期刊的出版传播，不仅在展示已经产生的最新研究成果，也在不断地向社会和科学研究人员介绍或揭示没有解决的或尚需进一步研究的科学问题。科技期刊的栏目和选题策划，既是为了期刊特色的塑造，也是对热点问题、新的研究领域的引导。

科技期刊知识传播工作需要编辑的新闻意识。随着科学技术和市场经济的发展，知识传播的手段和方式必然会顺应需求发生改变。科技期刊编辑必须像新闻记者那样，具备较强的新闻意识，及时了解出版市场，正确理解读者需求、有效掌握读者资源。也唯有如此，才能真正解决好科技期刊知识传播的速度、广度和深度问题，最终实现信息传播的活动价值，实现科技期刊的社会功能和社会效益。

网络时代，信息呈爆炸态势，科技编辑必须具有更强的信息意识，具有随时收集处理各类相关信息的高度自觉性，努力认识信息的产生和发展的规律，掌握收集、处理信息的途径与方法，善于开发及利用信息。具体包括运用多媒体、超文本编写信息的能力，验证、过滤信息的能力以及挖掘信息的深度和广度的能力。科技期刊编辑还应当具备“信息滤波”能力，净化、优化学术信息。随着科学技术的进步，对信息的“滤波”已经成为科技期刊编辑不可回避的责任。

2. 把握学科态势

在信息环境下了解学术动态的渠道较过去有了很大的进步。科技期刊要充分利用各种途径和机会，主动分析研究本专业学科和行业领域的最新发展动态和趋势，把握目前学术研究的重点、热点或难点课题以及新的研究领域，充分了解学术动向、作者状况与读者需求。

(1)多阅读权威期刊论文

权威期刊注重声誉，对稿件有严格的审查制度，所刊登的文献在一定程度上反映了学科的发展方向及最新研究成果。因此，关注这类期刊尤为重要。另外，注意选择同行评议期刊，这也是高质量期刊的一个标志。同时，通过综述性论文可以快捷、全面地了解学科的总体概况及其前沿动态和发展趋势。综述性论文作者一般是对该领域有深入研究和了解的专家。因此，多关注此类论文有助于增加对学科发展态势的了解。

(2)多利用数据库工具

数据库分析工具将过去、现在以至将来的相关文献信息连接起来，将不同学科、不同领域的相关研究连接起来，不仅仅提供资料信息，更重要的是提供研究的思路。如 ISI Web of Knowledge、ESI、CNKI、CSSCI、CSCD 分析工具。要注意利用个性化服务定制，主动追踪学科前沿信息；利用数据库平台的个性化功能，定制最新信息；利用 RSS、E-mail Alert、Google 快讯等搜集最新信息；利用引文追踪服务了解本学科最新进展。

(3)多关注学术会议、行业学会(协会)及网上论坛

参加学术会议，不仅能够了解会议上的学术信息，而且可以通过会议接触一些知名的专家学者，通过与他们的交谈了解学术动态。行业学协会的动态是非常值得关注的，从中可以了解学科动态、热点问题、即将召开的会议或活动、知名专家学者、专利及标准、法律法规、相关政策及属下的期刊及出版物等。网上论坛是关注某一课题或话题的人的信息

交流场所，参与者可以提出或回答问题。在这里可以发现学科当前的热点话题和认识同行。通过Google网上论坛等可以查找相关学科或课题的讨论组。

(4)重视本学科著名学者及研究机构的研究成果

著名学者及研究机构(大学、研究所)通常是学科的领航者，其最新成果一定程度上代表着学科的前沿、热点和发展方向。著名学者或著名研究机构发表的文献更容易引起人们的关注，通常引用率较高。通过文章所引用的文献，还可以追踪本学科领域、课题研究方向的专家及研究机构。编委会成员大多是学科带头人和学有所长的专家，他们对学术领域的动态有深刻的把握，其研究成果更需要关注。

(四)严格评审，注重审读

科技期刊应始终坚持同行评议、质量第一的原则，根据论文的创新性决定是否发表，并由编委和主编严格把关，确保刊发论文的高质量。推崇高标准的审稿体系，只出版经同行评议体系筛选过的论文。能够通过同行评议的论文一般由受尊重的学者、专家和科研人员所撰写，因而具有很高的学术公信力。对有缺陷但是有价值的论文，应给作者提出具体意见，指导作者修改。只有这样，才能吸引和发表更多高质量的国内外来稿，不断提升期刊质量。

当前国内外学术腐败和学术浮躁问题有目共睹，除了造假者个人道德品质存在问题外，科学研究的环境不够完善也应承担相应的责任，其中，科技期刊也需要自省和检讨。加强对稿件评审过程的监控，努力防范学术不端行为是科技期刊不容推卸的责任，也是保证科技期刊质量的必要手段。在发挥审稿人员的鉴别、把关作用时，也要充分利用科技论文学术检测系统作为辅助手段。

审读作为加强科技期刊学术质量建设的一种有效方式，对于持续提高期刊质量具有长期作用。为此，需要建立一支审读专家队伍，结合审读目的，设计客观、科学的审读评估标准和管理运行机制，建立审读工作的长效机制，保障审读工作的可持续发展。注重审读结果的反馈，借助于审读，及时发现问题，持续推动期刊的学术质量和出版水平。

二、提升作者层次，多途径开辟稿源

中国科协部分期刊已经在国内外具有一定知名度和影响力，但还有不少期刊尚未达到高学术影响力水平，优质稿件流失海外现象较为普遍。目前，中国科协科技期刊作者主要为各学科科研人员与高校师生，水平参差不齐，在仅仅依靠作者投稿无法满足提升学术质量要求的情况下，主动实施约稿组稿等策划活动，优化稿件来源和作者结构，吸引优秀稿件成为提高期刊学术质量的重中之重。

(一)发挥学会在科技期刊发展中的重要作用

学会是研究某一学科的人们组成的学术团体，是科学共同体的重要组成形式。学会的宗旨是团结学科内专业人士，积极开展学术交流活动，推动科技传播与教育，促进学科发展、人才培养和自主创新，因而也是本学科科技期刊发展的重要推动力量。

中国科协科技期刊包含了全国学会主办和参与主办的科技期刊，学会与科技期刊的关系主要存在学会主办、学会参与办刊以及合作办刊等形式。学会主办期刊通常对期刊进行系统而全面的管理;学会参与办刊通常只是对编辑部进行宏观管理,不涉及编辑部具体业务;学会与科技期刊合作办刊只是针对具体项目进行合作。无论何种形式的参与办刊,充分利用学会在学科内的影响力支持期刊的建设,对科技期刊的发展具有重要意义。

1. 充分利用学会专家库与人才库

学会是本学科内专业人才的聚集地,往往拥有本领域内众多知名专家,其会员也常常包含行业内的优秀人才,邀请行业专家参与期刊组稿与审稿工作不仅扩大了编辑部审稿专家库,同时还可以利用专家的影响力,更为广泛地吸引优秀稿件;通过对学会人才库的深入挖掘与分析,找出科技期刊的潜在优质作者,对提升期刊作者层次,争取优质稿件具有积极作用。如果科技期刊能够共享学会专家库与人才库并充分利用,对其制定办刊目标和作者人才结构战略、提高学术质量具有重要意义。

2. 积极发挥学会宣传平台的作用

学会通常拥有丰富的会员资源,学会会员又往往是本学科内科技期刊的主要作者和读者,充分利用学会渠道宣传期刊能够提高期刊在行业内的知名度与影响力,吸引更多的广告和用户关注度。同时,学会常常组织年会、学术会议或培训等活动,积极参与学会组织的各类活动,与专业人士和其他编辑部同仁的交流,除对期刊起到宣传作用外,还能够汲取办刊经验,开拓思路,提高办刊能力。

(二)组织优秀稿件

在对中国科协科技期刊的调查中,有96%的被调查者认为“优质科研论文数量较少”是我国科技期刊与本领域国际名刊相比存在的最主要的问题,有78%的人认为“我国科技期刊低水平重复现象突出”也是主要问题之一。因此,吸引和组织高质量的稿件对提升我国科技期刊水平尤为重要。知名专家的稿件一般具有前瞻性和导向性,对于把握本学科发展态势、丰富学术期刊的信息量等方面,往往会起到事半功倍的效果。加强对专家进行约稿是优化期刊作者结构、提高期刊质量最为直接的途径。

1. 充分发挥编委在组织稿源中的优势

科技期刊编委一般都是各自学科领域或专业范围内有一定建树和造诣的专家学者、学科或学术带头人,具有驾驭和跟踪学科发展前沿的优势。编委可以利用参加国内外重要的学术交流和科研合作的机会,向与会的科研人员或专家学者组稿约稿。因此,充分调动编委选题策划和组稿约稿的积极性,是优化作者结构、提高期刊学术质量的重要方法。据调查①,2006年国内编委组稿占收稿总数的1.4%,国际编委组稿占0.05%;2007年国内编委组稿占1.8%,国际编委组稿占0.1%;2008年国内编委组稿占3.4%,国际编委组稿占0.2%。中国科协科技期刊约稿状况如图3-6所示。

由于编委在学科中的重要地位,由编委出面约稿与编辑人员直接约稿有着很大的不同,编委由于其自身的专家身份和良好的声望,更能够帮助科技期刊搜集到优质稿源,充

① 袁桂清,杜杏叶,刘培一.我国科技期刊品牌建设发展战略与对策研究.编辑学报,2010,22(5):377-380.

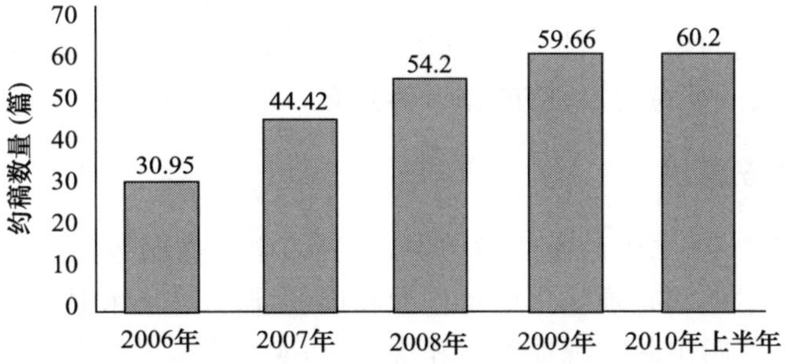

图 3－6　2009—2010 年中国科协科技期刊平均约稿状况

分发挥编委在组织稿源中的优势，对提高期刊质量具有重要作用。

2. 注重跟踪国家重点科研攻关项目

跟踪国家重点科研攻关项目，是提高科技期刊质量的重要措施之一。调查显示[①]，具有省级以上重点课题基金资助的论文占发表论文总量的比例，2005 年为 7.4%，2006 年为 7.8%，2007 年为 8.7%，2008 年为 8.6%，平均为 8.1%。因此，通过各种形式与有关专业学科带头人、学术骨干，尤其是国家级、省部级自然科学基金资助课题及重大研究项目、国际合作项目的负责人和成员保持经常性的联系，掌握并关注本研究领域的最新动态和发展趋势，有针对性地组稿约稿，及时报道科研新成果、新发现，提高组稿约稿率，能够帮助科技期刊获得高水平的优质稿件。

3. 加大会议组稿的力度

学术会议论文是一种重要的科技文献来源，通常能够反映有关学科领域中的最新发展和最新动向。许多创新性研究成果往往是以会议论文的形式发表的，并在日后产生持续的影响[②]。会议通常是以主题形式专门研究讨论，抓住会议主题的内容可以组织若干个专题给予报道。但是，目前国内的会议论文大多以学术期刊专刊或增刊的形式发表，或只是由会议组委会负责汇集成册，导致大量的会议论文影响面窄，利用率不高。2006 年至 2010 年上半年，中国科协科技期刊参加会议组稿情况如图 3－7 所示。

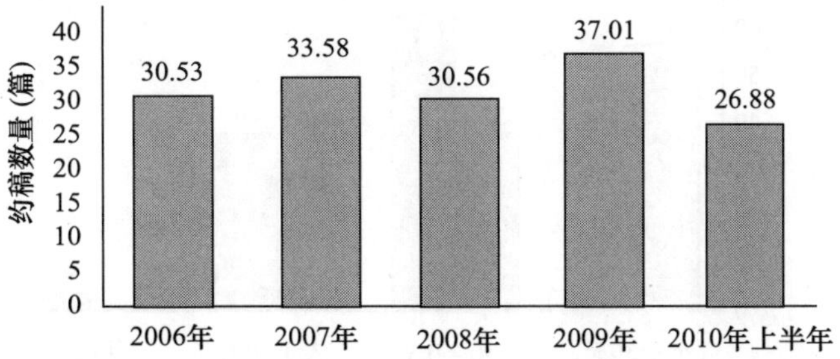

图 3－7　2006—2010 年中国科协科技期刊会议组稿情况

① 袁桂清，杜杏叶，刘培一．我国科技期刊品牌建设发展战略与对策研究．编辑学报，2010，22(5)：377－380.

② 刘玉姝，何亚楣，李国强，等．开拓学术期刊优质稿源的途径．编辑学报，2010(8)：362－263.

有条件的期刊社，可以主动积极与有关协会(学会)或机构共同主办或承办学术会议，这样既可以提升期刊的知名度，扩大期刊影响力，同时又能扶持一批有学术研究潜力的高学历年轻人，对形成一批稳定、长期的作者群具有一定战略意义。

(三)增强服务意识

三流的企业做产品，二流的企业做销售，一流的企业做服务，这对学术期刊而言同样具有启示意义。学术期刊必须强化尊重作者和读者、服务作者和读者的意识，并采取相应的措施，其中包括：编辑出版实现标准化和规范化；实行有效的同行评议制度，为作者提供有价值的审稿意见；当遇到作者对审稿意见有争议时，选择专家重新评审；按约定时间及时向作者发出刊用与否的通知；积极为作者着想，为稿件优化出谋划策，精心修改加工稿件并尊重作者的写作意图和风格；加强与作者的联系，及时向作者通报刊物一段时间内的选题、报道重点；经常向读者和作者征询办刊意见；提供便捷的通信方式和及时有效的回复，如网络投稿、审稿系统。通过优质服务能赢得作者读者的信赖，吸引作者继续投稿，增强期刊在读者中的影响力。

1. 采取激励机制

优稿优酬优先发表是吸引优质稿件的有效措施，尤其是在目前学术期刊普遍存在发表时滞长、稿酬偏低等问题的情况下更显得必要。一般来说，审稿速度是作者普遍关心的问题。作者都希望其研究成果和学术论文尽快发表，以保证稿件的时效性、新颖性，对重大或具有国际先进水平的原创性成果还要考虑首发权的问题。从微观上讲，这对作者声誉和刊物知名度大有裨益；从宏观上讲，对加快科技发展和学术创新具有重要意义。缩短审稿周期与发表时滞将会对作者产生较大的激励作用，促使作者向其投稿。必须综合采取多种措施，尽量提高编辑出版工作效率，缩短发表时滞，及时刊发。在对中国科协科技期刊专家组调查中，57%的专家认为科技期刊审稿周期应小于30天，但59%的专家认为现实情况中科技期刊平均审稿周期在30～60天，还有36%的专家认为科技期刊平均审稿周期大于60天，如图3－8所示。

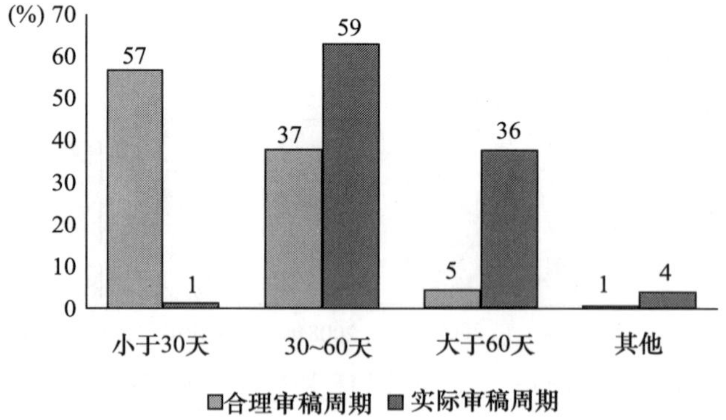

图3－8　学科专家认为的合理审稿周期与实际审稿周期对比

科技期刊必须跟踪学术发展动向，密切关注学科发展的热点和潜在生长点，及时发现重要研究成果，并争取获得科研成果的首发权。可以对一些优秀稿件，如国家重大科技项目、重点攻关项目、国家自然科学基金资助项目等资助的具有创新意义的科研成果予以优先发表。缩短审稿周期和发表时滞，增强信息的时效性，对吸引优质稿件有很强的吸引作用。同时，可以采用会员制等激励措施，增强作者的归属感，吸引作者对科技期刊的支持和信赖。

2. 设立出版基金

对高质量的稿件给予优厚报酬，在客观上对鼓励产出精品成果有重要的导向作用。对作者而言这不仅仅是经济报酬的高低之分，更重要的是对其作品的一种肯定，可以此来吸引更多的优质稿件。有条件的期刊可以考虑提供专门资金吸引优秀成果。《图书情报工作》杂志社自 2009 年起设立每年 10 万元的出版基金项目，对于促进图书馆学情报学领域多出优秀成果，推动《图书情报工作》的长期持续发展，提高刊物的影响力，起到了良好的效果。

3. 期刊对优秀学术论文的奖励

在学术机构组织的论文评奖之外，期刊可定期组织专家对所发表的论文进行遴选，评出优秀论文予以奖励。《陕西师范大学学报（社会科学版）》每年对其作者中被《新华文摘》、《中国高校文科学报文摘》摘引，被《人大复印资料》全文转载或获省级以上优秀社科成果奖的作者予以一定数额的物质奖励①。同时，加强对作者及其优秀成果的宣传也是十分必要的。例如封面刊登论文题目、编辑点评、编者按等。这样既宣传了本期的主要或精华内容，又肯定了作者的研究成果，可激发作者的荣誉感和继续创作的欲望。

三、积极做好科技期刊品牌推广工作

（一）树立科技期刊品牌

我国新闻出版产业正在不断深化“走出去”战略，旨在重点培育一批实力雄厚且具有较强竞争力和影响力的国内一流、国际知名的大型新闻出版企业参与国际新闻出版市场的竞争。对我国科技期刊来说，需要重点扶持一批具有高度专业化和特色性的精品期刊，形成我国科技期刊的自主品牌，创办一批具有国际影响的品牌科技期刊②。中国科协调查问卷显示，80％以上的学者和研究人员在选择何种期刊发表论文时，最先考虑的是期刊是否被权威数据库收录以及期刊在本学科领域的声望，如图 3－9 所示。

科技期刊发展目标的制定要具有一定的专业性、科学性与前瞻性，更要考虑其可行性。要处理好读者、作者与编辑三者之间的关系。编辑人员在科技期刊发展中不仅仅是起到审校与加工稿件的作用，应努力发掘作者和读者的潜力与智慧。如果能够让作者和读者更为积极地参与到科技期刊的发展中，为科技期刊的质量提高献计献策，将对科技期刊的发展起到很大的推动作用。

---

① 曾伟明．扎实抓好“三库”建设促进学报水平上台阶．江西教育学院学报：社会科学，2006(4)：29－30.

② 陈广仁，苏青．中国科技期刊面临的挑战及发展机遇．科技导报，2008,26(19)：102－103.

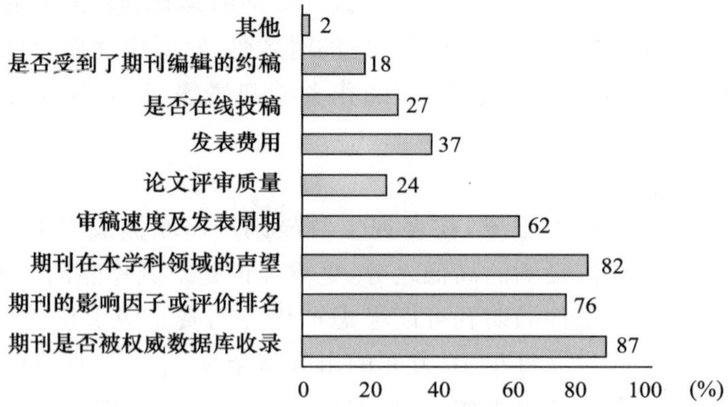

图 3－9　研究人员选择期刊发表论文的考虑因素

(二)创新观念,开放办刊

转变观念对提升科技期刊质量具有重要的促进作用。开放办刊不仅要注重科技期刊的社会效益,还应注重提高科技期刊的经济效益,社会效益与经济效益均高的期刊是期刊发展追求的最高境界。在对其社会效益评价方面,可借助于国内外相关的数据库,通过文摘或全文数据库和引文数据库分析期刊论文收录情况和被引用情况,以此从某一个侧面反映科技论文的质量与编辑规范水平。在经济效益方面,高质量的期刊受读者欢迎,发行量较大,广告效益会显现,经济收益也会较高。无论是社会效益,还是经济效益,对期刊本身的宣传都是至关重要的。调查显示,中国科协科技期刊最主要的宣传方式为在相关学术会议上进行宣传,占 86.71%,采取广告宣传扩大影响力的刊物较少,仅占 31.96%,如图 3－10 所示。

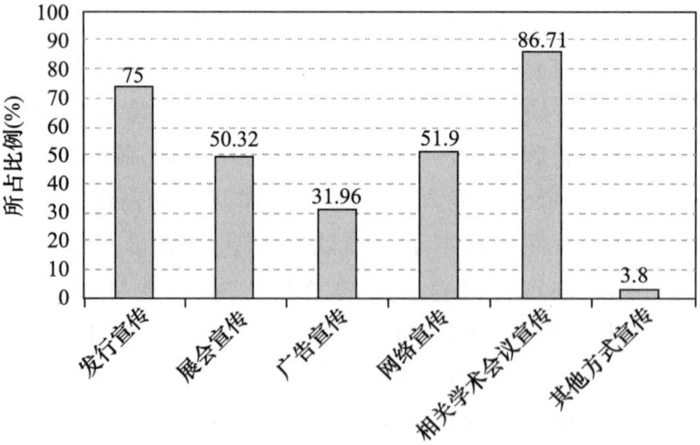

图 3－10　中国科协科技期刊宣传方式(平均人次)

编辑人员对办刊的作用与意义、期刊地位、办刊思路都需要随着环境的变化而变化。目前,新闻出版总署正在积极推行期刊体制机制改革,对期刊的发展通过国家政策来加以调整和推动。科技期刊管理者与编辑人员在办刊过程中要有发展性的眼光,力争创办具有高影响力的期刊，只有这样才能推动我国科学技术的发展，扩大科技期刊的影响力。在未来的发展中，我国科技期刊只有不断壮大自己，改善经营状况，适应市场需求，才能在市场竞争中不断发展与壮大。

（三）组建中国科协科技期刊虚拟联盟

目前，我国科技期刊在经营方面大多是“单刊作战”，规模狭小，运营落后，营利模式较为单一，在与国外大型出版社竞争中明显处于劣势，中国科协科技期刊也不例外。集约化经营由于目前中国科技期刊管理体制问题而无法在短期内实现，因此，组建科技期刊虚拟联盟将成为现阶段提高中国科技期刊竞争力的重要途径。

虚拟联盟是指不涉及所有权转移、以法律为约束力、彼此相互依存的联盟关系。组建科技期刊虚拟联盟是指科技期刊以学科或主办单位为范畴，建立虚拟的联盟关系，形成数量优势，在自主管理的前提下共享资源、共同开拓市场，以此来提高我国科技期刊的市场地位和国际竞争力。

科技期刊虚拟联盟在自愿加入的基础上，应针对不同用户提供不同服务。例如，在作者层面，提供统一的投稿与检索平台，实现投稿、查稿、订阅、交流、反馈、信息发布等功能；从企业的角度来说，企业可以通过网站选择订刊、针对目标期刊投放广告、进行产业联合等；从科技期刊编辑部的角度来看，加入期刊虚拟联盟能够共享本学科领域期刊的专家库、作者信息库和投稿平台，防止一稿多投等学术不端行为，共享办刊经验。此外，虚拟联盟还能够对入网期刊提供捆绑销售电子版，联合征订与发行，完善分销体系，减少渠道费用，增加期刊收入，提高期刊竞争力。同时，同学科期刊组建广告联盟能够提高期刊与广告商的议价能力。

如果中国科协能够组建“科技期刊虚拟联盟”，实行联合经营，形成规模效应，最终将会极大地提高中国科技期刊的国际影响力与竞争力。

中国科协科技期刊在不断努力加强自身建设的同时，需要采取更为多样化的措施吸引优质稿源，提高科技期刊学术质量和影响力，通过不断改进期刊品牌推广策略，发挥集约化经营的优势，提高我国科技期刊在国际市场中的竞争力，最终实现社会效益与经济效益双丰收。

第四章　中国科协科技期刊数字化建设

随着数字印刷技术及网络传播与交流的快速发展,科技期刊的采编、生产、传播、阅读等方式正在发生重大变化,传统出版正在向数字出版过渡。这种过渡不仅改变了传统科技期刊业的服务模式,促进了内容提供者与技术提供商之间的链接与整合,而且有效地扩大了科技期刊的用户群体,提高了科技期刊的使用率,为我国科技期刊业的发展带来了良好的发展机遇①。中国科协科技期刊数字化建设同样存在机遇,也面临挑战。

2007—2010年,中国科协科技期刊加快由传统出版模式向数字出版模式的转变,具体表现为:①通过自建网站、加入商业数据库和学科期刊网等途径,实现期刊的数字出版;②建立期刊在线发布系统及全文数据库,实现对信息的深度挖掘和综合集成利用;③引入或开发科技期刊稿件在线处理系统,实现编辑工作流程的数字化;④实现开放获取和在线预出版,使科研成果得到更快捷、更广泛的利用;⑤通过网络系统为读者和作者提供更好的服务,树立期刊在互联网上的品牌形象,增强期刊的国内外显示度。

调查结果显示,2010年,中国科协1003种期刊中有642种建设有期刊网站,占64.0%,与2007年相比所占比例提高了14.1%;同时网站的功能日渐增强,技术含量明显提高。为实现编辑办公的网络化,642种期刊网站中有64.2%引入或自行开发了期刊采编系统,比2007年提高了15.0%。2010年中国科协1003种期刊中有241种实现了开放获取出版,所占比例比2007年提高了8.4%。同时还有95%的中国科协科技期刊在清华同方的"中国期刊全文数据库"、万方数据的"中国数字化期刊群"和重庆维普的"中文科技期刊数据库"等全文上网,实现期刊的数字出版。

第一节　中国科协科技期刊网站建设现状及其发展趋势

期刊网站是网络化时代宣传、展示期刊的重要窗口,是编辑部提高工作效率、扩大期刊的市场占有率、吸引国内外读者、提高竞争力、推动国际化、规范管理的有效途径②。一个设计良好的期刊网站可以承载几乎所有有关期刊的内容信息和媒体形式,使之成为期刊内容信息发布、品牌推广和为读者、作者服务的综合平台③④,因此,建设期刊网站已成为提升期刊综合实力的必经之路。

为了解中国科协所属1003种期刊和1234种中国科技核心期刊⑤的网站建设现状,

---

① 贺德方. 数字出版时代的中国科技期刊业:挑战与机遇. 中国科技期刊研究,2008,19(6):930－934.

② 刘飚,邢飞,徐威. 国外科技期刊网站的调查与思考. 中国科技期刊研究,2009,20(3):479－483.

③ 冯向春. 我国自然科学核心期刊网络服务功能剖析. 编辑学报,2008,20(1):76－78.

④ 胡政平. 传统期刊网络化存在的问题及应对策略. 出版发行研究,2010,(4):52－54.

⑤ 《中国科技期刊引证报告(核心版)》2009年版中收录的1868种核心期刊减去其中收录的634种中国科协科技期刊,共计1234种。

课题组于2010年6～8月使用Google搜索引擎所有相关期刊的刊名进行全面搜索，并与课题组2007年的调查结果①～⑤进行比较分析，调查分析的内容包括：自建网站的期刊数量及其上网形式，自建网站期刊的地区、学科和类别分布，自建网站的内容和功能，等等。

一、期刊自建网站的数量明显增加

2007—2010年，中国科协科技期刊自建网站的数量由448种增加到642种，所占比例由49.9%增加到64.0%。一刊单独上网和数刊联合上网这两家期刊社自主申请独立域名、建设网站的比例明显增加了13.1%。说明四年间中国科协科技期刊的网站不仅在数量上有明显增加，在质量上也有明显提高。

（一）自建网站的数量稳步增长

2010年中国科协1003种期刊中有642种期刊通过自建网站形式上网，其中不包括在CNKI、万方、维普、台湾华艺4个期刊全文数据库上网，占中国科协科技期刊总数（1003种）的64.0%，比2007年增加了14.1%；与1234种中国科技核心期刊相比，自建网站的比例基本相同，见表4-1。

表4-1　自建网站期刊的数量

类　别	中国科协科技期刊		中国科技核心期刊
	2007年	2010年	2010年
期刊总数	898	1003	1234
自建网站期刊数	448	642	785
自建网站期刊所占比例（%）	49.9	64.0	63.6

注：《中国科技期刊引证报告（核心版）》2009年版中收录的1868种核心期刊减去其中收录的634种中国科协科技期刊，共计1234种。

统计方法：①统计期刊编辑部或杂志/期刊社建立的具有顶级域名的网站（Ⅰ类）；②如果无Ⅰ类网站，则统计期刊在主办单位网站或主办单位主办的行业信息网的上网情况；仅有1页期刊简介的未计入（Ⅱ类）；③如果无Ⅰ和Ⅱ类网站，则统计在期刊相关学科或行业信息网的上网情况；仅有1页期刊简介的未计入；④对英文版期刊，如果无Ⅰ和Ⅱ类，则统计在国外期刊网络出版平台的上网情况；⑤如果期刊在自建网站的同时加入学科或行业信息网，或在国外的期刊网络出版平台上网，则只统计其自建的网站。

---

① 程维红，任胜利，王应宽，等. 中国科协科技期刊的网络化出版 .//中国科学技术协会 . 中国科协科技期刊发展报告(2008). 北京：中国科学技术出版社 . 2008.

② 北京玛格泰克科技发展有限公司 . http://www. magtech. com. cn/index. html.

③ 北京勤云科技发展有限公司 . http://www. e-tiller. com/ch/index. aspx.

④ 西安三才电子有限公司，http://www. cnsce. com/.

⑤ 北京志清伟业科技有限公司，http://www. yywkt. cn/.

(二)一刊单独上网的比率快速上升

根据顶级域名的种类可将期刊自建网站的上网形式归类为以下 5 种(表 4－2):

(1)一刊单独上网(单刊编辑部注册独立域名):404 种,占 62.9%;

(2)数刊联合上网(两刊或两刊以上共同注册独立域名):78 种,占 12.1%;

(3)依托主办(出版)单位上网:94 种,占 14.6%;

(4)依托学科信息网上网:57 种,占 8.9%(实际依托“中国科技论文在线”、“首席医学网”、“龙源期刊网”、“中国光学期刊网”、“科学出版社期刊发布平台”等学科期刊网上网的期刊为 139 种,其余 82 种还以前 3 种形式之一上网,不作重复计算)。

(5)在国外出版商网络出版平台上网:9 种,占 1.4%(实际在国外出版商网络出版平台上网的期刊为 64 种,其余 55 种还以前 3 种形式之一上网,不作重复计算)。

2007—2010 年,中国科协科技期刊一刊单独上网和数刊联合上网这两家期刊社自主申请独立域名、建设网站的比例由 61.9%增加到 75.0%,明显增加了 13.1%。具有独立域名的期刊网站一般信息量较大,信息发布、采编系统、网刊发布、综合服务 4 项功能较为齐备,即网站的质量较高。

与 1234 种中国科技核心期刊相比,中国科协科技期刊一刊单独上网的比例明显较高(高出 6.6%),而“数刊联合上网”和“依托学科信息网上网”的比例明显较低(分别低 4.7%和 7.3%)。产生差别的原因有两个:①1234 种中国科技核心期刊中有 279 种高校学报,这些高校学报一般具有自然科学和社会科学两个版本,共建一个网站;②还有为数不少高校学报在“中国科技论文在线”全文上网而未自建网站,计入“依托学科信息网上网”。

表 4－2　中国科协科技期刊自建网站的上网形式

上网形式	中国科协科技期刊				中国科技核心期刊 2010 年	
	2007 年		2010 年			
	中国科协 898 刊中自建网站期刊数	占 448 刊的比例(%)	中国科协 1003 刊中自建网站期刊数	占 642 刊的比例(%)	1234 刊中自建网站期刊数	占 785 刊的比例(%)
	A	A/448	B	B/642	C	C/785
1. 一刊单独上网	223	49.8	404	62.9	442	56.3
2. 数刊联合上网	54	12.1	78	12.2	132	16.8
3. 依托主办(出版)单位上网	81	18.1	94	14.6	76	9.7
4. 依托学科信息网上网	79	17.6	57	8.9	127	16.2
5. 在国外出版商网络出版平台上网	11(42*)	2.5	9(64*)	1.4	8(19*)	1.0
合　　计	448	100.0	642	100.0	785	100.0

* 实际在国外出版商网络出版平台上网的期刊数,上网形式未计入“在国外出版商网络平台上网”中。

二、不同地区、学科和类别期刊的网站发展速度差异较大

2010年，自建网站期刊的绝对数量分布最多的地区为北京349种、上海42种、江苏27种、辽宁26种和湖北25种；自建网站总体情况相对较好的地区是北京、重庆、陕西、广东、辽宁。自建网站期刊绝对数量分布最多的学科分别为工业技术193种、医学、卫生182种、数理科学和化学68种。自建网站情况相对较好的学科为数理科学和化学、生物科学、天文学/地球科学等。学术类期刊自建网站的绝对数量和相对情况均好于其他类别的期刊。

2007—2010年，中国科协科技期刊自建网站在不同地区、不同学科以及不同类别间呈现不同的发展速度。发展速度相对较快的地区依次为海南、甘肃、福建、重庆、贵州等。发展速度相对较快的学科为数理科学和化学、航空航天。学术类期刊自建网站的绝对数量和相对比例均高于其他类别的期刊，而自建网站相对发展速度最快的是综合类期刊。

(一)自建网站的期刊有半数以上分布在北京

表4-3显示，2010年642种自建网站的中国科协科技期刊中有349种分布在29个省市区，北京349种占54.4%；上海42种，占6.5%；江苏27种，占4.2%；辽宁26种，占4.0%；湖北25种，占3.9%。地区自建网站所占比例高于中国科协1003种期刊中该地区期刊所占比例的地区为北京、重庆、陕西、广东、辽宁等8个地区。特别是北京，自建网站期刊的数量和相对百分比均较高。

2007—2010年，中国科协科技期刊自建网站的发展速度相对较快的地区，即地区自建网站期刊占地区期刊总数的比例的变化大于总体平均数的地区依次为海南、甘肃、福建、重庆、贵州、云南、陕西、江苏、河北、河南、四川和北京。

表4-3 中国科协自建网站期刊的地区分布(2010年)

地区(登记地)	中国科协科技期刊数	占期刊总数的比例(%)	中国科协自建网站期刊数	占自建网站期刊总数的比例(%)	地区自建网站期刊占地区期刊总数的比例(%)
	A	A/1003	B	B/642	B/A
北京	486	48.5	349	54.4	71.8
上海	72	7.2	42	6.5	58.3
江苏	44	4.4	27	4.2	61.4
辽宁	38	3.8	26	4.0	68.4
湖北	45	4.5	25	3.9	55.6
陕西	22	2.2	17	2.6	77.3
天津	35	3.5	17	2.6	48.6
广东	22	2.2	16	2.5	72.7
重庆	17	1.7	14	2.2	82.4

续表

地区(登记地)	中国科协科技期刊数	占期刊总数的比例(%)	中国科协自建网站期刊数	占自建网站期刊总数的比例(%)	地区自建网站期刊占地区期刊总数的比例(%)
	A	A/1003	B	B/642	B/A
四川	21	2.1	14	2.2	66.7
安徽	23	2.3	13	2.0	56.5
吉林	23	2.3	11	1.7	47.8
浙江	16	1.6	10	1.6	62.5
山东	20	2.0	9	1.4	45.0
黑龙江	24	2.4	9	1.4	37.5
山西	15	1.5	8	1.2	53.3
湖南	17	1.7	7	1.1	41.2
甘肃	10	1.0	6	0.9	60.0
福建	11	1.1	5	0.8	45.5
河南	13	1.3	4	0.6	30.8
海南	3	0.3	3	0.5	100.0
河北	6	0.6	3	0.5	50.0
贵州	3	0.3	2	0.3	66.7
内蒙古	7	0.7	2	0.3	28.6
宁夏	1	0.1	1	0.2	100.0
青海	2	0.2	1	0.2	50.0
云南	3	0.3	1	0.2	33.3
广西	1	0.1	0	0.0	0.0
江西	3	0.3	0	0.0	0.0
合计	1003	100.0	642	100.0	64.0

(二)工业技术和医学、卫生学科的期刊相对较多

2010 年自建网站期刊绝对数量分布最多的前 6 个学科分别为工业技术 193 种、医学/卫生 182 种、数理科学和化学 68 种、天文学/地球科学 42 种、生物科学 39 种和农业科学 37 种。学科自建网站所占比例高于在中国科协 1003 种期刊中,该学科期刊所占比例的学科为数理科学和化学、生物科学、天文学/地球科学、自然科学总论等 7 个学科,说明这 7 个学科的自建网站情况相对好于其他学科。见表 4—4。

2010 年自建网站期刊所占比例高于平均值(64.0%)的学科依次为生物科学 84.8%、自然科学总论 82.4%、航空航天 81.8%、数理科学和化学 81.0%、天文学/地球科学 75.0%、环境科学/安全科学 66.7%、农业科学 66.1%和工业技术 65.9%。

2007—2010 年中国科协科技期刊自建网站发展速度相对较快的学科,即期刊“学科

自建网站期刊占地区期刊总数的比例”的变化大于总体平均数的学科依次为数理科学和化学、航空航天、天文学/地球科学、生物科学和自然科学总论。

表4－4　中国科协自建网站期刊的学科分布(2010年)

学科	中国科协科技期刊数	占期刊总数的比例(%)	中国科协自建网站期刊数	占自建网站期刊总数的比例(%)	学科自建网站期刊占学科期刊总数的比例(%)
	A	A/1003	B	B/642	B/A
工业技术	293	29.2	193	30.1	65.9
医学、卫生	343	34.2	182	28.3	53.1
数理科学和化学	84	8.4	68	10.6	81.0
天文学、地球科学	56	5.6	42	6.5	75.0
生物科学	46	4.6	39	6.1	84.8
农业科学	56	5.6	37	5.8	66.1
自然科学总论	34	3.4	28	4.4	82.4
文化、科学、教育、体育、其他	34	3.4	20	3.1	58.8
交通运输	24	2.4	11	1.7	45.8
航空航天	11	1.1	9	1.4	81.8
经济	13	1.3	7	1.1	53.8
环境科学、安全科学	9	0.9	6	0.9	66.7
合计或平均	1003	100.0	642	100.0	64.0

(三)学术类期刊占70%以上

中国科协自建网站期刊中学术类期刊所占比例为72.1%，高于中国科协全部1003种期刊中学术类期刊所占比例2.4%，而自建网站期刊中技术类期刊所占比例低于中国科协全部1003种期刊中技术类期刊所占比例3.1%(表4－5)。

表4－5　中国科协自建网站期刊的类别分布(2010年)

期刊类别	中国科协科技期刊数	占期刊总数的比例(%)	中国科协自建网站期刊数	占自建网站期刊总数的比例(%)	类别自建网站期刊占类别期刊总数的比例(%)
	A	A/1003	B	B/642	B/A
学术类	699	69.7	463	72.1	66.2
技术类	186	18.5	99	15.4	53.2
科普类	65	6.5	46	7.2	70.8
综合类	49	4.9	30	4.7	61.2
检索类	4	0.4	4	0.6	100.0
合计	1003	100.0	642	100.0	64.0

699 种学术类期刊中有 463 种已自建网站，占 66.2%，其比例明显高于技术类期刊中自建网站期刊所占比例(53.2%)，说明学术类期刊自建网站的情况最好，而技术类期刊相对较差。

从发展速度上看，2007—2010 年，科普类和综合类期刊类别自建网站占类别期刊总数比例的增加较快，分别增加了 22.7%和 21.2%，其次是学术类期刊，增加了 15.4%，技术类期刊自建网站发展相对较慢，增加了 4.6%。

三、期刊网站的功能增强、内容丰富

2007—2010 年，中国科协科技期刊自建网站上提供有关期刊的各种信息均有不同程度的增加；发布网刊的总量大幅增加，提供目次、摘要和全文的网站所占比例分别增加了 3.1%、9.9%和 2.6%；在线办公系统日益普及，网站上具有在线投稿、在线审稿、在线查稿、在线远程编辑 4 项功能所占比例分别增加 15.5%、11.2%、19.9%和 18.0%；网站上提供的各种服务功能也日益丰富。

(一)期刊网站上发布信息显著增加

表 4－6 统计了期刊网站上出现频次较高(10 刊以上)的 16 种有关期刊的信息。2007—2010 年，中国科协科技期刊自建网站上提供的信息中除“编辑部成员介绍”外均有不同程度的增加，增加最多的是“下载中心”、“期刊文章点击、下载排行”、“期刊信息动态”，这几项信息是仅由一些静态页面组成的初级网站所无法拥有的，一般具有较高的技术含量，说明在 4 年中中国科协科技期刊网站不仅在数量有了较大幅度的增加，在质量上也有了较大程度的提高。与中国科技核心期刊相比，中国科协科技期刊自建网站上提供“期刊征订启事”和“版权转让协议”两项信息的比例明显高出 14.9%和 12.0%，主要原因是中国科技核心期刊中 279 种高校学报的网站上较少这两项信息。

表 4－6　中国科协科技期刊自建网站上提供的有关期刊的主要信息

序号	提供有关期刊主要信息	中国科协科技期刊				中国科技核心期刊	
		2007 年(448 种)		2010 年(642 种)		2010 年(785 种)	
		刊数	所占比例(%)	刊数	所占比例(%)	刊数	所占比例(%)
		A	A/448	B	B/642	C	C/785
1	期刊介绍	371	82.8	594	92.5	748	95.3
2	编辑部联系方式	355	79.2	567	88.3	686	87.4
3	投稿要求	312	69.6	493	76.8	629	80.1
4	编委会名单	298	66.5	438	68.2	510	65.0
5	期刊征订启事	274	61.2	458	71.3	443	56.4
6	期刊信息动态	243	54.2	420	65.4	481	61.3
7	被数据库收录情况	189	42.2	357	55.6	501	63.8

续表

序号	提供有关期刊主要信息	中国科协科技期刊				中国科技核心期刊	
		2007年(448种)		2010年(642种)		2010年(785种)	
		刊数	所占比例(%)	刊数	所占比例(%)	刊数	所占比例(%)
		A	A/448	B	B/642	C	C/785
8	版权转让协议	127	28.3	243	37.9	203	25.9
9	期刊获奖情况	95	21.2	193	30.1	260	33.1
10	下载中心	78	17.4	198	30.8	205	26.1
11	论文模板	73	16.3	144	22.4	196	25.0
12	编辑部成员介绍	58	12.9	64	10.0	99	12.6
13	读者在线调查	20	4.5	41	6.4	31	3.9
14	期刊文章点击、下载排行	11	2.5	100	15.6	135	17.2
15	稿件处理流程	—	—	11	1.7	20	2.5
16	论文写作指南	—	—	15	2.3	29	3.7

(二)在线发布网刊总量明显增加

据2010年的调查统计(表4-7),中国科协642种期刊的自建网站上有528种提供期刊目次,占642种期刊的82.2%。这其中有380种进一步提供期刊文章摘要,占642种期刊的59.2%。有273种提供期刊文章的全文,占642种期刊的42.5%,其中有222种期刊实现全文开放获取(OA),占提供期刊全文的81.3%。

2007—2010年,中国科协科技期刊网站提供目次、摘要和全文的比例分别增加3.0%、9.6%和2.3%,提供摘要的比例增加最多。与中国科技核心期刊相比,中国科协科技期刊网站上提供全文的比例明显较少,低9.7%,提供全文的网站中OA期刊的所占比例也明显低11.1%;与此相对应,全文收费的网站所占比例明显较高。原因是中国科技核心期刊中许多高校学报在学科信息网("中国科技论文在线"和"首席医学网")实现全文OA。

表4-7 中国科协科技期刊自建网站上提供的期刊内容

期刊内容	中国科协科技期刊				中国科技核心期刊	
	2007年(448种)		2010年(642种)		2010年(785种)	
	刊数	所占比例(%)	刊数	所占比例(%)	刊数	所占比例(%)
	A	A/448	B	B/642	C	C/785
目次	355	79.2	528	82.2	646	82.3
摘要	222	49.6	380	59.2	482	61.4
全文	180	40.2	273	42.5	410	52.2
其中:OA	140	—	222	—	379	—
收费	40	—	51	—	31	—

2010年中国科协科技期刊的网站中有51种以收费方式提供全文，比2007年增加11种。网站全文只对学会会员开放的期刊有《高分子学报》、《力学进展》、《力学学报》(英文版)、《力学学报》、《力学与实践》、《土木工程学报》、《中国航空学报》(英文版)、《中华纸业》;只对订阅印刷版订户开放的有《国际脑血管病杂志》,只对订阅网络版用户开放的期刊有《工程塑料应用》;网站看全文收费的期刊有《电信科学》、《分析化学》、《糖尿病新世界》、《物理》、《医学与哲学》、《轧钢》、《中国电信业》、《中国骨与关节损伤杂志》、《中国葡萄酒》、《中华高血压杂志》、《中华肾脏病杂志》、《中华卫生杀虫药械》。另有12种、8种和10种分别在“龙源期刊网”、“中国光学期刊网”和“国外出版商”网络平台上以收费方式提供全文。

有些期刊网站不提供期刊内容，而是链接到CNKI、万方、维普、国外出版商等数字出版平台上的该刊主页。链接的方式多种多样，有在目次、摘要和全文三个不同层次上的链接。

OA期刊数的统计。2010年，中国科协科技期刊中共有OA期刊241种[详见附录B:中国科协开放获取期刊名录(2010年)],除在自建网站上实现OA的222种期刊外，另有19种期刊自建网站为非OA,但在学科信息网站实现OA。《分析化学》、《实用骨科杂志》、《中国公共卫生》、《中国免疫学杂志》、《中国热带医学》、《中国学校卫生》、《中华疾病控制杂志》、《中华消化外科杂志》、《中医文献杂志》9种期刊在“首席医学网”;《草地学报》、《草业科学》、《测试技术学报》、《地下空间与工程学报》、《古地理学报》、《计算技术与自动化》、《计算力学学报》、《智能系统学报》、《中国马铃薯》、《中国人口·资源与环境》10种在“中国科技论文在线”。

提供目次。中国科协642种期刊的自建网站上有528种提供目次，目次的期数分布如表4-8。与2007年相比，2010年网站上提供50期以下目次期刊所占比例明显减少了16.4%;与此相对应，提供50期以上目次期刊所占比例比2007年明显增加了16.4%。提供201期以上目次的期刊由2007年的16种大幅增加到42种。以上数据表明，2007—2010年中国科协科技期刊网站上提供的期刊内容总量有了显著增加。与785种自建网站的中国科技核心期刊相比，中国科协科技期刊网站上提供50期以上目次所占比例明显高出11.3%。2010年自建网站上提供300期以上目次的12种中国科协科技期刊列于表4-9。

表4-8 中国科协科技期刊和中国科技核心期刊自建网站上提供期刊目次的期数分布

期刊内容	中国科协科技期刊				中国科技核心期刊	
	2007年(348种*)		2010年(528种)		2010年(646种)	
	刊数	所占比例(%)	刊数	所占比例(%)	刊数	所占比例(%)
	A	A/348	B	B/528	C	C/646
25期以下	153	44.0	169	32.0	261	40.4
26～50期	81	23.3	100	18.9	141	21.8
51～100期	54	15.5	114	21.6	146	22.6
101～200期	44	12.6	103	19.5	76	11.8
201期以上	16	4.6	42	8.0	22	3.4
合计	348	100.0	528	100.0	646	100.0

* 2007年中国科协自建网站448种期刊的网站上有355种提供目次，有7种期刊的网站上看不出目次期数。

表 4－9 提供 300 期以上目次的中国科协科技期刊(2010 年)

排序	刊名	回溯年代	目次期数
1	物理学报	1933(5)—2010(6)	675
2	药学学报	1953(1)—2010(6)	467
3	中国中药杂志	1955(1)—2010(13)	435
4	地质与勘探	1957(1)—2010(3)	426
5	植物学报(英文版)	1952(1)—2010(7)	408
6	中国激光	1990(1)—2010(6)	385
7	物理	1972(1)—2010(6)	382
8	化学学报	1983(1)—2010(8)	368
9	半导体学报(英文版)	1980(1)—2010(6)	366
10	材料保护	1960(1)—2008(12)	359
11	金属学报	1956(1)—2010(7)	356
12	中国物理快报(英文版)	1984(1)—2010(7)	346

注:括号内为期次。

由表 4－10 可见,网站上提供目次的 528 种期刊中,目次回溯年代分布在 2001 年(含 2001 年)以后的有 343 种,占 65.0%,回溯年代在 2001 年以前的有 185 种,占 35.0%。与 2007 年相比,回溯年代在 2001 年以前的期刊所占比例增加了 8.7%。

回溯年代最长的 11 种期刊依次为:《物理学报》(1933 年)、《地质论评》(1936 年)、《数学学报》(1936 年)、《地质学报》(1950 年)、《植物分类学报》(英文版)(1951 年)、《植物学报》(英文版)(1952 年)、《机械工程学报》(1953 年)、《微生物学报》(1953 年)、《药学学报》(1953 年)、《林业科学》(1955 年)、《中国中药杂志》(1955 年)。

与中国科技核心期刊相比(表 4－10),中国科协科技期刊网站上提供目次回溯年代相对较长,回溯年代在 1990 年以前所占比例明显高出 11.0%。

表 4－10 中国科协科技期刊与中国科技核心期刊自建网站提供目次的回溯年代对比(2010 年)

目次回溯年代	中国科协科技期刊 2010 年(642 种)		中国科技核心期刊 2010 年(785 种)	
	刊数	所占比例(%)	刊数	所占比例(%)
	A	A/528	B	B/646
1960 年以前	21	4.0	9	1.4
1961—1980	28	5.3	20	3.1
1981—1990	68	12.9	43	6.7
1991—2000	68	12.9	98	15.2
2001 年以后	343	65.0	476	73.7
合　计	528	100.0	646	100.0

在线预出版。2010年实现在线预出版的中国科协科技期刊有31种,占642种自建网站期刊的4.8%(表4-11),绝对数量上比2007年的6种(《分子植物》(英文版)、《天文和天体物理学研究》(英文版)、《物理化学学报》、《岩石力学与工程学报》、《中国生物工程杂志》、《作物学报》增加25种。《物理化学学报》、《天文和天体物理学研究》(英文版)、《中国生物工程杂志》、《作物学报》4种期刊在4年中仍然实行在线预出版。

在线预出版具体形式多种多样,主要分为在目次(8种)、摘要(9种)和全文(15种)三个不同层次实现在线预出版。有些期刊网站超前1期发布已有正式页码的期刊目次、摘要和全文,还有一些期刊的网站上发布已录用但还未正式排版,尚无正式页码的待发表文章的目次、摘要和全文。另外值得注意的是,在实现在线预出版的期刊中英文版期刊所占比例明显较高,31种期刊中有10种为英文版期刊。

中国科技核心期刊中有22种在自建网站上实现在线预出版,占785种自建网站的2.8%,从绝对数量到相对比例均明显少于中国科协科技期刊。

表4-11 中国科协科技期刊在线预出版状况(2010年)

刊名	在线预出版方式
动物学报(英文版),化学通报,化学物理学报(英文版),机械工程学报,系统仿真学报,园艺学报,中国生物工程杂志,中国药学(英文版)	待发表文章目次
精细化工	超前1期目次和摘要
测绘学报,科普研究,实验力学,水产学报,畜牧兽医学报,植物生理学通讯,植物学报(中文版),中国骨伤	待发表文章目次和摘要
高分子科学(英文版),天文和天体物理学研究(英文版),中国物理C(英文版),中国药理学与毒理学杂志	超前1期目次、摘要和OA全文
地理学报(英文版)	超前1期目次、摘要和全文
材料科学技术(英文版),金属学报,农业工程学报,物理化学学报、细胞研究(英文版),中国腐蚀与防护学报,中国机械工程学报(英文版),自动化学报,作物学报	待发表文章目次、摘要和OA全文

(三)期刊在线办公系统日益普及

具有在线投稿、在线审稿、在线查稿、在线远程编辑等功能是实现期刊编辑部办公网络化的关键,是许多期刊自建网站的主要目的之一。由表4-12可见,中国科协642种期刊的自建网站上,有超过半数的期刊网站上具有在线投稿(64.2%)、在线审稿(57.5%)、在线查稿(60.7%)和远程编辑(53.7%)功能。

2007—2010年,中国科协科技期刊网站上具有4项功能所占比例分别增加15.3%、10.8%、19.4%和17.8%,以上数字体现中国科协科技期刊实现编辑办公网络化的发展速度。

从表4-12还可见,中国科协科技期刊网站具有4项功能的比例分别高于中国科技核心期刊11.1%、8.3%、7.4%、5.8%,说明中国科协科技期刊编辑部办公的网络化程度高于中国科技核心期刊。

表 4－12　中国科协科技期刊自建网站提供的期刊稿件在线处理功能

期刊稿件在线处理功能	中国科协科技期刊				中国科技核心期刊	
	2007 年(448 种)		2010 年(642 种)		2010 年(785 种)	
	刊数	所占比例(%)	刊数	所占比例(%)	刊数	所占比例(%)
	A	A/448	B	B/642	C	C/785
在线投稿	219	48.9	412	64.2	417	53.1
在线审稿	209	46.7	369	57.5	386	49.2
在线查稿	185	41.3	390	60.7	419	53.4
远程编辑	161	35.9	345	53.7	376	47.9

(四)服务功能日趋丰富

2010 年对中国科协 642 种期刊自建网站的调查统计结果显示(表 4－13)，有 16 项服务功能和扩展信息刊登的频次较高(20 刊以上)，出现频次最高的是“相关链接、友情链接”和“检索”，远高于其他信息和功能。

2007—2010 年，中国科协科技期刊网站上提供检索、RSS、E-mail 速报、行业信息、读者会员注册、相关链接/友情链接、读者在线留言、会议消息、广告、读者在线订阅、书讯、常见问题解答 12 项服务功能和信息所占比例有不同程度的增加；阅读软件下载、广告征集、论坛、读者信箱 4 项功能所占比例则有不同程度的减少。

与中国科技核心期刊相比，中国科协科技期刊网站上提供的服务功能和扩展信息相对较多，其中广告征集、读者会员注册、广告、读者信箱、论坛、E-mail 速报、行业信息、读者在线留言、阅读软件下载明显多于中国科技核心期刊的网站。

表 4－13　中国科协科技期刊自建网站上提供的有关期刊的主要服务功能和扩展信息

	服务功能和扩展信息	中国科协科技期刊				中国科技核心期刊	
		2007 年(448 种)		2010 年(642 种)		2010 年(785 种)	
		刊数	所占比例(%)	刊数	所占比例(%)	刊数	所占比例(%)
		A	A/448	B	B/642	C	C/785
1	广告征集	175	39.1	241	37.5	193	24.6
2	读者会员注册	82	18.3	170	26.5	137	17.5
3	广告	64	14.3	126	19.6	94	12.0
4	读者信箱	78	17.4	64	10.0	24	3.1
5	论坛	55	12.3	62	9.7	26	3.3
6	E-mail 速报	62	13.8	150	23.4	137	17.5
7	行业信息	28	6.3	97	15.1	76	9.7
8	读者在线留言	115	25.7	208	32.4	215	27.4
9	阅读软件下载	77	17.2	102	15.9	87	11.1
10	检索	197	44.0	375	58.4	433	55.2

续表

	服务功能和扩展信息	中国科协科技期刊				中国科技核心期刊	
		2007 年(448 种)		2010 年(642 种)		2010 年(785 种)	
		刊数	所占比例(%)	刊数	所占比例(%)	刊数	所占比例(%)
		A	A/448	B	B/642	C	C/785
11	常见问题解答(FAQ)	18	4.0	33	5.1	16	2.0
12	RSS	19	4.2	113	17.6	114	14.5
13	会议消息	17	3.8	62	9.7	66	8.4
14	书讯、图书邮购	10	2.2	22	3.4	23	2.9
15	相关链接/友情链接	237	52.9	388	60.4	478	60.9
16	读者在线订阅	28	6.3	70	10.9	140	17.8

除表 4-13 中列出的 16 项出现频次较高的服务功能和信息外,有些期刊网站上还提供其他服务功能和信息。如 QQ 留言、电子支付系统、论文写作知识、培训消息、行业数据资料、招聘信息、短信平台、EI 收录查询、PACC 代码、名词术语查询、编辑出版相关法规、合理用药知识、专家风采、竞赛消息、继续教育消息、博客、XML 格式、音乐及图片欣赏、相关学科科普知识、下载源代码、读者分布统计、网上商城等。

(五)刊网互补,注重建设行业信息网

有文献①将期刊网站分为两类:期刊形象网站和行业信息网站,前者的建立是为了树立期刊的品牌形象、发布网刊、实现 OA 和编辑办公的网络化等,多见于学术类和技术类期刊的网站;后者不再把网站仅仅作为树立期刊形象的手段,而是以行业门户网站为目标建设,多见于大众科普和综合类期刊的网站。在内容上,除了有印刷版期刊本身的内容,还会根据期刊的定位,不断更新大量行业信息和相关知识,使网站内容更丰富、充实;在技术上,网站的表现形式也更丰富,符合读者不断发展的需要,在留住老读者的基础上吸引新读者。这类网站一般具有丰富的信息来源,并有高素质的人才和较好的经济效益作为保障。2010 年,许多中国科协科技期刊的编辑出版单位自建的网站或与期刊主办单位共建的网站可视为“行业信息网站”。网站建设侧重于信息发布和综合服务,以聚集人气,扩大发行量,增加点击量,吸引更多的广告客户,开展各种类型的增值服务,举例如下:

《办公自动化(综合版)》(http:// www.ois.cn/)、《电力安全技术》(http://www.csest.com/)、《电气传动》(http://www.au365.cn/)、《电子测量与仪器学报》(http://www.etmchina.com/)、《电子竞技》(http://www.mycea.net/)、《雕塑》(http://diaosunet.com/)、《环境》(http://www.huanjingzazhi.com/)、《基层医学论坛》(http://www.fihoo.net/)、《家庭医学》(http://www.jtyxzz.com/)、《家用电脑与游戏》(http://www.playgamer.com/)、《建筑电气》(http://www.jzdq.net.cn/)、《建筑结构》(http://

① 胡博,周锦宜. 期刊网站建设现状及建议. 中国出版,2010,(7 下):47-49.

www. buildingstructure. com. cn/)、《科技尚品》(http://www. kejishangpin. com/)、《科技新时代》(http://www. popscichina. com/)、《客车技术与研究》(http://www. busin. com/)、《暖通空调》(http://www. ehvacr. com/)、《汽车之友》(http://www. autofan. com. cn/)、《摄影与摄像》(http://www. photovideochina. com/)、《施工技术》(http://www. shigongjishu. cn/)、《糖尿病天地(临床)》(http://www. tnb365. com/)、《铁道建筑技术》(http://www. rctech. com. cn/)、《玩具世界》(http://www. toysworld. com. cn/)、《医学信息》(http://www. zgbjzz. com/)、《中国动物保健》(http://www. zgdwbj. com/)、《中国粉体技术》(http://www. chinapowder. org/)、《中国国家地理》(http://mag. dili360. com/)、《中国计量》(http://www. jlbjb. com/)、《中国科学探险》(http://www. deep365. com/)、《中国绿色画报》(http://www. chinagreen. org/)、《中国葡萄酒》(http://wine. qikan. com/)、《中国兽医杂志》(http://www. cnvet. com. cn/)、《中国心脏起搏与心电生理杂志》(http://www. electrocardiology. cn/)、《中国印刷年鉴》(http://www. chinaprint. org/almanac/)、《中国组织工程研究与临床康复》(http://www. crter. org/)、《中华急诊医学杂志》(http://www. cem. org. cn/)、《中华糖尿病杂志》(http://www. cds. org. cn/)、《中华行为医学与脑科学杂志》(http://www. xwyx. org. cn/)、《中华眼底病杂志》(http://www. coretina. com/)、《中华养生保健》(http://www. cnysbj. com/)、《中华纸业》(http://www. cppinet. com/)、《中医药管理杂志》(http://www. kjxxb. net. cn/)、《自动化博览》(http://www. autop. com. cn/)。

(六)具有英文版的网站和全英文网站的数量明显增加

1. 具有英文版的网站

2010 年自建网站的 642 种中国科协科技期刊中有 190 种期刊网站的主页为中文版，有相对应的英文版(仅 1 页期刊英文简介的未计入)。《地质学报》(英文版)、《高分子科学》(英文版)、《海洋学报》(英文版)、《化学物理学报》(英文版)、《中国病毒学》(英文版)、《中国海洋工程》(英文版)、《中国海洋与湖沼学报》(英文版)、《中国化学工程学报》(英文版)、《中国结合医学杂志》(英文版)。见表 4－14。

表 4－14 具有英文版的网站和全英文网站

类别	中国科协科技期刊			中国科技核心期刊(2010 年)
	2007 年	2009 年	2010 年	
自建网站期刊数	448	581	642	785
具有英文版的网站	101	152	199	208
所占比例(%)	22.5	26.2	31.0	26.5
其中:主页为中文版,有相对应的英文版	—	141	190	203
主页为英文版,有相对应的中文版	—	11	9	5
全英文网站	—	18	33	7

9 种期刊网站的主页为英文版,有相对应的中文版。以上两类网站之和为 199 种,占 642 种自建网站期刊的 31.0%。其中《药学学报》网站英文版发布的是英文网络版。2007—2010 年中国科协科技期刊具有英文版的网站增加了 8.5%。

2010 年自建网站的 785 种中国科技核心期刊中具有英文版的网站为 208 种,占 26.4%,低于中国科协科技期刊 4.7%。

2. 全英文网站

《兵工学报》(英文版)、《材料科学技术》(英文版)、《等离子体科学和技术》(英文版)、《地震工程与工程振动》(英文版)、《动物学报》(英文版)、《分子细胞生物学报》(英文版)、《计算机科学技术学报》(英文版)、《金属学报》(英文版)、《理论物理通讯》(英文版)、《力学学报》(英文版)、《临床肿瘤与癌症研究》(英文版)、《煤炭学报》(英文版)、《气象学报》(英文版)、《数学学报》(英文版)、《天文和天体物理学研究》(英文版)、《稀土学报》(英文版)、《系统工程与电子技术》(英文版)、《系统科学与系统工程学报》(英文版)、《细胞研究》(英文版)、《遗传学报》(英文版)、《应用数学学报》(英文版)、《植物分类学报》(英文版)、《植物学报》(英文版)、《中国光学快报》(英文版)、《中国化学》(英文版)、《中国昆虫科学》(英文版)、《中国免疫学杂志》(英文版)、《中国物理 B》(英文版)、《中国物理快报》(英文版)、《中国药理学报》(英文版)、《中国药学》(英文版)、《中医杂志》(英文版)33 种期刊建有全英文网站。与 2009 年相比,全英文网站数由 18 个大幅增至 33 个。中国科协科技期刊全英文网站数量明显多于中国科技核心期刊。

(七)注重采用专业公司的软件系统

由于绝大部分期刊编辑部缺乏建设期刊网站的专门人员,购置成熟的专业公司软件系统,并由专业公司设计、制作网站并提供运行后的技术支持,是提高网站质量的关键。2007—2010 年使用专业公司软件系统的网站由 34.8%大幅增至 49.7%,特别是近一年来增加的幅度尤为明显(表 4-15)。

表 4-15　中国科协科技期刊使用专业公司软件系统变化情况

开发公司	2007 年(自建网站期刊 448 种)	2009 年(自建网站期刊 581 种)	2010 年(自建网站期刊 642 种)
北京玛格泰克科技发展有限公司	138	162	209
北京勤云科技发展有限公司	18	46	73
西安三才电子有限公司	0	7	12
北京志清伟业科技有限公司	0	6	12
汤森路透科技与医疗集团(ScholarOne)	0	2	4
北京励合数源科技有限公司	0	1	2
南京杰诺瀚软件科技有限公司	0	0	5
北京菲斯特诺科技有限公司	0	0	2
合计	156	224	319
占自建网站期刊的比例(%)	34.8	38.6	49.7

四、期刊自建网站与主办学会网站的关系更加密切

2010年统计了中国科协科技期刊上网形式的前三类——一刊单独上网、数刊联合上网和依托主办单位上期刊网(表4－2)的576种期刊网站与主办学会网站的关系。由表4－16可见,期刊网站与主办学会无关的所占比例最高,达51.2%,其次是在期刊网站的主页或次页设置与主办学会的网站链接,占39.3%。另有9.0%的期刊网站未申请独立域名,而是挂靠在其主办学会的域名下。

表4－16　中国科协科技期刊自建网站与期刊与主办学会网站的关系

与主办学会网站的关系	刊数	所占比例(%)
主办学会网站下	52	9.0
主页链接至学会	217	37.7
次页链接至学会	9	1.6
期刊网站为主网站	1	0.2
提供学会简介和网址,未链接	1	0.2
期刊社与学会共同主办	1	0.2
无	295	51.2
合计	576	100.0

五、中国科协科技期刊网站建设的目的和网站的运营

中国科协科技期刊建设期刊网站的目的以实现编辑办公的网络化、树立期刊品牌形象,扩大期刊的国内外显示度、在线发布网刊和为读者和作者提供服务为主。对网站投入资金的期刊的比例在提高,投入资金的总额在增加。期刊网站的经营方式以免费为主。影响中国科协科技期刊网站赢利的因素主要有网络收费机制的欠缺、网站内容匮乏、陈旧和期刊网站分散,没有集成优势等。

(一)网站建设的目的以公益性为主

2010年,针对期刊建设网站的目的对中国科协科技期刊进行了问卷调查,调查结果列于表4－17。建设期刊网站的目的中选择“实现编辑办公的网络化”、“树立期刊品牌形象,扩大期刊的国内外显示度”、“在线发布网刊”和“为读者和作者提供服务”4项所占比例较高。与2009年相比,通过建设网站来实现期刊全文的开放获取期刊占比例提高了6.9%;有29.4%的办刊者认可期刊网站可建成行业综合信息网站;认为可通过建设网站增加收入的很少,仅占6.6%。

表 4－17　中国科协科技期刊网站建设的目的(可多选)

网站建设的目的	2009 年(有效问卷 518 份)		2010 年(有效问卷 320 份)	
	刊数	所占比例(%)	刊数	所占比例(%)
为读者和作者提供服务	457	88.2	209	65.3
树立期刊品牌形象,扩大期刊的国内外显示度	446	86.1	243	75.9
实现编辑办公的网络化(在线投稿、在线审稿等)	429	82.8	261	81.6
网刊(目次、摘要、全文)的在线发布	377	72.8	243	75.9
实现开放获取	178	34.4	132	41.3
建设行业综合信息网站	130	25.1	94	29.4
增加收入	33	6.4	21	6.6
其他	12	2.3	8	2.5

(二)对期刊网站的资金投入逐年增加

对中国科协科技期刊自建网站 2006—2010 年 5 年间的投入资金状况做了问卷调查。结果显示(表 4－18),对网站投入资金的期刊呈逐年增加的趋势,由 2006 年的 45.8%增加到 2009 年的 69.3%,投入资金的总额也呈逐年增长的趋势,由 2006 年的刊均 2.66 万元增加到 2010 年的刊均 3.15 万元。有 66.8%的期刊计划今后继续对自建网站投入资金。

表 4－18　中国科协科技期刊网站的投入资金状况(有效问卷 319 份)

年份	投入资金的期刊数	所占比例(%)	投入金额(万元)	刊均投入(万元)
2006	146	45.8	388.12	2.66
2007	165	51.7	438.87	2.66
2008	189	59.2	541.08	2.86
2009	221	69.3	682.96	3.09
2010(截至 6 月 30 日)	207	64.9	652.08	3.15
合计			2703.10	
计划今后继续投入	213	66.8		
计划今后不再投入	53	16.6		
未答	53	16.6		
合计	319	100.0		

(三)期刊网站的经营方式以免费为主

2010 年,针对期刊建设网站的经营方式对中国科协科技期刊进行问卷调查,调查结果列于表 4－19。从网站的内容经营方面看,有 84.7%的期刊网站对浏览网站上的期刊内容(目次、摘要和全文)不收费,有 14.2%的期刊网站对期刊内容收费,另有 5.1%的期刊网站采取会员收费的办法。有些期刊将网站上的期刊内容与印刷版本的订阅挂钩,印刷版订户可免费阅读网站上的期刊全文,如《理论物理通讯》(英文版)。从网站发布广告方面看,无广告的网站最多,占 47.4%;其次是将印刷版广告与网站广告结合的网站,占 34.4%;仅发布网络广告的网站占 15.3%。还有一些期刊网站提供信息定制、咨询服务、在线培训等增值信息服务。

表 4－19　中国科协科技期刊网站的经营方式(可多选)

类别	网站经营方式	刊数	所占比例(%)
内容经营 (有效问卷 295 份)	网刊订阅、全文浏览收费	42	14.2
	会员收费	15	5.1
	移动设备定制收费	2	0.7
	出售(集成)数据库	14	4.7
	无内容经营(不收费)	250	84.7
网站广告 (有效问卷 209 份)	仅发布网络广告	32	15.3
	将印刷版广告与网站广告结合,为客户制定不同层次的广告套餐	72	34.4
	电子邮件推送广告	10	4.8
	无广告	99	47.4
	其他(如有广告单位、期刊合作、协办单位的免费链接)	7	3.3
增值服务 (有效问卷 209 份)	信息定制	38	18.2
	咨询服务	71	34.0
	在线培训	8	3.8

从网站的经营状况看(表 4－20),有 79.3%的网站完全无收入,有 14.1%的网站有收入但小于支出;两项合计后可见,共有 93.4%的网站处在非营利状态中。能够赢利的网站非常少,仅占 2.6%;如果加上 3.9%的收入等于支出的网站,不亏损、能够独立运营的网站仅占 6.5%。与 2009 年的调查结果相比,各项所占比例基本一致。

表 4－20　中国科协科技期刊网站的经营状况(单选)

网站经营状况	2009 年		2010 年	
	刊数	所占比例(%)	刊数	所占比例(%)
收入大于支出	9	2.4	8	2.6
收入等于支出	19	5.2	12	3.9
有收入但小于支出	48	13.0	43	14.1
无收入	292	79.3	241	79.3
合计	368	100.0	304	100.0

2010 年对影响中国科协科技期刊网站赢利的因素做了问卷调查,结果显示(表 4-21),选择“网络收费机制的欠缺”所占比例最高,占 65.8%,其次是“营销和宣传力度不够”,占 52.7%,有 39.4%的期刊选择“网站内容匮乏、陈旧”和“期刊网站分散,没有集成优势”。还有问卷认为影响因素是“受到学科和读者局限”、“缺少人力和资金的支持”、“网站建设目的的非营利性”、“国家对设立网站性质的管理和监测”等。

表 4-21 影响中国科协科技期刊网站赢利的因素(可多选,有效问卷 292 份)

影响期刊网站赢利的因素	刊 数	所占比例(%)
网络收费机制的欠缺	192	65.8
营销和宣传力度不够	154	52.7
网站内容匮乏、陈旧	115	39.4
期刊网站分散没有集成优势	115	39.4
其他	25	8.6

第二节 中国科协科技期刊在主要全文数据库上网情况

中国期刊全文数据库(以下简称“CNKI”或称“中国知网”)①、万方数据资源系统的“万方数据——中国数字化期刊群”数据库(以下简称“万方”)②和重庆维普资讯的“中文科技期刊数据库”(以下简称“维普”)③、龙源期刊网④四家技术提供商为代表的传统期刊互联网出版起始于 20 世纪 90 年代中期,经过十几年的发展,目前已全文收录了我国出版期刊的 90%,是我国期刊数字化的主要实践者和推动者。这几家技术提供商不仅将印刷版期刊数字化,并搭建数字内容整合平台,将内容资源按照结构化的要求进行加工和标注,使之相互关联,形成可再利用的知识单元和拥有海量信息的数据库,以满足不同载体的传播需求和广大读者灵活、便捷获取信息的迫切要求,实现内容的深度开发,创造了新的价值⑤。

期刊为几家技术提供商提供了丰富的内容资源,同时几家技术提供商也带动了期刊的数字出版,丰富了期刊出版的内涵和外延,延伸、改造了期刊出版的产业链。具体体现在:促进了纸质期刊信息检索规范;组织期刊集约化生产(排版和印刷),降低期刊生产成本;提供的学术期刊采编平台,提高了期刊编辑部办公的自动化程度;形成的海量信息数据库,帮助期刊编辑更好地选择审稿人,把握和提高稿件的质量;为期刊提供的学术不端行为检测系统,推进了学术道德及学风建设;通过对文献使用情况的统计分析,发现读者的使用偏好及其演变规律,继而使办刊者可有的放矢地进行选题组稿;扩大了传统期刊的

① CNKI 网址 http://www.cnki.net/.

② 万方网址 http://www.wanfangdata.com.cn/.

③ 维普网址 http://www.cqvip.com/.

④ 龙源期刊网网址 http://cn.qikan.com/.

⑤ 陈超英. 传统出版社向数字出版跨越的三条路径. 出版发行研究,2010,(7):58-60.

影响面；推动了中国期刊走向世界①②。

调查结果显示，2010 年中国科协 1003 种期刊中分别有 91.7%、87.8%和 77.6%在 CNKI、万方和维普全文上网；有 78.5%在 3 个数据库同时全文上网。2007—2010 年，中国科协科技期刊在三个数据库同时全文上网期刊所占比例增加 3.1%。中国科协科技期刊在三个数据库的全文数字化率为 95.6%，比 2007 年提高 1.5%。另外，有 46 种中国科协科技期刊加入"龙源期刊网"、23 种加入"中国科技论文在线"、26 种加入"首席医学网"、23 种加入"科学出版社期刊发布平台"、20 种加入"中国光学期刊网"、61 种加入"中国地学期刊网"、64 种在国外出版商网络出版平台全文上网，与 2007 年相比均有较大幅度的增加。此外，还调查了中国科协科技期刊的网上学术影响力；中国科协科技期刊签订独家期刊数据库合作协议的状况，并对签订独家期刊数据库合作协议的中国科协科技期刊进行问卷调查。

一、95%的中国科协科技期刊在 CNKI、万方和维普全文上网

为了解中国科协科技期刊在 CNKI、万方和维普数据库全文上网情况，课题组于 2010 年，分别以 1003 种中国科协科技期刊和 1234 种中国科技核心期刊的刊名为检索词，逐刊检索并统计中国科协科技期刊在三个数据库全文上网情况，重点调查并比较了中国科协科技期刊在三个数据库上网全文的回溯年代和更新时滞。

2010 年，中国科协 1003 种期刊中有 920 种在 CNKI、881 种在万方、778 种在维普全文上网；有 787 种在 3 个数据库同时全文上网，占 78.5%。2007—2010 年，中国科协科技期刊在 CNKI 全文上网所占比例基本没有变化，在万方全文上网比例增加 1.8%，在维普下降 3.4%。在三个数据库同时全文上网期刊所占比例增加 3.1%。中国科协科技期刊在三个数据库的全文数字化率为 95.6%，比 2007 年提高了 1.5%。

(一)在三个数据库同时全文上网期刊所占比例有所增加

中国科协科技期刊和中国科技核心期刊在三个数据库"全文上网"和"未全文上网"的统计结果列于表 4－22。

2010 年，中国科协 1003 种期刊中有 920 种(占 91.7%)在 CNKI、881 种(占 87.8%)在万方、778 种(占 77.6%)在维普全文上网；分别有 85 种(占 8.3%)、124 种(占 12.2%)和 227 种(占 22.4%)期刊未在 CNKI、万方和维普全文上网。1003 种期刊中有 787 种在三个数据库同时全文上网，占 78.5%。

2007—2010 年，中国科协科技期刊在 CNKI 全文上网所占比例基本没有变化，在万方全文上网比例增加了 1.8%，在维普下降了 3.4%。在三个数据库同时全文上网期刊所占比例增加 3.1%。

① 魏志明，郝振省，段桂鉴，等．互联网期刊出版产业状况．出版发行研究，2007，(1)：5－8.

② 王鹏涛．基于流程再造视角的数字出版产业链创新研究．科技与出版，2009，(4)：51－54.

2007 年中国科协科技期刊中有 53 种在三个数据库均未全文上网，占 5.9%，即中国科协科技期刊在三个数据库的全文数字化率为 94.1%；其中有科普类期刊 27 种，占科普类期刊的 34.2%。2010 年中国科协科技期刊中有 44 种在 3 个数据库均未全文上网，占 4.4%，即中国科协科技期刊在三个数据库的全文数字化率为 95.6%，比 2007 年提高 1.5%；其中有科普类期刊 31 种，占科普类期刊的 47.7%。

与 1234 种中国科技核心期刊相比，中国科协科技期刊在 CNKI、万方和维普全文上网期刊所占比例明显分别低 7.8%、7.3%和 11.1%。主要原因是中国科协科技期刊中的许多科普类期刊未在三个数据库全文上网，而 1234 种中国科技核心期刊中无科普类期刊。

表 4－22　中国科协科技期刊在 CNKI、万方和维普全文上网情况

数据库	全文上网情况	中国科协科技期刊				中国科技核心期刊	
		2007 年		2010 年		2010 年	
		刊数	占 898 种中国科协科技期刊的比例(%)	刊数	占 1003 种中国科协科技期刊的比例(%)	刊数	占 1234 种中国科技核心期刊的比例(%)
		A	A/898	B	B/1003	C	C/1234
CNKI	全文上网	823	91.6	920	91.7	1228	99.5
	未全文上网	75	8.4	83	8.3	6	0.5
	合计	898	100.0	1003	100.0	1234	100.0
万方	全文上网	772	86.0	881	87.8	1174	95.1
	未全文上网	126	14.0	122	12.2	60	4.9
	合计	898	100.0	1003	100.0	1234	100.0
维普	全文上网	727	81.0	778	77.6	1094	88.7
	未全文上网	171	19.0	225	22.4	140	11.3
	合计	898	100.0	1003	100.0	1234	100.0
在 3 个数据库同时全文上网		677	75.4	787	78.5	1042	84.4
在 2 个数据库同时全文上网		127	14.1	133	13.3	180	14.6
在 1 个数据库全文上网		41	4.6	39	3.9	9	0.7
在 3 个数据库均未全文上网		53	5.9	44	4.4	3	0.2
合计		898	100.0	1003	100.0	1234	100.0

(二)上网全文的回溯年代差异较大

2010 年调查了中国科协 1003 种期刊在 CNKI、万方和维普全文上网的回溯年代。表 4－23 显示，CNKI、万方、维普上网全文的回溯年代分布差异较大。CNKI 全文上网期刊

71.3%回溯至创刊号，万方和维普回溯至创刊号的期刊分别只占4.3%和10.7%。与2009年①相比，CNKI从创刊号起全文上网期刊所占比例有所增加，而万方和维普有所减少。

由于CNKI致力于从创刊号起收录全文，因此回溯年代无明显的个别年度的分布高峰。万方回溯年代的分布高峰在2000年(261种，占29.6%)、1999年(235种，占26.3%)、1998年(158种，占17.9%)和2001年(157种，占17.8%)4年；维普回溯年代的分布高峰在1989年(484种，占62.2%)。

表4-23 中国科协科技期刊在CNKI、万方和维普全文上网的回溯年代

数据库简称	全文上网回溯年代	2009年		2010年	
		刊数	所占比例(%)	刊数	所占比例(%)
CNKI	1950年以前	12	1.4	11	1.2
	1951—1960年	55	6.3	59	6.4
	1961—1970年	33	3.8	37	4.0
	1971—1980年	165	18.9	173	18.8
	1981—1990年	287	32.9	300	32.6
	1991—2000年	270	31.0	283	30.8
	2001年以后	50	5.7	57	6.2
	合计	872	100.0	920	100.0
	从创刊号起全文上网	613	70.3	656	71.3
万方	1950年以前	0	0	0	0
	1951—1960年	0	0	0	0
	1961—1970年	0	0	0	0
	1971—1980年	0	0	0	0
	1981—1990年	0	0	0	0
	1991—2000年	651	76.0	654	74.2
	2001年以后	205	24.0	227	25.8
	合计	856	100	881	100.0
	从创刊号起全文上网	40	4.7	38	4.3
维普	1950年以前	0	0	0	0
	1951—1960年	1	0.1	1	0.1
	1961—1970年	1	0.1	1	0.1
	1971—1980年	4	0.5	4	0.5
	1981—1990年	503	65.9	521	67.0
	1991—2000年	186	24.5	185	23.8
	2001年以后	68	8.9	66	8.5
	合计	763	100	778	100.0
	从创刊号起全文上网	89	11.7	83	10.7

① 2007年的统计为抽样调查期刊100种，可比性较差，所以选用2009年的数据作对比。

(三)全文上网的更新时滞有加长的趋势

2010 年调查了中国科协 1003 种科技期刊在 CNKI、万方和维普全文上网的更新情况。表 4－24 显示，在 CNKI，“滞后 1 期”所占比例最大(占 45.8%)；在万方，滞后 3 期和滞后 3 期及以上所占比例最大(分别占 34.4%和 47.6%)；在维普，滞后 3 期及以上所占比例最大(占 56.6%)。

与 2009 年相比，全文上网更新时滞都有加长的趋势，在 CNKI 滞后 2 期和滞后 3 期及以上所占比例增加 6.9%，在万方增加 19.1%，在维普增加 6.7%，但在维普“现刊”所占比例也增加 2.3%。

表 4－24　中国科协科技期刊在 CNKI 全文更新时滞

数据库简称	更新时滞	2009 年		2010 年	
		刊数	所占比例(%)	刊数	所占比例(%)
CNKI		(A)	(A/872)	(B)	(B/920)
	现刊	46	5.3	27	2.9
	滞后 1 期	439	50.3	421	45.8
	滞后 2 期	163	18.7	225	24.5
	滞后 3 期及以上	224	25.7	247	26.8
	合计	872	100.0	920	100.0
万方		(A)	(A/856)	(B)	(B/881)
	现刊	25	2.9	24	2.7
	滞后 1 期	293	34.2	135	15.3
	滞后 2 期	282	32.9	303	34.4
	滞后 3 期及以上	256	29.9	419	47.6
	合计	856	100.0	881	100.0
维普		(A)	(A/763)	(B)	(B/778)
	现刊	11	1.4	29	3.7
	滞后 1 期	164	21.5	97	12.5
	滞后 2 期	183	24.0	212	27.2
	滞后 3 期及以上	405	53.1	440	56.6
	合计	763	100.0	778	100.0

(四)中国科协科技期刊的网上学术影响力

为了解中国科协科技期刊在 CNKI 的上网文献数和被使用情况，展示中国科协科技期刊的网上学术影响力，2010 年，利用 CNKI 的中国引文数据库①逐一检索在 CNKI 全文

① http://ref.cnki.net/knsref/RefStat.aspx? kind=3.

上网的920种中国科协科技期刊的上网文献数和总下载频次，并根据每种期刊的上网文献数和总下载频次计算该期刊篇均下载频次。结果显示，文化、科学、教育、体育类期刊有较突出的网上影响力，篇均下载频次达79次；学术类期刊上网文献的使用情况明显好于其他类别的期刊，平均篇均下载频次为42次；医药卫生类期刊的上网文献量虽大，但文献上网后的篇均下载频次只有28次；英文版期刊在CNKI的上网文献数和下载情况均不理想。

1.77%期刊的"上网文献数"在2000篇以上

中国科协科技期刊在CNKI的上网文献数分布列于表4－25。有77%期刊的上网文献数分布在2000篇以上，分布高峰依次为2001～3000篇(占19.8%)、1001～2000篇(占16.8%)和3001～4000篇(占15.3%)。

上网文献数分布在10001篇以上的64种期刊中有医药卫生类期刊38种，占59.4%，远高于全部920种期刊中医药卫生类期刊所占比例。上网文献数在1000篇以下的57种期刊中有英文版期刊20种，占35.1%，远高于全部920种期刊中英文版期刊所占比例(7.6%)27.5%。

上网文献数最多的10种期刊是:《中国误诊学杂志》(50286篇)、《现代中西医结合杂志》(43488篇)、《中国组织工程研究与临床康复》(41750篇)、《中国科技信息》(37177篇)、《实用医技杂志》(30014篇)、《计算机工程与应用》(28130篇)、《职业与健康》(25210篇)、《福建医药杂志》(22717篇)、《中医杂志》(22585篇)、《陕西中医》(20325篇)。

表4－25　中国科协科技期刊在CNKI的上网文献数分布(2010年)

上网文献数分布	刊　数	所占比例(%)
1000篇以下	57	6.2
1001～2000篇	155	16.8
2001～3000篇	182	19.8
3001～4000篇	141	15.3
4001～5000篇	114	12.4
5001～6000篇	71	7.7
6001～7000篇	55	6.0
7001～8000篇	40	4.3
8001～9000篇	20	2.2
9001～10000篇	21	2.3
10001篇以上	64	7.0
合计	920	100.0

2.81%期刊总下载频次在5万次以上

从表4－26统计的中国科协科技期刊在CNKI的总下载频次分布情况显示，有81%期刊的总下载频次在50000次以上，分布高峰为50001～100000次(占27.8%)，其次是

表 4-26 中国科协科技期刊在CNKI的总下载频次分布(2010年)

总下载频次分布(次)	刊数	所占比例(%)
50000以下	170	18.6
50001～100000	255	27.8
100001～150000	170	18.6
150000～200000	99	10.8
200001～250000	69	7.5
250001～300000	30	3.3
300001～350000	38	4.1
350001～400000	18	2.0
400001以上	67	7.3
合计	916*	100.0

*有4种期刊的总下载频次系统未检索出。

50000次以下(占18.6%)和100001～150000次(占18.6%)。总下载频次分布在50000次以下的170种期刊中有英文版期刊46种,占27.1%,其中有26种英文版期刊的总下载频次在10000次以下。

总下载频次前10位的期刊为:《计算机工程与应用》(2379605次)、《心理科学》(1462167次)、《系统仿真学报》(1258301次)、《计算机应用研究》(1148812次)、《金融研究》(1124683次)、《生态学报》(1098724次)、《中国电机工程学报》(1073772次)、《中草药》(1030794次)、《中国中药杂志》(992628次)、《计算机工程与设计》(989418次)。

3. 74%期刊篇均下载频次分布在20次以上

根据每种期刊的上网文献数和总下载频次计算出该期刊的篇均下载频次,其分布情况列于表4-27。有74%期刊的篇均下载频次分布在20次以上,分布高峰依次为21～30次(占20.3%)、11～20次(占18.6%)和31～40次(占16.6%)。

篇均下载频次在10次以下的67种期刊中有英文版期刊31种,占46.3%,远高于全部920种期刊中英文版期刊所占比例(7.5%)。综合英文版期刊上网文献数和总下载频次分布情况,说明英文版期刊在CNKI篇均下载频次很不理想,网上学术影响力较低。

篇均下载频次最高的10种期刊为《心理学报》(242次)、《心理科学》(237次)、《中国土地科学》(221次)、《人文地理》(207次)、《中国管理科学》(179次)、《经济地理》(177次)、《自然资源学报》(168次)、《中国天然药物》(165次)、《高分子通报》(161次)、《生态学报》(161次)。其中有6种为社会科学类期刊,说明社会科学类期刊在CNKI中篇均下载频次较好。

表 4－27　中国科协科技期刊在 CNKI 的篇均下载频次分布(2010 年)

篇均下载频次分布	刊数	所占比例(%)
10 次以下	67	7.3
11～20 次	170	18.6
21～30 次	186	20.3
31～40 次	152	16.6
41～50 次	115	12.6
51～60 次	74	8.1
61～70 次	51	5.6
71～80 次	37	4.0
81～90 次	16	1.7
91～100 次	15	1.6
101 次以上	33	3.6
合计	916*	100.0

* 有 4 种期刊的总下载频次系统未检索出。

4. 医药卫生类期刊的平均上网文献数列第一位

为了解不同学科期刊上网文献的被使用情况，统计中国科协不同学科期刊的平均上网文献数、平均总下载频次和平均篇均下载频次并做了排序。由表 4－28 可见，医药卫生类期刊的平均上网文献数列第 1 位，但其平均总下载频次和平均篇均下载频次仅列第 9 位和第 12 位，说明医药卫生类期刊的上网文献量虽大，但文献上网后的平均篇均下载频次却很不理想；与之相反，文化、科学、教育、体育类期刊的平均上网文献数虽仅列在第 5 位，但其平均总下载频次和平均篇均下载频次却均列第 1 位，说明文化、科学、教育、体育类期刊有较突出的网上影响力。

表 4－28　中国科协不同学科期刊上网文献的被使用情况(2010 年)

学　科	刊数	平均上网文献数	平均上网文献数排序	平均总下载频次	平均总下载频次排序	平均篇均下载频次	平均篇均下载频次排序
工业技术	274	3968	6	172054	8	41	10
航空/航天	9	3561	10	253507	3	51	5
环境科学/安全科学	8	3638	8	186936	5	57	3
交通运输	21	2506	11	105303	11	46	8
经济	11	5290	2	280264	2	61	2
农业科学	55	4384	4	135176	10	39	11
生物科学	45	3630	9	179195	7	48	6
数理科学和化学	72	3799	7	183166	6	47	7

续表

学　科	刊数	平均上网文献数	平均上网文献数排序	平均总下载频次	平均总下载频次排序	平均篇均下载频次	平均篇均下载频次排序
天文学、地球科学	51	2427	12	99486	12	42	9
文化、科学、教育、体育、其他	25	4252	5	315202	1	79	1
医药卫生	323	5877	1	137229	9	28	12
自然科学总论	22	4750	3	248126	4	55	4
合计	916						

注:3种医药卫生类期刊和1种自然科学总论期刊的总下载频次系统未检出。

5. 学术类期刊平均总下载频次和平均篇均下载频次均列第一位

为了解不同类别期刊上网文献的被使用情况,统计了中国科协不同类别期刊的平均上网文献数、平均总下载频次和平均篇均下载频次并做了排序。由表4－29可见,学术类期刊平均上网文献数虽列第4位,但其平均总下载频次和平均篇均下载频次却列第1位,科普类期刊则与之相反,说明学术类期刊上网文献的使用情况明显好于其他类别的期刊。

表4－29　中国科协不同类别期刊上网文献的被使用情况(2010年)

类别	刊数	平均上网文献数	平均上网文献数排序	平均总下载频次	平均总下载频次排序	平均篇均下载频次	平均篇均下载频次排序
学术类	674	4503	4	167075	1	42	1
技术类	187	4427	5	145977	3	35	2
综合类	38	5839	3	171841	2	33	3
科普类	16	5956	2	99167	4	20	4
检索类	1	6005	1	68715	5	11	5
合计	916						

注:3种学术类期刊和1种综合指导类期刊的总下载频次系统未检出。

(五)签订独家合作协议的期刊高于全国平均水平

目前,我国以CNKI、万方和维普等技术提供商为主体的网络出版格局正在发生变化。部分期刊开始将内容独家授权给其中的一家,这一举措将重组现有期刊数字出版产业链的业务关系,改变已经形成的三家技术提供商同质化的产品结构和市场竞争态势,调整现有产业链中的利益关系,促进产业链条更加合理化①。截至2010年11月,有313种中国科协科技期刊与CNKI(中国知网)签订独家授权数字出版协议;有118种中华医学会系列杂志与万方数据签订独家合作协议。综上所述,共有431种中国科协科技期刊与

① 曾建勋,宋培元. 我国科技期刊网络化发展动因与趋向. 编辑学报,20(4):283－285.

CNKI和万方签订了独家合作协议，占中国科协科技期刊的43.0%，所占比例远高于全国平均水平(12.1%)①。

1. 313种中国科协科技期刊与CNKI(中国知网)签订了独家授权数字出版协议

截至2010年11月，CNKI已与1076种②期刊签订了独家授权数字出版协议。CNKI为独家授权合作期刊提供更多信息化服务，以促进期刊的传播使用。主要是为签订独家授权的期刊设立特刊库，对独家刊物在海内外进行重点推荐，并将在检索系统中增加独家期刊分组选项，在海量文献中筛选推荐独家期刊出版的文献。

有313种中国科协科技期刊与CNKI签订独家授权数字出版协议，其中有中国科协主管期刊115种，全国学会主办期刊(非中国科协主管)198种(表4-30)。签订了独家授权数字出版协议的全国学会主办期刊所占比例高于全部中国科协科技期刊中全国学会主办期刊所占比例7.5%。

表4-30 中国科协科技期刊与CNKI签订独家期刊数据库合作协议的状况(2010年11月)

期刊主管类别	中国科协科技期刊		与CNKI签订独家期刊数据库合作协议的期刊	
	刊数	所占比例(%)	刊数	所占比例(%)
中国科协主管期刊	443	44.2	115	36.7
全国学会主办期刊	560	55.8	198	63.3
合计	1003	100.0	313	100.0

2. 118种中华医学会系列杂志与万方数据签订独家合作协议

2008年中华医学会与北京万方数据股份有限公司建立了“中华医学会系列杂志数据库”独家战略合作伙伴关系，至今已成功运行3年。在双方合作的3年中，万方数据开发完成了覆盖中西医学全领域的信息内容产品体系，搭建了开放、和谐、创新的医学知识链接全开放平台——万方医学网。万方数据通过多渠道资源合作、互链等形式，整合文献数据、知识库资源和各类多媒体资源打造了包括在线产品、镜像产品、移动产品、分析报告和光盘等其他产品的综合产品线，促进了以万方医学网为媒介的传统媒体与新媒体的全媒体联动，为医护人员、医学科研人员、企事业用户以及普通大众提供了具有个性化的专业信息服务。新一轮的独家合作协议已于2010年6月底续签，中华医学会全部118种拥有自主版权的学术类期刊的数字化信息网络传播权继续独家授予万方数据③。

3. 对签订独家期刊数据库合作协议的中国科协科技期刊的问卷调查

2010年对签订独家期刊数据库合作协议的中国科协科技期刊进行问卷调查，结果见表4-31。有54.0%的办刊者对技术提供商支付的独家著作权使用费不满意，有46.0%

---

① 2009年全国共出版期刊9851种[中华人民共和国新闻出版总署.2009年全国新闻出版业基本情况.http://www.gapp.gov.cn/cms/html/21/493/201009/702538.html(2010-09-07)].

② 数据由中国学术期刊(光盘版)电子杂志社提供，在此表示感谢。

③ 中华医学会与北京万方数据股份有限公司续签中华医学会系列杂志数据库独家合作协议.中华医学网，http://www.medline.org.cn/.

的办刊者对此满意;有 24.8%的办刊者认为自与技术提供商合作以来期刊的影响力上升,有 39.0%的办刊者认为无明显变化;有 56.0%的办刊者认为自与技术提供商签订独家协议以来印刷版本的发行量基本持平,即签订独家协议不影响期刊的发行量,有 37.0%的办刊者认为签订独家协议对期刊的发行量产生影响,发行量略有下降或大幅下降。

表 4-31 对签订独家期刊数据库合作协议的中国科协科技期刊的问卷调查

问题	刊数	所占比例(%)
1.对数据库支付的独家著作权使用费是否感到满意		
满意	122	46.0
不满意	143	54.0
合计(有效问卷数)	265	100.0
2.自与技术提供商合作以来期刊的影响力		
上升	70	24.8
无显著变化	110	39.0
下降	6	2.1
不清楚	96	34.0
合计(有效问卷数)	282	100.0
3.自与技术提供商合作以来印刷版本的发行量		
大幅上升	1	0.3
略有上升	21	6.6
基本持平	177	56.0
略有下降	96	30.4
大幅下降	21	6.6
合计(有效问卷数)	316	100.0

二、加入学科期刊网的中国科协科技期刊逐年增加

2007—2010 年,加入中国科技论文在线的中国科协科技期刊由 2 种增加到 23 种,加入首席医学网的期刊由 7 种增加到 26 种,加入中国光学期刊网的期刊由 12 种增加到 20 种。另外,有 23 种加入科学出版社期刊发布平台;有 46 种加入龙源期刊网,比 2009 年增加 10 种;有 61 种加入中国地学期刊网,比 2009 年增加 2 种。

(一)46 种中国科协科技期刊加入龙源期刊网

龙源期刊网(http://cn.qikan.com/)由北京龙源网通电子商务有限公司于 1998 年

创办，截至2010年7月，全文上网的综合性人文大众类期刊品种已达到约2581种，被列为仅次于CNKI、万方和维普的我国第四大传统期刊互联网出版商之一①。所收录期刊侧重于综合性人文大众类，科技期刊较少。截至2010年6月，有46种中国科协科技期刊在龙源期刊网全文上网(表4-32)，2009年有36种。

龙源期刊网向入网期刊免费提供刊社独立域名、专用信箱和期刊主页。在期刊主页上，提供期刊简介和相关期刊链接，编辑部可发布期刊信息动态、广告和提前发布下期要目，有印刷版在线订阅、读者在线留言功能和期刊文章点击或下载排行(本周文章Top 10和最受欢迎的栏目)。在期刊内容的发布上，网站预设可提供文本版、原貌版、语音版、手机版、网络版共5种版本，但本次调查中只见提供文本版、原貌版和网络版版本，未见提供语音版和手机版版本。可免费阅览到文章的目次，阅读全文则需在网络平台上注册、缴费。由表4-32可见，中国科协46种期刊在该网络平台上发布期刊目次和全文的回溯年代普遍较短。

表4-32　龙源期刊网全文上网的中国科协科技期刊(2010年6月)

序号	刊　　名	回溯年代	刊期	期数	是否自建网站
1	兵器知识	2005(1)～2010(7)	月刊	55	是
2	电子竞技	2006(2)～2010(11)	半月刊	82	否
3	雕塑	1995(1)～2010(2)	月刊	51	否
4	硅谷	2008(1)～2010(10)	半月刊	58	是
5	航空知识	1958(2)～2009(12)	月刊	93	否
6	环境化学	2005(1)～2010(3)	双刊	37	是
7	环球科学	2006(1)～2007(12)	月刊	24	否
8	计算机应用研究	2005(1)～2010(4)	月刊	65	是
9	计算技术与自动化	2003(1)～2010(1)	季刊	29	否
10	家庭医学	2005(1)～2010(6)	月刊	66	是
11	价值工程	2009(10)～2010(18)	旬刊	26	否
12	健康向导	2003(5)～2010(1)	月刊	81	否
13	今日科苑	2008(1)～2010(10)	半月刊	58	是
14	科技传播	2009(14)～2010(12)	半月刊	25	是
15	科技与生活	2009(21)～2010(12)	半月刊	16	是
16	昆虫知识	2003(1)～2009(6)	月刊	81	是
17	流行色	2003(3)～2010(3)	月刊	67	否
18	农业工程技术(温室园艺)	2009(1)～2010(4)	月刊	16	否
19	森林与人类	2006(7)～2010(5)	月刊	47	否
20	数理天地(初中版)	2004(1)～2010(6)	月刊	78	是

① 2007—2008中国互联网期刊出版产业年度报告//2007—2008中国数字出版产业年度报告. 北京：中国书籍出版社，2008：86.

续表

序号	刊　　名	回溯年代	刊期	期数	是否自建网站
21	数理天地(高中版)	2004(1)～2010(6)	月刊	78	是
22	数码影像时代	2005(1)～2010(5)	月刊	65	是
23	太空探索	2001(5)～2010(4)	月刊	111	否
24	糖尿病新世界	2005(1)～2010(5)	月刊	53	否
25	网友世界	2006(1)～2010(12)	半月	106	否
26	心理与健康	2003(11)～2007(2)	月刊	40	是
27	药物与人	2006(1)～2010(5)	月刊	53	否
28	医学信息(中旬刊)	2010(1)～2010(6)	月刊	8	是
29	运筹与管理	2005(1)～2010(2)	双月刊	31	否
30	植物保护	2003(1)～2008(6)	月刊	20	是
31	中国健康心理学杂志	2007(1)～2009(9)	月刊	33	否
32	中国科学美容	2007(5)～2010(2)	月刊	33	否
33	中国绿色画报	2009(11)～2010(4)	月刊	6	是
34	中国葡萄酒	2007(7)～2010(6)	月刊	34	是
35	中国人口·资源与环境	2007(1)～2010(5)	双月	34	是
36	中国实用医药	2006(1)～2010(15)	旬刊	129	是
37	中国心理卫生杂志	2006(7)～2010(5)	月刊	65	是
38	中国学校卫生	2005(10)～2010(4)	月刊	55	是
39	中国针灸	2000(1)～2008(12)	月刊	108	是
40	中国总会计师	2006(1)～2008(12)	月刊	17	是
41	中华急诊医学杂志	2005(1)～2010(5)	月刊	65	是
42	中华老年医学杂志	2003(6)～2006(12)	月刊	40	否
43	中华养生保健	2005(12)～2010(6)	月刊	55	是
44	中华中医药学刊	2003(5)～2010(5)	月刊	84	是
45	中外管理	2004(1)～2010(6)	月刊	88	是
46	中文信息学报	2003(6)～2008(6)	双月刊	31	是

注:括号内为期次。

(二)23种中国科协科技期刊加入中国科技论文在线

中国科技论文在线(http://www.paper.edu.cn/)是由教育部科技发展中心主办的科技论文网站,有科技论文在线投稿、评审和网络发表功能,旨在开辟新的论文发表渠道,以促进科研成果快速、高效地传播和转化①。该平台还致力于印刷版科技期刊(主要是高校学报)的开放获取,分为自然科学、工程技术、医药卫生、人文社科、农业科学5个学科。截至2010年6月中国科技论文在线共全文上网OA期刊370种,其中有中国科协OA期

① http://www.paper.edu.cn/.

刊23种(表4-33),而2007年仅2种。该网络平台为其全文上网的每种期刊设置了主页,主页上有期刊简介、期刊基本信息、栏目设置、期刊联系方式、全文上网期刊的年次列表及本刊检索功能。由表4-33可见,发布OA全文的回溯年代普遍较短,期数普遍较少。

表4-33 "中国科技论文在线"全文上网的中国科协OA期刊

序号	刊名	回溯年代	刊期	期数	是否自建网站
1	草地学报	2004(1)~2008(6)	双月刊	19	是
2	草业科学	2006(1)~2008(12)	月刊	14	否
3	草业学报	2003(1)~2008(6)	双月刊	30	是
4	测试技术学报	2007(1)~2010(1)	双月刊	19	是
5	弹箭与制导学报	2005(8)~2008(4)	双月刊	9	是
6	地下空间与工程学报	2005(1)~2010(1)	双月刊	17	是
7	工程设计学报	2000(1)~2010(1)	双月刊	54	是
8	古地理学报	2010(1)~2010(2)	双月刊	2	否
9	湖泊科学	2000(1)~2009(6)	双月刊	38	是
10	机械工程学报	2006(3)~2007(7)	半月	3	是
11	计算机应用研究	2005(1)~2010(3)	月刊	63	是
12	计算技术与自动化	2008(1)~2010(1)	季刊	10	否
13	计算力学学报	2003(1)~2010(1)	双月刊	38	是
14	建筑科学与工程学报	2004(2)~2009(4)	季刊	20	是
15	应用光学	2005(1)~2010(1)	双月刊	29	是
16	振动与冲击	2005(1)~2010(2)	月刊	45	是
17	智能系统学报	2010(1)~2010(2)	双月刊	3	是
18	中国机械工程	2005(1)~2007(6)	半月刊	23	是
19	中国马铃薯	2006(1)~2009(6)	双月刊	24	是
20	中国人口·资源与环境	2009(1)~2010(3)	双月刊	8	是
21	中国有色金属学报	2004(1)~2010(3)	月刊	72	是
22	中国有色金属学报(英文版)	2009(1)~2009(5)	双月刊	6	是
23	中国中药杂志	2006(1)~2008(24)	半月刊	63	是

(三)26种中国科协科技期刊加入首席医学网

首席医学网(http://www.shouxi.net/)是由华夏时代(中国)投资集团投资创办,致力于提供医学学术交流机会和服务,并致力于医学期刊的开放获取①。截至2010年6月,已全文上网医学专业OA期刊319余种,成为国内最大的医学专业期刊OA平台。

① 首席医学网.http://www.shouxi.net/.

2010年在首席医学网全文上网中国科协OA期刊为26种(表4-34),而2007年仅有7种。该网络平台为其全文上网的每种期刊设置了主页,主页上有期刊基本信息、期刊简介、最新文章阅读、期刊在线订阅等内容和功能。有些期刊的OA全文为PDF格式,另一些为HTML格式;有些期刊部分年(卷)为PDF格式而部分则为HTML格式。由表4-34可见,首席医学网发布的OA全文存在回溯年代较短和较为普遍的滞后现象。

表4-34 "首席医学网"全文上网的中国科协科技期刊(2010年6月)

序号	刊 名	回溯年代	刊期	OA全文期数	是否自建网站
1	儿科药学杂志	2006(3)～2009(6)	双月刊	17	否
2	分析化学	2001(1)～2010(6)	月刊	103	是
3	国际眼科杂志	2001(1)～2010(5)	月刊	56	否
4	黑龙江医学	2001(1)～2005(12)	月刊	60	否
5	免疫学杂志	2003(1)～2007(12)	月刊	82	是
6	宁夏医学杂志	2001(1)～2010(4)	月刊	67	否
7	全科护理	2008(28)～2010(16)	旬刊	49	否
8	陕西中医	2001(1)～2005(12)	月刊	60	否
9	实用骨科杂志	2001(1)～2010(5)	月刊	61	是
10	实用医技杂志	2006(1)～2008(36)	月刊	96	是
11	细胞与分子免疫学杂志	2001(4)～2009(9)	月刊	48	否
12	心血管康复医学杂志	2007(1)～2010(3)	双月刊	21	否
13	医学信息	2010(1)～2010(3)	月刊	3	是
14	中国肺癌杂志	2008(1)～2010(3)	月刊	21	否
15	中国公共卫生	2007(1)～2009(8)	月刊	32	否
16	中国免疫学杂志	2001(1)～2007(9)	月刊	81	是
17	中国热带医学	2005(2)～2008(12)	月刊	30	是
18	中国实验血液学杂志	2001(1)～2007(5)	双月刊	57	否
19	中国体视学与图像分析	2001(1)～2008(10)	月刊	24	是
20	中国细胞生物学学报	2003(1)～2007(10)	月刊	38	是
21	中国学校卫生	2006(1)～2009(4)	月刊	40	是
22	中华疾病控制杂志	2000(1)～2009(3)	月刊	63	是
23	中华消化外科杂志	2002(1)～2008(2)	双月刊	27	否
24	中华眼视光学与视觉科学杂志	2007(6)～2009(6)	双月刊	13	否
25	中医文献杂志	2001(1)～2009(4)	双月刊	33	是
26	肿瘤防治研究	2002(1)～2009(3)	月刊	9	是

(四)23种中国科协科技期刊加入科学出版社期刊发布平台

科学出版社期刊平台(http://www.sciencecontent.cn/)是中国科技期刊数字出版的基础性技术支撑平台,其主体为协同编辑平台和DOI平台。协同编辑平台是中国第一个基于SaaS(Software as a Service,软件即服务)理念的、由数据库驱动的、可流程定制的在线稿件处理系统;DOI平台是期刊注册DOI,以实现基于DOI技术的跨平台链接及诸如参考文献链接(CrossRef)、被引链接(Forward-Liking)、文献抄袭比对(CrossCheck)等功能的自动化平台。2010年共收录期刊43种,其中有中国科协科技期刊23种(表4-35)。

表4-35 科学出版社期刊发布平台全文上网的中国科协科技期刊(2010年9月)

序号	刊 名	回溯年代	刊期	期数	是否自建网站
1	催化学报	2010(1)～(7)	月刊	7	是
2	电子测量与仪器学报	2009(1)～2010(8)	月刊	20	是
3	分析化学	2010(2)～(5)	月刊	4	是
4	高分子学报	2006(1)～2010(9)	月刊	54	是
5	红外与毫米波学报	2008(1)～2010(3)	双月刊	12	是
6	机器人	2010(1)～(4)	双月刊	3	是
7	计算机辅助设计与图形学学报	2010(1)～(8)	月刊	6	是
8	计算机学报	2008(1)～2010(7)	月刊	25	是
9	计算机研究与发展	2009(9)～(12)	月刊	4	是
10	金属学报	2010(1)～(8)	月刊	8	是
11	软件学报	2008(1)～2010(9)	月刊	33	是
12	色谱	2010(1)～(7)	月刊	7	是
13	生物化学与生物物理进展	2009(1)～2010(8)	月刊	20	是
14	水产学报	2010(3)、(6)	月刊	2	是
15	水生生物学报	2008(1)～2010(4)	双月刊	16	是
16	心理学报	2008(1)～2010(7)	月刊	31	是
17	信息与控制	2010(1)～(2)	双月刊	2	是
18	遗传	2008(1)～2010(8)	月刊	32	是
19	应用化学	2010(1)～(6)	月刊	5	是
20	植物分类学报	2008(1)	双月刊	1	是
21	中国天然药物	2008(1)～2010(4)	双月刊	16	是
22	自动化学报	2008(1)～2010(7)	月刊	31	是
23	作物学报	2008(1)～2010(8)	月刊	32	是

(五)20 种中国科协科技期刊加入中国光学期刊网

中国光学期刊网(http://www.opticsjournal.net/)隶属于中国科学院上海光学精密机械研究所,是目前中国光电行业知名网络平台。截至 2010 年 6 月该平台共全文收录光学期刊 41 种,其中有中国科协科技期刊 20 种(表 4－36),2007 年仅 12 种。网络平台为其全文上网的每种期刊设置主页,主页上有期刊简介、期刊基本信息、征稿启事、征订启事、友情链接、广告、读者在线留言等内容和功能等。该系统提供玛格泰克公司的期刊稿件采编系统,供部分期刊使用。由表 4－36 可见,中国光学期刊网发布全文的回溯年代普遍较短,并存在一定程度的滞后现象。

表 4－36 "中国光学期刊网"全文上网的中国科协科技期刊(2010 年 6 月)

序号	刊 名	回溯年代	刊期	期数	是否自建网站
1	发光学报	2009(1)～2010(2)	双月刊	8	是
2	光机电信息	2007(1)～2010(5)	月刊	25	否
3	光谱学与光谱分析	2009(1)～(12)	月刊	11	是
4	光散射学报	2002(1)～2008(1)	季刊	25	否
5	光学技术	2006(1)～2009(3)	双月刊	12	否
6	光学精密工程	2002(1)～2009(9)	月刊	43	是
7	光学学报	1990(1)～2010(6)	月刊	248	否
8	光学仪器	2005(5)～2008(2)	双月刊	14	否
9	光子学报	2002(1)～2010(4)	月刊	93	是
10	红外与毫米波学报	2001(1)～2008(3)	双月刊	41	是
11	激光生物学报	2002(1)～2008(2)	双月刊	38	是
12	量子电子学报	2000(1)～2010(2)	双月刊	68	否
13	液晶与显示	2009(1)～2010(1)	双月刊	7	否
14	应用光学	2000(1)～2010(2)	双月刊	62	是
15	应用激光	2002(1)～2009(5)	双月刊	40	否
16	原子与分子物理学报	2002(1)～2008(2)	双月刊	32	是
17	中国光学快报(英文版)	2003(1)～2010(6)	月刊	93	是
18	中国光学与应用光学	2009(1)～2009(4)	双月刊	4	是
19	中国激光	1990(1)～2010(6)	月刊	385	否
20	中国激光医学杂志	2002(1)～2008(2)	双月刊	32	否

(六)61 种期刊加入中国地学期刊网

2008 年,中国地质学会地质科技期刊专业委员会与北京勤云科技发展有限公司共同开发了中国地学期刊网(http://www.geojournals.cn/)。据 2010 年 12 月调查,共收录地学期刊 240 种,比 2009 年 235 种增加了 5 种,其中中国科协期刊 61 种,比 2009 年增加了2种。针对这61种中国科协期刊，点击“中国地学期刊网”主页上的刊名列表，其中有14种链接至该刊自建网站的主页，点击另47种刊名则显示该刊的文题列表（其中的28种有自建网站，但未作链接），继续点击文题则显示文章的摘要和参考文献，该平台未建全文数据库，仅实现部分参考文献的系统内互链接，为地学期刊文献的检索和引用提供了方便。

三、中国科技期刊在国外网络出版平台全文上网的比例明显增加

2007—2010年在国外出版商网络出版平台上网的中国科协科技期刊由42种增加到64种（表4－37），其中有51种为英文版期刊，13种为中文版期刊。在国外网络出版平台上网的英文版期刊占中国科协全部英文版期刊的比例由2007年的54.2%增加到72.9%，明显增加18.7%。64种期刊中有27种在Elsevier的ScienceDirect网络出版平台、18种在Springer的SpringerLink网络出版平台、8种在IoPP的Electronic Journals from IoPP网络出版平台、5种在Wiley-Blackwell的Wiley InterScience网络出版平台、3种在Nature Publishing Group的nature. com的网络出版平台、2种在Oxford University Press的Oxford Journals网络出版平台、1种在Optical Society of America的OpticsInfoBase网络出版平台全文上网。与2007年相比，全文上网的期数均有不同程度的增加（表4－38）。

表4－37　在国外期刊网上网的中国科协科技期刊概况

	2007年	2010年
中国科协英文版期刊总数	59	70
在国外网络平台全文上网的期刊	42	64
其中：		
在国外网络平台全文上网的英文版期刊	32	51
（占英文版期刊的比例%）	(54.2)	(72.9)
在国外网络平台全文上网的中文版期刊	10	13

表4－38　在国外出版机构网络出版平台上网的中国科协科技期刊数量

国外出版机构	网络出版平台	2007年	2010年
Elsevier	ScienceDirect	21	27
Springer	SpringerLink	11	18
IoPP	Electronic Journals from IoPP	6	8
Wiley-Blackwell	Wiley InterScience	3	5
Nature Publishing Group	nature. com	0	3
Oxford University Press	Oxford Journals	0	2
Optical Society of America	OpticsInfoBase	0	1
Allertern Press, Inc		1	0
合计		42	64

《催化学报》、《分析化学》、《交通运输系统工程与信息》、《燃料化学学报》、《色谱》、《生态学报》、《生物工程学报》、《物理化学学报》、《稀有金属材料与工程》、《系统工程理论与实践》、《中国天然药物》、《自动化学报》、《作物学报》等13种为中文版期刊，将每期部分优秀中文文章译成英文，置于Elsevier的ScienceDirect网络出版平台上，出版英文网络版，无英文印刷版(见表4-39)。

《分子植物》(英文版)、《分子细胞生物学报》(英文版)在Oxford Journals上实现OA;《中国海洋湖沼学报》(英文版)、《高分子科学》(英文版)在SpringerLink上实现OA。《细胞研究》(英文版)和《中国药理学报》(英文版)在nature.com上实现OA(见表4-39)。

《中国化学快报》(英文版)在ScienceDirect上超前一期出版，《中国有色金属学会》(英文版)在ScienceDirect上有网络预出版，称为"Online first";《分子细胞生物学报》(英文版)和《分子植物》(英文版)在Oxford Journals上有网络预出版，称为"Advance Access";《地理学报》(英文版)、《力学学报》(英文版)、《数学学报》(英文版)、《系统科学与系统工程学报》(英文版)、《应用数学学报》(英文版)、《中国海洋湖沼学报》(英文版)、《高分子科学》(英文版)7种期刊在SpringerLink上有网络预出版，称为"Online first";《植物分类学报》(英文版)和《植物学报》(英文版)在Wiley InterScience上有网络预出版，称为"Early view"(表4-39)。

表4-39 在国外出版机构网络出版平台上网的中国科协科技期刊(2010年6月)

序号	国外出版机构——网络出版平台	期　刊	刊期	全文	自建网站
1	Elsevier-Science Direct	固体力学学报(英文版)	季刊	2006(1)～2010(2)	是
2		核技术(英文版)	双月刊	2006(1)～2008(6)	否
3		金属学报(英文版)	双月刊	2006(1)～2009(6)	是
4		颗粒学报(英文版)	双月刊	2008(1)～2010(3)	是
5		稀土学报(英文版)	双月刊	2006(1)～2010(3)	是
6		系统工程与电子技术(英文版)	双月刊	2006(1)～2008(6)	是
7		遗传学报(英文版)	月刊	2007(1)～2010(5)	是
8		中国航空学报(英文版)	双月刊	2007(1)～2010(2)	是
9		中国化学工程学报(英文版)	双月刊	2006(1)～2010(2)	是
10		中国化学快报(英文版)	月刊	2007(1)～2010(8)	是
11		中国神经再生研究(英文版)	月刊	2007(2)～(9)	否
12		中国有色金属学会(英文版)	双月刊	1995(1)～2010(2) Online first(14篇)	是
13		中华创伤杂志(英文版)	双月刊	2008(1)～2010(3)	否

续表

序号	国外出版机构——网络出版平台	期　刊	刊期	全文	自建网站
14		中医杂志(英文版)	季刊	2008(1)～2010(1)	是
15		催化学报*	月刊	2006(1)～2010(5)	是
16		分析化学*	月刊	2006(1)～2010(4)	是
17		交通运输系统工程与信息*	月刊	2006(1)～2010(2)	是
18		燃料化学学报*	双月刊	2006(1)～2010(2)	是
19		色谱*	双月刊	2006(1)～2008(6)	是
20		生态学报*	双月刊	2006(1)～2010(3)	是
21		生物工程学报*	月刊	2006(1)～2008(12)	是
22		物理化学学报*	月刊	2006(1)～2008(12)	是
23		稀有金属材料与工程*	月刊	2008(1)～2010(4)	是
24		系统工程理论与实践*	月刊	2007(1)～2008(10)	是
25		中国天然药物*	双月刊	2008(1)～2010(3)	是
26		自动化学报*	月刊	2007(1)～2010(5)	是
27		作物学报*	月刊	2008(1)～2010(1)	是
28	IoPP-Electronic Journals from IoPP	半导体学报(英文版)	月刊	2009(1)～2010(5)	是
29		等离子体科学和技术(英文版)	双月刊	1999(1)～2010(3)	否
30		化学物理学报(英文版)	双月刊	2006(1)～2010(2)	是
31		理论物理通讯(英文版)	月刊	2005(1)～2010(5)	是
32		天文和天体物理学研究(英文版)	月刊	2001(1)～2010(6)	是
33		中国物理 B(英文版)	月刊	1992(1)～2010(6)	是
34		中国物理 C(英文版)	月刊	2009(1)～2010(5)	是
35		中国物理快报(英文版)	月刊	1984(1)～2010(5)	是
36	Nature Publishing Group-nature. com	细胞研究(英文版)	月刊	1999(1)～2010(6) 其中 1999(1)～2008(12)OA	是
37		中国免疫学杂志(英文版)	双月刊	2008(1)～2010(3)	是
38		中国药理学报(英文版)	月刊	2005(1)～2010(6) (2005—2008 Free)	是
39	Optical Society of America-OpticsInfoBase	中国光学快报(英文版)	月刊	2003(1)～2010(4)	是

续表

序号	国外出版机构——网络出版平台	期　刊	刊期	全文	自建网站
40	Oxford University Press-Oxford Journals	分子细胞生物学报(英文版)	双月刊	2009(1)～2010(3) 5 期 OA Advance Access Articles By Date(6 篇)	是
41		分子植物(英文版)	双月刊	2008(1)～2010(3) Advance Access 全文—PDF/ HTML 全部 OA	是
42	Springer-SpringerLink	地理学报(英文版)	双月刊	2001(1)～ 2010(4)超前	否
43		地震学报(英文版)	双月刊	1988(1)～2008(6)	是
44		海洋学报(英文版)	双月刊	2010(1)(2)	是
45		计算机科学技术学报(英文版)	双月刊	1986(1)～2010(3)	是
46		力学学报(英文版)	季刊	1985(1)～2010(3) Online first(6 篇)	是
47		临床肿瘤与癌症研究(英文版)	双月刊	2009(1)～2010(2)	否
48		煤炭学报(英文版)	季刊	2008(1)～2010(2)	是
49		数学学报(英文版)	月刊	1985(1)～2010(7) Online first(9 篇)	是
50		系统科学与系统工程学报(英文版)	季刊	2003(1)～2010(1) Online first(12 篇)	是
51		应用地球物理(英文版)	季刊	2004(1)～2010(1)	否
52		应用数学学报(英文版)	季刊	1984(1)～2010(3) Online first(12 篇)	是
53		中国癌症研究(英文版)	季刊	1988(1)～2010(1)	否
54		中国病毒学(英文版)	双月刊	2007(2)～2010(3)	是
55		中国地球化学学报(英文版)	季刊	1982(1)～2010(2)	否
56		中国海洋湖沼学报(英文版)	双月刊	1982(1)～2010(3) 其中 2009(1)— 2010(2)OA	是
57		中国结合医学杂志(英文版)	双月刊	1995(1)～2010(4)	是

续表

序号	国外出版机构——网络出版平台	期　刊	刊期	全文	自建网站
58	Elsevier-Science Direct 2010 年改为 Springer-SpringerLink	稀有金属(英文版)	双月刊	在 Elsevier 2006(1)～2008(6) 在 Springer 2009(1)～2010(3)	是
59	World Scientific Publishing-WorldSciNet 2010 年改为 Springer-SpringerLink	高分子科学(英文版)	双月刊	在 World Scientific，世界上 2005(1)～2009(4) 在 SpringerLink 2010(1)～(4)，Online first(11 篇)，全部 OA	是
60	Wiley-Blackwell-Wiley InterScience	地质学报(英文版)	双月刊	1922(1)～2010(3)	是
61		植物分类学报(英文版)	双月刊	2009(1)～2010(3) Early view(1 篇)	是
62		植物学报(英文版)	月刊	2005(1)～2010(6) Early view(10 篇)	是
63		中国化学(英文版)	月刊	2005(1)～2010(5)	是
64		中国昆虫科学(英文版)	双月刊	1994(1)～2010(3)	是

* 为中文版期刊，将每期部分优秀中文文章译成英文，置于 Elsevier 的 Science Direct 网络出版平台上，无英文印刷版。

第三节　中国科协科技期刊开放获取出版现状及其发展趋势

在布达佩斯开放获取计划中，科学和学术信息开放获取是指“将科研成果在互联网上公开发布，允许公众免费阅读、下载、复制、分发、打印、查找，或者链接到文章的全文，抓取文章进行索引，以数据方式传递到软件中，或者用于任何其他合法目的的使用，而没有财政、法律或者技术方面的障碍，除开那些从互联网本身获得的信息。复制和分发中唯一的限制以及版权在这个领域中的唯一角色，应当是保持作品的完整性以及给作者正确承认和引用的权利①。”开放获取主要有两种实现形式：①开放出版，即期刊或会议论文出版后立即向公众开放；②开放存储，即论文出版后存储到相关知识库，立即或在一段时间后(一般为 6～12 个月)向公众开放。截至 2011 年 1 月，全球已有 1491 个机构建立了 1832 个开放的知识库。开放出版期刊也快速增长，根据 Open J-gate，截至 2011 年 1 月，全球已有 8207 种开放获取的期刊，其中 4974 种是同行评议的②。近年来，许多研究发现，实现

① 开放获取信息门户 .[2011－01－15] http://www.open-access.net.cn/.

② Open J-gate.[2011－01－15] http://www.openj-gate.com.

OA 可切实提高期刊的学术影响力①~⑥。

本课题组曾于 2007 年 5 月调查统计了中国科协所属 898 种科技期刊的 OA 出版状况⑦。2010 年 6 月再次在互联网上使用 Google 搜索引擎,对中国科协所属 1003 种期刊和 1234 种⑧中国科技核心期刊的刊名进行全面搜索调查,并对照有关资料作补充⑨⑩。

本次研究中我们一方面通过在线搜索和调查形式了解中国科协科技期刊和中国科技核心期刊的开放获取出版现状,如 OA 期刊的数量、上网形式、学科分布、类别分布、开放全文的回溯年代、期数和时滞等;另一方面通过问卷调查和在线搜索相结合的方式对中国科协科技期刊实行开放获取出版的起始时间,期刊开放获取出版政策和版权归属,开放获取期刊的质量保障,期刊开放获取的资金来源,影响期刊开放获取发展的主要因素,实现 OA 对期刊发行量、发行费收入和期刊运营成本的影响等进行了分析。

结果显示,2010 年中国科协 OA 期刊的数量由 2007 年的 140 种增加到 241 种。与 2007 年相比,中国科协 OA 期刊开放全文的期数和回溯年代均有较大幅度的增加。OA 期刊总被引频次、影响因子和即年指数的 5 年平均增长率分别高于非 OA 期刊 7.3%、6.2%和 59.0%,说明实现 OA 可切实提高期刊的学术影响力。

问卷调查结果还显示,有近一半的期刊是近 3 年才开始实现 OA 出版;56.9%的 OA 期刊有明确的开放获取政策;82.6%的中国科协 OA 期刊实行同行评议制度,保障了 OA 期刊的学术质量;期刊 OA 出版的资金主要来自上级单位经常性经费、上级单位专项经费和编辑部自筹资金;影响期刊 OA 发展的因素多种多样,主要有国家和科研资助机构缺乏支持开放获取的政策、期刊开放获取的可持续经营的经济机制没有建立、所在机构或刊物主办机构缺乏对开放获取的支持等;实现 OA 后期刊印刷版本发行量、发行费收入和运营成本基本持平的所占比例分别为 49.0%、52.9%和 51.9%。

---

① 程维红,任胜利. 中国科技期刊开放存取开放获取出版现状. 编辑学报,2007,19(3):196-198.

② Weihong CHENG,Shengli REN. Evolution of open access publishing in Chinese scientific journals. Learned Publishing,2008,21(2):140-152.

③ 程维红. 中、外农学期刊网站现状调查与比较分析. 中国科技期刊研究,2006,17(6):1120-1124.

④ Lawrence S. Free online availability substantially increase paper's impact. Nature,2001,411:521.

⑤ Harnad S,Brody T. Comparing the Impact of Open Access (OA) vs. Non-OA Articles in the Same Journals. D-Lib Magazine,2004,10(6). http://www.dlib.org/.

⑥ Gunther Eysenbach. Citation Advantage of Open Access Articles,[2004-10-30] http://www.plosbiology.org/article/ info%3Adoi%2F10.1371%2Fjournal.pbio.0040157.

⑦ 程维红,任胜利,王应宽,等. 中国科协科技期刊的网络化出版.//中国科学技术协会. 中国科协科技期刊发展报告(2008). 北京:中国科学技术出版社. 2008.

⑧ 《中国科技期刊引证报告(核心版)》2009 年版中收录的 1868 种核心期刊减去其中收录的 634 种中国科协科技期刊,共计 1234 种。

⑨ "中国科技论文在线"http://www.paper.edu.cn/.

⑩ "首席医学网"http://www.shouxi.net.

一、中国科协 OA 期刊的数量与上网形式

2007—2010 年，中国科协科技期刊中 OA 期刊的数量由 140 种大幅增加到 241 种，所占比例由 15.6%上升到 24.0%。“一刊单独上网”逐渐成为实现 OA 的主要方式，4 年间其比例明显增加了 9.9%，而“依托主办单位上网”明显减少了 9.5%，说明期刊自建具有独立域名的网站逐渐成为实现 OA 出版的主要方式。

(一)OA 期刊数量大幅增加

截至 2010 年 6～7 月的调查，中国科协 1003 种科技期刊中共有 OA 期刊 241 种，占 24.0%，比 2007 年的 140 种净增 101 种，所占比例增加了 8.4%(表 4－40，OA 刊名和网址详见附录 B)。其中有英文版期刊 30 种(2007 年仅为 20 种)，占全部 70 种英文版期刊的 42.9%，远高于全部中国科协科技期刊中 OA 期刊的比例 18.8%。

1234 种中国科技核心期刊中有 OA 期刊 452 种，OA 期刊所占比例明显高于中国科协科技期刊中 OA 期刊所占比例 12.6%，主要原因是中国科技核心期刊中有 192 种(主要为高校学报)在“中国科技论文在线”实现 OA。

表 4－40　中国科协 OA 期刊的数量

类　别	中国科协科技期刊		中国科技核心期刊＊
	2007 年	2010 年	2010 年
期刊总数	898	1003	1234
OA 期刊数	140	241	452
OA 期刊所占比例(%)	15.6	24.0	36.6

＊《中国科技期刊引证报告(核心版)》2009 年版中收录的 1868 种核心期刊减去其中收录的 634 种中国科协科技期刊，共计 1234 种。

注：(1)OA 期刊指整期完全 OA 期刊。每期有部分文章全文开放的未作计入 OA 期刊，如《物理》、《农村电气化》。

(2)《植物学报》(英文版)(*Journal of Integrative Plant Biology*)在自建网站上开放全文 335 期(1952—2004 年)，2005 年起改为英文版并与 Wiley-Blackwell 合作，改为非 OA 期刊。由于 OA 全文的回溯年代长，计入 OA 期刊。

(3)《遗传学报》(英文版)(*Journal of Genetics and Genomics*)在自建网站上开放全文 193 期(1974—2005 年)，2006 年起与 Elsevier 合作改为英文版和非 OA 期刊，由于 OA 的期数多、影响大，计入 OA 期刊。

(二)一刊单独上网逐渐成为实现 OA 的主要方式

根据顶级域名的种类可将 241 种 OA 期刊的上网形式归类为(表 4－41)：

(1)一刊单独上网(单刊编辑部注册独立域名)：153 种，占总数的 63.5%；

(2)数刊联合上网(两刊或两刊以上的期刊共同注册独立域名)：36 种，占 14.9%；

(3)依托主办单位上网:10 种,占 4.1%;

(4)依托学科信息网上网:41 种,占 17.0%;

(5)在国外出版商网络平台上网:1 种。

2007—2010 年,中国科协 OA 期刊中一刊单独上网比例明显增加了 9.9%,而依托主办单位上网明显减少了 9.5%,说明期刊自建具有独立域名的网站逐渐成为实现 OA 出版的主要方式。由于中国科技核心期刊中有 192 种在中国科技论文在线实现 OA,因此,中国科协 OA 期刊中一刊单独上网和数刊联合上网所占比例明显高于中国科技核心期刊 30.6%。

表 4-41 中国科协 OA 期刊的上网形式

上网形式	中国科协科技期刊				中国科技核心期刊	
	2007 年		2010 年		2010 年	
	中国科协 898 刊中自建网站期刊数	占 140 刊的比例(%)	中国科协 1003 刊中自建网站期刊数	占 241 刊的比例(%)	中国科技核心期刊 1234 刊中自建网站期刊数	占 452 刊的比例(%)
	A	A/140	B	B/241	C	C/452
一刊单独上网	75	53.6	153	63.5	188	41.6
数刊联合上网	23	16.4	36	14.9	39	8.6
依托主办单位上网	19	13.6	10	4.1	10	2.2
依托学科信息网上网	22	15.7	41	17.0	215	47.6
在国外出版商网络出版平台上网	1	0.7	1	0.4	0	0.0
合计	140	100.0	241	100.0	452	100.0

注:(1)中国科协 241 种 OA 期刊中有 16 种在自建网站、中国科技论文在线、首席医学网和国外期刊网络出版平台实现双重 OA,统计 OA 全文期数多的网站。

(2)中国科技核心期刊 452 种 OA 期刊中有 72 种在自建网站、中国科技论文在线、首席医学网和国外期刊网络出版平台实现双重 OA,有 7 种期刊在自建网站、中国科技论文在线、首席医学网三重 OA,统计 OA 全文期数多的网站。

二、不同地区、学科和类别的期刊 OA 呈现不同的发展速度

2010 年,OA 期刊数量分布最多的地区为北京(125 种)、上海(16 种)、陕西(14 种)等;OA 期刊绝对数量分布最多的学科分别为“工业技术”(62 种)、“医学/卫生”(56 种)、“数理科学和化学”(36 种)等。中国科协 241 种 OA 期刊中有 84.6%为学术类期刊,明显高于中国科协全部 1003 种期刊中学术类期刊所占比例 14.6%。

2007—2010 年,中国科协 OA 期刊分布的地区由 18 个增加到 24 个,增加速度最快

的是陕西、甘肃和重庆3个西部省市；所有学科的OA期刊数量均有所增加，增加速度较快的3个学科依次为“农业科学”、“环境科学/安全科学”和“天文学/地球科学”。

（一）OA期刊的地区分布更加广泛

由表4－42可见，中国科协241种OA期刊分布在24个地区，地区分布数量依次为：北京125种，上海16种，陕西14种，辽宁12种，安徽6种、重庆、广东、江苏、湖南、吉林、四川各5种；甘肃、山东、浙江各4种，福建、黑龙江、山西、天津各3种；海南2种；河南、内蒙古、宁夏、青海各1种。2007—2010年，中国科协OA期刊分布的地区由18个增加到24个，新增的6个地区为甘肃、河南、内蒙古、宁夏、山西和重庆。

OA期刊所占比例明显高于该地区期刊所占比例的地区为陕西和北京，分别高出3.6%和3.4%，说明这两个地区期刊实现OA的情况好于其他地区。

地区OA期刊所占比例高于总体平均值(24.0%)的省市排序为：海南(66.7%)、陕西(63.6%)、青海(50.0%)、甘肃(40.0%)、辽宁(31.6%)、重庆(29.4%)、湖南(29.4%)、福建(27.3%)、安徽(26.1%)、北京(25.7%)、浙江(25.0%)。

2007—2010年20个地区的OA期刊数有所增加，8个地区(广西、贵州、河北、黑龙江、江西、青海、天津、云南)保持不变，1个地区(山东)有所下降。OA期刊数绝对增加最多的3个地区依次为北京、陕西和上海，分别增加了48种、10种和8种。地区OA期刊数占地区期刊总数的比例的变化可在一定程度反映该地区OA期刊相对增长速度。2007—2010年，中国科协OA期刊增加速度最快的是陕西、甘肃和重庆，分别增加了40.1%、40.0%和29.4%。

表4－42 中国科协科技期刊及OA期刊的地区分布(2010年6月)

序号	地区(登记地)	中国科协科技期刊数	占中国科协科技期刊总数的比例(%)	中国科协OA期刊数	占中国科协OA期刊总数的比例(%)	地区OA期刊数占地区期刊总数的比例(%)
		A	A/1003	B	B/241	B/A
1	北京	486	48.5	125	51.9	25.7
2	上海	72	7.2	16	6.6	22.2
3	陕西	22	2.2	14	5.8	63.6
4	辽宁	38	3.8	12	5.0	31.6
5	湖北	45	4.5	8	3.3	17.8
6	安徽	23	2.3	6	2.5	26.1
7	广东	22	2.2	5	2.1	22.7
8	湖南	17	1.7	5	2.1	29.4
9	吉林	23	2.3	5	2.1	21.7
10	江苏	44	4.4	5	2.1	11.4
11	四川	21	2.1	5	2.1	23.8
12	重庆	17	1.7	5	2.1	29.4

续表

序号	地区（登记地）	中国科协科技期刊数	占中国科协科技期刊总数的比例(%)	中国科协OA期刊数	占中国科协OA期刊总数的比例(%)	地区OA期刊数占地区期刊总数的比例(%)
		A	A/1003	B	B/241	B/A
13	甘肃	10	1.0	4	1.7	40.0
14	山东	20	2.0	4	1.7	20.0
15	浙江	16	1.6	4	1.7	25.0
16	福建	11	1.1	3	1.2	27.3
17	黑龙江	24	2.4	3	1.2	12.5
18	山西	15	1.5	3	1.2	20.0
19	天津	35	3.5	3	1.2	8.6
20	海南	3	0.3	2	0.8	66.7
21	河南	13	1.3	1	0.4	7.7
22	内蒙古	7	0.7	1	0.4	14.3
23	宁夏	1	0.1	1	0.4	100.0
24	青海	2	0.2	1	0.4	50.0
25	广西	1	0.1	0	0.0	0.0
26	贵州	3	0.3	0	0.0	0.0
27	河北	6	0.6	0	0.0	0.0
28	江西	3	0.3	0	0.0	0.0
29	云南	3	0.3	0	0.0	0.0
	合计	1003	100.0	241	100.0	24.0

(二)OA期刊的学科分布相对平衡发展

从表4-43可见，OA期刊数分布最多的前6个学科为“工业技术”(62种)、“医学、卫生”(56种)、数理科学和化学(36种)、生物科学(24种)、天文学/地球科学(24种)和农业科学(18种)。

学科OA期刊所占比例明显高于该学科期刊所占比例的学科为数理科学和化学、生物科学、天文学/地球科学，分别高出6.5%、5.4%和4.4%。

学科中OA期刊所占比例最高的4个学科为生物科学(52.2%)、数理科学和化学(42.9%)、天文学/地球科学(42.9%)和农业科学(32.1%)。

2007—2010年，所有学科的OA期刊数量均有所增加。OA期刊数增加最多的5个学科为医学/卫生、工业技术、农业科学、天文学/地球科学和数理科学和化学，分别增加了26种、19种、14种、13种和12种。从学科OA期刊数占学科期刊总数的比例的变化看，2007—2010年，中国科协OA期刊相对增加速度最快的3个学科依次为农业科学、环境科学/安全科学和天文学/地球科学，分别增加了23.9%、22.2%和21.7%。

表 4－43　中国科协科技期刊及 OA 期刊的学科分布(2010 年 6 月)

学科	中国科协科技期刊数	占中国科协科技期刊总数的比例(%)	中国科协OA 期刊数	占中国科协OA 期刊总数的比例(%)	学科 OA 期刊数占学科期刊总数的比例(%)
	A	A/1003	B	B/241	B/A
工业技术	293	29.2	62	25.7	21.2
医学/卫生	343	34.2	56	23.2	16.3
数理科学和化学	84	8.4	36	14.9	42.9
生物科学	46	4.6	24	10.0	52.2
天文学/地球科学	56	5.6	24	10.0	42.9
农业科学	56	5.6	18	7.5	32.1
文化/科学/教育/体育/其他	34	3.4	6	2.5	17.6
交通运输	24	2.4	4	1.7	16.7
自然科学总论	34	3.4	4	1.7	11.8
航空/航天	11	1.1	3	1.2	27.3
环境科学/安全科学	9	0.9	2	0.8	22.2
经济	13	1.3	2	0.8	15.4
合计	1003	100.0	241	100.0	24.0

(三)OA 期刊的类别分布以学术期刊为主

表 4－44 显示，中国科协 241 种 OA 期刊中有 83.4%为学术类期刊，明显高于中国科协全部 1003 种期刊中学术类期刊所占比例 13.7%，而其他类别 OA 期刊所占比例均低于中国科协全部 1003 种期刊中该类别期刊所占比例，特别是技术类期刊中 OA 期刊所占比例明显低于中国科协全部 1003 种期刊中该类别期刊所占比例 9.8%。

2007—2010 年，中国科协 OA 期刊由 140 种增加到 241 种，净增 101 种，其中学术类期刊增加 83 种、技术类期刊增加 7 种、综合类期刊增加 8 种，科普类期刊增加 3 种。中国科协科普类、综合类和学术类 OA 期刊发展速度均较快，类别 OA 期刊数占地区期刊总数的比例分明增加了 11.5%、11.0%和 10.1%，技术类期刊发展较慢，仅增加 2.0%。

表 4－44　中国科协科技期刊及 OA 期刊的类别分布(2010 年 6 月)

期刊类别	中国科协科技期刊数	占中国科协科技期刊总数的比例(%)	中国科协OA 期刊数	占中国科协OA 期刊总数的比例(%)	类别 OA 期刊数占类别期刊总数的比例(%)
	A	A/1003	B	B/241	B/A
学术类	699	69.7	201	83.4	28.8
技术类	186	18.5	21	8.7	11.3
综合类	65	6.5	9	3.7	13.8
科普类	49	4.9	10	4.1	20.4
检索类	4	0.4	0	0.0	0.0
总计	1003	100.0	241	100.0	24.0

三、中国科协 OA 期刊开放全文的特征

2007—2010 年,中国科协 OA 期刊开放全文的回溯年代加长,将自创刊以来的所有全文全部开放的中国科协科技期刊由 22 种大幅增加至 64 种;OA 期刊开放全文的时滞逐年缩短,“超前”和“现刊”所占比例增加了 6.8%;OA 期刊开放全文的期数显著增加,OA 期刊开放全文期数分布在 50 期以下所占比例由 60.6%下降至 41.0%,开放全文 100 期以上的期刊由 2007 年的 30 种增加到 79 种。

(一)OA 期刊开放全文的回溯年代加长

由表 4-45 可见,中国科协 241 种 OA 期刊回溯年代大多分布在 2001 年以后(141 种),占总数的 58.5%。中国科协 OA 期刊中回溯年代在 1990 年以前的期刊所占比例高于中国科协核心期刊 17.7%。回溯年代最长的 15 种(前 10 名)中国科协 OA 期刊列于表 4-46。2007—2010 年,将自创刊以来的所有全文全部开放的中国科协科技期刊由 22 种大幅增加至 64 种。

表 4-45 中国科协 OA 期刊与中国科技核心 OA 期刊自建网站提供目次回溯年代对比(2010 年)

回溯年代	中国科协 OA 期刊(241 种)		中国科技核心 OA 期刊(452 种)	
	刊数	所占比例(%)	刊数	所占比例(%)
	A	A/241	B	B/452
1970 年以前	15	6.2	5	1.1
1971—1980 年	12	5.0	15	3.3
1981—1990 年	43	17.8	31	6.9
1991—2000 年	30	12.4	65	14.4
2001 年以后	141	58.6	336	74.3
合计	241	100.0	452	100.0

表 4-46 回溯年代最长的中国科协 OA 期刊(2010 年)

排序	刊　名	回溯年代	创刊年
1	物理学报	1933(5)～2010(6)	1933
2	数学学报	1936(1)～2009(4)	1936
2	地质论评	1936(1)～2010(2)	1936
3	植物分类学报(英文版)	19511(1)～2010(3)	1951
4	植物学报(英文版)	1952(1)～2004(12)	1952
5	机械工程学报	1953(1)～2010(10)	1953
5	微生物学报	1953(1)～2010(7)	1953
5	药学学报	1953(1)～2010(6)	1953

续表

排序	刊 名	回溯年代	创刊年
6	林业科学	1955(9)～2010(5)	1955
6	中国中药杂志	1955(1)～2010(13)	1955
7	金属学报	1956(1)～2010(7)	1956
7	畜牧兽医学报	1956(1)～2010(6)	1956
8	地质与勘探	1957(1)～2010(3)	1957
9	植物生态学报	1958(1)～2010(6)	1958
10	作物学报	1962(1)～2010(7)	1962

注：括号内数字为期次。

(二)OA期刊开放全文的时滞逐年缩短

2010年对中国科协241种OA期刊开放全文时滞的统计表明(表4－47)，现刊所占比例最大(占37.2%)，其次为滞后3期及以上(占27.3%)。

2007—2010年，开放全文的时滞呈两极分化现象。超前和现刊所占比例增加了7.3%，滞后3期以上和滞后13个月以上的期刊所占比例也分别增加了0.8%和2.4%。滞后1～12个月所占比例明显减少了9.8%。与中国科技核心OA期刊相比，中国科协OA期刊滞后3期以上和滞后13个月以上的期刊所占比例明显少8.9%和12.0%，表明中国科协OA期刊的更新情况好于中国科技核心期刊。

表4－47 OA期刊开放全文的时滞(期和月)分布

时滞(期和月)	中国科协OA期刊				中国科技核心OA期刊	
	2007年		2010年		2010年	
	刊数	所占比例(%)	刊数	所占比例(%)	刊数	所占比例(%)
	A	A/136	B	B/241	C	C/452
超前	4	2.9	13	5.4	20	4.4
现刊	44	32.4	90	37.3	180	39.8
滞后1期	42	30.9	55	22.8	63	13.9
滞后2期	10	7.4	17	7.1	25	5.5
滞后3期及以上	36	26.4	66	27.4	164	36.3
合计	136*	100.0	241	100.0	452	100.0
超前	4	2.9	13	5.4	20	4.4
现刊	44	32.4	90	37.3	180	39.8
滞后1～12个月	76	55.9	111	46.1	147	32.5
滞后13个月以上	12	8.8	27	11.2	105	23.2
合计	136*	100.0	241	100.0	452	100.0

*原有140种OA期刊中有4种无法统计OA时滞。

2007—2010 年,实现"超前"OA 出版的中国科协科技期刊由《天文和天体物理学研究》(英文版)、《物理化学学报》、《中国生物工程杂志》和《作物学报》4 种增加到 13 种。《材料科学技术》(英文版)、《金属学报》、《农业工程学报》、《物理化学学报》、《细胞研究》(英文版)、《中国腐蚀与防护学报》、《中国机械工程学报》(英文版)、《自动化学报》、《作物学报》9 种在线预出版文章目次、摘要和 OA 全文;《高分子科学》(英文版)、《天文和天体物理学研究》(英文版)、《中国物理 C》(英文版)、《中国药理学与毒理学杂志》4 刊有超前 1 期目次、摘要和 OA 全文(参见本章第一节表 4-11)。

(三)OA 期刊开放全文的期数显著增加

2007—2010 年,中国科协 OA 期刊开放全文期数分布在 50 期以下所占比例由 60.6%下降至 41.0%。与中国科技核心 OA 期刊相比,中国科协 OA 期刊开放全文期数分布在 50 期以下所占比例明显少 22.5%(表 4-48)。开放全文 100 期以上的中国科协科技期刊由 2007 年的 30 种大幅增加至 78 种(表 4-49)。

表 4-48 OA 期刊的开放全文的期数分布

期数分布	中国科协科技期刊				中国科技核心期刊	
	2007 年		2010 年		2010 年	
	刊数	所占比例(%)	刊数	所占比例(%)	刊数	所占比例(%)
	A	A/137	B	B/241	C	C/452
25 期以下	50	36.5	63	26.1	186	41.2
26~50 期	33	24.1	36	14.9	101	22.3
51~100 期	25	18.2	65	27.0	98	21.7
101 期以上	29	21.2	77	32.0	67	14.8
合计	137*	100.0	241	100.0	452	100.0

*原有 140 种 OA 期刊中有 3 种无法统计 OA 期数。

表 4-49 中国科协开放全文 100 期以上的 OA 期刊(2010 年)

排序	期刊中文名	OA 期数	排序	期刊中文名	OA 期数
1	物理学报	675	9	纺织学报	295
2	药学学报	467	10	地质论评	290
3	中国中药杂志	435	11	微生物学报	287
4	地质与勘探	426	12	林业科学	269
5	半导体学报(英文版)	366	13	机械工程学报	262
6	金属学报	356	14	物理化学学报	242
7	植物学报(英文版)	356	15	生物化学与生物物理进展	241
8	中国物理快报(英文版)	346	16	植物分类学报(英文版)	240

续表

排序	期刊中文名	OA 期数	排序	期刊中文名	OA 期数
17	微生物学通报	227	48	生物工程学报	138
18	软件学报	222	49	中国有色金属学报	137
19	中国物理 B(英文版)	214	50	岩石学报	137
20	生态学报	209	51	宇航学报	136
21	作物学报	206	52	岩石力学与工程学报	135
22	畜牧兽医学报	205	53	作物杂志	133
23	中国物理 C	204	54	中华现代护理杂志	132
24	自动化学报	198	55	材料研究学报	127
25	中华医学杂志(英文版)	194	56	化学学报	127
26	农业工程学报	193	57	无机化学学报	125
27	遗传学报(英文版)	193	58	国际地震动态	125
28	冶金分析	190	59	岩石矿物学杂志	125
29	植物保护	190	60	核化学与放射化学	124
30	中国环境科学	184	61	中国媒介生物学及控制杂志	123
31	地球化学	183	62	材料科学技术(英文版)	122
32	系统工程理论与实践	183	63	数学学报	121
33	农电管理	174	64	矿床地质	121
34	中国现代应用药学	173	65	农业机械学报	117
35	中国生物化学与分子生物学报	171	66	菌物学报	114
36	中国药理学报(英文版)	167	67	物理学进展	114
37	植物生态学报	166	68	催化学报	113
38	中国电机工程学报	165	69	电子商务	112
39	红外与毫米波学报	161	70	计算机科学技术学报(英文版)	112
40	色谱	160	71	质谱学报	110
41	中国腐蚀与防护学报	153	72	癌变·畸变·突变	110
42	中国修复重建外科杂志	151	73	原子核物理评论	108
43	计算机研究与发展	151	74	科技导报	108
44	水利学报	150	75	分析化学	103
45	计算机学报	150	76	实验力学	102
46	植物学报(原:植物学通报)	148	77	肿瘤防治研究	102
47	金属学报(英文版)	145	78	昆虫学报	100

(四)期刊的OA策略

1. 多平台OA的期刊

中国科协科技期刊中有《草业学报》、《弹箭与制导学报》、《国际眼科杂志》、《湖泊科学》、《机械工程学报》、《计算机应用研究》、《建筑科学与工程学报》、《免疫学杂志》、《细胞研究》(英文版)、《应用光学》、《振动与冲击》、《中国机械工程》、《中国有色金属学报(英文版)》、《中国有色金属学报》、《中国中药杂志》、《肿瘤防治研究》16种在自建网站、中国科技论文在线、首席医学网和国外期刊网络出版平台实现双重OA。

中国科技核心期刊中有《安徽大学学报(自然科学版)》等71种在自建网站、中国科技论文在线、首席医学网和国外出版商网络出版平台实现双重OA。《第三军医大学学报》等7种期刊在自建网站、中国科技论文在线和首席医学网实现三重OA。

2. 浏览OA全文附加限制条件的期刊

有些OA期刊在网站上为OA全文的浏览设置了门槛。如中国科协科技期刊中,在《机械工程学报》、《热带作物学报》、《国际石油经济》、《国际地震动态》、《中国机械工程学报》(英文版)、《中华医学美学美容杂志》、《今日药学》7种期刊的网站上,读者须免费注册为会员才能看到全文;《应用基础与工程科学学报》网站上的过刊查询系统须输入题名、第一作者、卷、期等四项之一后才能看到全文。

在中国科技核心期刊中,《建筑机械》等10种期刊的网站上,须免费注册为会员才能看到全文。

3. 将部分年、卷、期OA的期刊

有79.3%的中国科协OA期刊和79.6%中国科技核心OA期刊全文与目次和摘要同步(表4-50)。此外,还有3种不同步的情况:①OA全文滞后于目次和摘要;②目次和摘要的回溯年代要长于OA全文的回溯年代;③同时具有上述两种情况。上述几种情况,中国科协OA期刊与中国科技核心OA期刊所占比例差别不大。

第一种不同步的情况主要是考虑到既OA又不影响印刷版本的发行量和发行收入;出现第二种不同步情况的原因主要是OA全文的制作、上传(将大量过刊数字化)需要投入较多的人力和物力,在短时间内编辑部尚无法做到。

表4-50 OA全文与目次和摘要的时滞

OA全文与目次和摘要的时滞	中国科协OA期刊		中国科技核心OA期刊	
	刊数	所占比例(%)	刊数	所占比例(%)
(1)OA全文与目次和摘要同步的期刊	191	79.3	360	79.6
(2)OA全文滞后于目次和摘要的期刊	20	8.2	28	6.2
(3)目次和摘要的回溯年代长于OA全文回溯年代的期刊	25	10.4	57	12.7
(4)同时具有(2)和(3)两种情况	5	2.1	7	1.5
合计	241	100.0	452	100.0

四、中国科协OA期刊的学术影响力高于非OA期刊

为探讨OA对期刊总被引频次、影响因子和即年指数的影响，将中国科协科技期刊中已知的2006年7月前即已开放全文的31种中文版[①] OA期刊在《中国科技期刊引证报告(核心版)》(CJCR)2005年版[②]和2009年版[③]中的总被引频次、影响因子和即年指数的平均值与随机选取[④]的31种中国科协非OA中文版期刊的3项指标的平均值作对比。

由表4－51可见，OA期刊总被引频次的五年增长率分别高于非OA期刊和CJCR平均值7.3%和5.8%；影响因子的增长率分别高于非OA期刊和CJCR平均值6.2%和5.4%；即年指数的增长率分别高于非OA期刊和CJCR平均值59.0%和23.0%。

可见，实现OA对期刊3项指标的提高有不同程度的效果，对即年指数提高的效果最为显著，其次为总被引频次和影响因子，即实现OA首先提高的是期刊当年的引用率，其次是近两年和历年过刊的。

表4－51 中国科协31种中文版OA期刊和31种中文版非OA期刊2005年和2009年3项引证指标的平均值及增长率

期刊类别	2005年			2009年			5年增长率(%)		
	总被引	影响因子	即年指数	总被引	影响因子	即年指数	总被引	影响因子	即年指数
中文OA刊	1120	0.709	0.096	1980	0.826	0.127	176.8	116.5	132.6
非OA刊	547	0.386	0.064	927	0.426	0.047	169.5	110.3	73.6
CJCR平均	534	0.407	0.052	913	0.452	0.057	171.0	111.1	109.6

五、OA出版的若干属性分析

2010年对中国科协OA期刊的问卷调查结果显示：有近一半的期刊是近3年才开始实现OA出版；大多数期刊办刊者和作者对OA期刊的版权特点缺乏了解；82.6%的中国科协OA期刊实行同行评议制度，保障了OA期刊的学术质量；期刊开放获取的资金主要来自上级单位经常性经费、上级单位专项经费、期刊经营收入和作者版面费，单方拨款或筹资占52.4%，多方拨款或筹资占47.6%；影响期刊开放获取发展的因素多种多样，主要有国家和科研资助机构缺乏支持开放获取的政策、期刊开放获取的可持续经营的经济机

---

① 程维红，任胜利．中国科技期刊开放存取出版现状．编辑学报，2007，19(3)：196－198.

② 中国科学技术信息研究所．中国科技期刊引证报告(2005年版)．北京：科学技术文献出版社，2005.

③ 中国科学技术信息研究所．中国科技期刊引证报告(2009年版)．北京：科学技术文献出版社，2009.

④ 31种非OA期刊的选取须符合4个条件：中国科协期刊、中文版期刊、2007年和2010年两年为非OA期刊、被CJCR 2005年版和2009年版收录。选取方法：在以汉语拼音排序的1003种中国科协期刊列表中，每隔20刊选取1刊，遇OA和英文版期刊时跳过，选紧接其后的期刊，再与CJCR 2005年和2009年版比对，去除未收录的期刊。

制没有建立、所在机构或刊物主办机构缺乏对开放获取的支持等；实现 OA 后期刊印刷版本发行量、发行费收入和运营成本基本持平的所占比例分别为 49.0%、52.9%和 51.9%。

(一)有近半数的期刊近 3 年开始实现 OA 出版

2010 年对期刊什么时候开始实行 OA 出版进行了问卷调查，结果显示，有近半数的期刊是近 3 年才开始 OA 出版的，有 7.9%开放获取不到 1 年，另有 1/4 的期刊在 5 年以上(表 4－52)。可见，许多期刊还刚刚开始探索 OA 出版模式，但进步还是非常显著的。

表 4－52　期刊实现 OA 出版的开始时间(单选)

开始实现 OA 出版的时间	刊　数	所占比例(%)
不到 1 年	7	7.9
1～3 年	40	44.9
3～5 年	20	22.5
5 年以上	22	24.7
合计(有效问卷数)	89	100.0

(二)56.9%的 OA 期刊有明确的开放获取政策

OA 期刊因其表现形式的特殊性——读者可以自由地阅读使用，使其版权强调的侧重点与传统期刊不同。OA 期刊资源属于公共领域资源，目前较多 OA 机构都采用基于保留部分权利 Copyleft 理念的创作共用协议(Creative Commons License，CCL)，使读者感觉不到使用知识的束缚，在最大限度上使知识升值。国外 OA 期刊在出版时也与非 OA 期刊一样，出版商与作者需要签订版权转让协议，作者一般放弃作品的物质权利而保留精神权利，即把物质权利转让给了读者，读者拥有了通过不受限制的享有他人作品的阅读、下载、复制、打印、检索、链接到全文等权力，但保留了作者的署名权(表明作者身份的权利)和修改权(保持作品完整的权利)。保留的部分权利对象是作者，而非出版者，作者并没有把版权让渡给出版者。与此相对比，在传统期刊出版过程中，作者将版权转让给出版商，出版商为了获取利益，对出版文献进行数据加密方式来限制读者的使用，需要读者支付一定的费用再使用①。

2010 年对中国科协 OA 期刊的版权归属问题做了问卷调查，结果显示(表 4－53)，有超过半数(占 56.9%)的 OA 期刊有明确的开放获取政策。有 96.2%的 OA 期刊采取开放获取出版模式后，所发表论文的版权归属有所变化，有 65.7%的 OA 期刊的版权归期刊所有。说明大多数期刊办刊者和作者对 OA 期刊的版权特点缺乏了解。

开放获取条件下，仍然强调保护作者的权利②，但所保护的内容有所不同。通过对开

① 范贤容，韩欢．论开放存取期刊的知识产权保护．图书与情报，2009，(6)：79－92.

② SPARC's Author Rights Brochure. [2010－12－22]. http://www.arl.org/sparc/bm～doc/SPARC_AuthorRights2006.pdf.

放获取允许作者保留的权利进行了问卷调查，结果显示（表 4－53），有 89.4％的办刊者认为，应保留作者在教育、科研和学术宣传中使用论文的权利，60％的办刊者认为，应保留作者在其他作品中使用文章内容（包括图和表）的权利，51.8％的办刊者认为，应保留作者利用文章内容编制衍生作品（例如汇编、改编）的权利，还有 4.7％的期刊认为，作者没有什么权利，在应用时需告知编辑部并标出出处。显然后一种情形严重违背了知识产权规定，是一种强权行为。

对期刊允许作者在文章发表后多长时间才可向网络公开发布的问卷调查显示，绝大多数期刊（占 84.3％）允许作者在个人网站或所在机构的知识库中存储文章（表 4－53），但允许作者在文章发表后多长时间才可向网络公开发布，不同的期刊的做法不同。65.1％的期刊可以立即公开发布，13.2％的期刊在发表半年后才可公开发布，6％的期刊在发表一年后才可公开发布，没有期刊规定在发表两年后才可公开发布，但有 15.7％不允许公开发布。自存储是增强期刊影响力的重要途径。开放获取期刊应积极鼓励自存储政策①。

作者所投稿的论文依据审理的不同阶段可以有不同的版本。根据调查（表 4－53），如果允许作者通过个人网站或所在机构的知识库公开发布文章，有 81.7％的期刊允许作者存储和发布终审后定稿发排出版的版本，还有 18.3％的期刊允许的是同行评议前作者的投稿版本，12.2％的期刊允许的是同行评议后正式出版前的版本，其中有 5 种期刊 3 种版本都准许。

表 4－53　OA 期刊的开放获取政策和版权归属

问题和选项	刊数	所占比例（％）
是否有明确的开放获取政策（单选）		
有	58	56.9
没有	44	43.1
合计（有效问卷数）	102	100.0
期刊采取开放获取出版模式后，所发表论文的版权归属是否有变化（单选）		
没有变化	100	96.2
有变化	4	3.8
合计（有效问卷数）	104	100.0
目前期刊所发表论文的版权归属于（单选）		
期刊	71	65.7
作者	8	7.4
期刊和作者共享	29	26.9
合计（有效问卷数）	108	100.0

① Key perspectives. Open access self-archiving：An introduction. http://www.keyperspectives.co.uk/openaccessarchive/reports/Open%20access%20self-archiving%20-%20an%20introduction.pdf.

续表

问题和选项	刊数	所占比例(%)
允许作者在文章发表后多长时间才可向网络公开发布(单选)		
可以立即公开发布	54	65.1
本刊发表半年后才可公开发布	11	13.2
本刊发表一年后才可公开发布	5	6
本刊发表两年后才可公开发布	0	0
不允许公开发布	13	15.7
合计(有效问卷数)	83	100.0
期刊实现 OA 出版允许作者保留的权利(可多选,有效问卷 85 份)		
在教育、科研和学术宣传中使用论文的权利	76	89.4
在其他作品中使用文章内容(包括图、表)的权利	51	60.0
利用文章内容编制衍生作品(例如汇编、改编)的权利	44	51.8
作者没有什么权利	4	4.7
允许作者存储和发布的文章版本(可多选,有效问卷 82 份)		
同行评议前作者的投稿版本	15	18.3
同行评议后正式出版前的版本	10	12.2
编辑终审后定稿发排出版的版本	67	81.7

(三)82.6%的中国科协 OA 期刊实行同行评议制度

开放获取期刊对质量的要求并没有丝毫的降低。有些人想当然地认为期刊开放获取意味着质量下降,往往没有任何事实根据,只是一种主观臆测,或将免费获取与开放获取混为一谈。真正意义上的开放获取出版仍建立在同行评议的基础上,仍然遵循严格的质量要求①。在实际运作中,有一些声称为开放获取的期刊其实并没有坚持同行评议等质量保障措施,影响了开放获取期刊的声誉,并不是完整意义上的开放获取出版。根据 2010 年的调查(表 4 - 54),有 82.6%的中国科协 OA 期刊实行同行评议制度,但仍有 17.4%的期刊未实行同行评议制度,也间接表明这些期刊在质量保障上存在着严重的问题。尽管如此,总体上,中国科协的开放获取期刊质量较高。

表 4 - 54　对开放获取文章是否进行同行评议(单选)

是否进行同行评议	刊数	所占比例(%)
实行同行评议制度	71	82.6
未实行同行评议制度	15	17.4
合计(有效问卷数)	86	100.0

① Peter Suber. Open Access Overview. [2010 - 12 - 22] http://www.earlham.edu/~peters/fos/overview.htm.

一些期刊开放获取出版后，重视关于开放获取意义等方面的宣传工作，不少期刊采取多种组合的宣传措施(表 4－55)。38.8%的期刊有对投稿者的宣传推广，具体形式包括：通过投稿网站的宣传推广、电子邮件、稿约、征稿启事、在往来邮件中提供网站链接地址、期刊版权页、会议、作者签署的论文著作权转让书；16.5%的期刊有对刊物领域的学术团体、机构等的宣传推广，具体形式包括学术会议宣传、通过学会宣传、出版机构的网站宣传、E-mail 宣传等。15.3%的期刊有对社会的宣传推广，具体形式包括网站公布、期刊简介、期刊版权页、广告等。值得注意的是，一半以上的期刊(占 52.9%)没有任何宣传推广。这可能是因为人手紧张，但更主要的是认识不到位。

表 4－55　对期刊开放获取出版有无专门的宣传(可多选，有效问卷 85 份)

有无专门的宣传	刊数	所占比例(%)
有对投稿者的宣传推广	33	38.8
有对期刊领域的学术团体、机构等的宣传推广	14	16.5
有对社会的宣传推广	13	15.3
无任何宣传推广	45	52.9

从理论上讲，期刊开放获取后，由于传播速度加快，传播广度增大，期刊的显示度和利用率将显著增加。调查结果显示，33.7%的被调查期刊影响因子提升了，应该属于正常现象，但 36%的期刊无显著变化，可能与期刊开放获取的时间较短有关，影响因子的变化需要两年以上才能显现。还有一种期刊(占 1.2%)反映影响因子下降了，这应该属于偶然事件，与开放获取本身无关。29.1%的期刊对开放获取前后影响因子的变化情况不清楚(表 4－56)。

表 4－56　期刊 OA 前后影响因子的变化(单选)

影响因子的变化	刊数	所占比例(%)
增加	29	33.7
无显著变化	31	36
下降	1	1.2
不清楚	25	29.1
合计(有效问卷数)	86	100.0

(四)期刊开放获取出版资助和经费来源多元化

经费问题是困扰期刊开放获取的重要因素，稳定的开放获取经费来源，才能保障期刊开放获取的可持续发展。在中国科协的 OA 期刊中，支持开放获取的经费来源多种多样，而且多数期刊是依靠多种经费来源(表 4－57)。2010 年的问卷调查显示(多选)，有 29.5%的期刊经费有来自上级单位经常性经费，23.9%的期刊有来自上级单位专项经费，48.9%的期刊有经营收入，62.5%的期刊收取作者版面费。其中只依赖上级单位经常性经费的，占 13.7%，只依赖上级单位专项经费的，占 5.7%，只依赖本刊经营收入的，占 13.7%，只依赖作者版面费的，占 19.3%。即单方拨款或筹资的占 52.4%，多方拨款或筹资占47.6%。还有3种期刊(占3.4%)的经费来自源有来主办单位的经费、基金资助、期刊协办费等。

表4-57　支持实行开放获取出版的经费来源(可多选,有效问卷88份)

经费来源	刊数	所占比例(%)	其中单方拨款或筹资部分所占比例(%)
上级单位经常性经费(主办单位拨款)	26	29.5	13.7
上级单位专项经费(基金资助)	21	23.9	5.7
期刊经营收入(编辑部自筹)	43	48.9	13.7
作者版面费(编辑部自筹)	55	62.5	19.3
其他	3	3.4	0
合计	—	—	52.4

OA期刊向作者收费的形式也是多样化的(表4-58)。69%的期刊向所有论文的作者收费,9.2%的期刊只向有项目支持的论文作者收费,2.3%的期刊只向希望开放获取出版的论文作者收费,16.1%的期刊则不对任何作者收费。此外,还有4.6%的期刊表示,除约稿外,向90%左右作者收费。主要为国内作者或论文水平偏低的投稿作者。收费政策还不够统一和清晰。而如果论文水平偏低就收费发表,则违背了开放获取出版质量性的原则。开放获取决不能以牺牲论文质量为代价。

表4-58　OA期刊向作者收费的形式(可多选,有效问卷88份)

向作者收费的形式	刊数	所占比例(%)
所有论文作者	61	69.0
有项目支持的论文作者	8	9.2
希望开放获取出版的论文作者	2	2.3
不对任何作者收费	14	16.1
其他	4	4.6

(五)影响期刊开放获取发展的因素多种多样

为了解办刊者对期刊开放获取发展影响因素的认识,2010年的调查设计了7个问题,每个问题按"非常重要"、"重要"、"一般"、"不重要"进行评定。将"非常重要"赋权重5,"重要"为3,"一般"为1,"不重要"为-3,得出各期刊对各项因素影响程度的认识。依次为:①国家和科研资助机构缺乏支持开放获取的政策;②期刊开放获取的可持续经营的经济机制没有建立;③所在机构或刊物主办机构缺乏对开放获取的支持;④期刊开放获取所涉及的法律和政策不清晰;⑤期刊开放获取的模式、机制、流程不清楚;⑥科研人员缺乏对开放获取的理解和支持;⑦缺乏开放获取的网络平台等技术支持。详见表4-59。由此可见,诸多编辑人员对影响期刊开放获取的因素的认识是清晰的,也需要推动这些问题的逐步解决。

表 4－59　影响期刊开放获取发展的主要因素(可多选)

排序	影响因素	非常重要	重要	一般	不重要	合计(有效问卷数)
1	国家和科研资助机构缺乏支持开放获取的政策	49	19	14	0	82
2	期刊开放获取的可持续经营的经济机制没有建立	39	37	6	0	82
3	所在机构或刊物主办机构缺乏对开放获取的支持	31	25	18	1	75
4	期刊开放获取所涉及的法律和政策不清晰	22	40	15	3	80
5	期刊开放获取的模式、机制、流程不清楚	22	31	17	4	74
6	科研人员缺乏对开放获取的理解和支持	13	34	23	6	76
7	缺乏开放获取的网络平台等技术支持	15	23	20	8	66

为探讨实现 OA 对期刊发行量、发行费收入和期刊运营成本的影响，2010 年对中国科协 OA 期刊进行了问卷调查。共涉及 3 个问题：①自期刊实现 OA 以来，印刷版本的发行量；②考虑到期刊定价的调整，自期刊实现 OA 以来发行费收入；③自期刊实现 OA 以来，期刊的运营成本。每个问题下均有 5 个封闭式选项：大幅上升、略有上升、基本持平、略有下降和大幅下降。2010 年的调查结果显示(表 4－60)，认为实现 OA 后期刊印刷版本发行量、发行费收入和运营成本“基本持平”的所占比例最大，分别为 49.0%、52.9%和 51.9%；还有为数不少的办刊者认为实现 OA 以来期刊的发行量略有下降(占 40.4%)、发行收入略有下降(占 29.8%)而期刊的运营成本略有上升(占 41.4%)。

与 2007 年的调查相比，认为实现 OA 后期刊的发行量略有下降和大幅下降所占比例明显提高 17.8%，认为实现 OA 后期刊的发行费收入略有下降和大幅下降所占比例也明显提高 15.9%。说明受近年来我国科技期刊运营大环境的影响和期刊数字化进程的加快，与非 OA 期刊一样，许多 OA 期刊同样面临发行量和发行费收入减少问题的困扰。而认为实现 OA 后期刊的运营成本“基本持平”所占比例明显增加了 13.8%，说明实现 OA 出版对期刊的运营成本影响不大。

为探讨科技期刊(特别是学术类期刊)办刊者对实现开放获取存在的顾虑进行了问卷调查，调查结果列于表 4－61。影响期刊实现 OA 的因素以“担心减少印刷版本的发行量和发行收入”为主，占 67.1%，其次是“担心增加期刊经营成本”、“担心增加编辑部的工作量”和“担心版权问题”，分别为 38.5%、35.7%和 34.3%。与 2007 年的调查结果相比，2010 年“担心实现 OA 减少期刊印刷版本的发行量和发行收入”所占比例继续列于首位，并明显增加了 10.8%；“担心增加期刊经营成本”所占比例也明显增加了 7.6%。而“担心由作者付费，影响稿源”所占比例明显减少了 7.9%。另外值得注意的是，“没有任何顾虑”的期刊由 2007 年的 9 种大幅增加到 26 种。另有一些问卷回答与国内商业数据库(如 CNKI、万方)和国外出版商签订的排他性合作协议是影响期刊 OA 的主要因素。

表 4－60　中国科协科技期刊实现 OA 对发行量、发行费收入和期刊的运营成本的影响(单选)

	选　项	2007 年(有效问卷 76 份)		2010 年(有效问卷 104 份)	
		刊数	所占比例(%)	刊数	所占比例(%)
自 OA 以来，印刷版本的发行量	大幅上升	0	0.0	0	0.0
	略有上升	6	7.9	3	2.9
	基本持平	46	60.5	51	49.0
	略有下降	22	29	42	40.4
	大幅下降	1	1.3	8	7.7
	未答	1	1.3	0	0.0
	合计	76	100.0	104	100.0
考虑到期刊订价的调整，自 OA 以来发行费收入	大幅上升	2	2.6	0	0.0
	略有上升	11	14.5	11	10.5
	基本持平	45	59.3	55	52.9
	略有下降	14	18.4	31	29.8
	大幅下降	1	1.3	6	5.8
	未答	3	3.9	1	1.0
	合计	76	100.0	104	100.0
自 OA 以来，期刊的运营成本	大幅上升	1	1.3	3	2.9
	略有上升	34	44.7	43	41.4
	基本持平	29	38.2	54	51.9
	略有下降	4	5.3	4	3.8
	大幅下降	1	1.3	0	0.0
	未答	7	9.2	0	0.0
	合计	76	100.0	104	100.0

表 4－61　对实现开放获取存在的顾虑(可多选)

对实现开放获取存在的顾虑	2007 年(有效问卷 502 份)		2010 年(有效问卷 213 份)	
	刊数	所占比例(%)	刊数	所占比例(%)
担心减少印刷版本的发行量和发行收入	283	56.4	143	67.1
担心增加期刊经营成本	155	30.9	82	38.5
担心增加编辑部的工作量	176	35.1	76	35.7
担心版权问题	167	33.3	73	34.3
担心印刷版本会消失	102	20.3	53	24.9
担心由作者付费，影响稿源	134	26.7	40	18.8
担心期刊质量会下降	48	9.6	27	12.7
没有任何顾虑	9	1.8	26	12.2
其他	7	1.4	8	3.8

第四节　中国科协科技期刊数字化建设试点项目进展

为大力推进中国科协科技期刊完成由传统出版向数字出版的转型，中国科协于2009年设立了“科技期刊数字化建设试点项目”，为期3年，以支持全国学会建立科技期刊数字出版、信息发布并集成各类资源的一站式网络平台，重点支持主办或参与主办多种科技期刊学会的数字平台建设。充分利用内容资源，建立期刊在线发布系统及全文数据库，并对信息进行深度挖掘和综合集成利用；引入稿件在线处理系统，实现编辑工作流程的数字化和网络化；积极探索、巩固和发展数字出版的赢利模式。该项目首批支持的4个学会是中华医学会、中国农学会、中国机械工程学会和中国药学会。目前项目总体进展情况良好，各期刊数字平台建设各具特色。

一、中华医学会的中华医学会期刊网①

按照项目规划，中华医学会期刊网将由中华医学会杂志社网站系统、远程稿件管理系统、发行管理系统、会议管理系统、广告管理系统、文献数据库系统、网刊发布系统（实现网上预出版、超前出版、现刊和过刊的浏览、查询）和纯网络版期刊发布系统等组成。目前已完成《中华儿科杂志》等23种杂志编辑部的子网站建设；初步建成期刊发行管理系统、会议管理系统和广告管理系统，网刊数据、发行数据、广告合同、会议信息的网络化管理；正在研发基于XML语言的结构化排版技术，为今后实现复合数字出版奠定基础；尝试出版了两种期刊的手机报，增加了信息推送和宣传渠道；正在继续开发文献数据库系统，为内容资源进行深度加工，以满足读者的个性化信息服务需求打下基础。

（一）项目主要内容

在一期建设的基础上，逐步建立和完善以下应用系统：中华医学会系列杂志稿件管理系统及子网站系统、结构化排版的调研和开发、完善发行管理系统、推动会议管理系统使用、完善广告管理系统、继续开发文献数据库系统、创建新媒体和推动纯网络版期刊发布系统建设。

（二）项目目标

建设前期全面进行调研分析，力求客观了解国内外数字出版平台和相关管理系统的运行情况，为系统开发提供参考和借鉴价值。精准分析当前国际数字出版经营的现状和发展趋势，提出中华医学会杂志社数字化发展的需求和模式，使开发的系统具有前瞻性、良好的开放性和可扩展性，以便以后的升级和功能扩展，适应未来5年或更长时间的发展需要。

---

① 刘冰供稿。

(三)项目预期成果

1)通过中华医学会杂志社网站、各编辑部网站及相关管理软件的开发和建设,经过3～5年,以中华医学会系列杂志为基础形成医学信息发布和数字出版平台,继而建立中国医药卫生科技期刊网络出版平台,打造中华医学会系列杂志和中国医药卫生期刊群的整体形象,提高中国医药卫生科技期刊的国内外显示度。

2)通过办公自动化系统的建设,推动无纸化办公,提高管理、编辑、出版、广告、发行等部门的办公效率,践行绿色出版理念。

3)通过远程审稿系统、资源数据库以及生产平台的结构化体系建设,打造标准化的数字出版平台,争取建立支持强大检索功能的国内医学期刊资源数据库。

4)对接新媒体,创新出版模式,创建纯网络版期刊,推动期刊业态的发展。

(四)项目目前进展情况

1)中华医学会杂志社子网站系统。目前已完成《中华儿科杂志》、《中华外科杂志》、《中华医学杂志》、《中华检验医学杂志》、《英国医学杂志中文版》的网站建设,计划于2010年12月30日前完成中华医学会杂志社网站及直接管理的23种杂志编辑部的子网站建设。后期将以完成的网站为模板搭建在中华医学会总会大楼以外办公的中华医学会系列杂志各编辑部的网站,在此基础上,打造信息服务和推送体系。

2)结构化排版的调研和开发。在稿件远程管理系统采集完成稿件以后,推动和加快实现结构化排版。因需要投入资金较大,现在考察和比较阶段,拟通过购买成熟的专业产品或通过与战略合作伙伴共同研发实现。

3)完善发行管理系统。一期建设的发行管理系统于2009年投入使用后,系统目前已经导入订单数据3782条,回款数据近2921条;完成订单2573笔,印数计划1012条,入库893笔,出库2951笔,回款3819笔。

4)推动会议管理系统使用。已经完成的会议网站有:2010年第九届全国新生儿学术会议,2010年全国鼻部感染与变态反应专题学术会议,2010年中国妇产科学术会议,2010年全国头颈肿瘤功能重建与综合治疗专题学术会议,2010年全国医药卫生期刊编辑业务培训班,2010年中国普外科焦点问题学术论坛。

5)完善广告管理系统。广告管理系统已经投入使用,实现合同网上登记和处理,现有合同数据107个,客户数据155个。

6)继续开发文献数据库系统:系统已经导入可检索过刊数据85315条,为杂志社所有编辑配置了检索权限,可检索1999年以来中华医学会系列杂志的过刊文献;计划利用相应工具对资源进行深度加工,形成细粒度"碎片化"数字内容,实现基于XML语言的全文检索,满足读者的个性化信息服务需要。

7)创建新媒体和推动网络期刊发布系统建设。《中华病理学杂志》、《中华眼科杂志》建立了手机报,增加了信息推送和宣传渠道。手机出版是未来的重要发展方向之一,计划在结构化生产体系及数据库管理体系建立的基础上打造移动出版。

8)继续完善稿件管理系统,解决在使用过程中发现的问题。在一期审稿系统投入使用的基础上，结合编辑部在使用过程中发现的问题和产生的新需求，共进行了300余项功能的改进和调整。已有90个编辑部正式使用稿件远程管理系统，6个编辑部正在做正式开通前的准备；已收到各类稿件50770篇；《英国医学杂志（中文版）》的选稿系统也已经投入使用。

9）办公系统已经投入使用。编辑部行文已经完全使用此套办公系统，节省了大量的办公纸张。下一步计划建设电子档案管理系统及中华医学会系列杂志编委会换届管理系统。

通过以上9项主要业务系统的使用，初步实现各期刊编辑部与中华医学会杂志社及中华医学会之间信息共享、互联互通，提高了工作效率和管理水平。

二、中国农学会的中国农业期刊数字化平台建设①

中国农业期刊数字平台的建设目标是集合我国农业期刊，实现期刊编辑部流程的数字化和网络化，在线发布现刊和历年过刊，实现多种相关数据库共享。目前已构建起基于云计算的中国农业期刊数字平台框架，完成了1720种涉农期刊的信息收集和整理，完成了400万篇涉农期刊文献的收集和整理，实现了涉农期刊论文中参考文献的互联互通，构建了期刊动态引证报告发布系统。下一步的工作目标是搭建起全新的云计算引擎，研发一个Web页面的一体化采编系统、Word文档内容的抽取技术、一稿多投和抄袭检查的查重模型、智能审稿人推荐技术、拖拽式排刊组稿技术、Excel式的操作体验技术和基于Web的即时通信技术，并优化和完善期刊动态引证报告发布系统。

（一）项目主要内容

以现有农学会主办期刊为基础，集合我国农业期刊，实现作者在线审稿、专家在线审稿和远程编辑功能，实现期刊编辑部流程的数字化和网络化。在线发布与印刷版同步的现刊和历年过刊，实现多种相关数据库共享。此外，还计划实现帮助作者、编辑部提高论文质量，为作者、审稿专家、编辑部提供有价值的学术文献，净化学术环境、防范学术不端的目标。

（二）项目目标及预期成果

1）建立共享数据库，实现审稿人数据库共享、稿件的有条件共享、编辑资料信息共享、期刊预印本共享和技术资源共享。

2）发布网刊。为读者提供当期目次（与印刷版期刊同步文章）、近期要目（有确定期号、栏目，但还没有印刷出版的文章）、在线预出版（已通过审稿确定录用，但还没有确定期号、栏目的文章）、热点文章（学会以及编辑部的当期重点推荐文章）和过刊回溯。支持大型数据库的超级链接、DOI超级链接、文章参考文献的超级链接等。

3）期刊服务和管理。提供点击率统计、会员管理（会员收费、余额不足自动通知）、批

---

① 韩忠超供稿。

量发送、E-mail Alert、IP段管理等功能。

(三)项目目前进展情况

1)确立了一次编辑、多平台发布、全媒体传播的复合出版模式,简化了网上投稿的程序和步骤。

2)研发出基于"云计算"的期刊数据分发引擎,可大幅降低整个系统的后期维护成本。其中包括:引文分析引擎——让系统自动实现了文献的深度互联互通;动态引证报告发布引擎——可实现一个月发布一次引证报告。

3)搭建起基于"云计算"的论文同行评议系统。主要功能有:①根据投稿(或需检测论文)的文题、关键词、引言或参考文献,系统自动搜索发表过相关论文的学术同行;②根据相关规则,系统自动抽取活跃同行作为论文的同行评议专家;③同行评议专家在系统提供评议表上,对论文科学性、创新性、严谨性等的描述项逐条进行选择打分;④同行评议反馈表数量复合95%统计概率时,计算对论文评分;⑤编辑部根据同行评分决定论文是否录用。

4)农业科技工作者学术数据库建设。基于1700种国内外涉农期刊,400万篇涉农文献提取作者信息。通过从已搜集的文章中,对作者信息进行分离,把作者的姓名、国家、省份、出生年月、发表文章时的年龄、单位、地址、邮编、电话、E-mail、文题、发表年份、发表刊期、发表日期等信息进行单独存储,构建一个完整的、能较全面反映农业科技工作学术历程的数据库。不仅可用于期刊平台的论文同行评议,还可作为各级科技评价管理部门、人才评价管理部门的专家基础信息库。

5)研制基于一个Web页面的期刊采编系统。率先提出了用一个Web页面完成所有工作的设想,基于这样的设想,选择了采用基于Ajax的异步无刷新技术来设计整个采编系统的功能,采用标签式的方式,让用户可以随意的切换,操作方便,计算速度比传统模式提升50%以上。目前,已全部研制完成采编系统中最核心的几大功能模块投稿系统、审稿系统、发行系统、财务系统、采编系统、读者订阅系统等的核心功能,并在如下几方面实现了重点的技术突破:①一稿多投、抄袭等的检测;②智能审稿人推荐;③拖拽式的排刊组稿,提高了组稿工作的效率;④Excel式操作,直接鼠标双击即可完成信息的登记和修改操作,节省了操作时间,提升了办公效率。

6)整合基于Web的即时通信。开发了编辑部之间、作者与编辑之间、审稿人与编辑之间的即时通信工具。只需访问网站就可以与编辑进行实时的沟通,可以大幅的提高编辑的服务意识和服务水平。

三、中国机械工程学会的中国机械工程学会期刊网[①]

中国机械工程学会计划通过中国机械工程学会期刊网平台的建设,实现期刊的投稿、审稿、编辑、出版、发行等工作的数字化和网络化,实现读者信息、作者信息、专家信息、论

① 陈超志供稿。

文信息的自动采集、分类和分析功能，开发和建立功能良好的数据安全管理系统，开发和建立期刊在线发布系统和全文数据库，实现期刊内容全文的开放获取，开发和建立期刊发行管理平台及数据库，实现期刊经营网络化。目前，正在完善科技期刊在线工作平台和科技期刊在线发布系统及全文数据库的建设；重点加强资源数据库的管理技术和知识分析抽取工具软件的开发，引入电子阅读方式和 DRM（内容数字版权加密保护技术）技术，并加强相应资源数据库和知识数据库的建设。

（一）项目主要内容

通过对中国机械工程学会所属科技期刊进行调查研究，了解科技期刊的网络建设需求；根据调查结果研究提出具可操作性的中国科技期刊数字化解决方案，包含需求分析、设计方案和实施方案等，并对该建设方案进行可行性论证，以此为基础进行系统开发。

（二）项目目标

建立一套集科技期刊在线工作平台、期刊在线发布系统及全文数据库、期刊发行管理平台及数据库于一体科技期刊数字化建设平台，实现编辑流程的网络化、期刊内容的开放获取（OA）和在线发布以及期刊经营的网络化。

（三）项目目前进展情况

1. 科技期刊在线工作平台

建设了科技期刊在线工作平台，支持稿件在线处理，实现选题、约稿、投稿、审稿、编辑、校对等科技期刊编辑出版工作的全流程网络化、一体化。并建设在流程多个环节的全文数据库的资源支撑，提高作者、专家和编辑的工作效率。平台的主要功能有：①作者工作系统，有预投稿、正式投稿、稿件查询、发布论文反馈信息、浏览已发表论文等功能；②编辑工作系统，有提交专家审批、退稿或退回修改、发稿管理等功能；③专家工作系统，有在线审查稿件、处理未审稿件、处理复审稿件、记录已审稿件、审阅翻译工作结果、查找文献等功能。

2. 科技期刊在线发布系统及全文数据库

建设了期刊在线发布系统及全文数据库，实现期刊内容的开放获取（OA）和在线发布，同时支持全文数据库的检索、原文获取和阅读。

（1）科技期刊在线发布平台

科技期刊在线发布系统或实现如下功能：①提供多种开放获取方式（OA 出版），主要功能有：即时完全开放获取，同一期中的部分文章开放获取，阶段性开放获取和双重或多重开放获取（同时在多个网络平台或网站上实现开放获取）。②通过多种手段，保障内容的开放性。论文元数据采用国际通用的技术标准，包括支持 DOI。提供 XML 格式，以方便被其他网站引用；提供文章总目次，以便被搜索引擎收录。

（2）全文数据库

全文数据收录与印刷版同步的现刊和过刊回溯，为期刊在线发布系统提供全文检索。提供期刊文献的目次（包括文题、作者姓名、卷、期、页码、学科分类、出版日期、DOI 号等),同时设置摘要、作者姓名、全文(HTML 和 PDF 格式)、参考文献等论文辅助信息的链接。点击作者姓名可浏览到该作者在该数据库中的其他文献。全文数据库提供完备的检索与导航功能,保证访问者能够通过多种路径快速方便地检索所需要的文献。已建立的检索和导航功能有:①基本检索(或称简单检索、快速检索)和高级检索;②二次检索;③文献来源检索;④作者检索;⑤期刊导航;⑥出版社导航。

3. 新增开发成果——电子刊、数字版权保护及知识挖掘工具

(1)电子期刊

提供自主研发的跨平台、兼容性好的在线阅读器,100%的保留了电子刊原有的排版格式,可使用户最大限度地感觉纸质刊阅读的体验,同时又增加了网络社区互动和全文搜索、划词翻译等电子刊特有的功能。同时提供了丰富的辅助阅读工具,如目次导航、电子书签、高亮标记、划词翻译、刊内笔记、在线提问、文档勘误、参考链接、发表评论、全文搜索、整页放大缩小等。

(2)引入数字版权保护技术

对于用户购买之后的电子期刊,可以提供完整的 DRM 保护解决方案,方便出版社对电子资料进行内容加密,防止购买用户进行复制传播。

(3)引入资源库的知识挖掘工具软件

基于知识组织方法和信息技术,开发并提供基于中文期刊会议论文、外文期刊会议论文、特色数据库以及标准、专利等资源的知识挖掘工具软件。

四、中国药学会的"中国药学会期刊网络平台"①

中国药学会期刊网络平台的建设目标是实现期刊的自主在线发行、实现编辑流程网络化、建立期刊在线发布系统及全文检索系统、推动期刊全文内容的开放获取和发布优质的药学行业信息。目前已基本完成对药学期刊网主体架构及主要功能的搭建和开发,完成二、三级页面的设计制作,设计和构建了期刊工作数据库、学术论文数据库和综合信息数据库,完成部分期刊内容数据的整理及导入,并进行前期的网站上线测试工作,实现部分了主办期刊的稿件在线处理、编辑流程网络化。

(一)项目主要内容及目标

建立中国药学会期刊网络平台,实现学会主办期刊自主在线发行,并逐步向全国药学期刊开放提供服务,以提升办刊质量和经济效益;完善稿件在线处理系统,实现编辑流程网络化;建立期刊在线发布及全文检索系统,逐步为作者、读者提供预发表、预印、重印等增值服务;平台向所有主办期刊开放,推动期刊内容的开放获取;吸引非学会主办药学期刊利用学会平台在线发布期刊;建立多媒体在线发布系统,推动探索在线学术交流;探索成立自主运营的网络机构,向全国药学期刊开放服务;探索为会员及社会提供优质、及时的药学信息服务。

---

① 韩凤、袁皓供稿。

(二)项目目前进展情况

1. 基本完成中国药学期刊网主体框架搭建

中国药学会成立了单独的部门机构筹建中国药学期刊网，招聘了专业的项目负责人，实行项目化管理。并与学会成立的"期刊网络建设核心小组"积极沟通，保障项目的顺利实施。

(1)基本完成网络环境构建

硬件配置：按照项目实施方案的要求和计划，结合技术设计的实际需求，按需配置了网络服务器，正版的系统软件、数据库管理软件以及网络管理软件。域名及网络环境：确定并申请了期刊网网络域名(http://www.cppn.cn; http://www.cppn.net.cn)网站好像打不开，完成服务器配置、主机托管以及服务器网络带宽网络环境的搭建。

(2)基本完成期刊网一级、二级页面的设计

基本完成期刊网一级页面、二级页面的布局设计以及美工制作，按照项目实施方案并综合考虑各入网期刊的需求，设计了网站首页、期刊页面、检索页面、会员中心页面、新闻发布页面等。

(3)期刊网的三级页面建立及完善

期刊网目前已经完成三级页面有：新闻发布页面、期刊数据的检索页面、期刊方阵的期刊页面、期刊的文章页面等。随着期刊网数据的逐步完善，检索功能进一步开发，期刊网的网页内容将更加翔实，将需要为期刊网添加更加丰富的三级、四级页面。

(4)期刊网数据库的设计及构建

在明确了各个期刊编辑部的总体需求的基础上确定中国药学期刊网基本功能，主要包含：期刊管理、网络出版、网络发行、电子商务四大功能。

期刊网网络系统主要以建立的几大数据结构为支撑，即期刊工作数据库、学术论文数据库和综合信息数据库。

2. 实现在线办公和网刊在线发布功能

(1)期刊数据检索

快速检索：用户在知道文章所在期刊的刊名，知道某篇文章的具体年、卷、期后可以通过快速检索直接定位到文章页面。高级检索：设立单独的网页，通过对期刊数据参数进行细分，并将细分的参数作为检索条件，实现用户对期刊数据的多功能的检索，满足用户的各种检索需要。

(2)网刊在线发布功能

在线预出版：对于定稿并计划刊出的文章，实现先于期刊印刷版的网络预出版，提高文章的时效性，缩短出版周期。现刊出版：完成现刊出版功能的设计，通过对排版数据的及时上传，建立当期期刊的在线目次，使用户通过在线目次直接链接到文章预读页面。当前阶段主要开放对现刊数据的文题和摘要的预读，并实现全网数据的检索。实现与期刊印刷版同步的网络出版。过刊回溯：完成对过刊发布功能的设计，主要以《中国药学杂志》为代表，完成《中国药学杂志》1953—2004年部分数据的整理及上传测试，设立过刊文章推荐页面，对于有重大创新和有深远影响的文章进行推荐发布，实现对过刊数据的有效利

用;对已经上传的过刊数据,设立对有效过刊数据按照年、卷、期详细排列的页面,方便用户对过刊数据的查找。

期刊方阵:现阶段建立加盟期刊的展示平台,实现对加盟期刊的介绍及宣传。随着项目的进行,将逐步开放加盟期刊的权限,实现加盟期刊部分功能的自我管理。现阶段,中国药学期刊网的期刊方阵主要由中国药学会主办的20余种期刊构成,以此作为基础,吸引非本学会药学期刊的加盟,充实药学期刊网。

对于期刊方阵中的期刊编辑部(目前主要是中国药学会主办期刊),期刊网提供帮助,协助这些期刊编辑部在线办公平台的建立及调试工作,实现作者在线投稿、编辑在线办公、专家在线审稿以及期刊数据的在线发布等在线办公功能。

3. 期刊网数据处理

制作并整理期刊数据是期刊网数据处理的重点。出版时间较长的过刊由于没有期刊的电子版,需要将印刷版期刊通过扫描、识别等技术转变成电子数据。对于已有电子版的期刊数据,还需进行数据处理。最后将原始的期刊电子数据制作成与期刊网数据库结构相契合的格式。目前已基本完成《中国药学杂志》1953—2004年的过刊数据制作,并同时整理数据,逐步上传整理完毕的数据,达到测试并完善期刊网的目的。

4. 逐步完善期刊网后台功能

期刊网各项功能的实现,必须需要一个功能强大的后台管理系统。当前,期刊网的后台功能已经能够做到上传基本信息,管理各种数据并能对网站的基本结构进行简单的修改,但随着后期期刊数据的逐步上传,网站还要具备数据统计、数据安全、数据备份等功能,因此需要不断完善期刊网的网站后台功能。

第五节　中国科协科技期刊由传统出版向数字出版转型

数字技术的兴起和发展,使得科技期刊的出版形式、传播手段、阅读方式、市场主体乃至赢利模式等方面发生了巨大变化,并导致整个传统出版行业面临结构性转变。近年来,我国数字出版取得了长足的发展,传统出版模式已经向数字出版模式演变,并基本上度过萌芽期和酝酿期,开始呈现出多样化快速发展趋势。数字出版代表着出版业的未来和方向,这是出版界的共识,发展具有中国特色的数字出版业是当前出版业的重要任务①~⑥。

本节通过对中国科协科技期刊数字出版的现状分析和有关数字出版的问卷调查结果,认为中国科协科技期刊在当前传统出版向数字出版转型时期,应重视采取以下对策加

---

① 中国出版集团共论数字出版发展前景. 中国新闻出版报,2008-05-22.

② 人民网. [2010-05-10]. http://media.people.com.cn/GB/11560268.html [2010-11-07].

③ 聂震宁. 数字出版:距离成熟还有长路要走. 出版科学,2009,17(1):5-9.

④ 郝振省主编. 2007—2008中国数字出版产业年度报告. 北京:中国书籍出版社,2008:16.

⑤ 何孟洁,张志林,孙佳迪. 数字出版业成长性探析. 北京印刷学院学报,2010,18(1):6-10.

⑥ 柳斌杰. 我国新闻出版产业总产值去年突破万亿元. [2010-01-18] http://www.gapp.gov.cn/cms/html/21/2624/201001/696384.html [2010-11-07].

快数字化发展：①创新期刊数字化体制机制，完善中国科协科技期刊的数字出版产业链；②创新期刊数字出版赢利模式，实现期刊经营的多元化；③建好期刊网站，集成为规模化的出版发行平台；④促进学术期刊的开放获取出版，实现科研成果的最广泛传播和利用；⑤增加服务意识，实现向内容服务商角色的转变；⑥重视期刊网络品牌的保护与推广；⑦注重培养懂出版、懂新技术、懂管理的复合型人才；⑧重视期刊内容的“信息网络传播权”；⑨优化出版流程，实现期刊的复合出版。

一、中国科协科技期刊的数字出版策略

中国科协科技期刊的数字出版策略以多重数字化为主，有93%的期刊在2个以上数据库发布期刊全文。依据发布期刊全文的网站和数据库数量的多少，中国科协科技期刊的数字出版策略大致可分为追求网络覆盖面的最大化的期刊、顺应数字出版转型的大趋势的期刊、建设行业门户网站的科普类期刊、消极观望或被动参与的期刊四种类型。问卷调查结果显示，有超过80%的办刊者认为多重数字化有利于期刊扩大影响和读者群、有利于读者多途径获得期刊内容；有73.0%的办刊者认为传统出版与数字出版是竞争与合作的关系，未来的期刊出版是复合出版。

（一）中国科协科技期刊的数字出版现状

2010年的调查发现，中国科协科技期刊呈现多重数字化现象（表4－62），有93%的期刊重复发布期刊全文，即在两个以上数据库发布期刊全文。这些数据库是：自建网站的全文数据库、CNKI、万方、维普、台湾华艺①、学科信息网（主要指中国科技论文在线、首席医学网、科学出版社期刊发布平台和中国光学期刊网等）、国外出版商网络出版平台。

表4－62　中国科协科技期刊在网站和（或）数据库的发布期刊全文情况

发布期刊全文的网站和（或）数据库数量（个）	刊数	所占比例（%）	学术类	技术类	综合类	科普类	检索类
无	30	3.0	4	0	5	18	3
1	42	4.2	11	6	5	20	0
2	114	11.4	75	22	9	8	0
3	426	42.5	291	104	21	9	1
4	270	26.9	210	48	8	4	0
5	96	9.5	87	8	1	0	0
6	23	2.3	22	1	0	0	0
7	2	0.2	2	0	0	0	0
合计	1003	100.0	702	189	49	59	4

① 2010年6月，台湾华艺数字股份有限公司“中文电子期刊服务”数据库共全文收录期刊2056种，其中有中国科协科技期刊264种。

有3.0%的期刊未发布全文,其中以科普类期刊为主;有4.2%的期刊仅在1个数据库发布全文,其中数量最多的也是科普类期刊;有80.8%的期刊在2~4个数据库发布全文,其中大多数是在CNKI、万方、维普同时发布全文,其次是在4个数据库发布全文,即在CNKI、万方、维普发布全文的同时还自建网站或在台湾华艺发布全文;有12.1%的期刊在5~7个数据库发布全文,以学术类期刊为主,目的是扩大期刊影响力,最大限度地增加期刊在互联网上的覆盖面和显示度。随着CNKI、万方等数据库运营商与期刊出版单位签订独家数字出版协议工作的推进,我国科技期刊的网络覆盖面有逐渐缩小的趋势。

已经与CNKI(中国知网)签订了独家数字出版协议的期刊在万方、维普、龙源、台湾华艺的全文一般收录截止到签订独家协议时,但期刊还可通过自建网站、在中国科技论文在线和首席医学网发布现刊全文,实现OA,也可在学科期刊网发布"现刊"全文。

(二)中国科协科技期刊的数字出版策略

中国科协科技期刊的数字出版策略多种多样,依据发布期刊全文的网站和数据库数量的多少,大致可分为追求网络覆盖面最大化的期刊、顺应数字出版转型大趋势的期刊、建设行业门户网站的科普类期刊、消极观望或被动参与的期刊4种类型。

1.追求网络覆盖面最大化的期刊

指121种在5~7个数据库发布全文的中国科协科技期刊(表4-62),占期刊总数的12.1%,其中有111种为OA期刊,占91.7%。这类期刊的数字出版策略的特点是最大限度地增加期刊在互联网上覆盖面和显示度。他们认为数字出版是大势所趋,别无选择,最好的办法是积极应对,才能掌握主动;认为传统出版与数字出版不是对立关系,而是竞争与合作的关系,可达到互利共赢。

典型的数字出版策略是自建网站—全文OA—采编/CNKI/万方/维普/台湾华艺/学科信息网(OA),即期刊自建具有独立域名的网站,发布OA全文,引入期刊稿件采编系统,实现编辑办公的网络化,同时为作者和读者提供多样化的信息服务;在CNKI、万方、维普、台湾华艺全文上网;在相关学科信息网全文上网,有些期刊在中国科技论文在线和首席医学网实现OA,还有些期刊除在自建网站实现OA外还在这两个学科信息网实现双重OA。23种在6个数据库和2种(《分析化学》和《植物分类学报》)在7个数据库全文上网期刊的刊名及其数字化策略列于表4-63。

表4-63 部分中国科协科技期刊的数字化策略

刊名		期刊的数字化策略
1	催化学报	自建网站—全文OA—采编/科学出版社/CNKI/万方/维普/台湾华艺
2	建筑科学与工程学报	自建网站—全文OA/中国科技论文在线OA/CNKI/万方/维普/台湾华艺
3	天文和天体物理学研究(英文版)	自建网站—全文OA—采编/IoPP/CNKI/万方/维普/台湾华艺
4	心血管康复医学杂志	首席医学网OA/CNKI/万方/维普/台湾华艺

续表

	刊　名	期刊的数字化策略
5	光谱学与光谱分析	自建网站—全文OA—采编/中国光学期刊网/CNKI/万方/维普/台湾华艺
6	光学精密工程	自建网站—全文OA—采编/中国光学期刊网/CNKI/万方/维普/台湾华艺
7	色谱	自建网站—全文OA—采编/科学出版社/CNKI/万方/维普/台湾华艺
8	生物化学与生物物理进展	自建网站—全文OA—采编/科学出版社/CNKI(独家)/万方/维普/台湾华艺
9	水产学报	自建网站—全文OA—采编/科学出版社/CNKI(独家)/万方/维普/台湾华艺
10	水生生物学报	自建网站—全文OA—采编/科学出版社/CNKI/万方/维普/台湾华艺
11	心理学报	自建网站—全文OA—采编/科学出版社/CNKI(独家)/万方/维普/台湾华艺
12	遗传	自建网站—全文OA—采编/科学出版社/CNKI/万方/维普/台湾华艺
13	原子与分子物理学报	自建网站—全文OA—采编/中国光学期刊网/CNKI/万方/维普/台湾华艺
14	振动与冲击	自建网站—全文OA—采编/中国科技论文在线OA/CNKI/万方/维普/台湾华艺
15	应用化学	自建网站—全文OA—采编/科学出版社/CNKI/万方/维普/台湾华艺
16	中国学校卫生	自建网站—目次/龙源期刊网/首席医学网OA/CNKI(独家)/台湾华艺
17	中国药理学报(英文版)	自建网站—全文OA—采编/Nature Publishing Group/CNKI/维普/台湾华艺
18	中国有色金属学报	自建网站—全文OA—采编/中国科技论文在线OA/CNKI/万方/维普/台湾华艺
19	中华急诊医学杂志	自建网站—全文收费—采编—行业信息网/龙源/万方(独家)/台湾华艺
20	中华疾病控制杂志	自建网站—全文收费—采编/首席医学网OA/CNKI(独家)/万方/维普/台湾华艺
21	作物学报	自建网站—全文OA—采编/科学出版社/CNKI/万方/维普/台湾华艺
22	红外与毫米波学报	自建网站—全文OA—采编/科学出版社/中国光学期刊网/CNKI/万方/维普
23	计算机应用研究	自建网站—全文OA—采编/龙源/中国科技论文在线OA/CNKI/万方/维普

续表

	刊　名	期刊的数字化策略
24	分析化学	自建网站—全文收费—采编/科学出版社/首席医学网 OA/CNKI/万方/维普/台湾华艺
25	植物分类学报(英文版)	自建网站—全文 OA—采编/科学出版社/Wiley InterScience/CNKI/万方/维普/台湾华艺

2. 顺应数字出版转型大趋势的期刊

指 811 种在 2～4 个数据库发布全文的期刊(表 4 - 62)，占中国科协科技期刊总数的 80.9%。其中有 OA 期刊 128 种，占 15.8%。这类期刊的数字出版策略的特点是顺应传统出版向数字出版转型的大趋势，但不追求网络覆盖面的最大化。

其典型的数字出版策略有以下几种：①无网站/2～4 数据库，期刊未自建网站，在 CNKI、万方、维普、台湾华艺全文上网；②学科期刊网全文(OA)/1～3 数据库，期刊未自建网站，而在中国科技论文在线、首席医学网和中国光学期刊网等学科期刊网全文上网，同时还在 CNKI、万方、维普、台湾华艺之中的 1～3 个数据库全文上网；③自建网站—目次—摘要—采编/2～4 数据库，期刊自建网站，发布目次和摘要，引入或开发稿件采编系统，实现编辑办公的网络化，同时还在 CNKI、万方、维普、台湾华艺之中的 2～4 个数据库全文上网；④自建网站—全文 OA—采编/1～3 数据库，期刊自建网站，发布期刊全文或(和)实现 OA，引入或开发稿件采编系统，实现编辑办公的网络化，同时还在 CNKI、万方、维普、台湾华艺之中的 1～3 个数据库全文上网。

3. 建设行业门户网站的科普类期刊

指大部分科普类期刊(表 4 - 62)，许多科普类期刊的数字出版策略为自建网站—目次—行业信息网和自建网站—目次/龙源期刊网，自建网站未发布期刊全文，仅发布期刊目次，网站建设以行业门户网站为目标，把网站建成“信息超市”，在网站上刊登或聚集大量有用、新颖的学科或行业信息，以提高网站的访问量，然后以广告收入来获取经济回报。如果网站要想获得较大的访问量，就需要投入大量的人力、物力和财力，需要有充足的信息量、优质的服务、精良的技术设备和良好的网站经营①。

4. 消极观望或被动参与的期刊

有 20 余种学术类和技术类期刊至今没有将全文数字化或仅在一个数据库全文上网(并未签订独家出版协议)，这些期刊的办刊者对数字出版抱着消极观望或被动参与的态度，把传统出版和数字出版截然对立起来，认为两者是此消彼长的关系。还有的办刊者认为传统出版有内容优势，只要攥住内容资源不放，就永远保有数字出版的话语权，就可以坐等他人开发内容金矿，坐收租金②。另外，数字出版的赢利模式不清晰也阻碍了有些办刊者参与数字出版的热情和积极性。

---

① 冯虹，周小华．中国高校学报如何面对数字化传播新趋势．北京联合大学学报(自然科学版)，24(1)：94－97.

② 谢寿光．传统出版单位的数字化转型．编辑之友，2008，(4)：19－24.

(三)对有关数字出版的问卷调查

2010年对有关数字出版的5个问题做了问卷调查,这些问题是:期刊多重数字化的利弊、期刊传统出版与数字出版关系、实现我国科技期刊数字化产业升级的途径、期刊传统出版向数字出版转型时期弥补因发行量减少而带来的发行收入下降的缺口的方法、期刊数字出版中涉及的版权问题。结果如下。

1. 期刊多重数字化的利弊

2010年对期刊多重数字化的利弊进行了问卷调查,结果显示(表4-64),有超过80%的办刊者认为多重数字化有利于期刊扩大影响、有利于扩大读者群、有利于读者多途径获得期刊内容,表明大多数办刊者对多重数字化持肯定态度。有30.5%的办刊者认为多重数字化不利于期刊版权的保护,损害了作者和出版者的权益,而仅有5.5%的办刊者认为多重数字化是资源的浪费。

表4-64 对期刊多重数字化的利弊的调查(可多选,有效问卷400份)

期刊多重数字化的利弊	刊数	所占比例(%)
有利于期刊扩大影响	355	88.8
有利于扩大读者群	337	84.3
有利于读者多途径获得期刊内容	353	88.3
是资源的浪费	22	5.5
不利于期刊版权的保护,损害了作者和出版者的权益	122	30.5
其他	3	1.0

2. 期刊传统出版与数字出版关系

对期刊传统出版与数字出版关系做了问卷调查,结果显示(表4-65),有73.0%的办刊者认为传统出版与数字出版是竞争与合作的关系,未来的期刊出版是复合出版(一份内容、使用XML语言进行结构化加工、分层次表达、全媒体发布、按需服务)①;有19.0%的办刊者认为要看不同学科、不同国家和地区的具体情况;仅有7.5%的办刊者认为传统出版与数字出版是对立关系,数字出版的发展会影响到印刷版本的发行,印刷版本会因此消失。

表4-65 期刊传统出版与数字出版关系(单选)

期刊传统出版与数字出版关系	刊数	所占比例(%)
是竞争与合作关系,可实现互利共赢,未来的期刊出版是数字复合出版	292	73.0
要看不同学科、不同国家和地区的具体情况	76	19.0
是对立关系,数字出版的发展会影响到印刷版本的发行,印刷版本会因此消失	30	7.5
其他	2	0.5
合计(有效问卷数)	400	100.0

① 左健,孙辉. 复合出版与传统出版社数字化转型. 中国出版,2010,(4-下):44-48.

3. 实现我国科技期刊数字化产业升级的途径

对实现我国科技期刊数字化产业升级的途径做了问卷调查,结果显示(表4-66),有51.0%的办刊者认为拥有版权的期刊出版单位必须独家拥有期刊的"信息网络传播权",即数字出版产业链的主导者应该是数字内容提供者,而不是目前的CNKI等数字信息服务商;有51.0%的办刊者认为应同时与多家技术提供商签订非独家数字出版合作协议,即认为多家技术提供商竞争的局面比独家垄断的局面更有利于数字出版产业的健康发展;有45.2%的办刊者认为应通过与信息服务商运营商签订独家数字出版合作协议来实现期刊数字化产业升级;有43.4%的办刊者认为可通过新闻出版总署数字出版的重点工程"国家数字复合出版系统工程"来实现;另有21.9%的办刊者认为应全部实现OA,放弃网络发行收入,实现完全公益化;还有办刊者认为可组建行业性期刊网站,通过多功能的期刊网络化信息服务平台实现我国科技期刊数字化产业升级。

表4-66 实现我国科技期刊数字化产业升级的途径(可多选,有效问卷392份)

实现我国科技期刊数字化产业升级的途径	刊数	所占比例(%)
拥有版权的期刊出版单位必须独家拥有期刊的信息网络传播权	200	51.0
同时与多家技术提供商运营商签订非独家数字出版合作协议	200	51.0
与技术提供商运营商签订独家数字出版合作协议	177	45.2
通过新闻出版总署数字出版的重点工程"国家数字复合出版系统工程"来实现	170	43.4
全部实现OA,放弃网络发行收入,实现完全公益化	86	21.9
其他	13	3.3

4. 弥补发行收入下降的方法

对期刊传统出版向数字出版转型时期,如何弥补因发行量减少而带来的发行收入下降的缺口做了问卷调查,结果显示(表4-67),有68.7%的办刊者认为技术提供商支付的费用可以用来弥补因发行量减少而带来的发行收入下降的缺口;有55.1%的办刊者认为可通过建设期刊网站实现赢利;有35.4%的办刊者认为可提高版面费收费标准;有27.9%的办刊者认为可提高印刷版本的定价;另有办刊者认为可通过增加广告收入、开展多种经营来增加期刊收入;还有办刊者认为由于科技期刊应该是非营利性的,需要政府、主办单位、基金等支持。

表4-67 弥补发行收入下降的方法(可多选,有效问卷390份)

弥补因发行量减少而带来的发行收入下降的缺口的方法	刊数	所占比例(%)
向技术提供商提供期刊数字化版本赢利	268	68.7
建设期刊网站赢利	215	55.1
提高版面费收费标准	138	35.4
提高印刷版本订价	109	27.9
其他	30	7.7

5. 期刊数字出版中涉及的版权问题

对期刊数字出版中涉及的版权问题做了问卷调查，结果显示（表4-68），有84.5％的期刊在版权协议书中写明有关数字化复制权和信息网络传播权的转让条款，另有15.5％的期刊未涉及。

由于2001年之前我国的著作权法中没有信息网络传播权，因此出版单位在开展数字出版的过程中，需请作者追认过刊的信息网络传播权。此项工作的难度较大，本次调查显示仅有32.0％的期刊对过刊的此项权力进行了追认。

表4-68　期刊数字出版中涉及的版权问题（单选）

期刊数字出版中涉及的版权问题	选项	刊数	所占比例（％）
在版权协议书中是否明确数字化复制权和信息网络传播权的归属	是	327	84.5
	否	60	15.5
	合计（有效问卷数）	387	100.0
是否与作者事后追认过期刊的数字化复制权和信息网络传播权	是	123	32.0
	否	261	68.0
	合计（有效问卷数）	384	100.0

二、中国科协科技期刊由传统出版向数字出版转型的对策建议

与印刷版期刊相比，数字化期刊具有信息传播快捷、覆盖范围广泛、更加便于互动等优点。期刊的数字出版是对期刊整个编辑业务流程、编排格式体例、出版传播方式的一种革命性的整合和再造；它模糊了编辑、印刷、出版之间的界限，淡化了刊与期的概念，改变着期刊的信息采集、内容编排、形式表达、媒体组合、信息链接等方式①。数字出版的特征使广大期刊办刊者面临角色的转变、版权意识的转变、经营意识的转变和工作方式的转变，即由传统的印刷版出版者（出版商）转向内容服务者（服务商）；不仅要关注单一的印刷版版权，还要关注作品的数字版权；要获得良好的传播效果和经济效益，除做好印刷版的发行工作外还要做好"网络发行"工作；要建立专家、作者、编者和读者间的网上交流的平台，实现作者在线投稿、专家在线审稿、编辑在线处理稿件并在线完成期刊的全部生产经营过程②。中国科协科技期刊在数字出版的环境下，应认清形势、积极应对，并着手做好以下几方面的工作。

（一）创新期刊数字化体制机制，完善中国科协科技期刊的数字出版产业链

根据内容提供者（科技期刊出版单位）距离价值实现端的由远至近，可将科技期刊的

① 李建新，赵宏榜．期刊数字出版路径．出版参考，2010，(2-上下旬合刊)：17-18.

② 刘茂林，饶邦华．数字出版——学术期刊发展的必然趋势．科技与出版，2008，(3)：52-54.

数字出版产业链归纳为4种类型。

(1)以技术提供商为主导的数字出版产业链

如目前我国大部分科技期刊的数字出版产业链。产业链中的市场主体是技术提供商,内容提供者(科技期刊出版单位)距离价值实现端最远,完全处于弱者地位,与其下游的技术提供商(CNKI、万方等)在数字出版收益分配的谈判中没有话语权。

(2)组成内容提供者战略联盟的数字出版产业链

如目前中华医学会系列期刊的数字出版产业链。产业链中的市场主体仍然是技术提供商,价值链上游的内容提供者(科技期刊出版单位)横向组建战略联盟,共同参与与其下游技术提供商进行的数字出版收益分配的竞争谈判。优点在于:在利益分配上,与下游的竞争谈判可以占据有利地位;不需要太多的资金、人员投入,可操作性较强;只要传统出版商能够达成共识,可以在短期内实现战略联盟的组建。缺点是:无法改变当前产业链的瓶颈问题——传统出版商离价值实现端较远,要通过技术提供商才能到达价值链的终点(出现价值链断点);难以改变当前数字出版市场的竞争环境;技术上仍受制于下游,无法提升传统出版商核心竞争力;不利于进一步开拓数字出版新市场①。

(3)价值链一体化重构的数字出版产业链

产业链中市场主体是内容提供者(科技期刊出版单位),通过战略联盟,实现现有数字出版产业价值链的一体化。联盟成员主要由传统出版商组成,并专门成立战略联盟组织机构或有限公司,负责整个数字出版产业价值链的各个环节。优点在于:可以彻底改变当前的“委托—代理”模式,使传统出版商直接进入价值实现端;可以有效提升传统出版商的核心竞争力,在“内容为王”的基础上结合信息技术,逐步实现向数字出版转型。缺点是:组织结构复杂,需要建立专门的组织机构或有限公司;联盟组建的资金投入较大,实现周期较长,特别是在资源建设和技术研发上,需要时间的积累②。

(4)以内容提供商为主导的数字出版产业链

如爱思唯尔、施普林格等国外大型出版商的数字出版产业链。市场主体为内容提供商。传统的大型出版集团以其在内容方面的竞争优势,在数字化转型中依然占据核心主体地位。国外的大型出版集团一般历史比较久远,规模比较大,有着非常深厚的内容资源积累,在某个或某几个专业领域内占据垄断地位或者明显的优势。通过技术转换,这些资源可以很快成为数据库产品,并可以满足数字网络媒体的海量要求。因此,在由传统出版向数字出版的转型过程中,传统的出版商依旧占据着统治地位,而内容依然是其核心竞争力,技术则成为了次要要素。由于内容提供商的雄厚的财力,往往通过收购或并购技术提供商的方式实现技术升级和转换,比较容易形成顺畅的产业链,并可在短期内迅速扩大产业规模,商业运作也在较短的时间内进入了一个良性循环③。

中国科协科技期刊办刊者应首先清楚地认识到我们才应该成为数字出版产业的主体,技术提供商只是产业链中的重要组成部分,目前科技期刊将所拥有的版权内容提供给

---

① 代杨. 新技术环境下出版企业的数字转型. 出版科学,2008,16(5):80-83.

② 金更达,樊晓燕. 战略联盟:传统出版商数字出版竞合发展模式研究. 中国出版,2009,(7):57-59.

③ 秦绪军. 国外出版商发展数字出版的特点及给我们的启示. 科技与出版,2007,(12):11-12.

技术提供商,同时也就提供长期积累的品牌、信誉,然而所得甚少①。无论在传统出版时代还是在数字出版时代,出版的核心价值都是内容。相对于内容来说,技术永远是第二位的,中国科协科技期刊必须把握好内容提供方的角色,以"弱—弱"联合的方式,与技术提供商签订数字出版合作协议,建立起互惠共赢的数字出版模式,即避免一家一家地与技术提供商合作,而是联合起来以集团的形式与技术提供商谈判,争取更高的分成比例和利益②,以提高期刊数字出版收入所占比例。同时,应以体制改革为契机,通过资本运营的方式,聚集优质内容资源,创新数字出版机制,走集约化、集团化的发展道路,对产业链的各个部分进行整合,加快数字出版业务的发展步伐③④。

(二)创新期刊数字出版赢利模式,实现期刊经营的多元化

数字出版时代,科技期刊实现赢利的模式多种多样,主要有内容赢利模式(出售内容)、广告赢利模式(发布广告)、服务赢利模式(提供信息服务)三种,大多数期刊采用的是由三种简单赢利模式组合而成的复合赢利模式。实现赢利的途径主要有加入商业数据库平台和自建网站等。赢利模式被认为是数字出版的"软肋",如何赢利,何时赢利,各家出版单位都在积极探索,有的出版单位已经有了很好的赢利模式,但总体而言是投入远大于产出⑤。

1. 内容赢利模式

(1)加入技术提供商的数据库

数字出版打破了传统出版的"物以稀为贵"的赢利模式,内容资源越集中、越丰富就越好销售⑥。将期刊内容加入到技术提供商的数据库中是目前我国科技期刊最主要的数字出版模式,这些技术提供商通过集成的海量内容资源和大规模的使用,实现期刊数字出版的赢利,是期刊数字出版的最主要收入来源。

在这种赢利模式中,技术提供商处于价值链的核心地位。与期刊社通常按照期刊的销售额度进行利润分成。普通的期刊社难于精确掌握读者数据和发行数据,由于多为分散办刊,单独与技术提供商签订数字出版合同,没有讨价还价的实力,期刊数字化收入在期刊目前的收入中所占比例仍然很小,完全无法弥补因期刊数字化而造成的发行收入减少的缺口。

(2)期刊自建网站

期刊可通过自建网站,在网站上提供的现刊和过刊全文,用户可付费浏览。付费的方式多种多样,如网站全文只对学会会员开放,向会员收取会费;只对订阅印刷版的订户开

---

① 聂震宁.数字出版:距离成熟还有长路要走.出版科学,2009,7(1):5-9.

② 刘成勇.网站的升级改造与盈利模式.出版参考,2007,(12-下旬刊):14-15.

③ 李东东.期刊业亟须打造数字化赢利模式——在第二届亚太数字期刊大会讲话[2010-10-15] http://www.gapp.gov.cn/cms/ html/21/367/201010/704472.html.

④ 陈超英.传统出版社向数字出版跨越的三条路径.出版发行研究,2010,(7):58-60.

⑤ 贾丽进,任兴春,莫淑江,等.传统出版迈入数字化时代:2008年数字出版北京调研报告.印刷杂志,2008,(11):14-17.

⑥ 葛存山,张志林,黄孝章.数字出版运作模式研究.科技与出版,2008,(9):51-55.

放(即与印刷版期刊捆绑销售,对印刷版订户免费提供期刊的电子版);网站上引入电子支付系统,在线销售期刊的印刷版和电子版,并结合物流配送服务,开展直接营销和网络营销;在网站上发布与印刷版相关的多媒体内容,进行有偿付费下载。还可将期刊全文内容打包,出售给个人和机构用户。

(3)手机期刊

手机作为重要的接收终端,几乎可以实现互联网的所有功能,除此之外还具有便捷性、移动性、信用性等诸多互联网无法企及的优势。而手机的互动性和唯一性,也使得电子杂志的运营商对用户的数据分析更为准确,用户的反馈也更加及时有效,无论对于内容出版商和广告投放商都具有极高的参考价值。特别是随着3G时代的到来,手机订阅及制作电子杂志已没有技术障碍,手机杂志将会迅速发展,成为期刊数字出版新的增长点①。但目前手机期刊还存在展示图片和期刊版式的效果不理想,读者的阅读体验较差,期刊社收入分成比例过低等缺陷②。

2.广告赢利模式

随着网民数量的不断增长和网络环境的日渐成熟,网络广告的影响力将逐年增加,所占市场份额将逐年递增③。网络广告形式多样,成本低廉,广告主可以购买网页的不同位置,也可按点击数支付广告费。期刊网站刊登广告还打破了传统期刊内容与广告必须捆绑在一起的弱点,实现了广告与期刊内容的分离④。既可刊登纯网络广告,也可将印刷版广告与网站广告结合,为客户制定不同层次的广告套餐,如对在印刷版有广告合作关系的客户,可在合作期间免费刊登产品广告或企业介绍。还可对网站频道或专栏冠名收取广告费。可在期刊网站上刊登或聚集大量有用、新颖的学科或行业信息,通过内容吸引读者,以提高网站的访问量,从而吸引广告的投放,然后以广告收入来获取经济回报。

3.服务赢利模式

服务赢利模式是指期刊利用专业优势和资源优势,通过自建网站向读者提供各种增值服务实现赢利的模式。如为其客户提供信息定制服务,将客户感兴趣的内容从不同的专业数据库中提取、打包,并通过网络传输;为客户提供相关行业政府管理、法律信息咨询服务⑤;为作者、读者提供按需印刷服务,收取印刷费用;通过提供相关专业的在线学习服务和销售专业图书赢利;通过在网站上及时发布与期刊刊登内容相关的内容新颖、时效性强的导读短文,带动印刷版本的订阅和销售⑥;开办网上商城,销售相关专业的商品;开展线上线下互动活动,线上活动包括在线访谈、在线发布会、视频访谈、产品评测、在线调查、评选、征文等;线下活动包括学术技术研讨会、主题沙龙、大型会展等。

---

① 王秋艳.我国期刊数字出版盈利模式研究.中国出版,2010,(9-下):60-62.

② 王晓光,何姣,李巧明,等.消费类期刊数字化发行模式研究.出版科学,2010,18(3):84-86.

③ 匡文波.电子与网络出版教程.北京:中国人民大学出版社,2008:72.

④ 李广宇,等.2007—2008中国互联网期刊出版产业年度报告.见:郝振省主编.2007—2008中国数字出版产业年度报告.北京:中国书籍出版社,2008:86-115.

⑤ 乔丽.传统出版社数字出版赢利模式探析.科技与出版,2009,(9):46-48.

⑥ 杨青,韩培.学术期刊建设独立网站的探索与实践——《中国新药杂志》网络化历程.中国科技期刊研究,2010,21(2):207-209.

(三)建好期刊网站,集成为规模化的数字出版平台

随着互联网的快速发展,期刊建设网站已经越来越成为提升办刊水平和提高期刊影响力的重要手段。一个设计良好的网站可以成为科技期刊传播其信息的最重要载体和窗口,成为编辑与读者、作者和审稿专家沟通的主要桥梁。中国科协科技期刊的网站建设呈现快速发展的态势,表现在网站数量日趋增加、内容日趋丰富、功能日趋完善、设计日趋合理,服务日趋多样,但网站建设中还存在内容集成度低、功能满足度差、内容参差不齐、赢利模式有待探索等问题①。应重视期刊网站的建设,从各种渠道筹集资金,加大投入,并从内容、导航、信息组织结构、用户界面、检索功能、内外部链接、技术支持、用户服务等几个方面提升网站的内容质量和技术含量②。

在期刊网站建设过程中还应特别注意以下几个问题:

1)应科学地设计网站,用清晰的结构、良好的界面展示期刊的信息,并尽可能构建导航系统、搜索系统、网上购物系统、网上支付系统等,为作者、读者、合作伙伴使用网站提供便利。

2)应该在网站提供诸如BBS或网上论坛、网上销售这样双向互动的沟通工具,为期刊(特别是技术类和科普类期刊)与作者、读者、合作伙伴的沟通提供方便,使网站不仅成为期刊向作者、读者、合作伙伴传递信息的重要工具,也使其成为期刊收集其客户意见的有效手段③。

3)在建设学术类期刊网站时,应该具有前瞻性,尽可能使网站包含更多的信息量,为读者提供更多信息,而不应办成印刷版期刊的简单翻版。应充分地利用好网络技术的优势,建立相关数据库,设立友情链接,为读者获得更多的相关信息提供可能④。

科技期刊网站若为独自经营,从点击率和下载率获得的收益往往是微不足道的,只有多个期刊联合起来,形成一个具有一定规模的期刊群体,实行差异定位,将多种期刊以数据库的形式集成后发行,同时利用专业优势组织科技宣传和展览等多种方式,才能获得理想的收益⑤。

中国科协等期刊管理部门应加大对所属期刊数字化建设的投入,改变目前大多数期刊网站的"信息孤岛"状态,分期分批支持全国学会建立科技期刊数字出版、信息发布并集成各类资源的一站式数字出版平台。以全国学会建立的科技期刊数字平台为基础,将中国科协1000余种期刊集成为中国科协科技期刊数字平台,以打造中国科协科技期刊群的整体形象,提高中国科协科技期刊的国内外显示度,实现中国科协科技期刊的数字出版产业升级。

---

① 程维红,任胜利,王应宽,等. 中国科协所属科技期刊的网络化建设进展. 中国科技期刊研究,2010,21(4):425-430.

② 张志林,何志成. 出版业网站评价原则与指标体系构建. 中国出版,2010,(2-上):36-40.

③ 孙秀翠,袁勤俭. 传统出版企业实施数字出版的策略分析. 中国出版,2009,(11-下):72-75.

④ 张静,黄文龙. 中国药学会主办期刊网站分析及对策. 中国科技期刊研究,2010,21(3):305-309.

⑤ 杨宏,卢振举. 网络环境下科技期刊的发展思路. 中国科技期刊研究,2010,21(3):271-273.

(四)促进学术期刊的开放获取出版,实现科研成果的最广泛传播和利用

开放获取(OA)是基于数字技术和网络技术,在尊重创作者知识产权的前提下,一种更便于用户获取和使用相关信息的开放式传播方式①。本课题组的调查显示,OA 期刊总被引频次、影响因子和即年指数的五年平均增长率分别高于非 OA 期刊 7.3%、6.2% 和 59.0%,说明实现 OA 可切实提高期刊的学术影响力,特别对提高期刊当年的引用率有明显效果,其次是近两年和历年过刊的。OA 对期刊学术影响力的提高是互联网传播速度快、范围广的优势加免费获取两种因素共同作用的结果。办刊者对 OA 最大的顾虑是降低期刊的发行量、减少期刊的发行收入和增加期刊的运营成本。但本课题组 2010 年的调查显示,认为实现 OA 后期刊印刷版本发行量、发行费收入和运营成本基本持平的所占比例最大,分别为 49.0%、52.9%和 51.9%(见本章第三节表 4-60)。

(五)增加服务意识,实现向内容服务商角色的转变

在数字出版时代,出版从传统的物流转变为信息流,从单向传递转变为双向互动,从以产品为主转变为以产品和服务为主。从数字出版的产业链上看,期刊出版活动已转变为网络信息服务业的一部分②。科技期刊的办刊理念应由卖“内容”向卖“信息服务”转变,依照期刊的三次售卖③理论延伸期刊产业链,推动期刊的相关经营,充分发挥期刊的品牌价值发展衍生产品④。为顺应数字出版时代办刊者由传统的印刷版出版者(商)转向内容服务者(商)的角色转变,应增强服务意识,不仅是对作者,更重要的是要提高对读者的服务质量。传统期刊的服务主要是发表和阅读,读者拿到一期杂志,包括广告,看完了可能很难快速获得自己的延伸服务需求;有了网络就可以快速、低成本、主动地为读者提供个性化服务,从浏览、收藏、分享,直到在线购买,全程定制化满足读者需要,从而促进传统期刊的持续经营⑤。

(六)重视期刊网络品牌的保护与推广

网络品牌(Network brand)是在传统品牌的基础上发展起来的,是指区别于竞争者的,拥有大量稳定的访问者,能形成竞争优势的网络标志。一个好的品牌在客户中自然有

---

① 赵峰,陈宏愚,张春强.构建中国特色 OA 出版体系;助推创新型国家建设.中国科技期刊研究,2010,21(3):274-277.

② 程国重,蒋海鸥.定位决定价值——传统出版单位寻求数字出版项目的盈利模式探讨.出版广角,2009,(4):12-13.

③ 三次售卖是期刊经营过程中的三种不同层次的销售模式。第一次售卖是把期刊卖给读者,取得发行收入,对于一些期刊这一块收入经常是低于成本价的;第二次售卖是把读者卖给广告客户,取得广告收入,这一块收入是大多数期刊的主要经济来源;第三次销售是凭借期刊的品牌开发衍生产品,如出版合订本与增刊,依托期刊经营网站,举办会展和培训等活动,进行品牌授权等[林英泽.财经期刊经营的第三次销售.今传媒,2007,(8):31-33]。

④ 刘冰,游苏宁.集群化医学期刊数字出版的思考与实践.中国科技期刊研究,2010,21(3):282-285.

⑤ 郑筱梅,杨小玲.期刊网络化趋势及科技期刊应对策略.编辑学报,2009,21(1):64-66.

一个好的口碑，将品牌延伸到网络产品，如网站名称、网站域名、网站Logo，由此在网民心目中树立起的形象就是网络品牌①。网络品牌由品牌的名称、图案和附属内容构成。网络品牌的名称就是网站名称、网站域名或域名的简要部分；品牌图案包括专门设计的符号、图案、色彩和文字等；附属内容则是指附属于品牌名称和图案表达形式之上的其他表达形式，如声音、三维动画等②。重视和加强网络品牌的开发与保护，是扩大期刊影响力，促进传统期刊品牌延伸与增值的重要途径。在知识经济与网络经济时代，域名、网站名称、网站Logo以及网络声誉成为期刊宝贵的无形资产，共同构成期刊最主要的网络品牌资源③。

网络是有别于传统流通渠道的新型媒体，在网络中，期刊可以低成本地建立自己的品牌，也可能会被淹没在众多的信息当中。因此，如何在网络环境下寻找到一条合适的期刊推广策略、符合网络特点的品牌策略，是传统的期刊经营者面临的一大挑战④。期刊建设独立网站，提供数字化内容和服务，对彰显期刊品牌和提高期刊的影响力有积极的促进作用。直接以期刊名称命名的网站，通过个性化的设计，以丰富多彩的网上内容及服务吸引广大网民的关注，在短期内就会拥有大量的读者，且通过与网站配套建设的数据库功能，可以帮助期刊社掌握自己的用户群，积累客户资料。此外，品牌期刊的网站除主要提供文献服务外，还可以凭借其知名度，根据读者群的特点进行商务活动，积极吸引相关产品的广告商⑤。

期刊的网络营销过程，也就是期刊网络品牌的在线推广过程。期刊社或编辑部可以利用网络在进行选题策划与组稿、编审与加工、征订与发行等常规业务的同时，开展读者市场调查与分析，进行更加详细的广告分类、内容分类，提供产品服务和信息反馈等业务，收取增值费用⑥。还可以充满活力的网络社区，吸引网络用户并为其提供数字化的期刊品牌体验⑦。

(七)注重培养懂出版、懂新技术、懂管理的复合型人才

数字出版在技术形态、知识结构、出版形态、出版流程、出版模式、市场营销等方面都不同于传统出版，对人才能力提出更高的要求，目前最急需的是对传统出版流程和数字技术及经营管理都比较熟悉或精通的应用型、实践型、复合型人才。一方面，在制定数字出版发展战略时要把人才队伍的建设作为长远战略来考虑，在人才的开发、培养、管理等方面要有相应计划和制度⑧；另一方面，建立行之有效的培训机制，重视对适合数字出版的复合型人才的培养；在期刊出版单位内部也要加大培训力度，既要安排相关人员到大专院

---

① 莱文．网络品牌．潘卫民，译．北京：新华出版社，2003：1－30.

② 姜彩芬．网络品牌建设．经营与管理，2007，(10)：9－30.

③ 贾亚洲．期刊网络品牌的保护与推广．科技与出版，2008，(12)：55－57.

④ 谢新洲，万猛，柯贤能．网络期刊的发展及其评价研究．出版科学，2009，17(1)：22－28.

⑤ 钟丽君．科技期刊数字化发展探究．中国科技期刊研究，2010，21(5)：689－692.

⑥ 贾亚洲．期刊网络品牌的保护与推广．科技与出版，2008，(12)：55－57.

⑦ 何海林．寻找国外期刊网站的成功之道．传媒，2008，(5)：61－63.

⑧ 张淑芳．传统出版单位如何解决数字出版人才匮乏问题．中国出版，2009，(6)：42－44.

校进行学习或参加短期培训,提高业务能力,又要营造出良好的学习氛围,鼓励在职的所有人员利用空闲时间学习数字出版知识,帮助每个人成为既懂本专业知识又懂高新技术的"多面手"①。

(八)重视期刊内容的"信息网络传播权"

为了适应我国加入 WTO 后对著作权的保护,适应新形势下尤其是计算机网络环境下著作权保护的迫切需要,2001 年修订《著作权法》时,在发行权、展览权、表演权、放映权和广播权等传播权之外,针对交互性网络传播的特点增加了"信息网络传播权"。"信息网络传播权"指版权人在信息网络上通过有线或无线的方式传播作品的权利,是在传统著作权基础上派生的而又与之关联的一种新的著作权利。除法律规定的合理使用、法定许可等情况外,他人不经授权许可,不得擅自将著作权人及邻接权人的作品在网络上传输和传播,否则,将构成侵权行为。

现在许多期刊在"征稿启事"或发表"声明"指出:"本刊对所发论文享有电子出版权,如有异议,请先声明。"这样的启事或声明本身不合法,电子出版权其实就是"信息网络传播权",是属于著作权人的,而并非期刊社的②。期刊社应在与作者签署的版权转让协议中明确加入有关信息网络传播权让渡内容。值得注意的是,在期刊社与作者签署的版权转让协议中明确加入信息网络传播权之前出版的文章的信息网络传播权仍归作者所有,而不在期刊社手中,更不在技术提供商手中,如果要将过刊上网,进行网络传播,必须与作者补签信息网络传播权的转让协议。海量作品的授权问题——数字出版产业存在的版权困境,已经成为制约产业发展的瓶颈。解决的方法有直接授权模式、间接授权模式、默示式授权模式等多种③。

(九)优化出版流程,实现期刊的数字复合出版

"复合出版"是在"双轨出版"、"跨媒体出版"等概念基础上发展起来的,基础都是 XML 技术。万维网联盟制定的 XML 标准是一种简单的数据存储语言,是建立结构化文件和数据的通用格式。其文档是一个文本文件,易于掌握和使用。XML 可按照统一的格式灵活采集各类电子信息到内容资源库中进行管理、加工、整合和共享,在各种媒介进行内容发布或按需印刷④。不仅实现内容与形式分离,还重点强调内容与内容之间的关联,其实质可以概括为"一份内容、结构化加工(排版)、分层次表达、全媒体发布、按需服务"。其中,"结构化加工"是基础,"分层次表达"是功能,"全媒体发布"是形式,"按需服务"是目的。复合出版模式是传统出版单位从事数字出版的可行之路。复合出版将传统

---

① 金雯．期刊数字化面临的问题和对策初探．江苏教育学院学报(社会科学版),2008,24(2):105－108.

② 王军华．学术期刊的网络化与信息网络传播权的保护．编辑之友,2007,(3):95－96.

③ 李孝霖．数字出版产业版权困境解析．电子知识产权,2010,(1):69－73.

④ 沈俊,缪淮扣．用 XML 实现基于大型数据库的结构化排版．上海大学学报:自然科学版,2006,12(5):524－528.

出版与数字出版融于一体，重建传统出版社的主体地位，体现其“内容为王”的核心价值①。

目前国际领先出版集团的期刊数字出版平台均采用XML技术集成了学术期刊数字资源采集、加工、存储、后台管理、信息服务等多项功能，实现了数字出版的产业升级②。我国目前正在实施的被称为新闻出版总署在数字出版方面的第一号工程的“国家数字复合出版系统工程”也将应用XML技术实现“知识标引、多重应用、一次制作、多元应用”的目标③。因此，建议中国科协科技期刊中有条件的编辑部或期刊出版单位大力推行和加快实现基于XML技术的结构化排版，对出版流程进行全方位改造，优化出版流程，实现期刊数字出版的可持续发展。

---

① 左健，孙辉．复合出版与传统出版社数字化转型．中国出版，2010，(4-下)：44-48.

② 刘冰，游苏宁．我国科技期刊应尽快实现基于结构化排版的生产流程再造．编辑学报，2010，22(3)：262-265.

③ 毛善锋，田杰，张莞．预置XML标签，定制DOI元数据．科技与出版，2009，(11)：14-16.

第五章 中国科协科技期刊出版体制创新与发展

2006—2010 年是我国新闻出版体制改革由试点转向全面推开并取得重大进展的 5 年,也是中国科协及其全国学会在科技期刊出版体制机制创新方面积极探索实践的 5 年。当前,中国科协科技期刊的体制改革面临着新的形势与任务,准确把握中国科协科技期刊出版体制现状及特点,全面总结 2006—2010 年中国科协及其全国学会期刊出版体制机制创新进展情况,深入研究科技社团期刊出版体制改革的制度安排等重大问题,对于在新闻出版体制改革持续深化的大背景下稳步推进中国科协科技期刊的改革创新发展,促进中国科协科技期刊更好地为建设创新型国家服务,具有重要的现实意义。

第一节 中国科协科技期刊出版体制现状及特点

中国科协科技期刊包括中国科协所属全国学会(含少数中国科协直属机构,下同)主办和参与主办的科技期刊,其出版体制与全国期刊相比既有共性又有特性。一方面,中国科协科技期刊是我国期刊的有机组成部分和我国科技期刊的代表性刊群之一,因此其办刊体制和出版管理体系与全国期刊特别是全国科技期刊相比有许多共同之处;另一方面,全国学会作为中国科协科技期刊的主办单位,其非营利性组织的性质和立足于学术交流的办刊宗旨决定了其主办和出版科技期刊的非营利性,体现出科技期刊作者、审稿者、编者和读者"四位一体"这一科学共同体办刊的特色,因此,中国科协科技期刊的出版体制与其他期刊相比具有一定的特殊性。

一、中国科协科技期刊出版管理体制概述

我国的期刊出版实行审批制度和主管主办单位制度。主管主办单位制度要求期刊由出版单位出版,出版单位必须有主办单位和主管单位,主办单位和主管单位须履行相应的管理职责;审批制度则明确出版资源由国家配置,创办期刊和设置期刊出版单位须经国家出版行政部门批准。就中国科协科技期刊的情况来看,主管主办单位制度得到了有效落实,切合科技社团办刊实际、以提高期刊质量水平为核心的主管、主办和出版三级管理体系日益完善,科技期刊的管理已步入规范化和制度化的轨道;但同时,由于主办单位和主管单位多元化,以及多数出版单位设立在全国学会的挂靠单位和其他主办单位或协办单位,也使得中国科协科技期刊的出版管理体制错综复杂。

(一)主管主办和出版三级管理体系日益完善

中国科协科技期刊的管理包括三个层面:①中国科协作为主管单位对所属全国学会科技期刊的管理;②中国科协所属全国学会作为主办单位对其科技期刊的管理;③中国科协所属全国学会期刊出版单位的科技期刊管理。这三个层面的管理共同构成中国科协科

技期刊完整的出版管理体系，共同促进中国科协及其全国学会主办科技期刊的繁荣和发展。

1. 中国科协坚持对科技期刊管理、指导、服务和支持

支持和督促所属全国学会办好所主办的科技期刊，是中国科协的一项基本职责。中国科协的科技期刊管理工作，一贯坚持管理、指导、服务和支持并重。中国科协每年确定学会学术工作重点，都把加强科技期刊管理、促进科技期刊发展作为一项重要内容，把科技期刊管理工作与学会学术工作紧密结合起来。2006—2010 年，中国科协科技期刊数量从 892 种增长到 1003 种，其中中国科协主管期刊数量从 421 种增长到 443 种(表 5 - 1)，中国科协一方面按照国家有关规定对其主管的科技期刊履行管理职责；另一方面积极指导、支持所属全国学会办好其主办的科技期刊，努力为科技期刊的发展创造良好的条件并提供周到细致的服务。

表 5－1　中国科协科技期刊数量(2006—2010 年)

年份	中国科协科技期刊数量(种)	中国科协主管期刊数量(种)
2006	892	421
2007	898	428
2008	960	435
2009	954	434
2010	1003	443

数据来源：中国科协科技期刊 2006—2010 年调查数据。

管理方面，注重加强制度建设，认真履行主管单位职责。无论中国科协内部机构如何变动，都保留了期刊管理机构，配备精干力量，负责对科技期刊进行归口管理，使科技期刊的年度核验、登记项目变更、事后审读等日常管理工作落到实处。早在 1993 年，中国科协就制定《中国科协科技期刊管理暂行办法》和《中国科协科技期刊审读办法》，1999 年又制定《中国科协科技期刊日常审读工作制度暂行规定》，2000 年印发《中国科协关于进一步加强科技期刊出版管理工作的若干意见》。为了进一步规范中国科协主管期刊出版业务审核报批程序，更好地为期刊主办单位和出版单位做好服务工作，中国科协学会学术部还根据新闻出版总署颁布的《期刊出版管理规定》及其他相关文件，于 2006 年 2 月 16 日编制印发《中国科协主管期刊出版业务主要报批项目办理指南》。尽管期刊管理机构每年的日常管理工作量巨大，但各项管理事务都能够有条不紊地及时办理，保证了主管单位职责的有效履行。

指导、支持和服务方面，坚持以提高科技期刊质量水平为目标，有针对性地落实具体工作措施。例如，为了保证科技期刊的出版质量，建立了一支高素质的审读员队伍，每年都组织中国科协科技期刊的审读工作，及时发现和解决出现的问题，杜绝严重政治性和科学性问题的出现，审读结果不仅向期刊编辑部反馈，还以《出版管理工作简报》和通报的形式向期刊主办单位反馈。为了提高编辑队伍素质，根据管理部门的要求和科技期刊发展需要，定期组织举办相关培训。如 2006 年 8 月举办中国科协主管期刊编辑人员培训班，

2008 年 12 月 11～17 日举办中国科协主管期刊编辑岗位培训班，2009 年 4 月 16 日举办中国科协期刊管理运营讲习班，2010 年 6 月 28 日～7 月 2 日举办第 8 期中国科协主管期刊主编岗位培训班，2010 年 6 月 29 日举办全国学会秘书长期刊出版政策法规培训班。特别是最近几年，通过举办科技期刊发展论坛等形式，提高了科技期刊的学术交流水平；通过组织专家学者开展相关课题研究以及编撰《中国科协科技期刊发展报告》等，提升了科技期刊的理论研究水平；通过连续举办科技期刊优秀论文评选表彰等活动，加强了科技期刊作者队伍建设；通过实施科技期刊国际推广计划，加强了科技期刊的国际交流与合作；通过建立科技期刊与新闻媒体见面会制度，密切了科技期刊与公众的联系；通过实施精品科技期刊工程项目，提高了科技期刊的学术质量和出版水平。中国科协对科技期刊指导、支持和服务的各项创新举措，在促进我国科技期刊创新发展中的积极作用正日益显现。

2. 全国学会努力将主办的期刊培育成学会的旗帜

全国学会作为科技社团，是科学建制的重要组织形态，是科学共同体的重要组成部分，是科学交流活动的重要组织载体，因此，全国学会主办科技期刊具有得天独厚的优势。

从管理体制上看，全国学会是中国科协科技期刊的主办单位，按照国家有关规定对其主办的期刊履行管理职责。在中国科协科技期刊的三级管理体系中，全国学会处于主办单位这一承上启下的位置，中国科协对科技期刊的主管职责，也大多是通过全国学会对其主办期刊的监督管理来具体实现的，因此，全国学会在中国科协科技期刊出版管理方面的地位和作用不可替代。

从管理重点上看，全国学会把科技期刊作为重要的学术交流平台，始终把提高期刊出版质量和学术水平作为管理的着眼点，坚持以服务促进对期刊的管理，并注重与期刊形成良好互动关系，努力把其主办的科技期刊培育成学会的旗帜。由于计划经济时期形成的出版管理体制及科技社团挂靠体制等历史原因，全国学会主办期刊的出版单位有的由学会设立，有的则由学会的挂靠单位或具体承办期刊的其他单位设立，并由此使得学会与出版单位的关系呈现出紧密型和松散型两种关系，这两种关系的主要区别在于学会是否具体负责出版单位人财物的管理，并不影响学会在学术资源、办刊资金等方面对期刊的支持，也不影响出版单位利用学会这一学术平台和相关学术资源来促进期刊发展。也就是说，一本期刊无论其出版单位是否由学会设立，只要这本期刊是由学会主办或参与主办，学会都致力于将其培育成学会的一面旗帜。这也正是全国学会作为非营利性社团组织在主办科技期刊方面的独特优势和公信力之所在，体现出科学共同体办刊的特色。

从管理方式上看，全国学会对其主办期刊的管理，因学会的机构设置、办刊规模不同而表现出差异。有的学会通过成立常务理事会领导下的编辑出版工作委员会来指导科技期刊出版工作；有的成立专门的科技期刊分会或专业委员会，定期组织开展科技期刊编辑出版方面的交流，并且这种交流并不局限于在学会主办的期刊之间进行；有的在办事机构内设立专门的出版机构，一方面承担某些科技期刊的具体编辑出版工作；另一方面负责对其主办的其他科技期刊的管理；有的还建立了完善的科技期刊编辑出版管理制度，制订具有学科领域特色的科技期刊编辑出版流程、技术规程和工作规定。绝大多数学会能够贯彻落实主管单位对期刊管理的基本要求，结合学会的办刊实际，履行主办单位对期刊的管理职责。

3. 出版单位致力于提高科技期刊学术质量和水平

全国学会主办和参与主办的科技期刊，大多是学术类期刊，这些期刊从创办之日起就明确是为促进学科发展和科学共同体的学术交流服务的，其出版单位无论是由学会设立还是由学会的挂靠单位或其他单位设立，都是为科学共同体办刊，也都属于科学共同体在办刊，提高期刊的学术质量和水平，既是设立出版单位的上级单位对出版单位的必然要求，也是出版单位得以存在的根本前提。因此，全国学会主办期刊的出版单位，都坚持把期刊管理的重点放在提高期刊的学术质量和出版水平上，严格执行科技期刊学术标准，并通过加强编委会建设、审稿专家队伍建设和编辑部内部管理等具体措施来予以落实。

(二)管理主体多元，出版管理体制错综复杂

尽管中国科协科技期刊的主管主办和出版三级管理体系日益完善，但需要指出的是，由于主办单位多元化和主管单位多元化比较普遍，同时，多数出版单位设立在全国学会的挂靠单位和其他主办单位或协办单位，主办单位与出版单位之间关系复杂，使得中国科协科技期刊的出版管理体制错综复杂，从而增加了出版体制改革和出版资源整合的难度。

1. 主办单位多元化

主办单位多元化，是指同一种期刊由多个主办单位共同主办。2010 年，中国科协所属全国学会(含中国科协直属单位，下同)主办和参与主办的科技期刊共有 1003 种。其中，第一主办单位是全国学会的 716 种，占总数的 71.4%；而第一主办单位是研究院所、高等院校等其他单位的共有 287 种，占总数的 28.6%(表 5－2)。

表 5－2　中国科协科技期刊第一主办单位分布情况(2010 年)

第一主办单位类别	期刊数量(种)	比例(%)
全国学会(含中国科协直属单位)	716	71.4
研究院所	169	16.8
高等院校	38	3.8
国家有关部门或单位	26	2.6
报刊图书出版单位	4	0.4
公司(企业)	32	3.2
省级学会	13	1.3
医院	5	0.5
合计	1003	100.0

数据来源：中国科协科技期刊 2010 年统计数据。

在全部 1003 种期刊中，有 580 种期刊存在两个或两个以上主办单位，占总数的 57.8%，即超过半数的期刊其主办单位呈现出多元化现象。

中国科协科技期刊之所以半数以上存在主办单位多元化现象，既与期刊的审批制度

和主管主办制度密切相关,也与全国学会的科技社团属性及其挂靠体制的密切相关,但更主要的是,这是利用科学共同体的学术资源和社会力量办刊的一种形式,是一些科研单位和全国学会创办期刊时的必然选择。统计资料显示,与全国学会共同主办期刊的单位,主要是研究院所、高等院校这样的科研单位。无论是全国学会作为第一主办单位与这些单位合办期刊,还是这些单位作为第一主办单位与全国学会合办期刊,其初衷都是为了增强办刊力量,改善办刊条件,使期刊的出版既能以全国学会这一科学共同体的学术资源为依托,又能以科研单位的办刊力量和其他条件为支撑,从而促进期刊出版质量和学术水平的提高。

但是应该看到,全国学会与其他单位合办期刊,使得参与主办期刊的这些单位与科学共同体内的其他单位相比,在利用期刊为本单位科研工作服务方面处于"近水楼台"的位置,在决定期刊发展战略等问题上也拥有更多的话语权,从而其学术公信力可能给科学共同体办刊的学术公信力带来潜在的影响。另外,一种期刊有多个主办单位,对出版单位的多头管理在所难免,有时可能会使出版单位无所适从,特别是这些主办单位如果在体制改革、资源整合等重大问题上难以达成共识,则可能掣肘出版体制改革和出版整合资源的推进。

2. 主管单位多元化

主管单位多元化,是指全国学会单独主办或作为第一主办单位(主要主办单位)与其他单位合办的期刊,并不完全是由全国学会的业务主管单位主管,而是由不同的主管单位主管。调查显示,中国科协所属全国学会主办和参与主办的1003种科技期刊,其主管单位共有180多个,这些主管单位既有政府部门和事业单位,也有企业和人民团体等。其中,中国科协主管期刊443种,占44.2%;中国科学院主管期刊112种,占11.1%;卫生部主管期刊90种,占9.0%;其他部门或单位共主管期刊358种,占35.7%(表5-3)。

表5-3 中国科协科技期刊主管单位分布情况(2010年)

主管单位	数量(种)	比例(%)
中国科协	443	44.2
中国科学院	112	11.1
卫生部	90	9.0
其他	358	35.7
合计	1003	100.0

数据来源:中国科协科技期刊2010年统计数据。

由于中国科协科技期刊既包括全国学会单独主办和作为第一主办单位与其他单位合办的期刊,也包括全国学会作为第二、第三或第四主办单位与其他单位合办的期刊。因此,中国科协科技期刊中出现不同的主管单位是正常现象。根据国家出版管理的相关规定,前者应为中国科协主管,后者则不属于中国科协主管的范畴。

但是,在全国学会单独主办和作为第一主办单位与其他单位合办的716种期刊中,有434种由中国科协主管,占60.6%;其余的282种期刊分别由其他单位主管,其中,卫生部主管84种，中国科学院主管34种，另外164种期刊的主管单位共有90多个。这说明全国学会单独主办和作为第一主办单位与其他单位合办的期刊，其主管单位呈现出多元化现象。

进一步分析还发现，同一个全国学会主办不同的期刊，往往存在不同的主管单位，形成同一个全国学会面对着多个主管单位的局面。例如，中华医学会的业务主管单位是中国科协，但中华医学会主办的期刊，主管单位有的是中国科协，有的是卫生部；中国物理学会的业务主管单位也是中国科协，但中国物理学会主办的期刊，主管单位有的是中国科协，有的是中国科学院；等等。这表明全国学会主办的期刊，其主管单位不仅多元化，而且复杂化了。

与主办单位的多元化一样，中国科协科技期刊的主管单位出现多元化和复杂化现象，也有多种历史原因。尽管多一个主管单位可能会对期刊多一分支持，但这种管理模式的弊端也是显而易见的，特别是不利于期刊出版资源的整合和市场主体的重塑。随着出版体制改革的不断深入和出版管理制度的进一步完善，这种状况应该逐步得到改变。

3. 主办单位与出版单位之间关系复杂

按照《出版管理条例》和《期刊出版管理规定》等法规的规定，期刊出版单位应当由其主办单位申请设立，主办单位是出版单位的上级领导部门，主办单位与出版单位是领导与被领导的关系，而不是挂靠与被挂靠的关系。但是，由于中国科协科技期刊的办刊主体全国学会属于科技社团组织，经济实力普遍有限，并且在长期的计划经济体制下形成了挂靠体制，加之期刊主办单位多元化现象普遍存在，因此，在国家出台相关管理规定之前，出版单位的设立已经表现出多种形式，主办单位与出版单位之间的关系也比较复杂。

目前，中国科协科技期刊的出版单位设立主要有三种情况：①由全国学会设立；②由全国学会的挂靠单位设立；③由其他主办单位、协办单位或承办单位设立。根据2010年对参与调查的429种中国科协科技期刊的统计，出版单位由全国学会设立的占26.3%，由全国学会的挂靠单位设立的占24.2%，由其他主办单位、协办单位或承办单位设立的占49.5%（表5-4）。出版单位的类型包括编辑部、杂志社和有限责任公司等，其中编辑部和杂志社占绝大多数。

表5-4　中国科协科技期刊出版单位的行政隶属关系

出版单位的行政隶属关系	期刊数量（种）	比例（%）
出版单位隶属于全国学会	113	26.3
出版单位隶属于全国学会	104	24.2
出版单位隶属于其他主办、协办或承办单位	212	49.5
合计	429	100.0

数据来源：中国科协科技期刊2010年调查数据（有效问卷429份）。

全国学会设立的出版单位，一般是学会办事机构的一个组成部分，与学会存在行政上的隶属关系，因此学会拥有对出版单位人、财、物的管理权。实际上，全国学会既是期刊的主办单位，也是期刊的编辑出版单位。这种全国学会集主办单位与出版单位于一体的出版模式,是科学共同体办刊的一种典型模式,既便于学会履行主办单位职责,加强对期刊的管理,也有利于促进学会的学术交流活动与期刊出版工作紧密结合,使期刊能够充分利用学会的学术交流平台和各种资源,提升出版质量和学术水平。但是,由于种种原因,这种出版模式在全国学会主办的期刊中还不够普及。

由于一些全国学会(包括其分支机构)的办事机构挂靠在某个单位,学会主办的期刊也就同时挂靠在这个单位,从而出现由学会的挂靠单位设立出版单位的情况。这些出版单位一般与学会的办事机构合并办公,因此与学会也属于紧密型关系,学会可以行使对期刊人、财、物的管理权。这种由学会的挂靠单位来设立出版单位的现象,是与科技社团的挂靠体制相伴而生的,有其存在的合理性和历史必然性,也是符合我国科技社团实际的一种办刊方式。当然,挂靠单位对学会及学会主办期刊的重视程度和支持力度,以及挂靠单位自身的组织结构和管理体制,都可能对期刊出版单位的管理模式和运行机制产生重要影响,期刊的发展状况与学会和学会的挂靠单位都有密切关系。

调查显示,有将近一半的中国科协科技期刊,其出版单位是由全国学会及其挂靠单位之外的其他单位设立,这些承担具体办刊任务的单位,有的是期刊的主要主办单位(全国学会只是参与主办期刊),有的是学会创办期刊的共同主办单位,但也有的不具备“合法”身份,仅仅是期刊的协办单位或承办单位,情况十分复杂。要理清主办单位、承办单位与出版单位之间复杂的产权关系,实现相关各方责权利的统一,是体制改革面临的难题之一。

(三)出版资源配置与学科发展需要存在矛盾

中国科协所属全国学会是按不同的学科和专业领域设立的,绝大多数全国学会因学科发展和学术交流需要,都有持续旺盛的办刊需求。但是,在国家目前的期刊出版管理体制下,出版资源的配置与学科发展之间还存在着一定的矛盾。尽管从数量上看,中国科协所属全国学会主办和参与主办的科技期刊已由2006年的892种增长到2010年的1003种,但如果将这几年增长的100多种期刊平均到中国科协所属197个全国学会,每个学会还增长不到1种;并且这增多的100多种期刊大多不是经批准创办的新刊,而主要是通过变更现有期刊的主管单位和增加共同主办单位等方式增长的。据统计,2006年1月至2010年6月,全国学会通过主管单位中国科协共提出创办新刊申请50项(次),最终获得国家出版行政部门批准的有9项。

根据2010年的统计,中国科协所属197个全国学会中,有171个学会主办或参与主办科技期刊。从表5-5可以看出,2010年主办和参与主办科技期刊10种以上的仅有24个学会,只占总数的12.5%;其中,主办和参与主办科技期刊在30种以上的只有3个学会,并且只有中华医学会的办刊规模达到100种以上。超过八成全国学会的办刊规模都少于10种,其中76个全国学会仅办刊1～2种,占总数的45.2%。这一数据与2006年相比变化不大。

表 5－5　全国学会的办刊规模

办刊规模(种)	2006 年		2010 年		备　注
	学会数量(个)	比例(%)	学会数量(个)	比例(%)	
100 以上	1	0.6	1	0.6	中华医学会
50～99	1	0.6	1	0.6	中华预防医学会
30～49	1	0.6	1	0.6	中国机械工程学会
10～29	17	9.6	21	12.3	
5～9	30	16.9	33	19.3	
3～4	43	24.3	35	20.4	
1～2	84	47.4	79	46.2	
合计	177	100.0	171	100.0	

数据来源:中国科协科技期刊 2006 年和 2010 年调查数据。

科技期刊出版既是出版业的组成部分,更是科技工作的重要环节。科技期刊要在国家创新体系建设中发挥更大作用,需要随着我国科技事业的发展而不断发展,这其中也包括期刊数量的增长。现代科技发展使学科研究进一步细分,同时,新兴学科和交叉学科蓬勃发展,国际化交流日趋频繁,对科技期刊的迫切需求也日益增长。为此,国家需要根据学科发展和学术交流需要支持创办新的刊物,灵活而积极地实施科技期刊的刊号配置,促进科技事业的健康发展和国家创新体系建设。

二、中国科协科技期刊出版单位现状分析

根据《出版管理条例》和《期刊出版管理规定》的有关规定,期刊出版单位是指经新闻出版总署批准设立并履行登记注册手续的期刊社;法人出版期刊不设立期刊社的,其设立的期刊编辑部视为期刊出版单位。从中国科协科技期刊的实际情况来看,无论是全国学会直接办刊还是委托其他单位办刊,设立的大多不是期刊社,而是不具有法人资格、以从事编辑工作为主的期刊编辑部。因此,这些期刊编辑部不是严格意义上的期刊出版单位,而是可以被"视为"期刊出版单位。以下对中国科协科技期刊出版单位现状的分析,也将期刊编辑部"视为"期刊的出版单位来进行分析。从总体上看,目前中国科协科技期刊的出版单位规模较小实力较弱,多数出版单位不具备市场主体地位,出版单位改革创新的期望和需求也有所不同。

(一)出版单位规模较小实力较弱

出版单位的经营规模是衡量出版单位综合实力、体现出版单位竞争能力、确立出版单位市场地位的重要指标,也是决定其内部管理体制和运行机制的重要因素。中国科协科技期刊由于出版单位设置比较分散,单种期刊独立经营的现象普遍存在,加之单种期刊经营规模普遍较小,因此,像中华医学会杂志社这样形成较大规模的出版单位只是少数,大多数出版单位还处在经营规模小、经济实力弱的状况中。

1. 出版单位多为单刊独立经营

根据2010年对中国科协科技期刊出版单位经营模式的调查，在参与调查的433种期刊中，单刊独立经营的299种，所占比例达69.1%；一个主办单位下多种期刊规模集成经营的99种，所占比例为22.9%；学科刊群经营的14种，仅占3.2%；其他情况的21种，占4.8%(表5-6)。这表明出版单位只经营1种期刊的情况普遍存在，期刊经营处于高度分散状态。

表5-6 中国科协科技期刊出版单位经营模式

出版单位经营模式	数量(种)	比例(%)
单刊独立经营	299	69.1
一个主办单位下多种期刊的规模集成经营	99	22.9
学科刊群经营	14	3.2
其他	21	4.8
合计	433	100.0

数据来源：中国科协科技期刊2010年调查数据(有效问卷433份)。

出版单位分散不是中国科协科技期刊独有的现象，也不只是我国科技期刊特有的现象，而是我国期刊业的共性问题，并且是在长期的计划经济体制下逐步形成的。全国学会创办的期刊分散在不同的出版单位进行编辑出版，一方面是我国期刊出版制度安排的必然结果；另一方面也是科技社团办刊实现形式的一种可行选择，在一定程度上体现了全国学会利用科学共同体的资源和力量办刊的特点。根据全国学会及其期刊出版的实际，这种分散设立出版单位的现象可能还会长期存在。从目前的情况来看，问题的关键并不在于出版资源和办刊力量分散，而是现有出版单位大多属于"小而全"的出版单位，并且出版资源的部门化倾向明显，使得不少全国学会在出版资源特别是经营资源的整合方面面临许多困难和问题，学会科技期刊的集群化建设步伐总体上还不能适应出版体制改革形势的发展和要求。

学会科技期刊实现集群化经营，有利于改善科技期刊单兵作战的困境，提高学会科技期刊在合作交流中的谈判地位和竞争力，为维护学会科技期刊的利益、争取更好的发展空间创造条件。目前，一些全国学会和期刊出版单位，已经开展了集群化运作的探索和实践，并取得了初步的成效。这些学会和出版单位在探索期刊集群化发展方面的经验和做法，值得其他学会和出版单位借鉴。

2. 单本期刊经营收入规模普遍较小

从单本期刊的经营情况来看，中国科协科技期刊的收入规模普遍都不大。据对389种期刊2009年收入情况的调查统计，有七成期刊的经营收入在100万元以下，其中经营收入在50万元以下的为163种，占41.9%；经营收入在50万～100万元的为110种，占28.3%；而经营收入在100万元以上的尚不足三成，仅为28.3%(表5-7)。

表 5－7 中国科协科技期刊收入情况（2009 年）

总收入（万元）	全部期刊		学术期刊	
	数量（种）	比例（%）	数量（种）	比例（%）
0～50（含）	163	41.9	129	48.5
50～100（含）	110	28.3	76	28.5
100～150（含）	35	9.0	22	8.3
150～200（含）	30	7.7	16	6.0
200 以上	45	11.6	21	7.9
无效数据	6	1.5	2	0.8
合计	389	100.0	266	100.0

数据来源：中国科协科技期刊 2010 年调查数据。

另据对中国科协科技期刊单本期刊平均收支情况的调查统计（表 5－8），平均每刊总收入与总支出在 2005—2008 年每年都只有几十万元，收支基本持平；2009 年，平均每刊总收入迈过了 100 万元大关，达到 101.8 万元，但同时平均每刊总支出也增长到了 114.9 万元，呈现出入不敷出的亏损状态。另外，由于年总收入的基数小，尽管收入总体上呈现逐年增长之势，但实际增长的收入并不多，收入规模小的状况并未得到根本改变。

表 5－8 单本期刊平均收支情况（2005—2009 年）

年份	2005	2006	2007	2008	2009
总收入（万元）	61.5	65.6	86.0	70.2	101.8
总支出（万元）	61.2	64.7	67.3	68.2	114.9

数据来源：中国科协科技期刊 2010 年调查数据。

单本期刊经营收入规模较小的主要原因：①科技期刊尤其是学术期刊本身就不容易开展经营活动，不像休闲娱乐、生活消费之类的期刊那样，一种就能做到很大的规模；②这些期刊大多由不同的出版单位独立运作，经营方面难以形成规模优势，比如单种学术期刊在加入商业类数据库方面普遍缺乏议价能力；③出版单位对经营工作重视不够，或因自身经济实力弱小而在经营方面缺乏投入，只能将有限的人力、物力和财力投入到期刊的内容生产环节，维持期刊的正常出版和编辑部的基本生存。调查显示，中国科协科技期刊出版单位经营力量十分薄弱，只有 31.0％的期刊所在出版单位有专职的经营人员，23.5％的期刊所在出版单位设立了专门的经营部门（表 5－9），即超过 2/3 的期刊所在出版单位是由编辑人员兼职从事经营业务，其中有些甚至没有经营业务。另外，这些数据与 2007 年和 2008 年调查所得数据相比没有显著变化，说明分散设置、“小而全”的出版单位要调整运行机制、改变经营被动局面存在很大的困难。

表 5-9 中国科协科技期刊出版单位经营力量

出版单位经营力量配备	是否有专职经营部门		是否有专职经营人员	
	数量(种)	比例(%)	数量(种)	比例(%)
有	102	23.5	135	31.0
无	332	76.5	300	69.0
合计	434	100.0	435	100.0

数据来源:中国科协科技期刊 2010 年调查数据(有效问卷分别为 434 份和 435 份)。

(二)多数出版单位不具备市场主体地位

从出版单位性质来看,中国科协科技期刊的出版单位既有事业法人单位,也有企业法人单位,但更多的是非法人单位。目前,多数出版单位仍不具有独立法人资格,财务管理方式多样,多数期刊尚未实现独立核算。

1.非法人出版单位仍占大多数

调查显示,在参与调查的 535 种中国科协科技期刊中,出版单位属于非法人单位的占 62.6%,属于事业法人单位的占 20.4%,属于企业法人单位的占 17.0%(表 5-10)。而学术期刊的出版单位中,非法人单位所占比例更高,为 67.8%,即 2/3 以上的学术期刊出版单位不具有独立法人资格。这表明中国科协科技期刊的市场化程度并不高,相当数量科技期刊出版单位的责、权、利并不明晰。因此,在出版体制改革中,重塑市场主体任务十分艰巨。

表 5-10 中国科协科技期刊出版单位性质

出版单位性质	调查期刊(种)	比例(%)	学术期刊(种)	比例(%)
非法人单位	335	62.6	257	67.8
事业法人	109	20.4	74	19.5
企业法人	91	17.0	48	12.7
合计	535	100.0	379	100.0

数据来源:中国科协科技期刊 2010 年调查数据(有效问卷 535 份)。

另据调查,非法人出版单位(如编辑部)的经费来源,上级拨款的占 14.7%,自筹的占 35.7%,上级拨款与自筹相结合的占 49.5%。事业法人出版单位大多实行企业化管理,其核算方式全额拨款的占 17.8%,差额拨款的占 23.6%,自收自支的占 58.6%。也就是说,如果没有上级拨款,有将近一半的事业法人出版单位难以生存。企业法人出版单位中,企业类型为有限责任公司的占 33.7%,全民所有制的占 42.1%,集体所有制的占 14.7%,其他情况占 9.5%。

就中国科协主管科技期刊的情况来看,根据 2009 年度核验资料统计,期刊出版单位属于非法人单位的占 77.1%,比中国科协科技期刊中的非法人出版单位比例高将近 10%,而属于事业法人单位和企业法人单位的分别只占 12.9%和 10.0%。另外,从表 5-11

可以看出，2009年各类性质出版单位的比例与2007年相比变化不大，这表明中国科协主管科技期刊的出版单位，在过去两年来重塑市场主体并没有实质性的推进。这是因为国家在这期间对报刊出版单位的改革尚未推开，而且科技社团办刊具有特殊性，其体制改革的制度安排尚不明确。

表5－11　中国科协主管科技期刊出版单位性质

出版单位性质	2007年		2009年	
	数量（种）	比例（%）	数量（种）	比例（%）
非法人单位	336	80.4	316	77.1
事业法人	55	13.2	53	12.9
企业法人	27	6.4	41	10.0
合计	418	100.0	410	100.0

数据来源：根据中国科协主管科技期刊2007年和2009年的年度核验资料统计。

2. 出版单位财务管理方式多样

由于期刊出版单位性质不同，多数出版单位不具有独立法人资格，因此，其财务管理方式也多种多样，许多出版单位还没有实现独立核算，缺乏财务自主权。目前，出版单位的财务管理大致可以分为以下几类：①期刊出版单位是法人单位，有独立的银行账号，有专门的财务部门，财务管理相对独立，每年或向上级单位缴纳一定的管理费，剩余资金可以用于期刊再投入；②期刊出版单位作为上级单位的二级单位，一般来说财务由其上级单位统一管理，出版单位财务独立支配权有限，每年需要完成一定经济指标，同时上缴部分收入，上缴收入的一部分作为出版单位员工工资或奖金下发，也有一部分为管理费；③财务完全由上级单位的一个部门（或科室）控制，期刊不独立核算。调查显示，参与调查的414种中国科协科技期刊中实现独立核算的有124种，占30.0%，70%的期刊出版单位还没有实现独立核算，这种情况与2008年相比几乎没有变化（表5－12）。

表5－12　期刊出版单位独立核算情况

出版单位是否独立核算	2008年		2010年	
	期刊数量（种）	比例（%）	期刊数量（种）	比例（%）
是	181	31.3	124	30.0
否	373	64.4	290	70.0
未填	25	4.3	—	—
合计	579	100.0	414	100.0

数据来源：中国科协科技期刊2008年和2010年调查数据。

（三）出版单位体制改革需求不一

随着新闻出版体制改革的大力推进，科技期刊界对体制改革的认识也在不断深化，通过创新体制机制,革除制约发展的体制障碍,促进科技期刊加快发展,已经成为办刊单位的现实需求和迫切愿望。但是,由于中国科协科技期刊的出版管理体制错综复杂,出版单位规模较小实力较弱,出版单位探索体制创新面临诸多问题,加之出版单位运营模式各异,对体制改革的需求也有所不同。

在2010年调查出版单位体制创新遇到的主要问题时,接受调查的410种中国科协科技期刊中,65.9%的期刊认为体制创新遇到的主要问题之一是"缺少资金支持",56.1%的期刊认为是"政策支持力度不够"(表5-13),这两个选项均超过半数,表明多数出版单位意识到出版体制创新离不开国家在资金、政策方面的支持,反映了出版单位在自身实力弱小的情况下对体制改革的一种心态,即希望国家在推进出版体制改革的过程中加大对科技期刊资金支持和政策支持的力度。另外,部分期刊认为,"机制不活、缺乏激励"、"人事、劳动、分配等无法统筹"、"办刊人员经营意识和经验不足"以及"缺乏领军人才"也是出版单位体制创新遇到的主要问题。只有15.9%的期刊认为"对改革缺乏明确的认识"是体制创新遇到的主要问题,说明大多数出版单位已经转变观念,对体制改革有明确的认识,科技期刊的出版体制已经不是要不要改革的问题,而是如何改革的问题。

表5-13 出版单位探索出版体制创新遇到的主要问题

探索出版体制创新遇到的主要问题(可多选)	数量(种)	比例(%)
缺少资金支持	270	65.9
政策支持力度不够	230	56.1
机制不活,缺乏激励	161	39.3
人事、劳动、分配等无法统筹	129	31.5
办刊人员经营意识和经验不足	116	28.3
缺乏领军人才	82	20.0
对改革缺乏明确的认识	65	15.9
其他	22	5.4

数据来源:中国科协科技期刊2010年调查数据(有效问卷410份)。

由于中国科协科技期刊出版单位的行政隶属关系和运营模式各异,目前的出版管理体制又错综复杂,因此,现有出版单位对体制改革的需求不尽相同。特别是在体制改革的路径选择上,出版单位的期望和选择远没有形成相对一致的意见。调查显示,48.1%的期刊希望在体制改革中"保留原有体制,在机制上实现创新发展",23.9%的期刊希望"联合其他期刊,组建出版集团,实现规模化、集群化发展",18.7%的期刊希望"独立法人,自我发展",这三种情况加起来超过接受调查期刊的九成(表5-14);而希望"兼并其他期刊,实现集团化发展"和希望"加盟到已改制的期刊出版集团"的期刊,分别只占4.1%和3.8%,这说明绝大多数期刊既没有能力兼并其他期刊,也不希望被其他期刊兼并。

表 5－14　出版单位希望选择的体制改革路径

出版单位希望选择的体制改革路径	数量(种)	比例(%)
保留原有体制，在机制上实现创新发展	201	48.1
联合其他期刊，组建出版集团，实现规模化、集群化发展	100	23.9
独立法人，自我发展	78	18.7
兼并其他期刊，实现集团化发展	17	4.1
加盟到已改制的期刊出版集团	16	3.8
其他	6	1.4
合计	418	100.0

数据来源：中国科协科技期刊2010年调查数据(有效问卷418份)。

值得关注的是，尽管目前管理部门大力倡导科技期刊的资源整合和集团化发展，但从调查情况看，愿意通过联合、兼并或加盟等方式实现规模化集团化发展的期刊还不足1/3，2/3以上的期刊仍希望走自我发展之路，这与出版体制改革的政策导向无疑是存在矛盾的。究其原因，主要还是出版单位认为科技期刊的资源整合困难重重。调查结果显示，虽然出版单位认为影响科技期刊集团化的因素众多，但最主要的因素还是管理体制复杂、现有期刊资源难以整合，选择此项的期刊占调查总体的比例多达71.3%而高居榜首(表5－15)。因此，通过体制改革促进科技期刊的资源整合和集团化发展，既是体制改革的一个重点，也是一个难点。这个问题如何解决，需要深入研究和探讨。

表 5－15　影响科技期刊集团化的主要因素

影响科技期刊集团化的主要因素(可多选)	数量(种)	比例(%)
管理体制复杂，现有期刊资源难以整合	288	71.3
市场主体缺失，期刊市场化步伐缓慢	144	35.6
缺少集团化发展所需资金	142	35.1
缺少集团化运作领军人才	113	28.0
新刊审批困难，期刊出版资源配置有限	110	27.2
其他	17	4.2

数据来源：中国科协科技期刊2010年调查数据(有效问卷404份)。

三、中国科协科技期刊出版特点分析

作为我国科技期刊的代表性刊群和重要出版资源，中国科协科技期刊不仅承担着繁荣学术、增进交流和促进科技成果转化的重任，而且承载着学术评价、学术生态建设、知识创新和人才培养等重要功能。中国科协科技期刊的出版特点，主要表现在以下几个方面：①出版目的旨在促进学术交流和科学普及，这是由全国学会的办会宗旨所决定的；②出版性质具有非营利性的显著特征，这是由全国学会自身的非营利组织性质决定的；③出版模式立足于科技社团实际，注重利用科学共同体的资源和力量；④出版地位在科技界和出版界不可替代，这从中外科技期刊的发展中均能得到印证。

(一)期刊出版以学术交流和科学普及为根本目的

科技社团作为科学建制的重要组织形态和科学共同体的重要组成部分，是科学交流活动的重要载体。在科学建制化过程中，科技期刊与科技社团的结合，成为现代科学技术的重要推动力量。科技社团对科学发布、记载平台的需求，使科技期刊应运而生。科学共同体之间无论是学术交流和学派之争鸣，还是科学发现和技术发明优先权的确立，都需要有一种机制和平台，对期刊来说这就是学术期刊；科技工作者对公众、社会的传播和沟通，也需要一种介质和平台，对期刊来说这就是科普期刊。简而言之，科技社团创办科技期刊，是以学术交流和科学普及为根本目的。

中国科协所属全国学会，是按自然科学、技术科学、工程技术及其相关科学的学科组建成立并以促进科学技术发展和普及为宗旨的学术性、科普性社会团体。全国学会作为科技社团，从成立之日起，就在其章程中规定了办会宗旨，以及学术交流和科学普及等方面的基本任务。全国学会作为中国科协科技期刊的主办单位，从申请创办期刊之时起就明确了学术交流或科学普及的办刊宗旨。这一办刊宗旨，不会因学会的发展壮大和理事会的定期换届而改变，也不会因办刊模式的调整和办刊体制的变化而动摇。即使是市场化程度相对较高的科普期刊，在出版体制改革中也要求其坚持将社会效益放在首位，因为这是科技期刊的社会责任。

学术交流是建立在科学研究基础之上的，科技期刊尤其是学术期刊的编辑出版工作，本身就是科学研究的有机组成部分，是学术交流的重要环节和基础平台。著名科学家卢嘉锡曾形象地指出："对科研工作来讲，科技期刊工作既是龙尾，又是龙头。"发挥好科技期刊在科研工作中的"龙头"与"龙尾"作用，就是发挥好科技期刊的学术交流作用，这是对科技期刊的基本要求，也是科技期刊的首要任务，更是科技社团创办科技期刊的根本目的和努力办好科技期刊的持久动力。

(二)期刊出版活动具有非营利性的显著特征

任何一种出版物都是由一定的出版组织来出版的。由于出版组织自身的性质和定位不同，其出版活动的性质也有所不同。中国科协科技期刊的出版具有非营利性的显著特征，是由全国学会的非营利社会组织性质决定的。

从全球范围来看，现代出版组织主要有三种类型：①政府出版机构。这类出版机构一般附属于政府某个部门，没有独立的主体地位，其出版物是为社会公益事业服务的。在国外，公益性出版物大都免费派送。政府出版机构的出版和印刷依靠政府的资金补助，尽管主营业务也可获得一定的收入，但作为公益性组织，其收入大部分用于扩大政府出版物的发行工作。而政府出版机构的隶属关系各国不相同，主要取决于历史传承。例如，美国政府印刷局的首席执行官由总统提名，英国皇家文书局向首相汇报运营状况，加拿大政府出版处隶属于公共事务与政府服务部下设的传播协调服务局，日本国立印刷局是大藏省(财政部)下属单位等①。②商业出版公司。这是发达国家出版企业的主流形态,其企业组织形式多为股份有限公司,其中有的是上市公司,所有的大型出版集团均采用这种组织形态,包括以科技学术出版为主业的施普林格出版公司、爱思唯尔出版公司等。③非营利出版机构。国外的非营利出版机构主要是科研机构、科技社团和高等院校等设立的出版机构。非营利出版机构也经常采取公司制的组织形态,其运营与其他公司制企业并无不同,只是其出版的内容更多地偏重于学术和文化,如美国化学会出版社、英国牛津大学出版公司都是这样的出版机构。政府对这类出版机构会给予优惠政策予以扶植,如美国政府对非营利出版机构不征税,而且每年以项目委托的形式直接或间接资助科研单位、学校、图书馆等非营利组织,同时在美国税法501(C)第3条款规定免税机构任何净利不得给予私营股东及个人进行分红,相关管理部门也会监督免税非营利组织,并且每年均会对其财务状况进行抽查。上述三种出版组织的出版活动对应着三种不同的经济形态:政府出版机构的出版活动属于公益性出版,商业出版公司的出版活动属于营利性出版,而非营利出版机构的出版活动属于非营利性出版。也就是说,出版活动的公益性、营利性与非营利性,不是根据出版物的类别划分的,而是由出版组织的不同性质和不同定位决定的。举例来说,施普林格出版公司和爱思唯尔出版公司都是商业出版公司,因此,无论其出版的是学术期刊还是科普期刊,都是以营利为目的的一般商业行为;而美国国家地理学会作为一个非营利组织,尽管它出版的《国家地理》杂志完全按照商业企业的模式来运作,并获得了可观的经营利润,但其非营利组织的性质决定了它所取得的经营利润不能在会员中分配,只能重新投入到学会的活动中,因此其出版活动属于非营利性出版。

据全球非营利出版商同业协会(Association of Learned and Professional Society Publishers,ALPSP)预测,目前全世界共有9250种同行评议期刊由科技社团和大学出版社出版,这些出版机构有的很小,仅在很窄的学科范围内出版几种期刊,科技社团出版社的目标仅仅在于支付为会员服务的出版活动费用;有的也很大,如美国化学会和英国物理学会等,出版费用可以补贴学会其他活动,那些有所盈余的科技社团出版社把它们的活动限定为非营利性质,把利润重新投入科技社团活动②。

从我国的情况来看,科技期刊出版作为出版业的一个组成部分,一直由政府主导。在长期的计划经济体制和主管主办制度下,我国的科技期刊形成了主要由科研院所、高等院校、科技社团、医疗机构以及出版社等创办和出版的基本格局,这些办刊组织的统一称谓是“主办单位”。国家批准创办的科技期刊,无一例外都是为了“促进科技交流,繁荣科技事业”。1991年6月5日,国家科委、新闻出版总署第12号令发布的《科学技术期刊管理办法》第三条明确指出:“科学技术期刊出版工作是国家科学技术工作和出版工作的重要组成部分。其主要任务是宣传党和国家的科技方针、政策和科技法律、法规,公布新的科技成就,传播科技信息,交流学术思想,促进科技成果商品化、产业化,为建设社会主义精神文明和物质文明服务。”由于我国的科技期刊不是市场经济

---

① 姜晓娟.国外政府出版机构研究[J].出版发行研究,2006(4):5-8.

② 中国科学技术协会学会学术部,中国科学技术情报学会,中国科学院文献情报中心.国外科技社团期刊运行机制与发展环境[M].北京:中国科学技术出版社,2007:1.

环境下自由竞争发展的产物,而是严格的审批制条件下诞生的准公共产品,因此我国的科技期刊出版一直带有明显的公益性质,应归属于公共服务领域,没有营利性与非营利性之分。

虽然我国的科技期刊出版本身并没有营利性与非营利性之分,但是,从办刊主体的性质来分析,中国科协科技期刊属于非营利性组织办刊,其出版活动的非营利性特征不仅是客观存在的,也是十分明显的。全国学会作为科技社团和中国科协科技期刊的主办单位,是按照国务院颁布的《社会团体登记管理条例》登记管理的非营利社会组织。《社会团体登记管理条例》明确规定:"社会团体不得从事营利性经营活动。"而科技社团从事期刊出版的目的,一般在其章程中均予以明确,是为开展学术交流和科学普及搭建平台,为科技成果的首发认证和推广转化提供载体,并不是以营利为目的。尽管科技社团创办的期刊也需要开展经营活动,并且可能获得利润,但获取的利润不能用于会员间的分配,只能用于科技社团事业的发展,这与国际上对非营利组织及其出版活动性质的界定是一致的。因此,科技社团的非营利社会组织性质决定其办刊的非营利性,也决定其对科技期刊的评价必须将学术质量和办刊水平放在首位。这与国家创新体系建设对科技期刊的需求也是相符合的。在国家创新体系建设中,科技期刊是科研基础条件平台建设的重要内容,其主要功能是对科学研究起重要的支撑作用。

科技社团办刊的非营利性,不仅表现在其办刊不以营利为目的,还表现在其办刊经费的筹措离不开国家资助和社会捐助。在计划经济时代,科技期刊一直是由国家提供办刊经费。随着我国从计划经济向社会主义市场经济转轨,一些科技期刊逐步走上市场化发展的道路,依靠自身努力解决了生存问题。而全国学会作为非营利社会组织,加之其创办的科技期刊多为学术期刊,因此采取多种渠道来筹措办刊经费,逐步形成了政府资助、社会捐助与自身经营相结合解决办刊经费的出版模式。政府资助方面,目前主要有中国科协设立的"精品科技期刊工程专项",以及国家自然科学基金委员会设立的"重点学术期刊专项"和中国科学院设立的"科学出版基金"等,其资助强度、支持方式、资助范围和覆盖面均有所不同。社会捐助方面,主要是全国学会的挂靠单位或其他具体承办期刊的单位,以设立出版单位的形式,为全国学会的科技期刊出版提供必要的办刊条件,包括解决办公场所、提供办刊人员以及弥补办刊经费不足等。自身经营方面,全国学会的科技期刊主要是通过开展发行工作、广告工作以及举办相关活动等获取一定的经营收入。但由于学术期刊发行量普遍较小,因此发行收入和广告收入在办刊经费来源中所占比例一般都不大,不少学术期刊甚至没有开展广告业务。如果没有政府资助和社会捐助,许多学术期刊就无法生存。因此,对于非营利性科技期刊特别是学术期刊的出版,无论以怎样的方式进行出版体制改革,国家都有必要继续采用项目支持、政府采购等方式进行扶持。

(三)期刊出版模式立足于科技社团实际

全国学会作为科技社团,其办刊是为科学共同体服务,在办刊过程中遵循学术规范、同行评议和科学发现优先权赋予等学术出版规则,期刊的作者、编者、审稿者和读者往往表现为"四位一体",由此也决定了其期刊出版模式的选择必须立足自身实际,符合科技社团的办刊规律，充分利用科学共同体的资源和力量。全国学会主办的科技期刊，在学术资源利用、出版单位设立、办刊队伍建设、办刊经费筹措等方面都体现出利用科学共同体的资源和力量来办刊的特点。

从学术资源利用上看，全国学会办刊大多采取联合主办的方式。即由全国学会与其团体会员共同作为期刊的主办单位，这些团体会员大多是本学科的相关科研机构，具有丰富的学术资源和专家资源，是办好科技期刊的重要学术依托。联合办刊体现出全国学会注重与科研机构的交流与协作，采取联合办刊的方式，不仅便于解决学会办刊所需要的学术资源和人力资源等基本条件，还能兼顾科研机构等会员单位在学术建设方面的需求。最近几年，不少全国学会主办的期刊都根据发展的需要，增加相关科研机构作为期刊的共同主办单位，或将具体承办期刊的科研机构变更为共同主办单位，赋予其编辑出版期刊的合法地位，从而使期刊的持续发展有了更稳固的学术依托。

从出版单位设立上看，全国学会办刊多由会员单位设立出版单位，并且出版单位主要是围绕提高期刊的学术质量和出版水平而从事组稿、约稿、编委会建设、审稿队伍建设、论文的标准化与规范化等编辑工作。根据 2010 年的调查统计，中国科协科技期刊中，出版单位隶属于全国学会和中国科协直属单位的还占不到 30％，其余出版单位则由全国学会的挂靠单位以及其他主办单位、协办单位或承办单位设立，这些单位大多是学会的会员单位，主要包括一些科研单位、高等院校和公司企业等，它们以单位形式加入到学会当中，以设立出版单位的形式对学会办刊予以支持或资助，并将出版单位纳入其科研业务部门的管理体系，对出版单位的考核也更注重期刊学术水平和学术影响力的提升，而不是期刊自身的经济效益；同时，期刊获取学术资源并不因此而局限在本单位的业务范围内，编辑出版的期刊也并不只为本单位服务，而是坚持利用科学共同体的资源来为科学共同体办刊，并严格遵循学术规范、同行评议和科学发现优先权赋予等学术出版基本规则。这种出版模式既能满足学会主办期刊所需要的基本办刊条件，保证期刊的正常编辑出版，也有利于调动多方面的积极性，使科学共同体的各种资源在办刊中得到充分利用。

从办刊队伍建设上看，全国学会的办刊队伍，本身就是来自科学共同体内部的广大科技工作者，并且作者、审稿者、编者和读者呈现出“四位一体”的特点。面向整个科学共同体加强期刊编委会建设、审稿专家队伍建设、编辑部团队建设和作者队伍建设，是全国学会坚持不懈追求的办刊队伍建设目标和期刊编辑部的日常工作，也是办好中国科协科技期刊的基础和根本，更是中国科协所属全国学会办刊队伍建设的重要组织优势。中国科协科技期刊之所以能够成为我国科技期刊的代表性刊群和不可或缺的优质出版资源，学术水平不断提升，其中一个关键因素就是全国学会作为科技社团具有水平组织结构的优势，能够将国内外的知名专家学者汇集到学会这个开放、平等、公信力高的平台上，在办刊中担当适当的角色、发挥应有的作用，把科学共同体的学术资源优势充分利用和体现在期刊编辑出版的整个过程当中。无论是基础科学还是工程技术，无论是新兴学科还是交叉学科，科研前沿领域的专家队伍都与学会和学会主办的期刊有着千丝万缕的联系。2010 年调查统计的结果表明，中国科协科技期刊的主编，25.3％由院士担任，具有硕士及以上学历的占 58.4％，具有正高职称的占 92.6％。

从办刊经费筹措上看,中国科协科技期刊除了自身经营和部分期刊能获得国家资助外,绝大多数期刊离不开科学共同体的捐助支持。捐助的形式也多种多样,既包括学会的会员单位以设立出版单位的形式为学会提供办刊场所、办刊人员和弥补办刊经费不足等,也包括学术期刊面向科学共同体收取版面费。学术期刊收取版面费,是在我国由计划经济向市场经济过渡、期刊出版从国家包办到逐步走向市场的历史条件下形成的,也是科技期刊出版的国际惯例。改革开放之前,我国的期刊出版经费大多来源于国家财政拨款,期刊自身收入只占很小的比例。1984 年国务院颁布《关于对期刊出版实行自负盈亏的通知》,国家对出版期刊的财政拨款逐步取消,许多学术期刊为筹措办刊经费,开始收取版面费。据了解,这种现象在科技类和社科类学术期刊中都普遍存在。1988 年,中国科协曾发布《关于建议各学会学术期刊收取版面费的通知》,旨在对市场经济条件下建立学术期刊出版的社会投入机制进行探索,这个文件不仅对科技期刊收取版面费起到了指导、规范作用,而且强化了管理,保证了科技期刊的发展。20 多年来,科技界对这一做法普遍认可。根据中华医学会的一项调查,作者、读者、审稿者等相关人员中 72.6%对学术期刊收取版面费表示理解。在学术期刊出版的政府投入机制尚不健全、资金补贴有限的情况下,版面费已成为保证学术期刊正常出版的主要经费来源之一。实践证明,科技期刊收取版面费是实现以刊养刊的重要途径,是发挥科学共同体办刊优势的具体体现。2006 年中国科协所属期刊版面费收入为 1.3 亿元,刊均 15 万元。收费推动科技期刊走向市场,为转企改制打下基础。目前大多数中国科协主管科技期刊收取版面费的行为较为规范,证明版面费是阳光收费,有助于扼制腐败。如果取消版面费将对科技期刊的发展造成重大负面影响,不利于缓解科技期刊发表论文的供需矛盾。

(四)科技社团的期刊出版地位不可替代

科技期刊作为科学评价、学术交流、知识传播、科学传承的主要载体和促进学术繁荣、培育科技人才、推动科技创新的重要平台,其功能与科技社团的使命和宗旨即促进科学技术的繁荣和发展、促进科学技术的普及和推广、促进科学技术人才的成长和提高、促进科学技术与经济的结合是完全一致的。科技期刊已经成为科技社团不可或缺的服务产品,每一本科技期刊都是科技社团的一面旗帜。科技社团的期刊出版地位,在科技界和出版界都不可替代和不可动摇。无论是从国外还是我国科技期刊的出版情况分析,都能获得这一相同结论。

从国外的情况来看,科技社团以及一些大学和科研机构通常被界定为非营利性机构,其出版活动属于非营利性出版,与政府出版机构的公益性出版和商业出版公司的营利性出版存在本质上的区别。这些非营利性机构的出版活动,在国际出版格局中占有重要的地位。

在全球出版业格局中,就科技期刊出版而言,商业出版公司和非营利出版机构是相互不可替代的出版市场主体。根据对 2004 年美国科技信息研究所(ISI)《期刊引证报告》(*Journal Citation Report*,JCR)中的 5968 种期刊进行的出版机构类型以及相应的期刊出版量的统计,占全部出版机构 32.5%的商业出版公司出版的期刊占全部 JCR 期刊的 74.4%,而占全部出版机构 67.5%的非营利出版机构(科技社团出版社和大学与科研机构)出版的期刊仅占 JCR 期刊总量的 25.6%①。另据对 2002 年《乌利希国际期刊指南》光盘中收录 14901 种学术期刊的统计，商业公司出版的期刊为 7948 种，占总数的 53.3%；科技社团出版的期刊为 2825 种，占总数的 19%；大学和科研机构出版的期刊为 4128 种，占总数的 27.7%。两组数据映射出世界科技期刊的出版模式格局：少数商业出版公司占有科技期刊出版市场的多数份额，同时非营利出版机构作为科技期刊出版市场不可或缺的组成部分起着十分重要的作用。

特别值得一提的是，虽然商业出版机构在世界期刊市场上占据了很大份额，但是作为非营利性机构的学会所出版的学术期刊更具有竞争力。数据显示，在 SCI 收录的高被引期刊中，非营利性机构主办的期刊在排名前 10 中占 8 种，前 20 中占 17 种，前 50 中占 42 种，前 100 中占到了 77 种②，这说明与商业出版机构相比，学会等非营利机构出版的高质量学术期刊在数量上占有明显优势。

从我国科技期刊的出版格局来看，省级以上科协及所属学会主办科技期刊已达 2084 种，约占全国科技期刊的 40%。其中，中国科协及其全国学会主办科技期刊 1003 种，其学科门类齐全，总体学术水平居国内领先地位，成为国家创新体系建设中不可或缺的学术交流平台，并且有相当一部分期刊形成了由全国学会与相关科研院所或(和)高等院校联合主办的格局。最近几年，中国科协通过实施精品科技期刊工程和科技期刊国际推广计划等措施，着力加强科技期刊人才队伍建设，大力培育精品期刊，努力推动科技期刊的国际化、数字化和集群化建设，使科技期刊学术水平和出版质量稳步提高。科技期刊在发布学术成果、开展学术交流、建设学术生态、推进知识创新、培养科技人才以及促进科技成果转化等方面发挥了积极的作用，有力地推动了我国科学技术事业的发展。同时，涌现出一批以《细胞研究》(英文版)为代表的初步实现国际化的精品科技期刊和以中华医学会系列杂志为代表的实现集团化发展的优秀科技期刊集群。中国科协还通过建立、完善学术建设发布制度和科技期刊与新闻媒体见面会制度等措施，进一步增强了科技期刊的社会责任意识，密切了科技期刊与社会大众的联系与沟通。

根据中国科学技术信息研究所发布的《中国科技期刊引证报告》(CJCR)，2006 年以来，中国科协科技期刊的总被引频次、影响因子、即年指数和引文数量等学术指标的平均值不仅每年都高于收录总体的平均值，而且逐年有所提高；各学科被引频次和影响因子的平均值每年都高于本学科的平均水平，也逐年有所提高；在总被引频次≥1000 和影响因子≥1 的全国科技期刊中，中国科协学术期刊每年都占据一半以上。这说明中国科协科技期刊不仅总体学术水平居国内领先地位，而且自身的学术质量在逐年稳步提升。另外，对 SCI(美国《科学引文索引》)、EI(美国《工程索引》)、CA(美国《化学文摘》)等国际著名检索系统以及汤森路透的《期刊引证报告》(*Journal Citation Reports*，JCR)收录我国科技期刊的数据进行分析，也能够反映出中国科协科技期刊的学术贡献和国际国内地位，表

① 金碧辉，戴利华，刘培一，等．国外科技期刊运行机制和发展环境研究[J]．中国科技期刊研究，2006，17(1)：3－9.

② Sally Morris. Mapping the journal publishing landscape. Learned Publishing，2007，20(4)：299－308.

明科技社团的期刊出版地位是不可替代的。

第二节　中国科协科技期刊出版体制的创新与探索

在国家大力推进新闻出版体制改革的背景下，中国科协及其全国学会结合自身实际，不断提高科技期刊管理工作水平，大力推进科技期刊集群化建设和集团化发展，积极进行出版体制的创新与探索。2006年以来，中国科协科技期刊的数量稳步增长、质量明显提高、影响不断扩大，与主管单位、主办单位和出版单位共同努力在出版体制方面积极探索大胆创新是密不可分的。

一、不断提高科技期刊管理工作水平

科技期刊管理工作一直是中国科协学会学术工作的一项重要内容。最近几年，中国科协在加强科技期刊出版管理、促进科技期刊提高质量水平方面进行了一系列创新实践，包括组织举办科技期刊发展论坛、加强科技期刊理论研究、建立科技期刊与新闻媒体见面会制度、实施科技期刊国际推广计划和开展精品科技期刊工程建设等。这些举措不仅促进了科技期刊质量水平的提高，也提升了中国科协科技期刊的品牌知名度和影响力，是中国科协在加强科技期刊管理的同时注重对科技期刊指导、服务和支持的具体体现。

(一)科技期刊发展论坛影响力不断扩大

2004年，中国科协设立了科技出版发展论坛，范围涵盖科技图书、科技期刊、科技报、科技音像电子出版物和网络科技出版，原定每两年举办一次，并分别于2004年和2006年举办了首届和第二届科技出版发展论坛。为了进一步加强科技期刊学术建设，中国科协从2007年起将“科技出版发展论坛”转为“科技期刊发展论坛”，调整为每年举办一次的常设项目，并从第四届起与新闻出版总署共同举办。举办每一届科技期刊发展论坛时，除了精心策划组织大会主题报告以及各分论坛专题报告等交流内容外，还围绕本届论坛的主题广泛征集学术交流论文，提前编印成论文集或制作成光盘，作为会议资料发放给参会人员，大大丰富了论坛的信息量，也增强了论坛的辐射效应和传播效果，使科技期刊的学术交流延伸到论坛之外。

截至2010年，中国科技期刊发展论坛已成功举办了6届。这一论坛能够连续举办并吸引我国科技期刊出版界的专家学者和相关部门领导以及国外知名科技期刊出版机构踊跃参会，影响不断扩大，既表明科技期刊出版工作者对科技期刊的学术交流具有强烈的需求，也充分说明科技界和出版界对论坛的广泛认可。举办中国科技期刊发展论坛，发挥了中国科协的科技资源和出版资源优势，使科技期刊出版工作者的交流活动制度化、社会化和规模化，扩大了科技期刊出版交流活动的显示度和影响力，对于加强科技期刊理论建设，探讨新时期科技期刊发展战略，推动科技期刊创新发展，进一步深化科技期刊出版体制改革，提高科技期刊管理水平，增强科技期刊的社会责任感，提高我国科技期刊的整体质量和水平，引导科技期刊更好地服务于现代科学技术发展和国家创新体系建设，起到了

积极的促进作用。中国科技期刊发展论坛已经成为我国科技期刊学术交流的品牌项目，成为中国科协打造精品科技期刊工程的重要抓手。

(二)科技期刊理论研究取得多项成果

开展调查研究，加强科技期刊理论建设，用理论研究成果指导科技期刊改革创新实践，是中国科协提高科技期刊管理水平、促进科技期刊发展的重要手段之一。2006 年以来，面对出版业改革持续深化、国家创新体系建设步伐加快和出版市场竞争日益激烈的形势，中国科协加大了科技期刊理论研究工作的力度，针对科技期刊的发展问题开展了一系列课题研究和专题调研，内容涉及科技期刊学术质量建设、国际化建设、办刊队伍建设、经营管理、体制改革、集团化发展、数字化发展等诸多方面。例如，2006 年开展《中外学会科技期刊管理体制与运行机制比较研究》、《中国科协科技期刊集团化战略对策研究》、《我国科技期刊中不端行为研究与分析》等课题研究。2006 年 12 月 27 日主办科技期刊与科技社团发展研讨会，并将研讨取得的成果汇集成册，正式出版了《科技期刊建设与科技社团发展——2006 中国科协科技期刊发展研讨文集》；2007 年开展《学术期刊出版与管理指南》、《中国科协科技期刊网络平台建设调研》等课题研究；2008 年开展《非营利性科技期刊出版现状及对策研究》、《中国科协主管科技期刊发表论文收取费用的调查研究》等课题研究。这些课题研究和专题调研成果，成为中国科协对科技期刊出版活动进行监督和指导的重要依据，对于加强和改进科技期刊管理、提高科技期刊管理水平发挥了重要作用。

为了及时反映中国科协科技期刊的发展状况，客观研究和深入分析其发展经验，跟踪科技期刊发展趋势，为中国科协科技期刊乃至我国科技期刊的管理决策以及自身发展提供科学依据，中国科协从 2006 年开始组织相关研究机构和专家团队编制《中国科协科技期刊发展报告》，并在 2007 年 3 月正式出版第一部发展报告——《中国科协科技期刊发展报告(2007)》。此后，每年都按照既反映科技期刊年度总体发展进展又深入研究科技期刊发展重点问题的“T”型编撰模式，在进行科技期刊发展状况问卷调查和课题研究的基础上，编制年度性的《中国科协科技期刊发展报告》，并正式出版发行；同时，利用中国科协每年召开学术建设发布会的机会，发布中国科协科技期刊年度发展状况，使科技界、出版界及有关管理部门能够及时了解中国科协科技期刊的发展情况。

(三)科技期刊与新闻媒体见面会制度化

为了及时报道发表于中国科协及其全国学会主办学术期刊中原创性学术论文所反映的基础科学、技术科学、工程技术及其相关科学的最新研究成果，推动国内科技期刊所发表研究成果在大众媒体中的传播，建设科学技术原创成果与传媒的沟通机制，促进公众对最新科学技术成果的了解和理解，提高科技期刊的社会影响力，促进科技期刊发展，引导新闻媒体对科技期刊学术成果的关注，为新闻媒体提供最新研究成果信息，努力服务于自主创新、创新型国家建设，中国科协从 2007 年 1 月起建立了科技期刊与新闻媒体见面会制度，定期(原则上每月一次)组织科技期刊与新闻媒体见面，适时发布科技新闻。从 2007 年 1 月起到 2010 年 12 月止，科技期刊与新闻媒体见面会一共举办了 46 次，参加见面会的科技期刊达到 29 家(次)，共发布科技新闻 1000 多条。见面会既得到了人民日报、新华社、光明日报等平面媒体的宣传报道，也得到了人民网、中央人民广播电台、中央电视台等媒体的报道，传播途径实现多元化、立体化，影响力越来越大。实践证明，科技期刊与新闻媒体见面会是利用大众传媒开展科技传播的一种有效形式。通过“见面会”的推介，科技期刊与大众媒体成功“联姻”，不仅使一向“紧锁”在某些专业领域内的科技论文成果，通过大众传媒的报道，迅速进入公众视野，为提高全民科学素质作出贡献，同时，也为一向比较专业的科技期刊扩大了影响，提高了社会知名度。这一形式也为科普期刊与其他媒体，尤其是与新闻媒体的“联姻”，提供了一个新的思路。

(四)科技期刊优秀论文评选备受关注

自 2003 年开始举办的中国科协期刊优秀学术论文评选活动，旨在激励广大科技人员自主创新，倡导和鼓励我国科技工作者将高水平的学术论文发表在国内学术期刊，吸引国内外优秀作者投稿，提高我国科技期刊的学术质量和水平，为国家科技创新体系建设服务。此项评选表彰活动每年举办一次，评审工作遵循公开、公平、公正的原则，实行同行推荐、专家评审、择优表彰的方针，注重对优秀学术论文作者及期刊出版单位的激励表彰，活动举办得到中国科协所属各全国学会及其期刊编辑部的大力支持，受到广大科技工作者和科技期刊出版界的密切关注。

至 2009 年，中国科协期刊优秀学术论文评选活动已成功举办了 6 届，共评选表彰不同等级的优秀学术论文 1198 篇，其中第一届 99 篇、第二届 99 篇、第三届 100 篇、第四届 200 篇、第五届 200 篇、第六届 500 篇。这项工作的持续开展，扩大了中国科协科技期刊在我国科技界的影响度，对提高中国科协科技期刊的整体质量和水平起到了积极作用，成为中国科协实施精品科技期刊工程的有机组成部分和具体配套措施。

(五)精品科技期刊工程建设取得成效

在总结 1997 年以来择优择重资助基础性高科技学术期刊经验的基础上，中国科协从 2006 年开始启动实施精品科技期刊工程。在财政部的大力支持下，设立了“精品科技期刊工程专项”资助项目，并不断加大资助力度。精品科技期刊工程建设实施 5 年来，取得了明显成效。在打造国际化科技期刊方面，促进了科技期刊论文国际化、编审队伍国际化、学术交流国际化和数字出版国际化，提升了中国科协科技期刊的国际影响力。在培育国内精品科技期刊方面，提升了科技期刊的出版能力和学术影响力，从编审队伍建设、学术交流能力建设和数字化网络化建设等方面增强了科技期刊的持续发展能力。英文版科技期刊的国际化建设得到加强，通过执行科技期刊国际推广计划，不仅发挥了优秀英文版学术期刊从论文国际化、编审国际化、出版语言规范化和国际化等方面提升国际化水平以扩大国际学术影响力的示范作用，也使我国科技期刊看到了国际交流与合作的巨大潜力。强化了科技期刊向规模化、集约化经营模式转型的导向作用，增强了科技期刊出版单位创新体制机制的自觉意识，为推进中国科协科技期刊出版体制创新发展奠定了更好的基础。另外，通过对项目的管理方式、运行机制和绩效考核等进行积极有益的探索实践，在探索政府资助学术期刊出版的长效机制方面开阔了思路、提供了示范并积累了宝贵的经验，为完善国家资助学术期刊出版的体系、优化学术期刊发展环境、改善学术期刊发展保障条件、促进学术期刊提高质量和健康发展提供了典型实例。

（六）科技期刊国际推广计划实施顺利

中国科协自2005年起开始实施科技期刊国际推广计划，以进一步扩大科技期刊国际间的交流与合作，提高我国科技期刊国际地位和市场竞争力，扩大中国科协所属各全国学会主办科技期刊的国际影响力和国际认知度，广泛地参与世界科学技术信息的流通和交流，在交流过程中不断提高自身质量和水平，努力推进版权合作与代理发行，进一步开展科技期刊走国际化发展道路的理论研究工作，积极促进科协科技期刊走出国门，走向世界。几年来，通过举办一系列活动，这项工作取得了一定进展和成效。

除了通过“请进来”与“走出去”相结合的方式加强与国际知名学术期刊出版机构及著名检索机构的交流并努力推进双方的合作外，中国科协还结合精品科技期刊工程建设，有重点地选择国内有代表性的英文版学术期刊进行国际化推广。2009年和2010年，连续两年将《中国化学》（英文版）、《稀土学报》（英文版）、《海洋学报》（英文版）、《高分子科学》（英文版）、《中国化学工程学报》（英文版）、《中国机械工程学报》（英文版）和《中国航空学报》（英文版）等7种英文版学术期刊确定为国际化推广项目，并予以资助。科技期刊国际推广计划已经成为中国科协实施精品科技期刊工程的重要配套措施之一。

二、大力推进科技期刊集群化建设和集团化发展

集团化发展既是国外科技期刊发展的成功经验，也是我国科技期刊市场化发展的必然要求，是我国科技期刊乃至整个期刊业改革发展的趋势和方向。科技期刊的集团化发展，要求整合期刊出版资源，加强科技期刊集群化建设，推进科技期刊的规模化出版、集约化经营和集团化管理。2006年以来，中国科协及其全国学会注重发挥科学共同体的办刊优势，不断加深对科技期刊集群化的认识，积极引导全国学会主办期刊创新出版模式，探索科技期刊的学科集群、网络集群、数字出版和集团化出版，中国科协科技期刊在集群化建设和集团化发展方面取得明显进展。

（一）注重舆论引导，不断加深对科技期刊集群化的认识

由于多种历史原因，我国的期刊出版业形成了高度分散的出版格局。2004年的一项统计数据表明，全国9000余种期刊分散在5000多个出版单位，平均每个出版单位仅运作1.6种期刊。中国科协科技期刊作为我国期刊业的一个组成部分，情况也是如此。但同时，一些期刊出版单位已经在实践集群化，多刊共享资源，共谋发展，不仅扩大了刊物学术影响，而且提高了整体经济效益。为此，中国科协及其全国学会几年来加强了科技期刊集群化建设的理论研究和实践总结，并采取多种形式加强舆论宣传，积极引导全国学会期刊出版单位探索创新科技期刊的集群化发展方式。

1. 注重科技期刊集群化的理论研究

广泛关注国内外期刊集约化、集团化发展状况，通过专题研究和交流研讨等方式，对国内外期刊特别是国外科技社团期刊的集群化经营、集团化发展特点进行分析，深刻认识

到集群化经营就是通过建立或形成资源共享、优势互补的利益关联集团，通过调整、整合或兼并、重组，把科技期刊的关联性出版资源更加有效、合理、高效地开发和利用起来，以最小的成本取得最大的效益。同时应该看到，集群化经营是一个切中中国科协科技期刊出版体制要害的瓶颈问题，只有首先在学会层面实现所主办科技期刊的集群化，进而在学会学科群基础上实现学会主办科技期刊的集群化或集团化，才有可能从整体上实现我国科技社团科技期刊的集团化发展。这些观点对于增强全国学会期刊出版单位集群化建设的意识，对于促进中国科协科技期刊沿着集群化和集团化的方向改革创新发展，起到了积极的导向作用。

2. 注重科技期刊集群化的实践总结

2006 年以来，结合编制年度性《中国科协科技期刊发展报告》，每年都对全国学会的集群化探索实践进行跟踪研究，对中国科协科技期刊集群化建设的总体进展情况进行分析，并在《中国科协科技期刊发展报告》中用相当篇幅予以介绍。目前，全国学会和期刊出版单位开展集群化运作有多种模式：既有同一学会主办的期刊通过学会的力量整合起来而形成集团化出版模式的，如中华医学会系列杂志；也有同一学科的期刊依托学会及其学科优势联合起来而形成学科期刊集群的，如中国抗癌协会系列杂志；还有同一学科的期刊通过网络组合起来而形成网络期刊集群的，如中国光学学会的中国光学期刊网、中国地质学会的中国地学期刊网。这些学会的集群化探索实践，对其他学会和期刊出版单位具有很好的借鉴意义和参考价值。

3. 注重科技期刊集群化的舆论宣传

利用召开研讨会、举办科技期刊发展论坛、发布科技期刊发展报告等多种形式，营造科技期刊集群化建设的舆论氛围，强调集群化建设是中国科协科技期刊持续发展的一项基本对策和长期任务，中国科协积极推进全国学会主办科技期刊的集群化建设和集团化发展，通过集群化建设实现科技期刊经营规模化和管理集约化，将为中国科协科技期刊的发展增添活力、奠定基础；有条件的学会，应率先对学会现有主办科技期刊进行经营资源的优化整合和配置，组建学会期刊集团，创新办刊机制，变革期刊经营体制，提高科技期刊经营管理水平；同时，有条件的全国学会应抓住机遇，不失时机，发挥优势，采取跨地区、跨部门、跨行业并购、重组等方式，将行业或学科领域内具有一定影响力和水平较高的科技期刊吸纳到学会期刊阵容，以不断增强学会在该行业或学科领域的引领作用和话语权。通过积极的宣传引导，促使更多的学会和期刊出版单位对科技期刊的集群化建设进行深入思考，并结合自身实际付诸行动。

(二)发挥学会优势，采取多种方式培育学科期刊集群

根据 2006 年的统计，中国科协所属全国学会中，有 20 个学会的办刊规模达到或超过 10 种，有 50 个学会的办刊规模达到或超过 5 种，每个学会主办的期刊都是该学会所属学科的科技期刊，这表明仅从期刊出版资源配置来看，全国学会主办的期刊已经显现出学科化的集群效应。同时，全国学会作为按学科组建成立的科技社团，在吸纳本学科领域内其他单位主办的科技期刊参与集群化建设方面具有得天独厚的优势。另外，数字化网络化技术的不断发展及其在期刊出版领域的广泛应用，为科技期刊跨主管、跨主办、跨地域整

合共享资源提供了技术支撑和现实可能。正因为如此，培育学科化期刊集群，成为中国科协科技期刊集群化建设的主攻方向，一些全国学会注重发挥自身优势，以多种方式率先进行探索实践，在培育学科化期刊集群方面不断取得突破和进展。

中华医学会系列杂志作为我国医学传媒领域最具影响力和代表性的专业期刊群，现已发展到123种。面对汹涌的改革和激烈的竞争，中华医学会根据学科建设的需要，结合学会自身实际，不断创新体制机制，采取了学会直接办刊、委托承办期刊、共同主办期刊以及中外合作办刊等办刊模式。目前的123种期刊中，21种由中华医学会杂志社直接编辑出版，63种委托各大医学院(校)承办，38种由学会与其他院所共同主办，1种由中华医学会与英国医学会合办。中华医学会通过与各委托承办单位和其他主办单位签署《中华医学会系列杂志委托承办协议书》的形式，明确中华医学会作为期刊主办单位拥有对期刊的主办权、杂志版权，对所主办期刊的编辑出版实施业务管理；各刊必须遵守中华医学会制定的各项规章制度，期刊的承办方(或其他主办方)要负责办刊所需的人、财、物等经费，按照中华医学会的编辑出版要求负责杂志出版活动，拥有期刊的经营权并获得相应的收益。这种有利于期刊发展的灵活管办模式，体现出“开放兼容、与时俱进、共同发展”的管理理念，管理思路明确，发展模式独特，不仅使学会的办刊优势得到充分发挥，也调动了各承办单位和其他主办单位的积极性，使中华医学会系列杂志始终保持学术水平和出版质量“专、精、特、新”的品牌特色，为我国科技期刊的发展树立了标杆。

中华预防医学会系列杂志已发展到65种，由中华预防医学会作为第一主办单位的科技期刊以及申请加入中华预防医学会系列杂志的医学科技期刊组成。中华预防医学会除成立编辑专业委员会负责系列杂志的学术研究和业务指导外，还在办事机构内设立报刊出版部作为学会的期刊管理职能机构，负责系列杂志管理工作，制定了《中华预防医学会系列杂志管理办法》，以及系列杂志的《编辑委员会通则》、《编辑部管理通则》、《编辑部工作规程》、《学术组稿管理办法》和《编排规范》等规章制度。学会坚持以提高期刊质量为中心，以培育品牌期刊和建设精品期刊群为重点，以改革发展为动力，以推进我国医药卫生科技进步和学术繁荣发展为宗旨，不断加强系列杂志的品牌化、国际化、数字化建设，已成功创建了一批在预防医学领域知名的学术期刊，为学术交流和预防医学的发展营造了可持续发展的坚实平台，为交流科研、生产、教学等方面的成果、经验，推动预防医学事业的发展作出了贡献。

中国光学学会主办和参与主办的科技期刊，以《中国激光》、《光学学报》、《中国光学快报》(英文版)和《激光与光电子学进展》为龙头，通过成立光学期刊联合编辑部和创办中国光学期刊网，探索出一条基于网络平台的光学期刊集群化发展之路。2004年以来，以中国光学期刊网为纽带的中国光学期刊联盟规模不断壮大。目前，在中国光学期刊网的网络平台上，已经集合国内不同主管主办单位和不同地域的44种光学类期刊。中国光学期刊网与各期刊均签订协议，为期刊代理发行和广告业务，并将各刊的在线出版业务统合在中国光学期刊网上。在期刊的统一发行和广告运作中，采用多种期刊打包发行、多种期刊广告打包销售、网上广告与期刊广告打包销售、在线发行与纸版期刊打包销售、在线支付全文下载等方式，实现各个期刊利益的共赢。此外，依托期刊的集群效应和品牌优势，大力开拓多元化经营，如组织专题学术会议、专题培训班、咨询服务、代售图书。中国光学期刊联盟还定期召开会议,对深化各成员单位之间的合作、推进出版单位体制改革、加速光学期刊网络化和国际化进程等重要问题进行研讨,努力提高光学期刊集群化发展的水平。

中国抗癌协会主办和合办的期刊虽然只有7种,但协会通过发挥自身的学术资源优势和品牌影响力,对国内肿瘤学科的期刊资源进行整合,将协会主办的期刊以及其他有意加盟的肿瘤学科期刊组织起来,统一管理,协同发展,联手打造中国抗癌协会系列杂志品牌。此项工作2005年10月启动实施,协会期刊出版部多次组织召开编辑部主任工作会议,制定并通过了《中国抗癌协会系列杂志管理办法》及《中国抗癌协会系列杂志实施方案》等若干条例,同时开展了争创优质期刊、名牌期刊的活动。目前,中国抗癌协会系列杂志已发展到32种(含报纸1种),占全国44种肿瘤学科期刊的73%,其中英文版期刊3种,占全国21种英文版医学期刊的14.3%。系列杂志的成功运作,标志着中国抗癌协会在整合期刊资源、促进学术交流、推动学科发展方面,搭建了一个宽阔的平台,也使得中国抗癌协会整体工作更趋完善。在努力培育系列杂志的同时,中国抗癌协会还对如何通过体制机制创新将松散型的系列杂志转变成为集约型的出版实体积极进行探索,并被确定为中国科协期刊出版体制改革试点单位之一。

还有一些主办期刊较多或所在学科期刊较多的学会,如中国力学会、中国药学会、中国地质学会、中国农学会、中国机械工程学会等,也都在积极探索学科期刊的集群化之路,中国力学会建立了“中国力学会期刊网”,中国地质学会创建了“中国地学期刊网”,中国农学会和中国机械工程学会也在筹备本学科的数字出版平台。可以看出,在单本期刊规模普遍较小并且编辑部市场主体不到位的情况下,通过建立数字化平台的方式实现对相同或相近学科期刊资源的聚集,已经成为全国学会科技期刊集群化建设的重要手段。为提升科技期刊集群化建设水平,加快科技期刊数字化和网络化进程,中国科协还将中华医学会、中国农学会、中国机械工程学会和中国药学会确定为期刊数字化平台试点单位,予以经费资助的支持。

(三)促进资源整合,大力支持科技期刊集团化发展

在专业分工的前提下,以本学科的名刊大刊和有潜力的期刊为龙头,通过沟通协商达成共识,突破现有管理体制,进行资源整合,实现强强联合和品牌扩张,是推进科技期刊集团化发展的重要手段。中国科协作为全国学会的业务主管单位及其主办期刊的主管单位,积极促进全国学会科技期刊的资源整合,大力支持全国学会发挥自身优势,跨主管、跨主办、跨地区整合本学科的科技期刊出版资源,促进科技期刊在学科化集群建设的基础上进一步向集团化方向发展。其中,中华医学会整合期刊出版资源促进集团化发展的成功实践,对其他全国学会具有借鉴意义。

中华医学会的期刊资源整合,大多以变更期刊主办单位、主管单位、登记地以及刊名的方式进行,通过与一些医学期刊的主管单位、主办单位及承办单位充分沟通协商,达成一致后按照期刊变更的程序重新报批,把相关出版资源整合到中华医学会系列杂志名下,期刊则仍由原来的办刊单位具体承办。通过这种方式,先后整合了《现代护理》、《中国临床营养杂志》、《内分泌外科杂志》、《口腔正畸学》、《眼视光学杂志》等一批期刊资源(表5-16),使中华医学会系列杂志的数量不断扩大。目前,中华医学会系列杂志作为一个庞大

的医学期刊群体，已经具备集团化的基本条件。

表 5－16　中华医学会整合的部分期刊

序号	整合后新刊名	原刊名	原主办单位	原主管单位
1	中华现代护理杂志	现代护理	齐齐哈尔医学院	黑龙江省教育厅
2	中华临床营养杂志	中国临床营养杂志	中国医学科学院	卫生部
3	中华内分泌外科杂志	内分泌外科杂志	重庆医科大学附属第一医院	重庆医科大学
4	中华口腔正畸学杂志	口腔正畸学	北京大学	教育部
5	中华眼视光学与视觉科学杂志	眼视光学杂志	温州医学院、卫生部视光学研究中心	温州医学院
6	中华胰腺病杂志	胰腺病学	中华医学会上海分会	上海市卫生局
7	中华生物医学工程杂志	现代临床医学生物工程学杂志	广州医学院	广州医学院
8	中华实验眼科杂志	眼科研究	河南省眼科研究所	河南省卫生厅
9	中华医学教育探索杂志	医学教育探索	重庆医科大学	重庆市教委
10	中华眼外伤职业眼病杂志	眼外伤职业眼病杂志	郑州大学	郑州大学

注：1. 所有期刊整合后，主管单位均变更为中国科协，原登记地不在北京的均变更为北京。

2.《中国临床营养杂志》变更为《中华临床营养杂志》，由中华医学会和中国医学科学院共同主办，中华医学会为第一主办单位；《现代临床医学生物工程学杂志》变更为《中华生物医学工程杂志》，由中华医学会和广州医学院共同主办，中华医学会为第一主办单位；其余各刊整合后，主办单位均变更为中华医学会。

需要指出的是，全国学会的期刊资源整合，包括中国科协主管期刊在内，都不是“只进不出”的单向流动，而是“有进有出”的双向流动，既有其他单位主办和主管的科技期刊调整为全国学会主办和中国科协主管，也有少数期刊不再适合由中国科协继续担任主管单位而退出中国科协的主管序列。例如，北京卓众出版有限公司转企改制时，其编辑出版的10种期刊因涉及十几个主办单位和多个主管单位，需要跨主办主管整合出版资源才能实现整体转制，为支持其创新体制机制实现集团化发展，中国科协同意不再作为其中两种期刊的主管单位，并及时办理了相关审批手续。与此同时，《中国航空学报》(英文版)等一批期刊则由其他单位主管变更为中国科协主管。在这种“有进有出”的有序流动中，中国科协主管期刊的数量实现了稳步增长，从2006年的421种增加了2010年的443种。

还有一些期刊资源的整合，是以增加或调整主办单位的方式进行的，这其中既有其他单位主办的期刊增加全国学会作为共同主办单位的，也有全国学会单独主办的期刊增加其他单位作为共同主办单位的。这两种方式的资源整合，有利于发挥全国学会的办刊优势，改善全国学会主办期刊的办刊条件，促进科技期刊的规模化经营和集团化发展。例如：西北农林科技大学主办的《昆虫分类学报》和广东省昆虫学会主办的《环境昆虫学报》，分别增加中国昆虫学会作为第二主办单位;中科院新疆生态地理研究所主办的《干旱区地理》,增加中国地理学会作为第二主办单位;广州机床研究所主办的《润滑与密封》杂志,主办单位变更为中国机械工程学会和广州机械科学研究院,其中中国机械工程学会为第一主办单位;《中国兽医杂志》的主办单位则由中国畜牧兽医学会和中国农业大学动物医学院,变更为中国畜牧兽医学会,等等。再如中国稀土学会主办的《中国稀土学报》,增加北京有色金属研究总院作为第二主办单位;中国实验动物学会主办的《中国实验动物学报》和《中国比较医学杂志》,增加中国医学科学院医学实验动物研究所作为第二主办单位;中国免疫学会主办的《中国免疫学杂志》(英文版),增加中国科学技术大学作为第二主办单位;中国机械工程学会主办的《设备管理与维修》,增加北京卓众出版有限公司作为第二主办单位,等等。其中,中国机械工程学会主办的《设备管理与维修》,在不改变主管单位和学会作为第一主办单位的前提下,以增加北京卓众出版有限公司为第二主办单位的形式,加盟到该公司集团化管理序列,在保持独立经营自主权的同时,在财务管理、人力资源管理等方面共享卓众出版公司的集团化管理平台,进一步规范了刊物的管理,解决了该刊遇到的广告经营资格等问题,解除了发展过程中的后顾之忧,为刊物的持续发展创造了更好的条件。

三、少数学会探索设立具有法人资格出版单位

受出版发行体制改革政策的推动和工商部门规范广告经营管理等因素的影响,在科技期刊出版体制改革尚未全面启动的情况下,中国科协所属全国学会中,有少数学会及其出版单位先行一步,在塑造期刊出版市场主体方面迈出探索性的步伐,尝试成立了具有独立法人资格的杂志社或杂志社有限公司。据不完全统计,2006 年以来,有 18 个全国学会加入到设立法人出版单位的行列,共成立 18 家杂志社或杂志社有限公司(表 5-17)。

表 5-17　2006 年以来中国科协科技期刊成立杂志社及杂志社有限公司统计

主体名称	出资人	注册资本(万元)	成立日期	企业类型	期刊主管单位
心理与健康杂志社	中国心理卫生协会	30	2006-05-16	全民所有制	中国科协
设计杂志社	中国工业设计协会	30	2007-01-29	全民所有制	中国科协
中国防汛抗旱杂志社	中国水利学会	30	2007-03-14	全民所有制	中国科协
科技创新与品牌杂志社	中国科技新闻学会	30	2007-04-16	全民所有制	中国科协
中外能源杂志社	中国能源研究会	30	2007-06-01	全民所有制	中国科协
中国心理卫生杂志社	中国心理卫生协会	30	2007-10-19	全民所有制	中国科协
中国癌症研究杂志社有限公司	中国抗癌协会	30	2008-09-22	有限责任公司(法人独资)	中国科协
建筑学报杂志社有限公司	中国建筑学会	30	2008-11-10	有限责任公司(法人独资)	中国科协

续表

主体名称	出资人	注册资本（万元）	成立日期	企业类型	期刊主管单位
中国畜牧兽医杂志有限公司	中国畜牧兽医学会	30	2009－01－19	有限责任公司（法人独资）	中国科协
太阳能杂志社有限公司	中国可再生能源学会	30	2009－01－19	有限责任公司（法人独资）	中国科协
汽车之友杂志社有限公司	中国汽车工程学会	30	2009－02－09	有限责任公司（法人独资）	中国机械工业联合会
中华医学杂志社有限责任公司	中华医学会	30	2009－03－12	有限责任公司（法人独资）	中国科协
电气技术杂志社有限公司	中国电工技术学会	100	2009－03－23	有限责任公司（法人独资）	中国科协
中国药学杂志社有限公司	中国药学会	30	2009－06－08	有限责任公司（国有独资）	中国科协
中国法医学杂志社	中国法医学会	30	2009－10－12	全民所有制	公安部
中国公路杂志社	中国公路学会	2220	2009－11－10	全民所有制	交通运输部
中国激光杂志社有限公司	中科院上海光机所 中国光学学会	44	2009－12－01	内资公司	中国科学院
中国通信杂志社有限公司	中国通信学会	30	2010－07－30	有限责任公司（法人独资）	中国科协

注：1. 资料来源：主体名称一栏信息来源于新闻出版总署网站行政审批许可结果，出资人一栏信息来源于主管单位备案资料，其余各栏信息来源于北京市工商局的“北京市企业信用网”和上海市工商局网站的“企业注册登记信息公开”。

2. 根据企业注册登记信息中经营范围的记录，《中国畜牧兽医杂志》有限公司出版、发行《中国畜牧杂志》、《中国兽医杂志》、《动物营养学报》、《畜牧兽医学报》和《畜牧与生物技术杂志》（英文版）杂志；《中国激光》杂志社有限公司编辑出版《中国激光》、《激光与光电子学进展》和《中国光学快报》杂志；《中华医学杂志》社有限责任公司编辑、出版、发行由中华医学会主办的《中华医学杂志》等 122 种杂志；《汽车之友》杂志社有限公司出版、发行《汽车之友》和《汽车工程》杂志。其余主体只出版发行其公司名称中包含的 1 种杂志。

从表 5－17 可以看出，探索成立法人出版单位的期刊，不仅有科普类期刊和综合类期刊，也有技术类期刊和学术类期刊；但这些期刊所属学科主要集中在技术科学、工程技术以及医药卫生等应用性强的学科和领域，几乎没有自然科学基础科学学科的期刊。这表明仅从这些个案来看，期刊所属类别并不是制约其出版单位成为市场主体的主要障碍，期刊是否具备基本的赢利能力才是决定其出版单位能否成为市场主体的关键因素。同时，注册成立的这些法人实体，不仅注册资本普遍较少，而且多为单刊独立运作，经营规模小必然使其抗风险能力受到削弱。

探索成立法人出版单位的期刊，大多是北京地区的期刊，其中一个重要因素就是北京工商部门对广告经营资格规范管理,导致一些学会为解决其主办期刊的广告经营资格问题,不得已选择成立杂志社。例如,中国法医学会按照有关部门的部署和要求启动《中国法医学杂志》编辑部改制为中国法医学杂志工作。学会成立杂志社的申请获公安部同意,相关申报材料报新闻出版总署审批,得到同意杂志社成立的批复后学会按相关要求办理了"杂志社"验资、"国有资产产权登记"、"企业登记"以及银行开户、税务登记等工作。2009 年 11 月,改制工作基本完成,但该学会反映,"转制"一年来,期刊出版单位处于亏损状态。

第三节　努力推进中国科协科技期刊出版体制改革与创新

随着文化体制改革的不断深化,我国新闻出版体制改革的重点已开始从出版社的改革逐步转向报刊出版单位的分类改革,科技期刊面临着创新体制机制、以改革促发展的艰巨任务和历史性机遇。中国科协科技期刊的主管单位、主办单位和出版单位也要审时度势,深刻领会中央出台的文化体制改革相关政策精神,充分认清我国科技期刊面临的体制改革形势,深入分析中国科协科技期刊的实际情况,准确把握体制改革的指导思想、基本要求、目标任务以及改革的具体路径,进一步增强紧迫感,把握主动性,以务实的作风、得力的措施和积极的行动,稳步推进中国科协科技期刊出版体制机制的改革与创新,促进中国科协科技期刊不断提高学术质量、出版水平和综合竞争力,加快发展步伐。

一、充分认识我国科技期刊面临的体制改革形势

最近几年,我国新闻出版体制改革一直走在文化体制改革的前列,并在重点领域和关键环节取得重大进展。全国 581 家图书出版社中,除盲文、少数民族文字和军队等部分出版社保留事业性质外,有 528 家出版社被确定为经营性出版单位进行转企改制;报刊出版单位改革也一直在进行试点,截至 2010 年,全国已有 1069 家非时政类报刊出版单位登记或转制为企业法人。2010 年是新闻出版体制改革的决胜之年,根据中央的决策部署和已确定的改革"路线图"和"时间表",经营性图书出版社在 2010 年底前完成转企改制;同时,积极推进报刊出版单位分类改革,加快推动非时政类报刊的转制工作。从总体上看,随着图书出版社、音像出版社等出版单位改革的逐步完成,报刊业的体制改革将被摆在更加突出的位置,由试点转向逐步推开。科技期刊作为报刊业的一个组成部分,可以说目前正处在体制改革的重要关口,其体制改革如何具体进行,将随着相关改革政策和实施方案的出台而进一步明朗化。

(一)报刊出版单位即将实行分类改革

在推进新闻出版体制改革的过程中,图书出版社的改革是按照公益性出版单位和经营性出版单位两大改革方向推进的,被确定为经营性出版单位的图书出版社一律转企改制,不能按期转企改制的将被注销出版资格。与图书出版社相比,报刊出版单位特别是期刊出版单位不仅数量巨大,而且大多规模小实力弱,其功能定位、管理模式和运行机制更

是千差万别，因此，报刊出版单位体制改革的情况更复杂，改革的任务也更艰巨。为此，中央关于深化报刊出版单位改革的工作部署，确定了对报刊出版单位实行分类改革的总体思路，即在报刊出版单位的改革中要遵循分步实施、分类进行的基本原则，并分别明确了时政类报刊和非时政类报刊改革的基本要求。有关管理部门对出台报刊出版单位分类改革的实施方案也极为慎重，组织开展了不同层次、不同范围的前期调研工作，力求使出台的改革方案更加符合报刊出版单位的实际。

在 2010 年 1 月 13 日召开的全国新闻出版工作会议上，新闻出版总署署长柳斌杰表示，要加快推动非时政类报刊的转制工作，抓紧制定完善和组织实施《中央和中央各部门各单位报刊出版单位分类改革实施方案》，2010 年底前完成中央和中央各部门各单位首批经营性报刊的转制工作；要把转制与推动报刊资源整合及报刊治散治滥相结合，严格市场准入制度，建立完善报刊评估退出机制。与此同时，与完善报刊评估退出机制相关的配套措施陆续出台，例如，2010 年 7 月 12 日，新闻出版总署印发了《报纸期刊出版质量综合评估办法(试行)》，自 2011 年 1 月 1 日起施行；2010 年 9 月 26 日，新闻出版总署办公厅发出《关于加强报刊管理，严肃查处违规出版活动的通知》，决定自 2010 年 10 月至 2011 年 8 月期间，集中查处报刊违规问题，维护报刊正常出版秩序。

从目前情况看，尽管报刊出版单位分类改革实施方案的出台时间可能比原来预计的有所滞后，但报刊改革的目标已经日渐明确，就是要建立大型龙头学术期刊集团，建立一批以报业集团、期刊集团为基础、整合多种媒体的大型传媒集团，建立专业性强的精品报刊集群，建立一批以中央主流媒体为核心、具有国际影响力和竞争力的大型综合传媒集团，构筑中国报刊业集约化发展的新格局。通过深化报刊体制改革，要做大做强一批、整合重组一批、停办退出一批，推动报刊结构调整，治散治滥，优化资源配置，转变发展模式，实现集团化、集约化发展，解决我国报刊出版多而不大、不够强不够好的问题。

(二)科技期刊面临的主要问题

随着我国建设创新型国家战略的实施以及国家大力推进文化体制改革和出版发行体制改革，科技期刊迎来了新的发展机遇，但也面临严峻挑战。当前，科技期刊主要面临以下三个问题：

1. 对科技期刊出版体制改革缺乏制度安排

我国在出版发行体制改革中确立了公益性出版和经营性出版两大改革方向，但现行政策未明确非营利性科技期刊出版体制改革问题。科技期刊有其自身的特殊性，特别是自然科学学术期刊，其本身是科学技术研究中的一个重要环节。商品属性不是其本质属性，学术性才是它的根本属性。目前很多科技期刊基础薄弱，办刊相对分散，尚未形成规模效益，还不具备直接转企改制、设立出版企业的条件。特别是科技社团创办的科技期刊，绝大部分以纯粹的学术交流为目的，是为科技成果的首发认证和推广转化提供平台和载体，而不是以营利为目的。如果将科技社团期刊出版单位改制为经营性出版企业，不仅大多数科技期刊难以为继，同时，也不利于学术交流和科学普及工作的开展。

2. 科技期刊特别是学术期刊生存发展困难

目前，我国科技期刊办刊体制复杂，资源分散，集成度不高，单个期刊实力弱小，办刊条件较差。在我国科技期刊三大办刊主体中,除高等院校条件稍好外,科研院所和科技社团主办期刊往往得不到主办单位的有力支持,致使期刊在办刊经费、人员、办公条件等各方面得不到充分保障。部分期刊办刊经费极度匮乏,甚至连正常的运转费用要靠外界赞助才能解决。办刊队伍不稳定,相当部分编辑人员缺乏足够的积极性,人才流失严重。虽然近几年来,国家逐渐加大对科技期刊的支持和扶植力度,逐步增加投入,但是面对数量众多的科技期刊,无异于杯水车薪。科技期刊特别是科技社团所办学术类期刊学术性、技术性、专业性较强,具有特定的读者群,发行量不大,单靠发行收入不足以弥补期刊的出版成本。站在国家整体科技发展的角度,又不能任其自生自灭。同时,面临着国际出版集团在我国快速抢占市场、攻城略地的严峻局面,国际化、数字化竞争日趋激烈,我国科技期刊是在自身没有充分发展壮大的条件下仓促应战,因此生存与发展环境严酷,需要国家的大力支持。

3. 科技社团期刊不能继续办理《广告经营许可证》

广告收入是科技期刊赖以生存和发展的重要收入来源。2007 年 11 月,北京市工商局下发通知称,按照国家工商总局《关于广告经营主体资格有关问题的答复》的规定,凡申领《广告经营许可证》的报刊出版单位,应当是依法登记注册的事业单位法人或企业,社会团体须在 2008 年 12 月 31 日前完善其广告经营主体资格,逾期不办理的,原有《广告经营许可证》作废。该通知的要求,与科技社团主办期刊的实际情况有不符之处,严重影响了科技社团期刊的正常出版活动。科技社团是非营利组织,广告经营活动只是为期刊正常出版和社团发展筹措资金的方式之一,所获得的经营利润和收入全部用于事业发展和社会公益活动,而不是用于分红,这与企业从事生产经营,追求利润最大化的营利性活动有着本质的区别。

(三)科技期刊积极探讨体制改革可行路径

我国的科技期刊占据了全国期刊总量的半壁江山,不仅办刊主体多元,功能定位多样,运行模式各异,而且规模普遍较小,实力普遍较弱,资产关系复杂,特别是科研院所、高等院校和科技社团等主办的数以千计的学术期刊,其出版单位大多是以从事期刊学术编辑为主要工作的非法人编辑部,不具备直接转企改制的基本条件。因此,科技期刊的体制改革如何进行,一直是业界关注的热点问题。近年来,一些研究机构、专家学者结合新闻出版体制改革的政策导向和科技期刊的实际情况,对科技期刊体制改革的相关问题进行深入的思考和探讨,积极探索科技期刊体制改革、出版模式改革的可行路径,其中部分观点具有一定的代表性,值得关注,也可供中国科协科技期刊的主办单位和出版单位在思考科技期刊体制改革问题时参考。

中国高校科技期刊研究会认为①,要"谨慎推进高校科技期刊的出版模式改革",高校科技期刊未来的出版主要有 4 种可供选择的模式:一是学术与经营分离。高校科技期刊的主体是学术期刊,学术期刊的编辑出版工作可以大体分为学术与经营工作。所谓学术

① 资料来源:中国高校科技期刊研究会理事长颜帅在第 3 届中国高校精品·优秀·特色科技期刊奖颁奖暨研究会更名仪式上的讲话。

工作，包括期刊宗旨和范围的确定、编委会的组建、组稿约稿、审稿、定稿、编辑加工等；经营工作则主要涵盖排版印刷等生产业务、印刷版和网络版的发行业务、版权许可业务(right licensing)(单篇或整刊)以及与期刊相关的衍生业务。虽然学术与经营在有些环节、有些时段有交叉，但总体还是可分的。学术工作可由高校期刊的编辑部负责，经营则可由专门的出版单位负责。这里的出版单位主要指有出版资质、实力雄厚、网络平台影响较大、符合出版改革方针政策的机构，当然中国高校科技期刊研究会也可组建或联合组建这样的机构。二是基本维持现有体制。拥有期刊主办权的高校基本都是事业单位。像高校这样基础研究能力强、成果多、作者队伍庞大、读者众多，且办刊条件好、经验丰富、水平普遍较高，主办期刊大多只有一两种的事业单位，符合我国有关期刊编辑出版的政策规定，继续由校内编辑部负责编辑出版期刊是完全可行的。这种模式尤其适合那些对社会效益的要求远高于经济效益、本校又没有出版社的高校。必须指出，基本维持现有体制，并不是一成不变、永远不变。随着科研成果发表途径和利用方式的日新月异，高校科技期刊的办刊理念、技术手段、管理模式也要随之创新。其中，期刊的准确定位、用人机制和改革显得尤为重要。不同的学校对期刊的要求必然不同，各种要求都无可非议：可以以发表本校成果为主，也可以发表校内外甚至国内外最新成果，可以继续办“校名＋学报”的期刊，也可以将学报改造成专业期刊或创办新的专业期刊。三是与校内出版单位整合。高校出版社的出版业务一直是以图书和音像出版为主。随着高校出版社体制改革的深入，已转企改制的出版社也逐步表现出业务拓展的需求。尝试在一个主办单位内实现出版资源整合，也是高校科技期刊出版的一种选择。显然，选择这种模式的前提是本校必须有出版社。这种模式的好处是：可以在学校层面上兼顾学术和经营，实现了期刊编辑部和出版社的一揽子改革。四是独立设置具有法人资格的科技期刊出版单位。在期刊改革的大背景下，少数有愿望、有能力的高校，可以基于其期刊编辑出版现状和前景，依据相关法规的规定，申请设立具有法人资格的期刊出版单位。这种模式有其存在的现实可能性，经营得法则可社会效益、经济效益兼收。但困难也是显而易见的，比如高校早已清理整顿校办企业，再申请成立企业性质的期刊出版公司，学校会有很多顾虑；一校一个出版单位，只出版1种或几种期刊，难以形成经营规模。该研究会同时认为，中国高校科技期刊数量多、情况复杂，期刊出版模式也应该是多种多样的，改革决不能简单化，一刀切，转企改制不适合大多数高校科技学术期刊。提出上述4种模式，只是供高校科技期刊编辑出版工作者在思考期刊深化体制改革时参考，并希望引起讨论。高校有办学自主权，也有在国家法律和政策框架下选择最适合自身实际的期刊出版模式的自主权。

已于2007年实现整体转制的北京卓众出版有限公司，也对科技期刊转企改制的可行路径进行探讨。该公司总经理刘泽林认为①，依据主管部门确定的分类指导原则，在科技期刊转企改制过程中可能会出现以下六种类型：第一种是“航空母舰型”。规模较大的科技期刊出版单位在市场主体到位的基础上，健全法人治理结构，完善现代企业制度，全力打造中国科技期刊的“航空母舰”，全面提升我国科技期刊的市场竞争力和国际竞争力。目前，科学出版集团出版200多种科技期刊、中华医学会杂志社出版120多种科技期刊，

① 刘泽林．科技期刊转企改制可行路径探析[J]．编辑学报，2010，22(2)：159－161.

均有实力、有可能成为“航空母舰型”。第二种是“单兵作战型”。一些具有法人资格或具备条件的科技期刊出版单位直接转企改制,明晰产权关系,转换人员身份,独立生存发展。第三种是“巡洋舰队型”。这是介于第一种和第二种之间的类型。准备转制或者已转制到位的期刊出版单位可主动寻求与专业相同、产业相通的其他出版单位的合作与重组,整合资源、调整结构,形成机制灵活、运行高效、规模适度、竞争力强的期刊出版企业。比如,北京卓众出版有限公司目前主办、出版和经营 12 种期刊,全部是科技期刊。可以分成 3 个刊群,分别是汽车刊群、工程机械刊群和农机刊群。目前,大多数期刊在各自的专业或行业内都具有较强的影响力。因此,卓众出版就是一个以专业期刊出版传媒集团为发展方向的转制到位的出版单位,可以算作这种类型。第四种是“按兵不动型”。暂时难以直接转企改制的期刊编辑部,可以仍保持原有的隶属关系,作为主办单位的下属单位存在。这种类型主要应该在搞活机制上下工夫。目前,我国很多学术期刊编辑部,如隶属高校、研究院所的期刊编辑部,都属于这种类型。据了解,国家将通过建立学术期刊出版基金等政策,鼓励并扶持一些重点领域和前沿学科的学术期刊,提高学术期刊的学术水平和国际影响力。可以看出,主管部门对于学术期刊的本质属性和生存特点,是有深刻理解和周到考虑的。第五种是“无奈退出型”。这对于一些科技期刊出版单位来说,是一个无奈的结局;因为社会效益和经济效益都比较差,它们可能会在评估后被退出。柳斌杰署长在一篇文章中提出,在 2 年之内,对于那些方向不正、效益较差、资不抵债、无力生存、难以发展的新闻出版单位要注销停办、退出市场。对于科技学术期刊来说,评估标准就应当主要是学术水平,如果办刊质量和学术水平达不到一定要求,可能也会在接受评估后被淘汰。第六种是“主动加盟型”。这些期刊由于各种原因自己直接转企改制有困难,“按兵不动”不允许,“淘汰退出”又不甘心,可能会希望与前三种这样的单位合作,主动加入其中,谋求在较大平台上的进一步发展,这可以算是一种“主动加盟型”。

二、深入探析科技社团期刊出版体制改革的重大问题

在我国科技期刊的各种办刊情况中,科技社团办刊可以说是最特殊也最复杂的部分,这种特殊性和复杂性不仅表现在科技社团自身作为非营利组织与其他企事业性质的办刊单位相比明显不同,而且表现在科技社团办刊有许多是与科研院所、高等院校、医疗机构、国有企业等企事业单位共同主办或委托这些单位承办,这种情况既反映在中国科协所属全国学会主办的科技期刊中,也反映在地方科协及其所属学会主办的科技期刊中。因此,尽管报刊出版单位分类改革的政策导向为科技期刊的改革明确了基本方向,但具体到如何推进科技社团期刊出版体制改革,仍有许多具体问题值得深入研究和分析。只有把涉及科技社团期刊出版体制的相关重大问题分析透彻,进一步统一思想认识,做到心中有数并做出相应安排,才有可能在中央确定的改革政策框架下从操作层面切实推进科技社团期刊出版体制改革,促进其持续发展。

(一)科技社团期刊出版体制改革需要解决的深层次问题

最近几年,中国科协及其全国学会和期刊出版单位十分关注科技社团期刊的体制改

革问题，中国科协还组织专家学者开展相关研究，对科技社团期刊出版现状及体制改革的难点进行初步分析，提出了推进体制改革的一些政策需求和对策建议，其中反映的一些情况引起了相关管理部门的重视，提出的一些建议也得到有关管理部门领导的回应。但是，科技社团期刊在体制改革中不可回避的一些深层次问题如何解决，目前仍不十分明确。这些问题令科技社团期刊的主办单位和出版单位感到困惑和忧虑，希望能够引起管理部门的进一步关注，也希望科技界和出版界能够集思广益，共同寻求解决之策。

1. 通过体制改革实现科技社团期刊出版资源的有效整合

数字化与集团化是科技期刊发展的必然趋势，而科技社团期刊要实现数字化与集团化发展，关键在于对期刊出版资源要进行有效整合，这在科技社团的办刊单位中已经形成广泛共识。过去几年，包括一些全国学会在内的科技社团在整合期刊出版资源方面积极探索实践，并且涌现出像中华医学会这样的资源整合先进典型，但从总体上看，科技社团期刊出版资源整合的手段还不够多、范围还不够广、力度还不够大、水平还不够高，还难以满足科技社团期刊数字化与集团化发展的需要。特别是科技社团是利用科学共同体的力量来办刊，科技社团主办期刊的编辑出版单位多数不是科技社团自己设立的，而是由共同主办期刊的单位或者具体承办期刊的单位设立的。因此，科技社团在期刊出版资源的整合方面面临着许多自身难以解决的困难和问题。如果缺乏相关改革政策的推动与支持，单靠科技社团与办刊单位进行协商的方式来整合期刊出版资源，必然会大大延缓资源整合的进程，进而影响科技社团主办期刊的数字化和集群化进程，错过发展机遇。因此，通过体制改革实现对科技社团期刊出版资源的有效整合，成为科技社团的迫切愿望。

2. 通过体制改革确立科技社团的办刊主体地位

科技社团的办刊体制情况非常复杂，目前许多期刊的办刊主体不明，产权关系不清。科技社团作为期刊主办单位，名义上是合法的办刊主体，但由于大多不能投资设立出版单位，对由承办单位设立的出版单位不具有所有权；承办单位虽然不同程度地提供了期刊出版所需人、财、物，但往往不是期刊的主要主办单位，有的甚至不是共同主办单位，不具备期刊的出版权；而承办单位设立的出版单位，又往往作为其内部机构来管理，大多是不具有法人资格的编辑部，不能独立承担民事责任。因此，这些期刊的办刊主体变得十分模糊，主办单位、承办单位和出版单位的责权利不统一。同时，从资金投入和资产关系情况来看，这类出版单位的投资主体不明确，资产财务状况复杂，产权关系不清晰。许多出版单位的办刊资金来源中，既有承办单位直接或间接支付的人力成本、办公场所成本等补贴，也有科技社团作为主办单位申请获得的政府对科技期刊的专项资助等，而出版单位的经营收入不能纳入科技社团的账目，因此这些出版单位的产权关系很难明确界定。面对这种情况，怎样进行体制改革，才能明确科技社团的办刊主体地位，同时妥善处理主办单位、承办单位和现有出版单位的关系，值得深入研究。

3. 通过体制改革解决科技社团出版期刊的公平经营权问题

我国科技期刊的主办单位有科研院所、高等院校、科技社团、医疗机构、国有企业、出版社等多种类别，这些主办单位的性质不外乎三种情况：事业法人、企业法人和社团法人。科技社团是按《社会团体登记管理条例》依法登记的社团法人并受该条例约束，因此“不得从事营利性经营活动”，同时根据《民政部、国家工商行政管理局关于社会团体开展经营活动有关问题的通知》(民社发[1995]14号,1995年7月10日)的规定,也“不得以社会团体自身的名义进行经营活动”,这些规定使科技社团及其主办期刊开展经营活动受到很大制约,而事业法人和企业法人主办期刊则不受这种限制,这实际上使本应得到更多政策扶持的科技社团主办期刊处于不平等的市场竞争环境中,无法参与公平竞争。在期刊出版单位普遍不具备市场主体地位的情况下,科技社团设立的期刊出版单位通常作为该社团的一个部门存在,没有独立账号,也不能独立承担民事责任。如果不使用科技社团的名义开展经营活动,不仅签订的经营合同不具有法律效力,甚至可能连开具发票都成问题,而如果使用科技社团的名义开展经营活动,又为社团管理相关法规所不允许,因此陷入困境之中。一个典型例子就是,北京市工商部门按照民社发[1995]14号文件的相关要求规范报刊广告经营主体,规定只有报刊主办单位或出版单位是事业单位法人或企业的才能申领《广告经营许可证》,报刊主办单位是社团法人而出版单位不是事业单位法人或企业的则不能申领,导致一大批科技社团主办期刊遭遇失去广告经营资格的问题,经多方沟通这一问题虽得到缓解,但尚未从根本上解决。有少数全国学会为解决期刊广告经营资格问题,在其主办的期刊转企改制条件不成熟或方案不完善的情况下,不得不费尽周折地仓促进行转企改制,成立杂志社或杂志社有限公司,有的出版单位转企改制后经营状况令人担忧。因此,科技社团迫切希望能够在体制改革中完善相关政策,解决好科技社团主办的非营利性科技期刊的公平经营权问题。

4. 在推进体制改革的同时进一步加强对科技社团办刊的资金支持

目前,我国科技社团主办期刊的办刊条件普遍较差,期刊出版单位大多经济实力弱小,难以通过自身努力改善办刊条件,科技社团作为非营利组织,其经费来源主要是服务性收入,以及会员会费、社会捐赠和政府资助等,资金规模一般都很有限,而同一个科技社团名下又往往主办有多种甚至几十种期刊,因此也没有能力为其主办的期刊提供强有力的资金支持,在这种情况下,完善科技期刊的政府资助体系,加大对科技社团办刊的资金支持力度,成为保障科技社团期刊出版的客观需要,也是科技社团期刊主办单位和出版单位的共同愿望。希望国家在推进体制改革的过程中,充分考虑科技社团办刊的实际情况,继续采用项目支持、政府采购等方式对科技社团办刊进行扶持,并从税收优惠、资金支持等多方面细化和完善相关配套政策,进一步加大对科技社团主办期刊的支持力度。

(二)科技社团期刊非营利性出版改革路径探讨

由于各个科技社团的办刊数量和期刊类别各不相同,现有出版单位的管理模式也各具特色,而学术期刊与技术期刊和科普期刊的运行机制也存在差异,因此,很难用一种改革模式解决所有科技社团期刊的体制改革问题。科技社团办刊体制的复杂性和期刊种类的多样性,决定了其体制改革需求的多样性。根据不同的实际情况选择不同的改革路径,不仅是科技社团期刊出版体制改革的客观需要,更是保证科技社团期刊体制改革取得成功的关键。

目前,国家在推进新闻出版体制改革中,只区分了公益性出版与经营性出版,没有涉及非营利性科技期刊出版的问题。经营性出版单位的体制改革,是以促进营利性出版企业发展为导向,以转企改制、建立现代企业制度、完善法人治理结构为重点。而非营利性科技期刊(特别是学术期刊)既不属于完全的公益性出版,也不属于经营性出版。如果不考虑科技社团出版机构非营利性出版的特性,将其完全与其他类别的经营性出版单位同等对待,其生存发展就是一个很大的现实问题,特别是对大量分散出版学术期刊的小规模出版单位来说更是如此。因此,建议国家按照区别对待、分类指导的原则,在公益性出版单位与经营性出版单位之间,增加一类非营利性出版单位,把设立非营利性出版单位作为科技社团等非营利组织办刊的体制改革目标。同时,建立非营利性出版单位准入制度,将符合条件的科技社团(主要创办的是学术期刊)直接确认为非营利性出版单位,使期刊的主办单位与出版单位合二为一,突出科技社团的办刊主体地位。下面对科技社团期刊按非营利性出版进行改革的相关问题进行探讨。

1.科技社团期刊非营利性出版改革方案设想

采取主办单位与出版单位合二为一的方式,直接将符合一定条件(比如主办和出版期刊数量达到一定规模)的科技社团认定为非营利性出版单位,明确科技社团的办刊主体地位,使其同时履行主办单位和出版单位职责;保留承办单位目前设置的编辑部,将其作为科技社团期刊的编辑单位和学术依托单位,但明确这样的编辑单位和学术依托单位不具有期刊的出版权;将承办单位设置期刊编辑部的行为及相应投入,视为对科技社团办刊的一种社会捐助。

2.可行性分析

国家新闻出版行政部门加强出版业管理的一项重要举措,是构建以"四大准入"为基础的行业管理体系,即企业(法人)准入、市场(产品)准入、职业准入和岗位准入;出版发行体制改革的重点任务也是重塑市场主体,即通过改革使出版单位成为能够独立承担民事责任的法人单位。因此,科技社团期刊的体制改革,无论选择何种改革路径,都需要解决出版单位的法人资格问题。

根据社会团体登记管理的相关规定,社会团体的分支机构、代表机构是社会团体的组成部分,不具有法人资格。如果以科技社团分支机构的形式设立非营利性出版单位,没有解决出版单位的法人资格问题,不符合出版发行体制改革的基本要求,因此,不能以科技社团分支机构的形式设立非营利性出版单位。

科技社团是按照《社会团体登记管理条例》依法登记并领取《社会团体法人登记证书》的非营利性社会组织,本身具有独立承担民事责任的能力。科技社团的业务范围大多包括了开展学术交流、普及科学知识、编辑出版期刊等,并在其章程中予以明确。采取主办单位与出版单位合二为一的方式,直接把科技社团认定为非营利性出版单位,既解决了科技社团设立非营利性出版单位的法人资格问题,强化了科技社团的办刊主体地位和相关责任,又避免了同一个科技社团分散设立多个非营利性出版单位的可能性,有利于科技社团期刊的集群化发展。

将科技社团直接认定为非营利性出版单位,并不意味着要取消现有的期刊编辑部,而是可以将现有的期刊编辑部作为科技社团期刊的学术依托机构和编辑单位,继续承担组稿、文稿编辑、编委会建设等编辑业务工作,但因其不是期刊的出版单位,因此不具有期刊的出版权。这实际上是把科技社团期刊的编辑单位与出版单位分离开来,使科技社团既能利用科学共同体的力量巩固办刊基础,又能让期刊的出版主体回归本位,为科技社团整合期刊出版资源推进集群化建设扫清障碍。

由于现有的期刊编辑部大多是科技社团的挂靠单位或其他承办单位设立的内部机构,因此,如果将这些编辑部编辑的期刊纳入非营利性出版的范围进行体制改革,承办单位设置期刊编辑部的这种行为及其相应投入,则应视为对科技社团办刊的一种社会捐助。这个道理是显而易见的,因为科技社团是非营利性出版单位,其办刊不以营利为目的,并且可以接受社会捐助解决办刊经费的来源问题,因此承办单位设置期刊编辑部并进行相应的投入,不可能是谋求经济回报的投资行为,而是捐助科技社团出版期刊的一种形式。当然,如果承办单位没有能力或不愿意继续提供这种捐助,也不能勉为其难,应由科技社团收回期刊的编辑权,或重新确定承办单位负责期刊的编辑工作,对出版资源进行整合。

如果科技社团期刊能够以这种方式进行非营利性出版体制改革,则不需要考虑投资主体、投资规模和复杂的产权关系,也不涉及出版单位人员的身份置换等难题,符合科技社团的办刊规律和办刊实际,并且能够满足出版体制改革重塑市场主体的基本要求,因此,将其作为科技社团期刊特别是学术期刊的一种改革模式,从探析问题的角度来看是具有可行性的。

3. 需要解决的相关问题

将科技社团直接作为非营利性出版单位看待,尽管能够实现主办单位与出版单位责权利的统一,强化科技社团的办刊主体地位,妥善处理科技社团期刊的主办单位与承办单位的关系,并且符合国际科技社团期刊的运营特点和发展规律,但这一改革方案要想顺利付诸实施,还需要相关配套政策作保障,否则不具有可操作性。

(1)需要解决科技社团的经营主体资格问题

科技社团成为非营利性出版单位后,从出版管理的角度来看,它是独立的市场主体,尽管其出版活动是非营利性的,但同样存在经营问题,开展经营活动也是理所当然的。但是,目前国家不允许社会团体从事营利性经营活动,社会团体也不能以自身的名义开展经营活动。如果这个规定不废止,科技社团就不具备经营的主体资格。因此,在体制改革中需要协调民政部门和工商行政管理部门,落实社会团体开展经营活动的相关配套政策。

(2)需要落实非营利性出版单位的优惠政策

从世界出版业的情况来看,对非营利性出版进行扶持是发达国家的通行做法,扶持的方式包括政府资助和减免税收等。而从我国的实际情况来看,非营利性出版与公益性出版和经营性出版也有本质上的区别,国家应予以必要的扶持。因此,如果将非营利性出版作为社会团体办刊体制改革的路径,国家就应针对这一改革类别,制订政府资助和减免税收等相关政策,使非营利性出版单位能够享受比经营性出版单位更优惠的改革政策。

需要强调指出的是,设立非营利性出版的体制改革路径,并不意味着一定要将所有科技社团期刊都纳入非营利性出版的改革序列。在科技社团期刊体制改革中,不排除部分办刊单位有设立经营性出版单位的基本条件和现实需求。从新闻出版体制改革的总体形势和科技社团办刊体制机制创新的实践来看,科技社团期刊选择经营性出版体制改革路径至少可以有三种方式:①现有出版单位直接转企改制为出版企业;②跨地区、跨部门多刊联合组建出版企业;③由有实力的出版企业兼并重组。因此,需要在开辟非营利性出版体制改革路径的同时,为科技社团期刊提供设立经营性出版单位的改革路径,支持和鼓励有实力和条件的办刊单位成为独立的经营性出版市场主体。

三、推进中国科协科技期刊出版体制改革的建议

中国科协科技期刊体制改革的根本目的，是通过深化改革，清除制约发展的体制机制障碍，优化出版资源配置，创新办刊模式和运行机制，解放和发展生产力，促进科技期刊进一步加快发展，提高学术质量和办刊水平，增强活力和竞争力，更好地服务于国家创新体系建设。中国科协及其全国学会和期刊出版单位，要认真学习并贯彻落实中央关于文化体制改革特别是报刊体制改革的政策精神，在管理部门的指导下，创造性地开展相关工作，齐心协力，勇于创新，切实担负起体制改革策划者、组织者、推动者和实践者的重任，不断推进中国科协科技期刊出版体制的创新与发展。

(一)进一步增强出版体制改革的责任感和紧迫感

推进中国科协科技期刊出版体制创新发展，需要主管单位、主办单位和出版单位共同努力。中国科协作为全国学会科技期刊的主管单位和全国学会的业务主管单位，将以编制中国科协科技期刊“十二五”发展规划为契机，加强科技期刊发展的战略研究，认真梳理制约科技期刊发展的体制机制问题，进一步明确全国学会期刊出版体制改革的工作思路和具体措施，加强对全国学会和期刊出版单位体制改革工作的指导。全国学会作为科技期刊主办单位，要把学会主办期刊的体制改革工作摆在更加突出的位置，根据深化新闻出版体制改革的要求，在推进本学会期刊出版体制改革中发挥关键性作用，进一步增强深化体制改革的责任感和紧迫感，统一思想认识，明确本学会所主办期刊体制改革的主要任务，巩固体制改革所取得的成果，做好深化各项改革的准备工作，在相关领域继续推进改革。中国科协科技期刊的出版单位，要进一步解放思想，转变观念，增强责任意识、大局意识、危机意识和创新意识，在做好期刊编辑出版日常工作的同时，更多地关注科技期刊的改革发展态势，加强期刊出版体制改革和运行机制创新的探索实践。

(二)加强中国科协科技期刊出版体制改革试点工作

科技期刊出版体制改革不仅政策性强、涉及面广，而且难度大、要求高，特别是科技社团期刊的体制改革，没有相关的试点经验可供借鉴。因此，应在先行试点取得经验的基础上再逐步推开。2009 年，中国科协按照“区别对待、分类指导、试点先行、逐步推开”的原则，组织开展了全国学会主办科技期刊出版体制改革和数字化平台建设首批试点工作，并将其纳入中国科协精品科技期刊工程项目管理范畴。下一步，要在进行试点项目考核、总结试点工作经验的基础上，适当扩大试点范围，进一步改进试点项目的组织实施，继续探索体制改革经验，并发挥好试点单位的示范作用，以促进中国科协所属全国学会主办科技期刊深化改革、创新发展。

(三)不断提高中国科协科技期刊集群化建设水平

中国科协及其全国学会主办科技期刊要继续以集群化建设为重点，大力培育学科期

刊集群和网络集群。中国科协将继续支持建设所属全国学会层面的科技期刊联盟、集群、集团,激活科技期刊集群化的内驱力,不断提高科技期刊集群化建设的水平。在集群化建设中,要始终坚持专家办刊,坚持科技期刊的同行评议机制,保持科技期刊的核心价值;同时,要积极开发科技期刊市场,坚持科技期刊的市场运营,建立和完善有效的科技期刊营销模式;建立完善以学科为逻辑维度的期刊集团化的出版架构,实行跨主管、跨主办、跨承办、跨地域、跨层次的科技期刊出版合作或资本联合;建立完善科技期刊真正的出版法人治理结构、新型的集群化的资本运营模式、决策与执行的权力运行结构、可操作性的利益分配机制。具备条件的全国学会,要把握改革发展机遇,适时组建学会期刊出版集团,不断完善期刊出版服务平台、经营服务平台、管理服务平台和改革发展平台,吸引更多的期刊加入到集团化发展的行列。

(四)积极探索符合科技社团运行规律的期刊出版模式

中国科协所属全国学会作为科技社团,其办刊优势在于学术与编辑,而非出版与经营,应扬长避短,在体制改革的实践中借鉴国外先进经验,创新期刊出版方式,积极探索符合科技社团运行规律的期刊出版模式。

协作出版①是国外科技社团期刊出版的成功经验和发展趋势。国外绝大多数科技社团出版机构由于小规模运作,单位成本较高,在市场竞争中往往处于弱势地位,大多数小型科技社团的出版机构认为出版外包有助于期刊在市场上获得立足点,因此,许多科技社团采取和商业出版公司协作出版的模式,即科技社团负责编辑内容,商业出版公司负责出版和市场运作;国外科技社团出版的另一个变化是,由不同国家的同一学科的专业学会联合进行科技期刊的出版,通过共享一个国际性的编委会来扩大期刊的影响。

结合中国科协所属全国学会的具体情况看,这两种协作出版模式都值得借鉴和探索。由于多数全国学会的办刊规模都很有限,并且目前多数出版单位(编辑部)主要是从事学术编辑工作,而不是出版经营工作,因此,采取学术编辑与出版经营分离办刊模式,将期刊的出版经营外包给有资质的出版单位,不仅便于学会和现有编辑部集中力量进行组稿、约稿和编委会建设等学术编辑工作,不断提高期刊的学术质量和水平,而且有利于实现出版资源的整合,同时解决体制改革所要求的出版市场主体问题。如果能与不同国家的同一学科的专业学会联合进行科技期刊出版,对扩大科技期刊和学会在国际上的影响力和知名度都是有益的。

(五)为科技期刊出版体制改革积极建言献策

体制改革是在不断探讨问题和解决问题的过程中逐步推进的。对问题的探讨有利于统一思想认识,也有利于寻求解决问题之策,减少改革可能遇到的阻力,保证改革的顺利进行。特别是对办刊体制复杂、出版性质特殊而又没有改革试点经验可供借鉴的科技社团期刊而言,如何推进其体制改革,更需要集思广益,达成共识,只有结合科技社团期刊出

---

① 中国科学技术协会学会学术部,中国科学技术情报学会,中国科学院文献情报中心. 国外科技社团期刊运行机制与发展环境[M]. 北京:中国科学技术出版社,2007:159.

版实际，把国家的政策导向和改革的原则规定变成细化的可操作执行的实施方案和具体措施，才能保证改革取得预期成效。中国科协及其全国学会和科技期刊出版单位，有必要围绕科技期刊的集群化和集团化发展，继续深入研究和寻求妥善解决影响科技社团期刊出版体制改革进程的诸多无法绕开的实质性问题，如科技社团期刊经营主体资格问题、科技社团主办期刊的广告经营主体资格问题、科技社团主办科技期刊广告的营利性或非营利性的界别问题、科技社团具有设立期刊出版机构的出资主体资格问题、科技社团作为非营利组织如何在出版体制中转制问题等，为推进科技期刊出版体制改革积极建言献策。

(六)完善科技期刊体制改革的制度安排

科技期刊体制改革的推进和改革目标的实现，不仅需要办刊单位在实践中积极探索、大胆创新，也离不开国家在政策、资金等方面的大力支持。针对科技期刊面临的现实问题，建议国家在体制改革中进一步细化相关政策，完善制度安排，加强对科技期刊体制改革的支持和指导。

1.明确科技期刊出版体制改革的原则要求

科技期刊作为科技基础平台建设中的重要组成部分，在国家创新支撑体系中占有特殊的和不可替代的重要地位，建立符合科技期刊自身发展规律的科技期刊出版体制机制势在必行。在推进出版发行体制改革时，科技期刊出版即使不能纳入公益性出版的范畴，也应与经营性出版有所区别，不宜完全推向市场。建议中央充分考虑科技期刊的地位、作用和实际情况，完善相关制度安排，明确科技期刊出版体制改革的原则和要求。鉴于科技社团创办的科技期刊具有“科技属性”和“非营利性”两大显著特征，与经营性出版有本质区别，建议按照区别对待、分类指导的原则，将设立非营利性出版单位作为其体制改革目标。同时，建立非营利性出版准入制度，将符合条件的科技社团确认为非营利性出版单位，突出科技社团的办刊主体地位。

2.从国家财政上进一步加大对科技期刊的资助扶持力度

科技期刊作为国家科技创新体系基础设施的重要组成部分，理应从国家战略高度给予足够的重视，从政策、制度、措施等各个方面予以大力扶持。特别是从国家财政、税收方面给予支持和倾斜。建立、完善资金投入体制，设立国家层面的专项基金，加大对科技期刊的资助力度。集中支持一批前沿高端科技期刊加快发展步伐，大力改革创新，有针对性的实现重点突破。在稳定办刊队伍，提高人员素质，大力推进科技期刊数字化、网络化、集群化和国际化建设方面取得较快进展，大力提高科技期刊的学术水平和出版质量，增强核心竞争力。同时，制定税收优惠政策，对科技期刊的出版、发行、经营活动给予相应的税收减免。应当以文化体育业而不是服务业来规范科技期刊的税率。尤其是对于纯粹的基础性自然科学学术类期刊，建议国家参照公益性出版给予免税政策。

3.确认社团法人主办科技期刊的广告经营主体资格

工商行政管理部门之所以限制科技社团期刊办理《广告经营许可证》，是因为把科技社团期刊的广告业务界定为营利性经营活动，这是对《社会团体登记管理条例》相关规定理解不同导致的结果。我们认为，非营利的核心不在于是否可以开展经营活动，而在于利润分配环节的区别。科技社团主办期刊是按照其章程开展的非营利业务活动，开展广告业务也不是以营利为目的,而是为了弥补办刊经费的不足。10 多年来,科技社团主办期刊申领《广告经营许可证》,一直是按民政部、国家工商行政管理局 1995 年颁发的《关于社会团体开展经营活动有关问题的通知》,以及 1990 年国家工商行政管理局、新闻出版署《关于报社、期刊社和出版社刊登、经营广告的几项规定》办理的。这些政策对支持科技社团期刊的生存发展起到了重要作用。经新闻出版总署与工商管理部门沟通,这一问题得到缓解,但尚未从根本上解决问题。建议中央在推进出版发行体制改革时,统筹协调出版、民政、工商等部门的相关政策,妥善解决科技社团期刊的经营主体资格问题。在过渡阶段,希望继续沿用原有政策,确认社团法人主办科技期刊的广告经营主体资格,并将科技社团主办期刊中的广告业务在政策上区别于营利性活动。

第六章　中国科协科普期刊现状与发展

以刊登科普知识为主要内容的科技期刊称为科普期刊，中国科协科普期刊是指由中国科协及其全国学会主办和参与主办的科普期刊。据此，课题组从我国内地9000余种正式出版的期刊中遴选出科普期刊共455种，其中中国科协科普期刊为63种。中国科协科普期刊既是我国科普期刊的重要组成部分，也是中国科协科技期刊的有机组成部分，是中国科协所属全国学会开展科学普及工作的重要平台，在普及、传播科学技术知识方面发挥着重要作用，在支持科普资源建设及提高我国公民科学素质方面担负着重要使命。本章以呈现中国科协科普期刊的出版现状为基础，分析科普期刊发展面临的形势及趋势走向，同时探索中国科协科普期刊的发展对策，对于相关管理部门推进科普期刊体制改革、促进我国科技事业的繁荣以及科普工作的开展具有现实意义。

第一节　中国科协科普期刊出版现状

截至2009年年底，我国内地公开出版发行的科普期刊共455种①，占科技期刊总数5100种的8.9%。其中，中国科协及其全国学会（含中国科协直属单位）主办或参与主办科普期刊共63种，占全国科普期刊总数的13.8%。最近几年，中国科协及其全国学会主办科普期刊（以下简称中国科协科普期刊）总体发展稳定，办刊质量和水平不断提高，在办刊队伍建设、广告经营、品牌推广及多种经营等方面呈现出持续发展的良好势头，但仍需进一步扩大经营规模、拓宽发行渠道以及加快与新媒体融合步伐。

一、中国科协科普期刊基本情况

2010年以来，中国科协科普期刊数量稳定，所涉及的学科分布广泛，贴近行业的专业类科普期刊占多数，出版频率明显高于学术期刊。

（一）科普期刊的数量和分类

1. 中国科协科普期刊数量稳定

2006年以来，中国科协科普期刊数量有所减少，这是因为部分期刊主管、主办单位变更或个别期刊停刊所致，近两年中国科协科普期刊数量已趋于稳定。截至2010年底，中国科协科普期刊共63种（表6-1），占中国科协科技期刊总数1003种的6.3%，其中，中国科协主管科普期刊共45种，占中国科协主管科技期刊443种的10.2%。

---

① 全国科普期刊名录根据新闻出版总署信息中心编制的《中国新版期刊名录大全(2008)》以及新闻出版总署2009年度期刊核验数据综合遴选而来。

表 6-1 中国科协科普期刊数量变化情况(2006—2010 年)

年份	中国科协科技期刊数量(种)	中国科协科普期刊数量(种)	比例(%)
2006	886	77	8.7
2007	898	79	8.8
2008	960	63	6.6
2009	954	60	6.3
2010	1003	63	6.3

数据来源:中国科协科技期刊 2006—2010 年统计数据。

2. 科普期刊分类及学科分布情况

根据期刊内容所涉及的专业,我国科普期刊可以分为综合科普期刊和专业科普期刊两大类。综合科普期刊主要以综合类和百科类为主,还有少量科幻类期刊也归入此类中;专业科普期刊根据学科分类可分为理科类、工科类、农林类、医药卫生类以及军事公安消防类共五类。统计数据显示(表 6-2),中国科协科普期刊以专业科普期刊为主,共有 51 种,占总数的 80.9%;综合科普期刊仅有 12 种,占 19.1%;专业科普期刊与综合科普期刊的比例为 4∶1。

另外,根据科普期刊面向读者的不同,又可以将科普期刊分为少儿科普期刊和一般科普期刊。少儿科普期刊的目标读者是 18 岁以下的青少年及儿童,一般科普期刊的读者面向大众群体,没有明显的年龄界限。在中国科协科普期刊中,主要以一般科普期刊为主,占总数的 98.4%,少儿科普期刊只有《中学生数学》1 种。

表 6-2 科普期刊分类情况

科普期刊类别		全国科普期刊				中国科协科普期刊			
		数量(种)		比例(%)		数量(种)		比例(%)	
综合科普		107		23.5		12		19.1	
专业科普	理科类	348	48	76.5	10.5	51	12	80.9	19.1
	工科类		124		27.3		20		31.7
	农林类		64		14.1		5		7.9
	医药卫生类		98		21.5		9		14.3
	军事公安消防类		14		3.1		5		7.9
合计		455		100.0		63		100.0	

数据来源:2009 年新闻出版总署期刊核验数据。

中国科协科普期刊涉及自然科学的多个学科领域,分布较均匀,数量较多的是工业技术学科等应用性强的科普期刊。据统计(表 6-3),中国科协的 63 种科普期刊分属 13 个学科领域①,其中工业技术学科的最多,占总数的 27.0%,其余较多的是自然科学总论和

① 按照《中国图书馆分类法》(第四版)分类。

医药卫生学科的科普期刊，各占 14.3%。全国科普期刊也是工业技术学科的最多，共 97 种，占总数的 21.3%。

表 6－3 科普期刊学科分布情况

学科分布	全国科普期刊		中国科协科普期刊	
	数量(种)	比例(%)	数量(种)	比例(%)
工业技术	97	21.3	17	27.0
自然科学总论	70	15.4	9	14.3
医药卫生	95	20.9	9	14.3
天文学/地球科学	9	2.0	6	9.5
数理科学和化学	24	5.3	5	7.9
农业科学	62	13.6	5	7.9
交通运输	22	4.8	3	4.8
航空航天	8	1.8	3	4.8
文化、科学、教育、体育	31	6.8	1	1.6
生物科学	7	1.5	1	1.6
环境科学、安全科学	3	0.7	1	1.6
综合类	12	2.6	0	0.0
其他	15	3.3	3	4.7
总计	455	100.0	63	100.0

数据来源：2009 年新闻出版总署期刊核验数据，按照中国科协科普期刊各学科期刊数量排序。

(二)科普期刊的主管单位和主办单位分布

1. 主管单位分布情况

中国科协科普期刊是由中国科协所属全国学会或中国科协直属单位主办或参与主办的，因此，大部分期刊的主管单位都是中国科协，其余期刊的主管单位由期刊其他主办单位的相关主管单位担任。据统计(表 6－4)，在中国科协 63 种科普期刊中，中国科协主管 45 种，占总数的 71.4%；中国科学院主管 4 种，占 6.3%；国家林业局和卫生部各主管 2 种，分别占 3.2%；其他相关部门或单位主管 10 种，占总数的 15.9%。

表 6－4 中国科协科普期刊主管单位分布情况

主管单位分布	数量(种)	比例(%)
中国科学技术协会	45	71.4
中国科学院	4	6.3
国家林业局	2	3.2
卫生部	2	3.2
其他部门	10	15.9
合计	63	100.0

数据来源：中国科协科技期刊 2010 年统计数据。

2. 主办单位办刊情况

中国科协及其全国学会以主办学术期刊为主，只有四分之一的全国学会主办或参与主办科普期刊。另外，中国科协科普期刊大多数是由学会一个单位主办的，部分期刊与其他单位合办。

根据统计，在中国科协所属197个全国学会中，共有51个全国学会主办或参与主办科普期刊，占学会总数的25.9%。统计数据显示(表6－5)，中国科协所属全国学会以及中国科协直属单位作为第一主办单位共主办科普期刊54种，占总数的85.7%。另外，由全国学会或科协直属单位一个单位主办的期刊有39种，占61.9%；其余24种为合办期刊，占38.1%。

表6－5　中国科协科普期刊第一主办单位分布情况

第一主办单位分布	数量(种)	比例(%)
全国学会	49	77.8
研究院所	6	9.5
中国科协直属单位	5	7.9
报刊图书出版单位	1	1.6
地方学会	1	1.6
公司(企业)	1	1.6
合计	63	100.0

数据来源：中国科协科技期刊2010年统计数据。

(三)科普期刊的登记地与文种分布

中国科协科普期刊大多在北京办刊，这与全国学会的办事机构大多设立在北京市有较大关系。据统计(表6－6)，中国科协63种科普期刊中在京期刊共57种，占总数的90.5%，其余6种分布在上海、广东、天津、江苏和河南。

表6－6　科普期刊登记地分布情况

地区分布	全国科普期刊		中国科协科普期刊		地区分布	全国科普期刊		中国科协科普期刊	
	数量(种)	比例(%)	数量(种)	比例(%)		数量(种)	比例(%)	数量(种)	比例(%)
北京	163	35.9	57	90.5	吉林	9	2.0	0	0.0
上海	33	7.3	2	3.1	河北	8	1.8	0	0.0
广东	21	4.6	1	1.6	河南	8	1.8	1	1.6
天津	20	4.4	1	1.6	浙江	8	1.8	0	0.0
新疆	16	3.5	0	0.0	江西	7	1.5	0	0.0
湖南	15	3.3	0	0.0	内蒙古	7	1.5	0	0.0
江苏	15	3.3	1	1.6	重庆	7	1.5	0	0.0

续表

地区分布	全国科普期刊		中国科协科普期刊		地区分布	全国科普期刊		中国科协科普期刊	
	数量（种）	比例（%）	数量（种）	比例（%）		数量（种）	比例（%）	数量（种）	比例（%）
黑龙江	14	3.1	0	0.0	云南	7	1.5	0	0.0
山东	12	2.6	0	0.0	安徽	6	1.3	0	0.0
山西	12	2.6	0	0.0	海南	6	1.3	0	0.0
陕西	11	2.4	0	0.0	福建	5	1.1	0	0.0
湖北	10	2.2	0	0.0	贵州	3	0.7	0	0.0
辽宁	10	2.2	0	0.0	甘肃	2	0.4	0	0.0
四川	10	2.2	0	0.0	宁夏	1	0.2	0	0.0
广西	9	2.0	0	0.0	总计	455	100.0	63	100.0

数据来源：2009 年新闻出版总署期刊核验数据，按照全国科普期刊地区分布期刊数量排序。

本次遴选的全国科普期刊是指在我国内地出版发行的科普期刊，以中文为主，暂时还没有英文等外文科普期刊。但是根据不同地区，尤其是少数民族地区人民群众的需求不同，一些科普期刊使用少数民族文字出版。我国目前共有 16 种少数民族文字出版的科普期刊，占总数 455 种的 3.5%，分布于我国的新疆维吾尔自治区、内蒙古自治区等少数民族聚集区，其中维文 7 种，哈文 4 种，蒙文 4 种，朝鲜文 1 种。在中国科协科普期刊中，目前还没有以少数民族文字出版的科普期刊。

（四）科普期刊的其他出版指标

期刊的幅面尺寸、出版周期、页码和定价等都属于基本出版指标，能够反映科普期刊出版的特点。与学术期刊相比，中国科协科普期刊的幅面尺寸选择多样，定价普遍较低，刊载容量略小，出版频率更快。

根据统计（表 6 - 7），中国科协科普期刊的幅面尺寸选择多样，国际通行的大 16 开为主流尺寸，占 52.4%；其次较多的是 16 开，占总数 39.6%。此外还有 32 开、大 32 开、异型 16 开等幅面尺寸。全国科普期刊在幅面尺寸的选择方面更加灵活，除了传统的几类之外，异型开本种类较多，这是科普期刊在吸引读者注意力方面显现的特点。

期刊定价方面，中国科协科普期刊的平均定价为 10.8 元，比全国科普期刊的平均定价 9.0 元略高，期刊定价最高 30 元，最低 4.5 元。中国科协科普期刊定价在 5～10 元最多，共 33 种，占总数的 52.4%。

据统计，中国科协科普期刊刊载容量总体略小于学术期刊。中国科协科普期刊页数在 100 页（含）以下的最多，共 40 种，占总数的 63.5%；页数在 100～200 页的共 23 种，占 36.5%；在中国科协科普期刊中暂无 200 页以上的期刊。

表 6－7　科普期刊幅面尺寸、定价及页数情况

统计项目	项目序列	全国科普期刊		中国科协科普期刊	
		数量(种)	比例(%)	数量(种)	比例(%)
幅面尺寸	大 16 开	222	48.8	33	52.4
	16 开	196	43.1	25	39.6
	32 开	11	2.4	1	1.6
	大 32 开	11	2.4	1	1.6
	异型 16 开	8	1.8	3	4.8
	15 开	1	0.2	0	0.0
	24 开	1	0.2	0	0.0
	大 8 开	1	0.2	0	0.0
	异型 32 开	1	0.2	0	0.0
	其他	3	0.7	0	0.0
	合计	455	100	63	100
定价	5 元以下(含)	153	33.6	9	14.3
	5～10 元(含)	185	40.7	33	52.4
	10～15 元(含)	60	13.2	12	19.0
	15～20 元(含)	46	10.1	6	9.5
	20 元以上	11	2.4	3	4.8
	合计	455	100	63	100
页数	≤100 页	312	68.6	40	63.5
	100～200 页	129	28.3	23	36.5
	≥200 页	14	3.1	0	0.0
	合计	455	100	63	100

数据来源:2009 年新闻出版总署期刊核验数据。

与学术期刊相比,出版频率较快也是科普期刊的一个特点。据统计(表 6－8),中国科协科普期刊在出版周期方面以月刊为主,共有 39 种,占总数的 61.9%;其次较多的是半月刊,共 13 种,占 20.6%;另外还有 7 种双月刊、1 种季刊和 3 种旬刊。2009 年,中国科协科普期刊共有 16 种出版增刊,平均出版增刊 0.44 期,增刊出版的数量和频率都有待提高。

表 6－8　科普期刊出版周期分布情况

出版周期		全国科普期刊		中国科协科普期刊	
		数量(种)	比例(%)	数量(种)	比例(%)
高频区	周刊	5	1.1	0	0.0
	双周刊	2	0.4	0	0.0
	旬刊	42	9.2	3	4.8
	半月刊	88	19.4	13	20.6
中频区	月刊	255	56.0	39	61.9
	双月刊	54	11.9	7	11.1

续表

出版周期		全国科普期刊		中国科协科普期刊	
		数量(种)	比例(%)	数量(种)	比例(%)
低频区	季刊	9	2.0	1	1.6
	半年刊	0	0.0	0	0.0
	年刊	0	0.0	0	0.0
	合计	455	100	63	100

数据来源:2009年新闻出版总署期刊核验数据。

二、中国科协科普期刊的编辑出版状况

目前,中国科协科普期刊编辑出版情况良好,办刊队伍稳定,各类人员分布结构较合理,内容生产和质量管理方面也有进步,但是发行量情况不够理想。

(一)科普期刊办刊队伍情况

1. 社长、主编情况

中国科协科普期刊的大部分社长和主编具有高学历、高职称等特点,综合素质普遍较高;不满50岁的社长和主编占一半左右,呈现出年轻化趋势。

社长和主编是科普期刊的领路者和带头人,在刊社的地位和作用非常重要。社长的职责主要体现在期刊社的经营管理等方面,担负着期刊发展战略以及业务综合管理的重要职责,而主编主要对期刊的内容负责,包括内容策划和编辑质量把关等工作,在他们的领导和管理下,科普期刊才能够获得全面发展。根据统计,63种中国科协科普期刊中,共有55位社长、61位主编,社长兼任主编的有13人。

在学历方面,社长和主编均以本科以上学历为主,占总数的比例超过90%,硕士以上学历的比例占总数的40%左右,且硕士以上学历的主编多于社长。在职称方面,80%左右的社长和主编具有高级职称。在年龄结构方面,中国科协科普期刊社长的平均年龄54岁,主编平均年龄51岁,其中分布在41～50岁年龄段的最多,占总数的40%左右。在性别方面,男性社长和主编占总数的85%左右,大大超过女性的比例。

表6-9　中国科协科普期刊社长和主编情况

统计项目	项目分类	社长		主编	
		人数(人)	比例(%)	人数(人)	比例(%)
学历	博士	6	10.9	8	13.1
	硕士	14	25.5	18	29.5
	本科	30	54.5	34	55.8
	大专	4	7.3	1	1.6
	不详	1	1.8	—	—
	合计	55	100	61	100

续表

统计项目	项目分类	社长		主编	
		人数(人)	比例(%)	人数(人)	比例(%)
职称	正高	38	69.1	43	70.6
	副高	4	7.3	6	9.8
	中级及以下	3	5.5	6	9.8
	不详	10	18.1	6	9.8
	合计	55	100	61	100
年龄	40 岁以下	3	5.5	6	9.8
	41～50 岁	23	41.8	31	50.8
	51～60 岁	12	21.8	13	21.3
	61～70 岁	10	18.1	6	9.9
	71 岁以上	4	7.3	5	8.2
	不详	3	5.5	—	—
	合计	55	100	61	100
性别	男	46	83.6	53	86.9
	女	9	16.4	8	13.1
	合计	55	100	61	100

数据来源:2009 年新闻出版总署期刊核验数据。

2. 办刊队伍结构

中国科协科普期刊的办刊队伍结构及人员配置基本合理,硕士以上学历人员与学术期刊相比略低,青年人才储备不足,在编人员与聘用人员比例基本持平。

截至 2009 年底,中国科协科普期刊办刊队伍总人数达 881 人,刊均 14.0 人(见表 6－10),高于中国科协科技期刊整体刊均人数。其中,采编人员刊均 7.9 人,经营人员刊均 3.5 人,行政人员刊均 2.6 人,人员分布较合理。

在办刊人员学历方面,中国科协科普期刊以本科学历人员为主,占总数的 57.5%;硕士及以上学历人员占 17.2%,略低于学术期刊硕士及以上学历人员比例。随着科普期刊不断发展,各出版单位对高学历人才的需求也在不断增加,高学历的人员比例将进一步增大。

职称级别高低表明科普期刊办刊人员的从业时间和业务能力,中国科协科普期刊中,高级、中级和初级职称人员比例相差不大,人员配置较合理,以老带新的梯队建设基本完善。其中,初级职称人员比例最低,为 27.7%,在一定程度上表明中国科协科普期刊后备人员储备略显不足,仍需更多青年人才的加入。

随着我国新闻出版业体制改革的不断深化,各相关出版单位的用人机制越来越灵活,除了少量在编人员,大量新进人员都已经开始采用合同制。在中国科协科普期刊的办刊队伍中,目前在编现职人员比例为 50.1%,聘用人员比例为 43.9%。另有少量在编退休人员,比例为 6.0%,在编现职人员和聘用人员的比例已经接近 1∶1。

表 6－10　中国科协科普期刊办刊队伍结构现状

统计项目	项目分类	比例(%)	人数(人)
人员总数和平均数	统计总人数	—	881
	刊均人数	—	14.0
岗位类型	刊均采编人员	—	7.9
	刊均经营人员	—	3.5
	刊均行政人员	—	2.6
学历结构	博士	3.2	—
	硕士	14.0	—
	本科	57.5	—
	大专	21.8	—
	大专以下	3.5	—
职称结构	高级职称	31.9	—
	中级职称	40.4	—
	初级职称	27.7	—
身份性质	在编现职人员	50.1	—
	在编离退休人员	6.0	—
	聘用人员	43.9	—

数据来源：2009 年新闻出版总署期刊核验数据。

(二)科普期刊的内容生产与质量管理

1. 科普期刊的内容生产

在科普期刊的出版流程中，内容生产无疑是重中之重，可以说是期刊运营的基础环节。除了加强与作者沟通，提高文章质量方面的努力之外，科普期刊的主题策划、栏目设置也非常关键，能够体现出期刊主编和相关策划人员的能力。

问卷调查结果显示，中国科协科普期刊的主题策划周期加快，按季度策划成为多数科普期刊的惯例，速度超过中国科协科技期刊的平均水平。目前，共有 44.0％的中国科协科普期刊按季度进行主题策划，28.0％的期刊每半年进行一次主题策划，按月策划的科普期刊占 12.0％。另外，主题策划时间超过 1 年及以上的占 16.0％，这部分科普期刊需要加强对内容主题策划的重视，并提高频率。

科普期刊要做出特色，除了提高内容质量之外，还需要在栏目设置、专题策划等方面狠下工夫。根据问卷调查结果，62.5％的中国科协科普期刊有本刊的特色栏目，有的栏目已经成为该刊的王牌栏目，获得了许多读者的认可。如《太空探索》在 2009 年共组织编辑出版了《美俄卫星大碰撞》、《纪念人类首次登月 40 周年专辑》、《火星探测专题》、《60 周年国庆阅兵专辑》和《缅怀钱老》纪念特刊，以及“庆祝新中国成立 60 周年特辑”等六大专题，这些专题均以多角度和多层次的方式对本年度航天重点新闻进行解读，深受读者好评，许多文章被网站转载。其中，为庆祝中华人民共和国成立 60 周年编辑出版的“新中国成立

60 周年”特辑专版,通过采撷具有开创性的 60 个航天大事件,浓缩了中国自力更生跻身世界航天大国的艰难历程,并总结了几代航天人的拼搏奋斗精神。该特辑受到业内外广泛好评,一些航天老领导、专家都表示要珍藏。还有如《科学中国人》杂志的“中华科技 60 年”栏目,《大自然》杂志的“科学考察,保护珍稀物种”相关栏目,《科幻画报》的“热力连载”栏目,以及《环境》杂志的“地方风采”等栏目,这些栏目的设置帮助期刊获得读者关注,同时也显示出相关刊社在内容策划方面所做的努力。

“编辑部评论”是许多知名国际期刊的亮点栏目,主编或编辑对本期文章内容的导读和点评能够提升期刊的整体形象,也是编辑与读者的一种交流。根据问卷调查结果,在中国科协科普期刊中,34.7%的期刊会每期发表“主编寄语”、“编辑点评”或“编者推介”等评论内容;57.7%的期刊会不定期发表;另外,分别有 3.8%的期刊每年仅发表 1 次或者没有设置相关评论栏目,相关编辑部应加强在这个方面的尝试。

2. 科普期刊的质量管理

在 2005 年新闻出版总署对科普期刊的一次编校质量抽查中,差错率在万分之五以下的合格受检科普期刊仅为 52%,科普期刊的总体编校差错率高于一般的科技期刊,达到优秀的只有《家庭医生》和《保健医苑》两种期刊。这种情况表明科普期刊对编校质量的重视程度必须提升,刊社内部应该设立专人对期刊编校进行综合管理和审读(表 6-11)。

中国科协历来重视对所属期刊的质量管理,经常组织专家进行期刊的审读工作,保证了所属科技期刊的编校质量。根据 2009 年新闻出版总署的期刊核验数据,在 63 种中国科协科普期刊中,有专人负责管理与审读的共 45 种,占总数的 71.4%;目前尚未设置专人负责管理与审读的共 16 种,占 25.4%;另外,有 2 种科普期刊的情况不详。

表 6-11　中国科协科普期刊是否专人负责管理与审读情况

是否专人负责管理与审读	数量(种)	比例(%)
有专人负责	45	71.4
尚未设置专人负责	16	25.4
不详	2	3.2
合计	63	100

数据来源:2009 年新闻出版总署期刊核验数据。

(三)科普期刊的发行状况

1. 中国科协科普期刊发行量有待提高

中国科协科普期刊发行状况不佳,除少数期刊能保持较大的发行量外,大部分期刊发行量有待提高。我国的科普期刊在 20 世纪 80 年代曾经有过一段发行量高峰期,《无线电》曾创下期发行量超过 200 万册的纪录。自 2000 年以来,全国范围内科普期刊发行情况不佳,部分期刊发行量有所下降。

根据期刊年度核验数据统计(表 6-12),2009 年全国科普期刊期发行量在 3 万册以下者占总数的 70.4%,比 2002 年的 56.2%增加近 15%;中国科协科普期刊中,发行量在 3 万册以下的比例达 80%。另外,自 2002 年以来,期发行量在 10 万册以上的全国科普期刊从原来的 45 种下降到 32 种，减幅达 29%。2009 年，期发行量在 10 万册以上的中国科协科普期刊仅 3 种，占中国科协科普期刊总数 63 种的 4.8%。

表 6－12　科普期刊期发行量变化情况

期发行量（万份）	2002 年全国科普期刊①		2009 年全国科普期刊		2009 年中国科协科普期刊	
	数量（种）	比例（%）	数量（种）	比例（%）	数量（种）	比例（%）
100 以上	1	0.3	2	0.5	0	0.0
50～100	2	0.6	1	0.2	0	0.0
30～50	7	2.2	4	0.9	1	1.6
10～30	35	11.1	25	5.7	2	3.2
3～10	93	29.6	98	22.3	9	14.3
3 以下	177	56.2	310	70.4	51	80.9
有效数据合计	315	100.0	440	100.0	63	100.0

数据来源：2009 年新闻出版总署期刊核验数据，有效数据指总署期刊核验数据表中期刊填写的有效数据计数。

2. 中国科协科普期刊发行情况落后于全国科普期刊平均水平

同全国科普期刊的平均发行数据比较，中国科协科普期刊各项指标都落后于全国科普期刊的平均水平。最近几年，中国科协科普期刊整体虽然有一些进步，但是仍有较大的上升空间。

根据统计（表 6－13），63 种中国科协科普期刊中，2009 年平均出刊 15 期，较 2005 年平均出版 11 期②增长了 36.3%，出版频率有所提高。2009 年平均每刊期发行量 27632 册，较 2005 年 17240 册增长了 60.3%；另外，年总印数和年总发行量也有增长。这主要是因为中国科协科普期刊的阵营中有几种发展稳定、发行量稳步提升的期刊，如《中国国家地理》、《汽车之友》等刊的发行量都在几十万册，这些期刊盘子大、年总收入水平较高，提升了中国科协科普期刊的平均水平。

2009 年，中国科协科普期刊中共有 14 种有海外发行，平均每刊海外发行量 332 册，高于中国科协科技期刊海外发行的平均数，但是与全国科普期刊的平均海外发行量相比，还是有一定的差距。

表 6－13　科普期刊 2009—2010 年度发行情况

发行情况	全国科普期刊（刊均数）	中国科协科普期刊（刊均数）
平均国内期印数（册）	42042	29201
平均国内期发行量（册）	40912	27632
平均国外期发行量（册）	3121	332

① 张品纯．科普期刊出版产业化研究[D]．北京：中国农业大学，2004.

② 中国科协科技期刊 2007 年统计数据。

续表

发行情况	全国科普期刊(刊均数)	中国科协科普期刊(刊均数)
年总印数(册)	787217	463992
年总发行量(册)	758041	443829
年总印张数(千印张)	4053.1	3507.6
年用纸量(吨)	147.9	168.8

数据来源:2009 年新闻出版总署期刊核验数据。

三、中国科协科普期刊的经营管理状况

中国科协科普期刊超过三分之二的期刊由独立法人出版单位出版,在发行策略、广告经营等经营活动方面取得一些成绩,但是仍然存在经营规模普遍较小、品牌推广不力等问题。

(一)科普期刊的出版单位性质

中国科协科普期刊中,有三分之二左右期刊的出版单位具有独立法人资格,企业法人出版单位出版期刊的比例超过中国科协科技期刊平均水平。

根据统计结果(表 6-14),中国科协科普期刊中,独立法人出版单位出版的期刊比例为 63.5%,其中,企业法人单位出版的期刊共 18 种,占 28.6%;事业法人单位出版的期刊共 22 种,占 34.9%;非法人单位出版的期刊共 23 种,占总数的 36.5%。在非法人出版单位中,除了部分单刊独立运作、尚未转企改制的非法人杂志社外,还有一部分非法人期刊是某期刊集团或某出版社的一部分,虽然其个体属于非法人单位,但是整个集团或出版社已经成为企业法人单位或事业法人单位。因此,实际上企业法人和事业法人的比例可能还会更高。

表 6-14　科普期刊出版单位性质

出版单位性质	全国科普期刊		中国科协科普期刊	
	数量(种)	比例(%)	数量(种)	比例(%)
非法人	219	48.1	23	36.5
事业法人	122	26.8	22	34.9
企业法人	103	22.6	18	28.6
企业兼事业法人	3	0.7	0	0.0
不详	8	1.8	—	—
合计	455	100.0	63	100.0

数据来源:2009 年新闻出版总署期刊核验数据。

(二)科普期刊的经营规模

2009年度,中国科协科普期刊收支平衡,期刊收入有所增长,支出稳定,期刊能够保持正常运营,发行收入占总收入的三分之二。

据统计(表6-15),中国科协科普期刊刊均总收入359.5万元,略低于全国科普期刊的刊均收入。其中,发行收入刊均241.8万元,占总收入的67.3%;其次是广告收入,刊均62.6万元,占总收入的17.4%;其他收入55.1万元,占总收入的15.3%。2009年度中国科协科普期刊的刊均总收入较2005年统计的319.2万元增长了40.3万元,增幅12.6%。

表6-15　2009年度科普期刊刊均收入情况

收入项目	全国科普期刊		中国科协科普期刊	
	金额(万元)	比例(%)	金额(万元)	比例(%)
发行收入	223.0	58.5	241.8	67.3
广告收入	106.0	27.8	62.6	17.4
其他收入	51.7	13.6	55.1	15.3
新媒体收入	0.3	0.1	(不足0.1)	(不足0.1)
合计	381.0	100.0	359.5	100.0

数据来源:2009年新闻出版总署期刊核验数据。

在支出方面,出版印刷费是中国科协科普期刊最主要的支出,占平均支出的一半以上。根据统计结果(表6-16),2009年度,中国科协科普期刊刊均总支出293.3万元,也低于全国科普期刊的刊均值。其中,用于出版印刷费的支出为152.6万元,占总支出的52.0%;其次是员工工资,共支出49.7万元,占17.0%;上缴税金18.1万元,占6.2%;上缴利润11.6万元,占3.9%;用于信息化建设方面的投入1.8万元,占0.6%;用于社会公益捐赠的支出0.3万元,占0.1%;另外,其他支出共58.3万元,占19.9%。

与2005年的调查数据相比,中国科协科普期刊发展稳定,收入增加,且支出减少,说明科普期刊的盈余增加,用于期刊自我发展的储备资金有所增多。

表6-16　2009年度科普期刊刊均支出情况

支出项目	全国科普期刊		中国科协科普期刊	
	金额(万元)	比例(%)	金额(万元)	比例(%)
纸张和印刷费用	145.4	41.4	152.6	52.0
员工工资总额	64.0	18.2	49.7	17.0
上缴税金	26.4	7.5	18.1	6.2
上缴利润	21.4	6.1	11.6	3.9
信息化投入额	4.1	1.2	1.8	0.6

续表

支出项目	全国科普期刊		中国科协科普期刊	
	金额(万元)	比例(%)	金额(万元)	比例(%)
员工培训	2.2	0.6	1.0	0.3
社会公益捐赠额	0.5	0.2	0.3	0.1
其他	87.2	24.8	58.3	19.9
合计	351.2	100.0	293.3	100.0

数据来源:2009 年新闻出版总署期刊核验数据。

2002 年,科技部曾经调研过我国科普期刊的经营状况,年总收入在 1000 万元以上的科普期刊当时共有 10 种,占总数的 3.2%。2009 年,我国年收入总量在 1000 万元以上的科普期刊已经达到 25 种(表 6－17),占总数的 6.6%,这说明部分科普期刊收入总量有所提升,发展稳定。在中国科协科普期刊中,也有 5 种科普期刊年经济总量在 1000 万元以上,总收入最多的是《中国国家地理》,其次为《汽车之友》、《糖尿病天地》、《大众软件》以及《兵器知识》。

表 6－17　2009 年度科普期刊刊均收入规模

年经济总量(万元)	全国科普期刊		中国科协科普期刊	
	数量(种)	比例(%)	数量(种)	比例(%)
≥1000	25	6.6	5	8.3
600～1000	25	6.6	2	3.3
300～600	49	13.0	8	13.3
100～300	114	30.3	22	36.7
<100	163	43.5	23	38.4
有效数据合计	376	100.0	60	100.0

数据来源:2009 年新闻出版总署期刊核验数据。

(三)科普期刊的主要赢利模式

目前,我国科普期刊的赢利模式主要有三种,分别为发行主导、广告主导以及其他业务主导。发行主导模式的科普期刊主要特点是发行量大、广告不多,是科普期刊的最主要的赢利模式。这些科普期刊属于大众读物,一般为黑白印刷,成本和定价都不高,发行量普遍在几万甚至几十万份,发行收入在总收入中所占比例较大,如《兵器知识》、《航空知识》。广告主导类科普期刊大多是一些专业类期刊,与行业结合紧密,能够获得丰富的广告资源,如医药卫生类期刊及汽车类期刊,这些期刊多采用全册铜版纸印刷,外观精美,成本较高,主要依靠广告收入支持期刊的运营,如《糖尿病新世界》、《汽车之友》及《科学养鱼》等。最后一类是近年来出现的一种新情况,期刊通过开展多元化经营,以其他业务为主导获得收益,期刊非主营业务的收入甚至已经超越期刊本身的收入,如靠出版增刊获得广告费、合作出版图书、举办各类活动，这些新业务的开展与期刊本身建立的品牌、期刊内容的关系密不可分。

(四)科普期刊的发行策略

中国科协科普期刊大多仍以邮局征订为主要渠道开展期刊发行，同时采用与自办发行相结合的方式进行发行工作。随着我国出版业的不断发展，尤其是在进入 WTO 之后，我国承诺开放书报刊的批发市场，大量的外资发行商涌入我国，出版物发行市场的竞争日益激烈，因此各类出版物的发行渠道有所拓宽，发行方式更加多元化。目前，科普期刊发行渠道主要有 3 种，邮局发行作为传统的发行渠道，虽然近几年所占比例有所下降，但目前仍然是期刊的主流发行渠道；另外一种是自办发行，出版单位依靠自身渠道，直接将期刊投递到读者手中，一般与邮发并行；最后一种，是近年来开始兴起的第三方发行渠道，大都是一些专业的发行公司，在国内发行领域还属于新兴渠道。

据统计数据(表 6－18)，中国科协科普期刊的发行渠道仍以邮发为主，使用邮局发行渠道的期刊占总数的 93.6%，其中，与自办发行相结合的期刊 37 种，占 58.7%，单一使用邮发方式的期刊共 22 种，占总数的 34.9%。其次，完全依靠自办发行的期刊有 3 种，占总数的 4.8%，还有 1 种期刊选择其他方式发行，占 1.6%。

表 6－18　科普期刊发行方式

发行方式	全国科普期刊		中国科协科普期刊	
	数量(种)	比例(%)	数量(种)	比例(%)
邮发＋自办发行	265	58.2	37	58.7
邮发	109	24.0	22	34.9
自办发行	55	12.1	3	4.8
邮发＋自办发行＋其他	3	0.7	0	0.0
其他	12	2.6	1	1.6
不详	11	2.4	—	—
合计	455	100.0	63	100.0

数据来源：2009 年新闻出版总署期刊核验数据。

中国科协一直对所属科普期刊的发展非常关心，一直尽其所能解决科普期刊遇到的问题。据了解，邮局对使用邮发渠道的期发行量不足 1 万份的期刊收取起点发行费，这无疑加重了科普期刊的发行负担。在中国科协的协调下，邮局减免部分所属科普期刊的起点发行费，解决了科普期刊的实际困难。

(五)科普期刊的广告经营

中国科协科普期刊的广告经营方式以自主经营为主，部分期刊采用委托其他公司代理广告方式。除了发行收入以外，广告收入是科普期刊收入的另一个重要来源。2009

年,广告收入在我国科普期刊的总收入中占27.8%,仅次于发行收入。对于中国科协科普期刊来说,广告收入占总收入的比重为17.4%,比全国平均水平低10.4%,这与部分中国科协科普期刊的广告经营主体资格缺失有关。自2007年11月,工商管理部门暂停"学会主办的非法人科技期刊出版单位"的广告经营许可证的使用后,要求申领广告经营许可证的各单位完善广告主体资格。在中国科协科普期刊中,就有被收回广告经营许可证的期刊,由于体制所限,部分期刊仍然没有广告经营资质,在无力变革的情况下,只能维持现状。

目前,中国科协科普期刊的广告经营方式共有5种(表6-19),主要方式是期刊自主经营广告,共有30种期刊,占总数63种的47.6%;其次是自主经营和委托代理并行,共有13种,占20.6%;委托独家代理广告的中国科协科普期刊有3种,占4.8%;委托多家代理广告的有2种,占3.2%;还有9种期刊选择其他方式经营广告,占14.3%;6种科普期刊情况不明。

表6-19　科普期刊的广告经营方式

广告经营方式	全国科普期刊		中国科协科普期刊	
	数量(种)	比例(%)	数量(种)	比例(%)
自主经营	209	45.9	30	47.6
自主经营+委托代理	84	18.5	13	20.6
委托独家代理	43	9.7	3	4.8
委托多家代理	4	8.4	2	3.2
其他	38	0.9	9	14.3
不详	76	16.6	6	9.5
总计	455	100.0	63	100.0

数据来源:2009年新闻出版总署期刊核验数据。

(六)科普期刊的品牌推广与多种经营

期刊品牌的经营和培育,与企业的品牌经营和培育类似,需要办刊人树立服务读者的意识和深谋远虑的市场策略。建立期刊的品牌形象,并将品牌形象运用到期刊的编辑、发行、广告经营和其他多种经营活动中,并推广开来,是科普期刊必须思考和重视的一个问题。

目前,中国科协科普期刊在品牌推广和多种经营方面虽然总体水平较弱,但是个别期刊出版单位已经取得了一些成绩。如由中国海洋学会主办的《海洋世界》,多年来一直积极参与中国海洋学会的各项科普活动,在活动中既推广品牌,也发挥了科普作用。2005年,《海洋世界》承办由国家海洋局、教育部和团中央共同主办的"纪念郑和下西洋600周年海洋知识竞赛"活动,2008—2009年,每年都参与国家海洋局主办的"全国海洋宣传日"相关活动,以及由海洋出版社承办的"全国大中学生海洋知识竞赛"活动,均取得了不俗的社会反响。2009年5月,《海洋世界》还参与中国科协主办、中国海洋学会参与承办的全国首届防灾减灾日科普活动，并在现场发放了《海洋世界》杂志等宣传品数千册。还有如《汽车之友》杂志在网站经营、电子刊和手机报等新媒体领域也开展了多种探索。

四、中国科协科普期刊经营模式及案例分析

随着新闻出版体制改革的不断深化，以及期刊产业结构的不断调整，我国科普期刊的出版态势和出版结构也在随之发生改变和调整。但是由于历史沿革等原因，中国科协科普期刊出版资源的流动性不强，现有的出版经营模式大多没有明显变化。目前，中国科协科普期刊的主要经营模式有以下几种，包括同一主办单位下期刊集群经营模式、单刊出版经营模式以及社办期刊集群出版模式，这些不同经营模式下的期刊发展路线有所不同，在体制机制、发展方向等方面存在一些各自的特点。

(一)同一主办单位下期刊集群经营模式

集群化、集团化出版是期刊出版的发展趋势，我国的《家庭》、《知音》及《时尚》等名刊早已形成了刊群经营；在科技期刊业内，中华医学会杂志社、中国科学出版集团有限公司都已经形成了规模化、集团化的发展态势。而科普期刊中只有北京卓众出版有限公司、北京《电脑爱好者》杂志社等极少数出版单位具备集团化发展实力。同一主办单位下的期刊集群经营模式是期刊集团化出版的初级阶段，这种经营模式下的出版单位大多有两种以上期刊，有一定的规模效应，具备向期刊集团发展的潜力。在中国科协科普期刊中，《航空知识》杂志社、《舰船知识》杂志社等单位已经具备了集群经营的雏形。

《航空知识》创办于 1958 年，是由中国航空学会主办、中国科协主管的大型航空科普期刊。作为新中国最早的航空航天科普期刊，同时也是第一份国防科普期刊，《航空知识》整整影响了几代人。2006 年，《航空知识》全新改版，采用全彩印刷。期刊通过相关栏目设置，系统全面地介绍军事航空、民用航空、航空运动、航天科技各个方面的知识和动态，获得了广大读者的一致好评。多年来，《航空知识》先后获得 10 余种期刊奖项，其中“国家期刊奖”两次。

由于历史原因，航空知识杂志社目前挂靠在北京航空航天大学，共出版《航空知识》、《航空模型》、《航空学报》(中文版)以及《航空学报》(英文版)4 种期刊，其中，《航空知识》、《航空模型》为科普期刊，《航空学报》(中文版)以及《航空学报》(英文版)为学术期刊，4 种期刊的第一主办单位均为中国航空学会，主管单位为中国科协。目前，杂志社已经注册成为事业法人单位，成为独立法人之后，杂志社管理更加顺畅，基本做到自主经营、自负盈亏。杂志社对科普期刊和学术期刊采取不同的运作方式，但是财务、人事及发行由杂志社统一管理，有效降低了经营成本。在人员方面，除原有人员保持事业编制以外，新聘员工均为社会招聘。多年来，杂志社在内容方面一直坚持科普宗旨和不断求新求变，赢得了行业和广大军事爱好者的认可。在内容定位方面，《航空知识》和《航空模型》互相补充，在同一行业内实现了市场细分，有效扩大经营规模。但是由于事业体制的沿袭，杂志社的用人机制还不够灵活，特别是分配机制仍比较僵化，造成了一定的人员流失。杂志社的业务仍然以期刊出版为主，其他业务开展较少。

(二)单刊独立经营模式

由于科普期刊与学术期刊相比内容更加大众,面向读者面广,发行量大,因此,单刊独立经营的科普期刊也能够取得较大发展空间。一些全国学会虽然主办多种期刊,但是也大都选择将科普期刊单列出来,使其独立发展。除了传统纸版期刊出版发行之外,这类科普期刊出版单位大多比较重视广告经营及业务多元化发展,尽可能发挥最大优势。中国科协科普期刊中大多是单刊独立经营,其中发展有代表性的有《兵器知识》、《大众软件》及《中国国家地理》等刊。

《兵器知识》创刊于1979年,由中国兵工学会主办,中国科协主管。多年来,《兵器知识》一直秉持对读者负责、对军事科技负责的办刊理念和“传播国防科技知识,增强全民国防意识”的办刊宗旨。2008年由月刊改为半月刊,发行量稳居全国军事科普读物第一方阵,是国内较有影响力的国防科普杂志,曾连续荣获兵器工业集团公司“优秀期刊奖”,科学技术部、中共中央宣传部和中国科协的“全国优秀科普作品奖”、“全国科普工作先进集体奖”。目前,《兵器知识》杂志社已经注册成为事业法人单位,除出版发行纸版期刊以外,还开展行业类科普图书代销及图书合作出版等业务,同时也积极参与学会主办的科普宣传活动,并连续多年举办《兵器知识》科普夏令营等。由于资金投入不足,《兵器知识》采用与国内门户网站合作的方式进行品牌和内容推广,如新浪网、公众科技网、网易等网站,这种形式作为期刊纸版内容的有益补充,有效地扩大了杂志的品牌宣传效应。在人员管理方面,原有人员是事业编制,新进人员大多是聘用。另外,虽然杂志社已经成为独立法人,但是财务方面仍然由学会代管。兵器知识杂志社有必要进一步拓宽发行渠道,进行市场细分,同时继续探索多元化经营,为杂志社的发展寻找新的赢利点。

《大众软件》创刊于1995年,是由中国科技情报学会主办、中国科协主管的面向大众的电脑科普类期刊。《大众软件》专注于电脑应用的普及和推广,杂志内容涵盖软件、硬件、网络、数码和游戏五大板块,以软件、游戏为主,在报道上突出对业界最新技术和产品发展趋势的跟踪,在文章上力求通过深入浅出的讲解,使大众能够了解和把握与他们生活紧密相关的科技进展。2009年,《大众软件》由半月刊改为旬刊,上下旬刊加强了专题企划、实用软件等特色栏目的报道力度,中旬刊重点关注游戏业的动态,深入报道网络游戏社会,深入挖掘游戏文化。目前,《大众软件》杂志社为事业法人出版单位,但是人员全部为聘用,年总收入超过1000万元,广告收入占较大的比例。《大众软件》非常注重品牌推广以及与读者互动,除了其网站及论坛之外,还在新浪、腾讯开设微博。电脑类科普期刊竞争非常激烈,《大众软件》要想继续保持竞争优势,除了继续保证高质量内容之外,还有必要拓展新的业务领域,并探索新媒体出版形态。

(三)社办科普期刊集群经营模式

科普期刊的主办单位中有一部分是报纸、图书出版单位。据统计,2008年我国共有图书出版单位579家(包括副牌社34家),其中有254家至少主办一种期刊,所占比例达44%。在新闻出版体制改革中,部分出版社有目的地对期刊资源进行了整合,多数出版社成立了期刊中心等相关部门专门管理期刊出版工作,或将期刊整合为法人实体出版单位。

这类由图书出版社出版的期刊被称为社办期刊，如上海文艺出版总社的《故事会》、《咬文嚼字》，中国青年出版社的《青年文摘》等。社办期刊的集群经营有一些优势：①出版社对期刊人事、财务、发行统一管理，可以有效降低运营成本；②拥有图书出版资质的出版社可以使科普期刊内容资源得到有效利用。但是图书出版与期刊出版虽然同样面对相近的读者市场，但两者在经营思路、管理模式、信息反应机制、专业人才等方面存在一定的差异，出版社往往沿用图书出版的经营管理模式，有可能忽视报刊市场的经营规律，有时也会造成经营责任主体的缺位，而且社办期刊一旦形成集群，也必然面对着结构调整等问题。在中国科协科普期刊中，也有部分这样的社办科普期刊集群，如科学普及出版社以及大众科技报社的期刊集群。

科学普及出版社（中国科学技术出版社）创建于 1956 年，是中央级综合性科技出版社，也是我国进行科普图书出版历史最长、品种最多、规模最大的出版社。作为中国科协直属机构的科学普及出版社，除图书出版之外，目前共出版 3 种科普期刊，分别为《知识就是力量》、《科学大观园》及《家用电脑与游戏》。其中，《知识就是力量》由中国科协、共青团中央以及中华全国总工会共同主办，但是由于历史原因，一直由科学普及出版社出版。出版社设立了杂志中心，统一管理《知识就是力量》和《科学大观园》的人事及财务，杂志中心为非法人出版单位，期刊人员全部为出版社编制。《家用电脑与游戏》杂志社则单独成立了事业法人出版单位，自主经营，自负盈亏，除杂志社社长由出版社指派外，其他全部为聘用人员。

科学普及出版社出版的这几种期刊，在运营机制方面显然还存在一些问题，期刊缺乏活力，也没有形成有效的规模效应。目前，科学普及出版社已经完成转企改制，随着出版社体制改革的深化和运行机制的转换，相信其出版的科普期刊也会迎来新的更大的发展。

第二节　科普期刊面临的形势与发展趋势

科普期刊作为科技期刊的一部分，也是我国新闻出版体制改革中的重要组成部分，按照中宣部和新闻出版总署的有关部署和要求，已经迈开体制和机制改革的步伐。科普期刊作为独立的市场主体，仍然要始终坚持把社会效益放在首位，努力实现社会效益和经济效益的有机统一。可以预见，在新的形势下，在激烈竞争的市场环境中，科普期刊面临着生存的考验，也迎来了前所未有的发展机遇。

一、科普期刊发展面临的形势

随着我国新闻出版业体制改革不断推进，科普期刊的发展方向日益明确，各出版单位要抓住机遇，大胆创新，充分发挥自身优势与新形势、新技术相结合，积极探索新领域和新型出版模式，为人民群众提供更多种类和更加丰富的精神食粮，为建设创新型社会贡献自己的力量。

(一)体制改革带来新的机遇和挑战

我国新闻出版体制改革的重点,正在从图书出版单位的改革逐步转向报刊出版单位的分类改革。对于科普期刊来说,虽然其内容带有公益属性,但是管理部门对其改革目标和发展道路的设定相对于学术期刊更为明确,就是鼓励科普期刊出版单位转企改制,成为市场主体,在社会主义市场经济的大潮中做大做强。既然体制改革的大势不可阻挡,各科普期刊出版单位应该努力抓住机遇,顺应改革形势,同时结合自身特点,早做准备早发力,积极应对改革带来的各类挑战。

科普期刊的内容更加贴近大众,发行量也普遍大于学术期刊。虽然近些年来科普期刊的发行量有所下降,但是专业科普期刊的发展势头不容小视。尤其是一些勇于突破、积极进取的科普期刊出版单位,改革带来的机遇已经为他们的发展推波助澜。

1. 推动科普期刊出版单位成为市场主体,为期刊自主经营助力

目前,大多数科普期刊出版单位仍处于事业单位管理体制下,虽然这些单位大多应用“企业化管理”模式多年,但是体制机制顽固僵化,其管理模式已经无法适应外部环境变化和出版单位自身发展的需要,通过改制,科普期刊出版单位能够建立起“产权清晰、权责明确、政企分开、管理科学”的现代企业制度,成为独立自主的市场主体,从而解决由于体制僵化带来的种种发展难题。

重塑和培育市场主体是出版体制改革的关键环节,科普期刊可以借助改革带来的机遇,努力抓住新政策、新方案中的有力措施,积极破除阻碍其成为市场主体的难题。只有成为自主经营、自负盈亏的市场主体,科普期刊出版单位才能在做大做强做优的同时,更好地为党和政府的中心工作服务,在未来的发展中争取更大的市场空间。

2. 抓住时机培育编辑出版队伍,吸引高科技人才加入

科普期刊和其他科技期刊一样,大多由科研院所、高等院校或科技社团主办,其出版单位也大多是这些单位的下属部门。由于多数事业单位在体制上、人事制度和分配制度上的僵化管理,导致这些科普期刊出版单位运行机制僵化,不能有效调动各方面的积极性,特别是用人机制的不灵活已经在一定程度上制约了出版单位的发展。人才是影响科普期刊发展至关重要的因素之一,如何留住人才、吸引人才是科普期刊取得成功的关键。一方面,出版单位无法根据市场需求调整分配机制,致使想要的人留不住;另一方面,期刊社没有用人自主权,常常受上级单位人事安排的左右。同时经营人员短缺,高科技人才匮乏,期刊队伍的素质已经明显跟不上期刊事业发展的需求,科普期刊编辑出版队伍建设亟待加强。

借助于改革的契机,科普期刊出版单位就可以实现独立运营,根据发展的需要自主用人,按照市场条件吸引高科技人才的加入,包括高水平的科技记者、各类专业科技人才和新媒体人才等,使办刊队伍得以完善和发展。

3. 鼓励科普期刊集群化发展,为跨地区、跨行业重组扫清障碍

改革开放至今30余年,我国已经实现由计划经济体制向社会主义市场经济体制的转变。目前,少数科普期刊出版单位,如北京卓众出版有限公司、北京《电脑爱好者》杂志社等,已经实现了期刊集群化发展和集约化经营。但是多数科普期刊出版单位仍然属于分

散化经营、手工作坊式的生产模式，已经大大落后于市场要求。另外，由于我国期刊管理体制的历史沿革，期刊的区域化分割和行业化分割现象较为严重，形成了长期困扰包括我国科技期刊出版业在内的整个传媒行业的条块分割局面，已经成为制约我国科技期刊整体发展的重要障碍。对于一些经济效益显著、发展迅速的科普期刊出版单位，一方面是刊号资源的紧缺，另一方面又很难实现跨区域整合，资源不能够实现有效的流动。随着市场细分趋势的增强，单刊经营的出版单位，如果没有新的期刊资源的增加，出版单位的规模化发展就无法推进，因此也就形成不了成熟的期刊出版集团。因此，科普期刊从分散经营走向集群化的规模经营是市场竞争的需要，也是科技期刊产业化发展的方向。

随着国家出版体制改革的不断深化，管理部门已出台了相关政策支持那些具备实力的出版单位通过兼并、重组等方式实现"跨区域扩张"，这也为有条件的科普期刊出版单位打破主管主办体制的束缚，从"属地化管理"迈向"跨区域扩张"提供了新的机遇。实现跨行业、跨地区兼并、重组和联合，可以提高我国科普期刊以及科技期刊整体的集约化水平，满足社会主义市场经济体制发展需要以及人们日益增长的文化消费需要，同时有效应对传媒业日趋激烈的竞争和国外出版商带来的潜在压力。

体制改革为科普期刊出版单位发展带来新机遇，同时变革总是会带来各种各样的困难和挑战。如何应对改革中出现的各种问题，如何处理转企改制中存在的各类矛盾，也是科普期刊办刊人需要面对的难题。

4. 产权归属不明晰，改制进行艰难

出版体制改革的一个重要前提就是要求期刊出版单位成为产权明晰的市场主体，但是科普期刊出版单位的资产形式多样，产权关系复杂，改制面临较大的困难。

由于历史沿革，一些科研院所、大学等单位作为科普期刊的承办单位与期刊出版单位合署办公，为科普期刊出版单位的日常出版提供人员、资金以及办公场地、设备等必需的资源，但是这些科研单位却不是该期刊的主办单位，对期刊没有所有权。尤其对于中国科协科普期刊来说，由于办刊主体以科技社团组织为主，其特殊性决定了中国科协系统内科普期刊的改革将更为艰难。因此，理清科普期刊出版单位的产权归属是推进出版体制改革的一个难点，也是对出版单位未来发展的挑战。归根到底，产权归属问题的最终解决方案既要依托于行政干预，又要坚持协商原则，同时还要以期刊长远发展为目的，努力贯彻改制要求。

5. 对科普期刊管理者提出更高层次要求

科普期刊要转变思路，独立发展，通过转企改制走向市场，这对科普期刊的管理者也提出了更高层次的要求。首先要转变角色，科普期刊管理者的自我定位需要从小作坊式的编辑部主编、非法人杂志社的社长，转变为拥有经营自主权的企业负责人。这就要求他们除了要掌握所办期刊专业及其相关学科的专业知识之外，还要熟悉期刊出版行业和市场需求及发展趋势，要用战略的眼光，着眼于期刊的长远发展，同时还要有开阔的思维，拓展科普期刊发展空间。管理者不应局限于期刊的编辑工作，而是应当放眼全局，重视期刊经营和营销，成为能够驾驭市场、带领期刊社同仁冲锋陷阵的精神领袖。

科普期刊已经朝着市场化的方向迈进，优秀或较优秀的科普期刊早已占据了全国相当大的市场份额，新创办或改革的科普期刊只有去抢夺市场或开辟新的市场才能生存下去,这也同时要求主办单位必须用战略眼光选人用人,还要提供相应配套而科学的制度去激励他们,以做到责、权、利的结合。

6. 转制之后科普期刊如何兼顾公益属性

作为一种文化产品,科普期刊有别于其他大众期刊,因为它肩负着传播科学知识、普及科学技术、弘扬科学精神的任务,是带有公益属性的科技期刊。按照体制改革的相关要求,科普期刊将被推入市场,参与市场竞争,优胜劣汰。但是除了部分具有实用功效的医疗保健类期刊、发展迅速的汽车类期刊以及数码 IT 类期刊之外,大多数科普期刊是以公益性的知识传播、教育启蒙、公众理解科学作为基本诉求,而转制为企业之后的科普期刊必然需要更加注重经济效益的提升,届时科普期刊应如何自我定位,如何兼顾公益属性,这是科普期刊面临的又一挑战。

科普期刊的科学性内容是科普期刊的生命,对读者有着较大的影响力,因此,科普期刊要做到正确地引导读者,使读者不盲目迷信,有鉴别力,有正确的价值判断能力,以及培养读者健康科学的阅读习惯,这是科普期刊不可推卸的责任。所以不管出版体制如何,科普期刊都应该坚定地将社会效益放在首位,同时努力找到社会效益与经济效益的最佳结合点,实现自我发展。相关管理部门也应适时对科普期刊提供相应支持,引导科普期刊健康全面发展。如:将科普期刊吸收到现有的科普资源建设中,以项目方式对其进行资助;采用评奖评优,加大对科普期刊的奖励;提高"农家书屋"工程中科普期刊的比例,吸收更多科普期刊进入"农家书屋"行列。

(二)版权贸易为科普期刊发展创造机遇

我国期刊业的版权贸易发展到今天已经小有规模,版权贸易主要指版权的引进和输出。引入国际上同类期刊的版权,一方面可以打破期刊内容的局限性,同时也能够刺激和引导国内期刊向国际化水准看齐,不啻为一种借助外力迅速提升自身竞争实力的捷径;通过版权输出,既可以获得一定收益,也可以扩大品牌影响力和知名度。无论是版权引进还是输出,都可以作为科普期刊发展的一种尝试。

1. 科普期刊的版权引进

作为科普期刊的创新之举,版权引进曾一度受到了业界的广泛重视。一些国际大刊纷纷被引进,它们崭新的内容模式、精美的版面设计,拓宽了中国读者科学知识的视野,同时也对国内的科普期刊业形成一定冲击。但是这些受到国外读者认可的科普期刊内容在国内出版是不是一定会取得成功,尚无定论。

在 20 世纪末,我国科普期刊曾掀起了版权引进的高潮,部分出版单位选择与一些国际知名的大型科普期刊合作,通过在国内直接出版中文版或购买部分版权等方式进行科普期刊的出版活动。《科学美国人》(*Scientific American*)是我国第一本全版引进的科普期刊,由科技部的下属单位创办其中文版《科学》杂志在国内发行,2005 年,外方终止合约转而与其他单位继续版权合作,重新出版的新刊为《环球科学》。1996 年,中国科协引入美国《大众科学》(*Popular Science*)版权,创办《科技新时代》,目前由大众科技报社主办。1998 年,科学出版社主办的《科学世界》同德国第二大传媒集团 Burda 进行版权合作,将原产日本的意大利科普名刊《牛顿》(*Newton*)引入中国,期刊改版为《Newton 科学世界》①。2000 年,由美国 IDG 公司与机械工业部机械信息研究院合作,共同在国内推出美国科普读物《大众机械师》(*Popular Mechanics*)的中文版,但在 2003 年就终止合作。2002 年,天津科学技术出版社与美国迪士尼公司的授权杂志《探索》(*Discovery*)进行合作,创刊《科学与生活》,后又在 2006 年同意大利名刊《焦点》(*Focus*)合作,将《科学与生活》更名为《新知客》。2002 年,《汽车族》杂志与美国名刊《汽车趋势》(*Motor trend*)开始版权合作②。2004 年,上海文艺出版总社引进法国名刊《科技与生活》(*Science & Vie*),在国内先后创办《吸引力》和《新发现》。2006 年,山西测绘行业协会与法国桦榭出版集团旗下的西班牙科学杂志 *Quo* 开始版权合作,创刊《新探索》。

目前,处于调研和试刊阶段的国外科学杂志还有十几种,引进刊物大都来自欧美国家。2010 年以来,又有两种科普期刊开始了版权合作。1 月,《健康与美容》引入日本健康杂志日经 BP 社《健康》杂志版权;10 月,《环球科学》又与英国《自然》(*Nature*)开始版权合作。据新闻出版总署李东东副署长介绍,目前经新闻出版总署批准设立的中外期刊版权合作项目已超过 60 项③。

这些国际名刊在内容上的共同特点是注重科学与人文的结合,强调以生动活泼的形式进行科学精神、科学思想与方法的普及,给中国科普期刊业带来了新的气象。另外,在形式上,这些国际名刊也有较为突出的优势,一般它们的图片都非常精美,版式、编印等水平也较高。国内的科普期刊与国际期刊进行版权合作后,不但可以取得国外最新科技成果的发展动态,同时还能得到丰富的图片资料,更可以学习到对方经营管理等方面的经验,这对相对滞后的我国科普期刊来说,不能不说具有较大的吸引力。

从目前科普期刊版权合作的情况来看,也存在一些突出的问题。首先是期刊的内容本土化问题。由于文化差异等原因,适合国外读者的内容并不一定能够获得本国读者的认可,如果只是简单地照搬国外期刊的内容,而没有与我国国情相结合,那么期刊恐怕不能获得读者的认可。近几年来开展版权合作的期刊,都已经注意到这方面的问题。在与外方的合作形式方面,这些期刊只采用部分版权,同时结合自身需求进行综合出版,而不再单一照搬外方内容。如《汽车族》和《环球科学》都是只使用部分国外版权,实现了与本土内容相结合。另外,版权费用也是一个不可忽视的问题。一般来说国际期刊的版权费用都比较高。目前,引进版权的期刊在版权费用的支出上,每年都要花费几万元至几十万元不等,个别期刊的版权费用甚至上百万元,有时个别图片还需要另外付费。对于刚刚转制的一般科普期刊出版单位,恐怕很难承担如此巨额的开支。此外,国外杂志的图片都比较精美,非彩色铜版纸印刷不能显出效果来,大额版权费用、期刊异型开本、全彩铜版纸印

① 中国科普杂志.科普不"普"已深入骨髓?.新华网.[2010-11-22].http://news.xinhuanet.com/newmedia/2006-03/09/content_4278252.htm.

② 汽车族大事记.汽车族.[2010-11-22].http://origin.motortrend.com.cn/we/go/default.aspx?t=78.

③ 李东东.中外期刊版权合作项目已超 60 项.中国新闻出版网/报.[2010-11-23]http://news.xinhuanet.com/zgjx/2010-11-23/content_12882821.htm.

刷,期刊成本及定价必然居高不下,但高价位的科普期刊又与我国的国情不相适应,在零售环节不占优势,据2009年新闻出版总署期刊核验数据,科普期刊零售价格在20元以上的目前仅占2.4%。

总而言之,版权引进也不是万事万灵的神药,并不能够解决科普期刊的根本问题,毕竟除了内容和形式之外,科普期刊需要的还有成熟的运作模式和营销理念。但是,必须承认的是,这些国际名刊的成功经验有许多值得我国科普期刊借鉴和学习的地方。对于已经引进版权的科普期刊来说,应放开手脚,拓宽思路,主动学习对方的办刊理念,同时根据自身的需要,对资源进行整合取舍,使期刊内容更加贴近我国读者的喜好,使期刊走向品牌化、精品化的市场化路线。对于尚未开展版权合作的科普期刊,应再进行一些调查研究,综合考虑是否有必要引进国际版权。

表6-20 版权引进科普期刊的出版情况

时间(年)	引进刊名	来源	国内合作刊名	主办单位	现状
1979	科学美国人	美国	《科学》	中国科学技术信息研究所	合作终止
1996	大众科学	美国	《科技新时代》	大众科技报社	出版
1998	牛顿	日本	《Newton 科学世界》	科学出版社	出版
1999	电脑之家	中国台湾	《学电脑》	人民邮电出版社	出版
2000	大众机械师	美国	《大众机械师》	机械工业信息研究院	合作终止
2002	探索	美国	《科学与生活》	天津科学技术出版社	合作终止
2002	汽车趋势	美国	《汽车族》	中国汽车报社	出版
2004	科学与生活	法国	《吸引力》	上海文艺出版总社	合作终止
2005	科学与生活	法国	《新发现》	上海文艺出版总社	出版
2006	科学美国人	美国	《环球科学》	中国科技报研究会	出版
2006	电脑杂志	美国	《电脑时空》	国家信息中心	出版
2006	焦点	意大利	《新知客》	天津科学技术出版社	出版
2007	小牛顿	中国台湾	《科幻世界画刊》	四川省科学技术协会	出版
2007	新探索	西班牙	《新探索》	山西省测绘行业协会	出版
2010	健康	日本	《健康与美容》	全国卫生产业企业管理协会	出版
2010	自然	英国	《环球科学》	中国科技报研究会	出版

资料来源:《中国科协科技期刊发展报告》课题组调研结果。

2. 科普期刊的版权输出

2010年1月4日,中共中央政治局常委李长春在全国宣传部长会议上提出,要在提高舆论引导能力和国际传播能力、掌握话语权赢得主动权上迈出新步伐,在推动中华文化"走出去"、提升国家文化软实力上取得新进展。期刊走出去,是落实这项要求的重要一环。

目前实现对外版权输出的期刊主要有两类,一类是大众消费类期刊,如《读者》、《知音》、《家庭》，这些期刊主要以海外华人为目标群体，共同特点是在国内发展已经呈现出规模化效应，有强大的财力支持期刊的海外发展。另外一类是科技学术期刊，主要是英文版的学术期刊，大多通过加入国际科技出版集团的出版平台来实现内容的海外传播。如《中国科学》、《科学通报》等 38 种中国期刊加盟了德国施普林格(Springer)出版集团；《细胞研究》加盟英国自然出版集团(Nature Publishing Group)。

在科普期刊中，有实力走出国门的大刊名刊较少，其中最为突出的就是《中国国家地理》，该刊是我国较早实现"走出去"的科普媒体之一。早在 2001 年，《中国国家地理》中文繁体版就得以在我国台湾及内地以外的其他地区发行，当月的发行量超过了 8 万册，成为我国内地唯一原创并由出版人购买版权发行他种文本的杂志。2002 年 1 月，《中国国家地理》日文版在日本发行，月销量达 4.5 万册，每月仅固定版税收入就达到 2 万美元，至 2007 年，日本的发行量已经达到 53 万册，接近最初的 12 倍①。2005 年 10 月推出的《选美中国》专辑以英、法、意、德、俄、日、韩、西班牙、阿拉伯等多种版本向全世界发售。2008 年，港澳繁体版诞生，覆盖港、澳及台商密集的沿海地区。2009 年《中国国家地理》英文版面市，让更多的国外读者了解到了我国丰富的历史和文化。除了《中国国家地理》之外，科普期刊中还有《家庭医生》也推出海外版。

新闻出版总署对外交流与合作司有关领导在介绍中外期刊的版权合作时认为，开展与国外期刊的版权合作不仅是为了引进国内市场需要的内容和信息，而且可以"以进带出"，在交流合作中传播中华文化②。但是与国际媒体进入我国的速度相比，我国报刊"走出去"还需要加快步伐。

(三)新媒体崛起影响科普期刊发展方向

近年来，随着信息技术的飞速发展，新媒体越来越受到人们的关注，成为人们议论的热门话题。所谓新媒体，就是在新的技术支撑体系下出现的媒体形态，如网络、数字杂志、手机短信、移动电视、数字电视、数字电影、触摸媒体。相对于报刊、广播、电视三大传统意义上的媒体，新媒体被形象地称为"第四媒体"。新传媒对人们的吸引力正与日俱增，已渗透到社会和生活的方方面面，有着传统媒体不具备的多种功能，提供了传统媒体无法提供的多种服务。专家指出，我们已经处在由传统媒体和新媒体共同组成的大媒体时代，而在这样一个时代，传统媒体不可避免地面临着越来越激烈的生存竞争。作为传播科学思想、普及科学知识的科普期刊，与生活类、时尚类、实用类的期刊相比，则形势更为严峻，可以说新媒体对科普期刊的挑战已经影响到其未来的发展方向。

1. 新媒体与传统科普期刊的比较

2010 年 11 月，中国科协发布了第八次公民科学素养的调查结果。其中一项调查结果显示，我国公民获取科技信息的渠道分别为电视(87.5%)、报纸(59.1%)、与人交谈

---

① 陈卓宇，顾欣．告诉世界中国有多美丽——《中国国家地理》海外发展之路．青年记者．2008.(10)：20－21.

② 探寻中外期刊版权合作成功之道．中国新闻出版网．[2010－12－08].http://www.chuanmeijia.com/2009/0824/12593.htm.

(43.0%)、互联网(26.6%)、广播(24.6%)、一般杂志(12.2%)、图书(11.9%)和科学期刊(10.5%)。2010年公民利用科学期刊获取科技信息的比例为10.5%,较2005年的9.5%略有提高;利用互联网获取科技信息的比例为26.6%,是2005年的6.4%的4倍多,并且大大超过使用科学期刊的比例。可以看出,互联网等新媒体的发展和完善已经影响读者的阅读习惯,而且互联网的海量性、时效性、交互性、多媒体、即时性、个人化、开放性和可复制性等优势还在不断显现。这对我国尚未成熟的科普期刊业来说,必然造成一定的冲击,近几年来科普期刊发行量的不断下降也印证了这一点。

然而传统纸质科普期刊也有其不可替代的优势。《科学美国人》的副总裁迪安·桑德森先生在一次采访中说"随着网络的发展,西方许多科普杂志在发行量上消减,因为读者可以很方便地从网络上获取科普知识、科学进展。但是《科学美国人》提供的这种高水平的文章却很难被网络上的内容所取代,所以在许多国家我们的发行量一直都比较稳固"①。互联网的时效性和海量性是期刊等传统媒体无法匹敌的,但是科普期刊的优势在于对海量信息资源的提炼和整理,对科学进展和社会热点等内容的挖掘和加工整理,其内容是高度整合的"高水平文章"。因此,我们不应将新媒体与科普期刊的发展对立起来,而是应该努力将新媒体的优势与传统科普期刊的优势相结合。

2. 科普期刊与新媒体资源紧密结合

多媒体联合经营,这是传媒技术发展的必然趋势。科普期刊不应该再是单一的印刷出版物,与新媒体的结合将极大地丰富科普期刊传播科学的载体形式,同时也可以提高科普期刊的市场生存能力。

目前,许多科普期刊出版单位都已开始与新媒体相结合的有益尝试。根据2009年新闻出版总署期刊核验数据的统计结果,开展相关数字出版项目的科普期刊共156种,占总数的34.5%。其中140种科普期刊建立了网站,占总数的31.0%;48种科普期刊有电子版期刊,占10.6%,另外还有12种科普期刊有手机报,占2.7%。三种数字出版项目都已开展的科普期刊共6种,分别是《中国国家地理》、《地图》、《家庭医生》、《电脑游戏新干线》、《课题内外高中版》及《课堂内外初中版》。在中国科协科普期刊中,也有21种科普期刊已经开展了相关数字出版业务,占总数63种的33.3%,与全国科普期刊的比例相当。

在中国科协科普期刊阵营中,《中国国家地理》是新媒体领域中很有代表性的一家。《中国国家地理》杂志社从2005年起就设立了影视中心,2007年开始定期出版手机报,2008年,其新媒体事业部——北京全景国家地理网络科技有限公司成立,2009年5月正式更名为北京全景国家地理新媒体科技有限公司,这是《中国国家地理》杂志社全面进军新媒体平台的标志。目前,《中国国家地理》已经形成融合网络、手机电视、电子杂志及手机报等多媒体业务的线上线下为一体的多元化经营体系。另外,像《环球科学》、《家庭医学》、《汽车之友》、《药物与人》以及《中国花卉盆景》也都已经开始电子刊业务;《舰船知识》、《兵器知识》等杂志也早就开始与新浪网、网易等知名门户网站合作,积极推广期刊品牌,获得了良好的社会效益和经济效益;《农村养殖技术》开办了畜牧业电子商务网站,在

① 《科学美国人》:162岁的科普"圣经". 新京报,[2010－11－30] http://news.cctv.com/20070404/100012.shtml.

农村群众中反响也不错。

在调研中也了解到一些科普期刊办刊人对待新媒体还存在一些忧虑，主要集中体现在新媒体发展对纸质出版物发行量的冲击方面。实际上这涉及传统媒体与新媒体结合的形式问题，如果电子刊或手机报等新型出版物只是纸质出版物的简单重复和复制，那么必然会对纸质期刊的发行造成影响。既然是新媒体出版，那么就要充分利用新媒体在多媒体方面的优势，弥补纸质期刊的不足，使两者优势相融合，使期刊的平面内容立体化，同时增加更多与读者和作者交流互动的内容，这样一来，期刊的新媒体出版就将成为新的科普出版园地。无论采用哪一种形式，如果是作为纸质期刊的补充和完善，就可以实现科普期刊资源的多次售卖，从而提升期刊的市场品质和品牌效应，并最终实现科普期刊的“跨媒体”发展。

二、科普期刊的发展趋势

“十一五”期间，我国科普期刊业处于稳步发展阶段，由于新政策、新技术的不断推动，使得科普期刊得以在改革中发展，在探索中前进。作为面向大众的普及类刊物，科普期刊在市场竞争中，已经开始显现出版规模集团化、经营管理企业化、期刊定位市场化以及发展多元化的趋势。

(一)出版规模集团化：融入出版业的集团化发展

在 2010 年年初的一次会议上，新闻出版总署署长柳斌杰指出：“集团化是新闻出版业调整结构、转变发展方式的重要途径，是新闻出版业打造规模优势、提升国际竞争力的重要手段。”早在 2001 年，为了应对即将到来的国际出版巨头的激烈竞争，相关管理部门已开始规划我国出版业集团化发展的方针政策，并启动了组建出版集团的试点工作。目前，我国已建成 29 家出版集团，49 家报业集团，4 家期刊集团，24 家国有发行集团。在我国“十二五”期间，还要形成 10 家左右具有较强辐射能力的报刊出版产业集聚中心，以及 10 家左右跨地区、跨行业、跨媒体经营的大型国有报刊传媒集团[①]。

除了行政力量主导之外，我国出版业规模化、集团化发展的趋势也是市场竞争压力下的必然结果。在市场经济条件下，出版业的发展将以资产为纽带，以资本运作为支撑，通过兼并、重组等方式横向整合资源，实现出版资源在更高平台上的有机整合，从而实现出版资源的优化配置。

因此，我国出版业的规模化、集团化发展，既是管理部门对新闻出版业整体规划的结果，也是出版业市场化发展的必然趋势。随着科普期刊市场化程度不断深化，期刊资源的配置将趋于合理，最终科普期刊将融入整个出版业的集团化发展进程中。

在我国的科普期刊中，已有一些规模化发展的出版单位走在了市场的前列。如北京卓众出版有限公司，2007 年整体转制之后，目前已经成为拥有 1 报 12 刊的科技出版传媒

---

① 新闻出版业“十二五”规划最快年底出台．中国证券网．http://company.cnstock.com/industry/top/201008/80051 7.htm.

集团,共出版科普期刊8种,期刊品种涉及农机、汽车、工程机械、数码摄影等多个领域,年经营收入超过1亿元。还有一些社办科普期刊办刊规模也较大,如人民邮电出版社目前共主办12种期刊,其中科普期刊5种,包括《无线电》、《高保真音响》、《摩托车》、《学电脑》及《互联网天地》。北京《电脑爱好者》杂志社通过资源整合,目前也成为拥有包括《电脑爱好者》、《电脑爱好者(普及版)》、《电脑爱好者(校园版)》、《中国科学探险》、《数码》、《数码—移动生活》及《户外装备》等7种科普期刊的大型出版单位。《中国国家地理》杂志社也从仅出版1种期刊,发展到3种,实现跨媒体、多元化、规模化经营的大发展。这些科普期刊在经营中虽然也面临着诸多困难,但规模化经营使它们相对于单一经营的期刊有了明显优势。规模经营有利于降低成本,增强市场竞争力,有利于集中资金和设备进行再投入,从而获得更多回报。因此,经营规模化、集团化是我国科普期刊做大做强的必然趋势。

(二)经营管理企业化:转企改制,建立现代企业制度

党的十六大报告指出,要适应社会主义市场经济发展的要求,推进文化体制改革,逐步建立有利于调动文化工作者积极性,推动文化创新,多出精品、多出人才的文化管理体制和运行机制。出版作为文化产业的重要组成部分,其管理体制和运行机制也必须从国情出发,根据自身的性质和宗旨,寻求适合自身发展的模式。

目前,已经成为企业法人的科普期刊出版单位有三分之一左右,大部分科普期刊出版单位还处于事业法人或非法人管理体制下。这类科普期刊出版单位从管理体制到运行机制都不适应我国市场经济的发展,分配机制和用人机制的僵化已经制约出版单位的生存和发展。体制改革的重要目的之一,就是推动各类出版单位转企改制,成为独立的市场主体,自主经营,自负盈亏,建立健全现代企业制度。体制改革的推进,必将推进劳动、人事、分配制度的改革,出版单位可以通过企业化手段来调整、改造内部管理机制,理顺各种关系,同时加强经营管理,用经济合同手段来简化、规范管理中不稳定、不科学的因素。在出版单位转企改制并逐步实行企业化管理的过程中,肯定会遇到各种各样的困难,机制改革也会遇到阻力,但管理企业化趋势是不可逆转的。打破旧的管理体制,建立新的、灵活的人事、分配制度,就能够完善编辑队伍建设,全面提高工作效率,满足新形势下出版工作的要求。随着出版单位规模化、集团化发展,有实力的出版集团将进一步实现国有产权多元化的股份制发展,届时将能进一步激发企业活力。

(三)期刊定位市场化:市场细分与小众化服务

科普期刊要走向市场必须从根本上改变现有经营状况,创新经营模式和机制。而其中关键的一点是找准市场定位,也就是说要找准细分市场,重点研究受众定位,始终坚持贴近读者,突出特色,走专题化和多元化发展的路子。

随着市场的逐步成熟,读者需求的差异性越来越成为对市场进行分析研究的着眼点。就期刊行业来说,期刊定位一定要准确,只有符合社会大环境的需要,避免重复办刊,才会有长久的生命力和发展潜力。曾经创出全国电脑杂志发行量第一的《电脑爱好者》,通过普及IT知识与应用技能,帮助读者从不会用电脑到成为电脑高手而赢得了大量的忠实读者。但是电脑类期刊品种繁多,期刊内容都面向大众,大同小异,市场竞争不断升级。

北京《电脑爱好者》杂志社对期刊定位进行了重新思考，并根据不同人群对电脑知识的需求，将读者市场进行了细分。针对刚刚开始接触电脑，对电脑知识了解较少的读者提供《电脑爱好者（普及版）》，从基础知识开始，将电脑爱好者引进门。《电脑爱好者（校园版）》瞄准了青年学生人群，介绍学生群体感兴趣的话题，满足了校园内电脑爱好者的需要。三种期刊既互相补充，又能够相互渗透，不仅定位准确，而且根据目标读者的不同，内容更加充分，难易结合。而且，《电脑爱好者》还有目的地培育市场，培训读者，能够不断满足读者知识水平提高的要求；既保证目标市场中有较大的发展空间，同时也避免在同一集团中恶性竞争情况出现。

经过残酷的市场竞争优胜劣汰后，新的期刊组合将不断出现，一些定位模糊的科普期刊将被淘汰，而优秀的科普期刊会随着市场的变化不断调整定位，以获得更好的社会效益和经济效益，科普期刊的结构将趋于合理，品牌期刊会更多地涌现出来。

（四）期刊出版多元化：实现跨地区、跨行业、跨媒体综合发展

成为市场主体以后的期刊出版单位必然向规模化发展。为实现扩大期刊规模，提高产值，期刊出版单位主要有两个发展方向：①横向发展，通过兼并重组，整合行业内资源；②纵向发展，通过丰富产品形式，实现跨多种媒体形式的全面发展。对于科普期刊来说，目前两个发展方向还都存在一些体制障碍，期刊的多元化综合发展还存在一些困难。随着我国新闻出版体制改革的不断深化，管理部门已经意识到了期刊管理体制中存在的问题。国家支持有条件有实力的出版发行企业跨地区、跨媒体经营，打破地区封锁。新闻出版业将立足于扩大国内需求，转变增长方式，优化结构，积极推进以资产、资源为纽带，跨地区、跨部门、跨媒体的多种联合，实现产业优化升级，增强自主创新能力，大力推进数字出版，打造现代内容产业，提高民族新闻出版业的核心竞争能力。

跨地区、跨行业、跨媒体的综合多元化经营，可以有效地改善期刊经营结构，增加新的经济增长点，提高市场竞争和防范风险的能力，必将成为我国期刊出版业的发展趋势。科普期刊出版单位在获得了政策支持后，通过行政力量的推动以及自身努力，就可以实现资源的优化配置，最终完成跨地区、跨行业、跨媒体的资源整合。

第三节　中国科协科普期刊发展对策

科普期刊有其自身特殊的发展环境和背景，与我国社会的发展密切相关。改变科普期刊发展现状，一方面要深化出版单位机制改革，加强科普期刊内容建设、人才建设及品牌建设，加快探索数字出版步伐；另一方面，相关管理部门也应认识到科普期刊在科技知识传播方面所发挥的重要作用，加大对科普期刊的扶持力度，着力打造科普期刊精品。

一、转变传统观念，重振科普期刊业

广泛开展科学技术普及工作，宣传科学思想，倡导健康文明的生活方式，不仅是我国经济建设和物质文明的迫切需求，同时也是加强和改进思想政治工作，建设社会主义精神

文明的重要内容。科普报刊、图书等出版物作为普及科学技术知识、传播科学思想的重要载体,承担着重要使命。在《2000—2005 年科学技术普及工作纲要》中曾提出,要扶持一批高质量、全国性的科普专业期刊,推出一批科普创作精品,培养一支专兼职结合的高水平的科普创作队伍。而提高科普创作水平对推动科普期刊等科普出版物发展,加强科普出版物内容建设具有决定作用。

由于历史沿革等原因,目前我国科研评价体系还不够完善,科普作品不被认可为科研成果,不能够作为晋升和工作业绩的体现,导致科学家及科研工作者对科普创作积极性不高,科普创作动力不足。因此,加强科普出版物内容建设,必须从源头改变对科普创作重视不足的问题。希望各级科研管理部门能够更加重视科普期刊等科普出版物,共同倡导科学家、科研工作者和科普作家多进行科普创作;进一步完善科研评价体系,转变重学术、轻科普的传统观念;提高科普作品地位,将科普创作与科研成果同等对待,包括在待遇及职称评定等方面采取切实有效的措施。有必要在科研院所承担的科技课题或项目中单列出进行科普创作的专项资金,同时提出相应的科普作品发表要求,再配合其他激励机制,全方位加强科普原创能力建设。科研评价体系的完善和改变,会在科学界以及社会上形成科普创作的良好氛围,从而进一步促进科普创作能力的提高,提升科普期刊等科普出版物的内容质量。

二、打造科普期刊精品

我国科普期刊的实力普遍不强,真正有影响力的科普名刊、大刊还较少,尤其是综合科普期刊近年来表现更是欠佳,迄今还没有像国际名刊《科学美国人》、《大众科学》那种对社会具有相当影响力的科普期刊出现。

打造中国科协科普期刊精品,一方面需要全国学会及期刊主办单位充分认识到科普期刊在科普工作中所发挥的重要作用,同时在政治导向、出版方向及期刊发展规划等方面加强对科普期刊的引导和管理。全国学会要更加重视科普期刊的发展,加强与期刊联系,在学会的科普活动中应积极发挥科普期刊的宣传作用,为科普期刊发展提供平台,扩大科普期刊影响。同时,相关管理部门也有必要通过项目资助等方式,扶持一些侧重于知识普及的大众科普期刊。目前,我国对于科技期刊的资助主要针对科技学术期刊,几乎没有涉及科普期刊。如果能将科普期刊吸收进入科技期刊资助项目当中,通过评审和遴选,对符合要求的科普期刊提供资助或其他帮助,假以时日必能打造出几种国内知名、同时具有国际影响力的精品科普期刊,进而带动我国科普期刊的全面发展。科普期刊自身也应该加强品牌建设,扩大影响力。品牌是期刊的核心竞争力,在市场竞争日益激烈的今天,只有品牌期刊才能赢得读者的喜爱,只有品牌期刊才能充分实现自己的文化力量,同时获得更大的经济效益。

三、推进科普期刊数字化

随着我国经济的快速发展,信息技术和互联网应用水平的持续提高以及读者阅读习惯的变化，我国数字出版产业在近年来发展迅猛，并已进入快速发展期。越来越多的科普期刊开始重视传统出版与新媒体出版模式的融合与发展。但是由于大多数科普期刊经营分散，规模不大，在网站建设和数字出版等方面存在资金匮乏、形式单一等突出问题。囊括了众多学术期刊资源的大型数据库运营商，如知网、万方、维普公司，并不是科普期刊数字出版的理想平台，由于对科普期刊内容资源的不重视，这些公司每年支付给科普期刊的费用只有几千元，远远没有达到应有的水平。而目前已成规模的大众期刊数字出版平台，如龙源期刊网等，网罗的科普期刊范围不大、数量较少，读者必须注册付费后才能获得相关内容，不利于科普内容的传播。

科普内容的传播面越广对提高我国公民科学素质越有利，因此，有必要向人民群众推广可以免费使用的科普期刊数字服务平台，由国家集中采购相关科普期刊的数字内容资源，并将这些内容作为科普资源免费向公众开放。这种做法能有效扩大科普期刊内容传播的范围，也是一种对科普期刊的变相扶持和帮助，不仅有利于提升科普内容信息资源的价值，还能够推动科普期刊数字出版进程。由中国科协、教育部、中国科学院共同承担建设任务的中国数字科技馆①是国家科技基础条件平台项目之一，目的在于集成和开发科研、教育、科普及社会的数字科普资源，搭建基于互联网的科普资源共建共享服务平台。目前，中国数字科技馆的科普期刊频道已经吸引了一批科普期刊的加入，借助这个平台，中国科协推广了科普期刊品牌，同时也借科普期刊的影响力扩大数字科技馆的影响范围，造福更多的群众。继续完善、推广该平台项目，扩充和提升科普期刊频道的平台功能，加强数据库建设，同时进一步加大投入，增加购买科普期刊内容资源的经费，对扩大科普期刊影响力，解决科普期刊在网站建设和数字出版等方面存在的问题能够发挥积极的作用。科普期刊也可以借数字出版的发展成熟，转变赢利模式，顺应媒介融合的发展趋势。

四、转变机制，改革创新

归根到底，中国科协科普期刊的发展除了获得政策支持、管理部门推动之外，最重要的还是出版单位自身转变经营机制、面向市场。推动科普期刊出版单位成为市场主体，转变经营机制，既是新闻出版体制改革对科普期刊提出的要求，也是科普期刊获得更大发展的关键。破除体制机制障碍，让科普期刊真正成为自负盈亏、自主经营的市场主体之后，有利于科普期刊出版单位转变观念，搞活用人机制，真正让科普期刊从业人员心往一处去，力往一块使，共同关注、推动期刊的发展；同时，还可以吸引更多高素质人才加入，使办刊队伍更加完善。科普期刊要找准市场定位，瞄准目标群体，重视读者需求，并不断调整内容，培育市场，争创名牌。只有大胆改革，努力创新，才能营造出自己的竞争优势，开辟出科普期刊工作的新局面。

① 网址：http://www.cdstm.cn/index_cn.shtml.

第七章　中国科协主办科技期刊发展状况

第一节　发展概况

《科技导报》是中国科协主办的唯一一份科技期刊，该刊由中国科协下属的科技导报社编辑出版，为中国科协学术会刊。科技导报社还主办《中国学术期刊文摘》(半月刊)和《中国学术期刊文摘》(英文版)两种综合性检索类科技期刊。

一、《科技导报》发展概况

《科技导报》自2004年7月起调整刊物定位，从发表政策、管理类软科学论文为主的综合性学术刊物向以发表自然科学各学科专业原创性研究论文为主的综合性学术期刊转变，力图办成一份有影响、有特色、有品位的高层次、高水平、高质量学术期刊。几年来，《科技导报》发展迅速，已从2004年64页/期的双月刊，发展成为2010年底144页/期的半月刊，6年中，刊物容量扩大了8倍，并实现全刊彩色印刷。2011年《科技导报》又改为旬刊，出版周期进一步缩短。《科技导报》拥有一支由知名学者组成的阵容庞大的编委队伍，2010年又增补王务林为副主编，成立《科技导报》常务编委会。几年来，在中国科协领导的关心指导，编委会和编辑部的共同努力，以及全国科技界的大力支持下，《科技导报》的学术水平不断上升，现已被多家国内外知名检索系统收录，总被引频次和影响因子在同类期刊中名列前茅。

二、《中国学术期刊文摘》发展概况

《中国学术期刊文摘》(中文版)是我国目前唯一的一份综合性中文科技类检索期刊，英文刊名 *Chinese Science Abstracts* (Chinese Edition)，简称CSAC。《中国学术期刊文摘》由中国科协主管，科技导报社主办，创刊于1994年年底，创刊时为季刊，64页，年刊载容量约17万字；至2010年，CSAC已成为每年收录学术论文文摘和中国科协系统学术会议论文题录合计约10万条，年刊载容量为3674万字的半月刊。

CSAC致力于向广大科技工作者全面、快速地传播和交流我国科学技术各领域的原创性学术论文成果，以我国500余种高水平科技核心期刊为收录源期刊，每期刊载学术论文文摘和中国科协系统学术会议论文题录合计约7000条，并附有“关键词索引”、“作者索引”和“作者单位收录文摘数量排名表及索引”；年终卷还附有全年“收录文摘的作者排名表”、“收录文摘的学科分布状况表”、“来源期刊文摘数量统计表”、“作者单位收录文摘数量排名表”等，依据对收录文摘信息的统计，为读者提供了全面、翔实、多角度、大容量的科技信息，内容覆盖自然科学、医药科学、农业科学、工程与技术科学、人文与社会科学五大学科门类。

CSAC 是广大科技工作者、高等院校师生和科技管理人员重要的资料性、工具性期刊。

三、《中国学术期刊文摘》(英文版)发展概况

《中国学术期刊文摘》(英文版)是我国目前唯一的一份英文版综合性科技类检索期刊,由中国科协主管,科技导报社主办,英文刊名 *Chinese Science Abstracts*(English Edition),简称 CSAE,与 CSAC 互为姊妹刊。CSAE 于 2006 年 2 月创刊时为 136 页的双月刊,几年里已经成为每期出版 288 页的月刊。CSAE 旨在促进国际科技界对我国科学技术研究整体水平的了解,推动我国科技工作者学术论文的国际交流。以我国近 400 种高水平科技核心期刊为收录源期刊,每期收录科技论文文摘约 1500 条,并附有“关键词索引”和“作者索引”,内容涵盖基础科学、农业科学、医药科学、工程与技术科学四大门类。

第二节　期刊建设

一、《科技导报》质量建设

2004 年《科技导报》调整办刊定位后,始终秉承“刊登原创学术论文,报道前沿科技成果;涵盖科学各个领域,关注重大科技问题;重视理论研究创新,鼓励学术观点争鸣;促进中外科技交流,探索强国兴邦道路”的办刊宗旨,以美国《科学》和英国《自然》杂志为目标,为创办一份在国际上有较大影响、学术水平高、刊载内容丰富、印刷装帧精美、报道时效迅捷、科技与人文结合的科技周刊而奋斗。

(一)学术质量不断提高

2010 年《科技导报》继续坚持报道学术论文和新闻评论信息两部分内容,虽然在文字容量上没有增加,但努力压缩单篇文章的页面,力求在有限的篇幅内承载更多信息。几年中,《科技导报》刊登学术论文量不断增加,而在文章质量上要求日趋严格,质量在不断提高,这表现在文章录用率的逐年降低(图 7-1),以及“985”、“211”高校、中科院作者的比例逐年升高(图 7-2)。

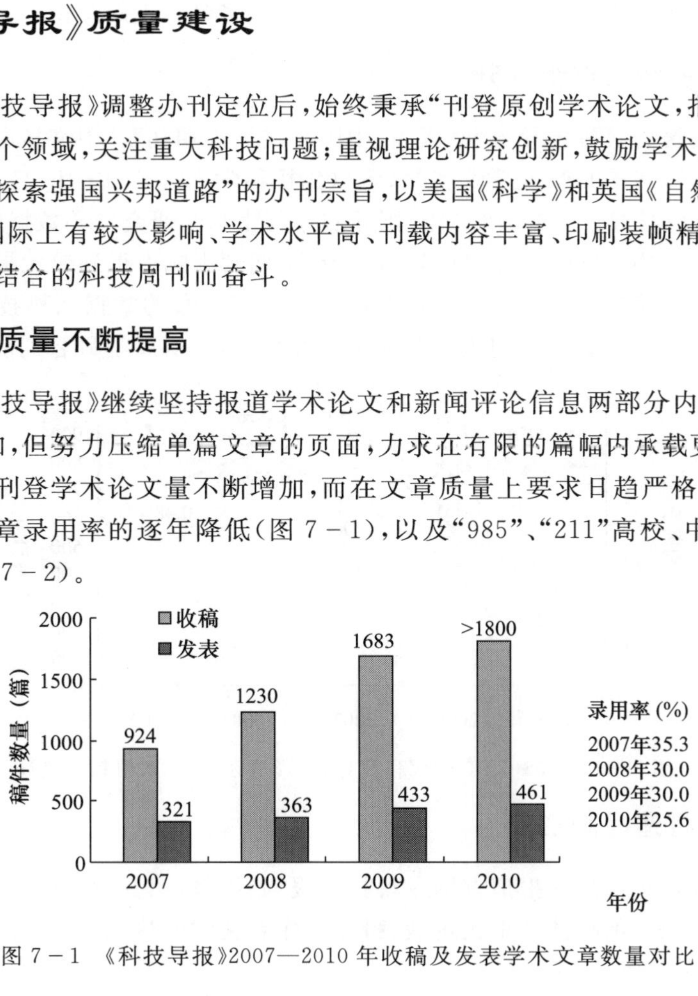

图 7-1　《科技导报》2007—2010 年收稿及发表学术文章数量对比

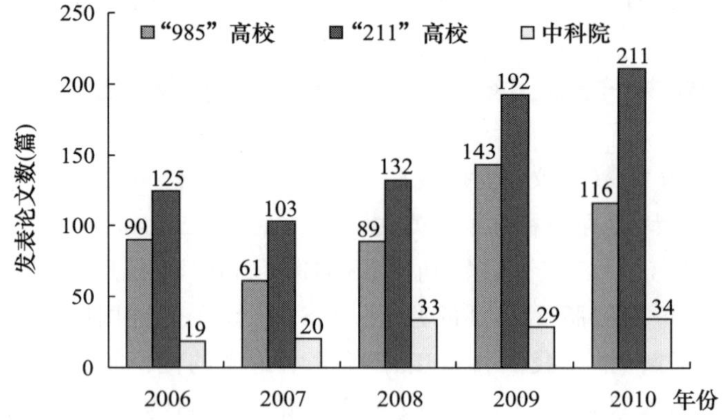

图 7－2 《科技导报》2006—2010 年第一作者数量分布

主动向学科带头人约稿是编辑部多年来常抓不懈的任务，几年中，先后向自然科学所属领域的博士生、博士后，《科技导报》的老作者发送约稿函，长期向被收入《中国学术期刊文摘》的文章作者寄送约稿明信片，收到比较好的效果。2010 年，编辑部还向 80 岁以下的中国科学院和中国工程院院士约写学术论文，得到多名院士的支持。

(二)期刊影响力逐步提升

经过近年的努力，《科技导报》已成为“中国科技核心期刊”、“中文核心期刊”，被“中国科学引文数据库”、美国 CA(化学文摘)、CSA(剑桥科学文摘)\Ulrich(乌利希国际期刊指南)、波兰 IC(哥白尼索引)、英国 CABI(国际农业与生物学研究中心数据库)收录，尤其是 2009 年被 SA/INSPEC(科学文摘数据库)收录后，期刊影响力得到较大提升。

根据中国科技论文与引文数据库(CSTPCD)近年发布的数据，《科技导报》近年的总被引频次和影响因子等重要期刊指标总体呈上升趋势，在所属学科名列前茅(图 7－3)。

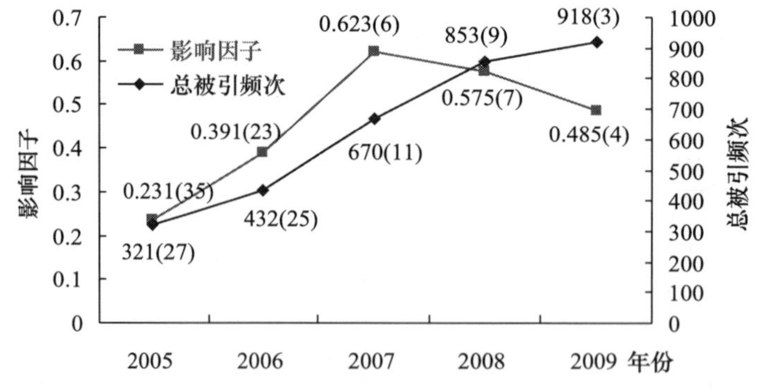

图 7－3 2005—2009 年《科技导报》影响因子、总被引频次统计

(三)精心打造品牌栏目

在科技新闻评论信息的报道方面，《科技导报》始终坚持为一线科技工作者服务，在新闻报道中不仅反映当前科技的重大进展、科技工作者关注的热点问题，更力求反映科技民

生，突出科技工作者个人。

继续培育刊物特色栏目，努力打造精品。“半月科技风云”栏目，每期刊发一篇科技评论文章，以正面报道的形式，提供读者最新的重要科技新闻信息，在评介重要科技新闻的同时，大力弘扬追求真理、造福人类的科学精神，力争通过此栏目，树立重大科技新闻评论的权威。

从 2009 年开始，将“科技事件”栏目重点培育，每期就科技界当前赋有争议性尤其是负面的问题进行阐述与讨论，从反面挖掘科学的真谛，弘扬科学精神。2010 年分别就学术不端、全球变暖趋势、博士生待遇、转基因稻米商业化、科研经费的分配、中国科学家的国际形象等问题进行了讨论。

《科技导报》还从 2008 年开始在新年的开篇刊登“新年寄语”，分别以“做个好博士生和博士后”、“做个好专家和好教授”、“做个好博导”、“我们需要学术大师”，以及“做个世界级的专家”、“学会在课题上与人交替领跑”、“不仅要听别人‘讲故事’更要自己‘讲故事’”、“流行的‘成功学’不值得效仿”、“避免学术上的‘看电影’现象”、“‘长跑’不用‘抢跑’劲”等为主题，鼓励科技工作者扎实科研工作，并祝愿中国科技能有更大发展。

为更好地对当前科技工作者关心的一些科技政策、科技界存在的现象等充分展开讨论和评述，2010 年《科技导报》将“科技工作者建议”栏目改为“科技工作大家谈”，并转载施一公、饶毅发表于 *Science* 的文章《中国的科研文化》，引起强烈反响。

“本刊专稿”栏目不仅每年发布《科技导报》评选的年度中国重大科学技术与工程进展，报道中国科研机构和学科研究分布，介绍年度诺贝尔奖获奖成果，而且注重报道对整个中国科技界有宏观指导性或可借鉴性的内容，2010 年刊登了《从明治维新到第二次世界大战前后中日数学人才培养之比较》、《深入开展学科发展和学科史研究不断提高全国学会学术建设能力》、《中国科协科技期刊 2009 年发展状况》、《选择培育战略性新兴产业的几点建议》、《中国科协所属期刊开放存取出版现状和发展趋势》、《让我们关注知识转移》、《地动仪的历史泡沫》等多篇文章。

（四）开办专题论文栏目，重点介绍学科进展

为了更有效地推广节能减排的新技术、新方法、新思路，体现中国科协对节能减排工作的关注和支持，《科技导报》自 2009 年 5 月起开设“节能减排”专栏，发布节能减排最新研究进展，刊登相关科技评论和科技工作者建议，同时组织相关座谈会、学术沙龙等学术活动。在 2009 年统观全局的基础上，2010 年《科技导报》更加侧重了节能和低碳技术的发布。

进入 2010 年以来，《科技导报》以“节能减排”专栏形式发表学术论文 32 篇，并在开办“节能减排”专栏一周年之际，集结出版了《科技导报》“节能减排专题”合订本。

二、《中国学术期刊文摘》（CSAC）质量建设

（一）调整期刊定位，充实刊载内容

创刊以来，CSAC 积极探索，不断改革，力争更好地服务于科研一线人员，同时，

为中国科协的工作积累宝贵的数据资源。特别是自2002年起,期刊的改革力度不断加大,每年都有新的变化和改革措施,期刊定位愈加明确,编排更趋规范,质量逐年提高。

2009年第5期,CSAC的编排形式由过去的上半月刊收录自然科学和医药科学2大学科门类的文摘条目,下半月刊收录农业科学、工程与技术科学以及人文与社会科学3大门类的文摘条目,改为上、下半月刊均收录5大学科门类文摘条目的标准半月刊编排形式。自2010年第1期始,期刊出版日期由过去每月15日同时出版上、下半月两期刊物,改为每月10日和25日分别出版上、下半月两期刊物。2010年,还对工作流程表进行修订,设计了新的期刊封面并从2011年第1期开始启用,改变了原来上、下半月刊封面不同的状况,使期刊在收录内容、编排形式、出版时间、工作流程、封面样式等方面完成了向标准半月刊的全面转型,期刊从形式到内容上更加规范和标准。

近年来,CSAC和CSAE不断加大收录优秀来源期刊的力度,根据《中国科技期刊引证报告》和《中文核心期刊要目总览》的数据,重点把学科排名前20%的优秀学术期刊作为收录源期刊,使得优秀学术期刊的收录比例不断提高,期刊学术水平不断增强。

2010年,CSAE修订了"学科分类与代码中英文对照表",并对所收录的400余家优秀期刊的英文刊名写法进行了统一规范,使期刊质量和实力不断提高。

(二)缩短出版周期,扩大刊载容量

创刊以来,《科技导报》、《中国学术期刊文摘》(中文版)和《中国学术期刊文摘》(英文版)3种刊物,通过缩短出版周期、增加单期页码、选用小号字等措施,不断扩大刊载容量,更好地服务于一线科技工作者。

2010年,CSAC除继续增加页码至448页/期外,还重点加强期刊编排格式的改革和规范,以提高版面利用率和信息容量,使收录的文献信息量继续增加。2010年CSAC年出版字数为3674万字,比2009年增长10.7%,比2006年增长55.2%,比创刊时约68万字的年出版字数增长了近53倍。见图7-4。

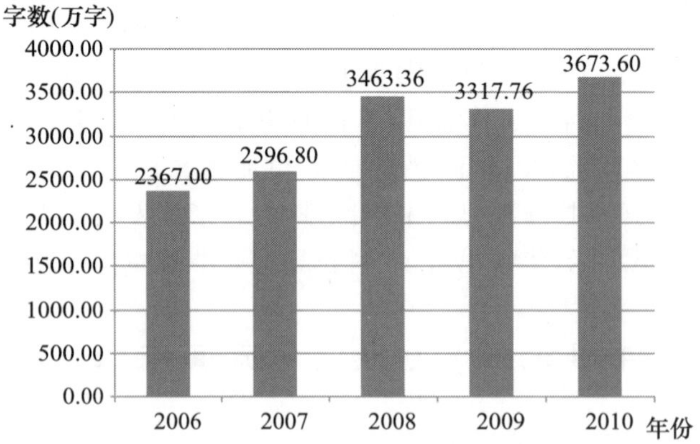

图7-4 CSAC 2006—2010年编辑出版字数变化图

截至2010年年底，CSAC已积累文摘数据45万余条和学术会议论文题录近14万条。这些文献数据不仅可为广大科技工作者提供科技信息服务，还可为科协系统开展调查研究、决策咨询、科技信息发布、学术交流活动、专家队伍建设等工作提供多方面的信息支持。

CSAE自2006年2月创刊以来经过6次扩版增容，2010年全年编辑出版字数为1105.92万字，比2009年增长了10.3%，比2006年增长了301%。全年收录优秀论文文摘14554条，比2009年增长10.83%，传播的科技文献信息量不断增加。

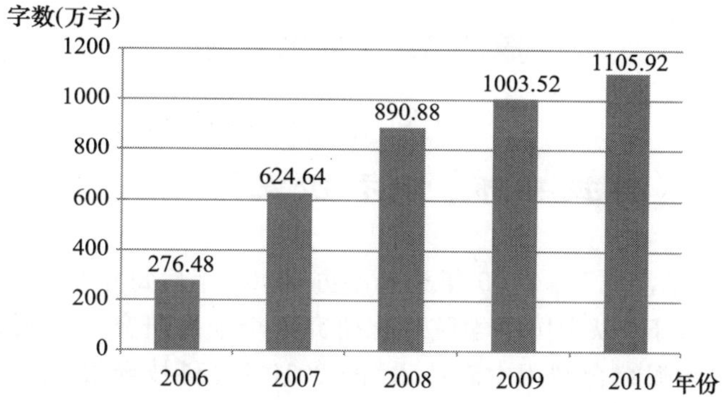

图7－5　CSAE 2006—2010年年出版字数变化图

(三)出版专题特刊，用好文摘数据，提高办刊质量

《中国学术期刊文摘》2008年第23、24期，2010年第3、4期，以及2011年第5、6期共3次分别编制出版了6期特刊，即《2000—2008年中国科学、技术、工程人力资源库及索引(机构分布)》(上、下册)、《2009年度中国科学、技术、工程人力资源库及索引(机构分布)》(上、下册)和《2010年度中国科学、技术、工程人力资源库及索引(机构分布)》(上、下册)。这6期特刊的全部科技人力资源数据分别来源于2000—2008年、2009年和2010年CSAC收录的我国共600余种优秀科技核心期刊的合计40万余条论文文摘信息，涉及自然科学、医药科学、农业科学、工程与技术科学以及人文与社会科学五大学科门类，反映了我国1万余家科研机构合计60余万科技人才的信息，从一个侧面反映了我国主要科研机构、高等院校、厂矿企业等的科研实力和学术水平，可为有关部门的决策提供参考依据。

各期特刊中的每一条科技人才信息，均可按照我国的行政区划，通过省、自治区、直辖市、行政特区等进行检索，再通过论文作者所在研究机构进行查询，通过查询，可清晰地反映被收录的科技人员所在省(自治区、直辖市、行政特区等)、工作单位、所属学科、被CSAC收录的论文文摘编号和数量，使读者能够方便、快捷地掌握我国科技人力资源的地域分布状况，及其在科研机构、各学科中的分布情况，继而比较全面地掌握全国科技人力资源的总体概况，是科技工作者、科研管理干部和组织人事部门了解、查询我国科学、技术、工程等领域科技人力资源分布情况及其相关数据的重要人力资源参考资料。

(四)办刊质量得到业界肯定

近年来,随着期刊实力的不断增强,刊载信息的不断丰富,服务科技能力的不断提高,《中国学术期刊文摘》中、英文版(CSAC 和 CSAE)越来越受到业界的欢迎,北京大学图书馆编纂的《中文核心期刊要目总览》长期把是否被 CSAC 和 CSAE 收录,作为评判科技期刊能否列入核心期刊的一个重要指标。越来越多的科技期刊希望被 CSAC 和 CSAE 收录,这两种刊物的学术地位和影响力也在不断提升。

第二节　学术建设

一、继续开办"《科技导报》学术沙龙"

"《科技导报》学术沙龙"自 2005 年开始举办,2008 年后每年举办一期。

2010 年 12 月 21 日,以中国科学院理化研究所李来风研究员领衔,召开了主题为"节能减排对策及污水污泥综合利用中新技术"的 2010 年《科技导报》学术沙龙,探讨工业和生活污水处理中节能减排问题,重点关注污水、污泥处理过程中的节能问题和新技术应用。来自中国科学院理化技术研究所、工程热物理研究所、等离子体研究所、电工研究所,北京化工研究院等科研院所、企业的 30 余位专家学者参加研讨。中国科协书记处书记、科技导报社社长、主编冯长根教授,中国科学院院士徐建中,中国工程院院士周远出席会议。

"《科技导报》学术沙龙"既为科技工作者搭建学术交流的平台,也使《科技导报》扩大高质量稿源,树立了良好的口碑,得到科技工作者的普遍支持和赞誉。

二、开展"博士生创新研究资助计划"收到良好效果

2008 年后开展的《科技导报》"博士生创新研究资助计划"项目,已先后评选资助 2 期共计 30 名在读博士研究生开展创新研究,截至 2010 年 12 月,已有 8 名受资助的博士研究生在《科技导报》上发表 10 余篇研究论文,其中 4 篇被选为封面论文。此项目的开展,为《科技导报》培育了作者队伍,为《科技导报》学术质量的提高起到促进作用。

2011 年,该计划将重点向院士群体、"973"计划首席科学家等高层次研究团队中的博士研究生倾斜,择优扶持博士研究生开展研究活动。这将进一步提高《科技导报》的学术质量。

三、承办"科技期刊与媒体见面会"推广科研成果

作为科学技术原创成果与传媒的沟通以及国内科技期刊所发表研究成果在大众媒体中传播的一条渠道,中国科协"科技期刊与媒体见面会"制度已持续 4 年,通过科技期刊组织编辑、作者与新闻媒体记者见面的形式,把新的科研成果介绍给大众媒体予以宣传报道。《科技导报》作为协办单位,长期负责组织专家学者对各科技期刊提供的最新科技成

果及其新闻稿件进行评审、选定，2010 年向媒体重点推荐学术成果 44 项，书面推荐 50 项，共有近 20 种期刊参与推荐活动。

四、参与评选年度“中国科学十大进展”

2005 年开始，科技导报社参与承办由科技部基础研究中心主办的年度“中国基础研究十大新闻”的评选活动，至 2009 年该活动已发展为由科技部基础研究中心主办，由科技部、中国科协、国家自然科学基金委、中国科学院所属的《中国基础科学》、《科技导报》、《自然科学基金》、《中国科学院院刊》四期刊协办，并于 2010 年更名为“中国科学十大进展”。《科技导报》代表中国科协参与此项活动。

五、主办学术研讨会

2010 年 10 月 13 日，科技导报社联合国家纳米科学中心、中国医学科学院纳米医学联合研究中心在北京共同举办“纳米生物医学技术发展现状及前景研讨会”。会议旨在发挥中国科协作为科学共同体具有跨行业、跨部门、跨领域、多学科交叉的优势，不仅从技术角度，还从经济、社会、安全、环境、学科发展规律、长远价值的正确描述等角度探讨纳米生物医学以及纳米技术的发展方向。来自中国科学院、科技部、中国社会科学院、中国科协和企业等单位的近 30 位专家学者就纳米生物技术、纳米制药、纳米医疗器件、纳米安全、纳米生物医学技术发展前景五个议题从不同的角度进行了交流和探讨。

六、承担有关研究课题

2009—2010 年，中国科技期刊编辑学会、《科技导报》编辑部承担了中国科协重大政策问题研究课题“我国科技期刊经营模式研究”的研究工作。《科技导报》编辑部作为主要研究力量，研究制定中国科技期刊经营模式问卷，参与问卷发放、回收、统计，承担了调查问卷的分析、研究工作，策划召开了“科技期刊编辑的运营意识及能力”座谈会。在文献调研、问卷调查、专题座谈、理论分析的基础上，在 2010 年 12 月圆满完成 1 个总报告、3 个分报告、3 个专报的研究、撰写、汇报工作。

2010 年，北京理工大学图书馆、《科技导报》编辑部承担中国科协学术交流平台项目“国内学术交流主体比较研究”的研究工作。《科技导报》编辑部作为具体研究者之一，参与开题、研讨、撰稿、修改工作。在文献调研、数据统计、理论分析的基础上，于 2010 年 12 月顺利完成课题报告的研究、撰写、汇报任务。

2010 年，中国科协主办“科技期刊编辑工作者的职责与使命”有奖征文活动。本次征文活动由中国科技期刊编辑学会承办、《科技导报》编辑部协办。《科技导报》编辑部作为主要学术力量，参与主题策划、方案草拟以及征文审读、初评、利用中国知网“科技期刊学术不端文献检测系统”比对、复评等工作，完成了《“科技期刊编辑工作者的职责与使命”征文获奖论文集》的编辑、加工任务。

七、承担“精品科技期刊”宣传工作

2009 年 3 月至今,《中国学术期刊文摘》编辑部承担了中国科协网“精品科技期刊”栏目内容的采集、编制和报送工作,截至 2010 年 12 月底,共上传和展示 A、B 类共 47 种精品科技期刊的 900 余篇论文文摘和全文,为促进我国科技期刊的发展贡献力量。

第三节 数字化和网络化建设

一、数据库建设

(一)期刊数据库建设

《科技导报》、《中国学术期刊文摘》和《中国学术期刊文摘》(英文版)3 种科技期刊目前的刊载内容均以 PDF 数字文件形式建库,建库结果与期刊刊载实体完全一致。在此基础上,还在不断对数据进行追溯,目前《科技导报》的数据已追溯至 2003 年。

2011 年,《中国学术期刊文摘》编辑部将重点建设文摘的“出刊管理信息系统”。其方法是借助先进的反解标引处理软件,对各种排版格式的文件进行自动文本抽取和原数据识别,使各收录源期刊文摘数据的采集、自动化识别处理和入库成为一条龙的运作模式,目前,已经完成近 600 家来源期刊排版文件格式的调查摸底和排版文件样稿的收集、统计,以及项目建议书的起草。“文摘出刊管理信息系统”的建立将给《中国学术期刊文摘》中、英文版的发展带来革命性变革,并将使以下目标的实现成为可能:①大幅度提高优秀核心期刊的收录比例,从而提高《中国学术期刊文摘》的质量;②提高编辑、统计工作的科学性和准确度,更好地利用文摘数据开展工作;③缩短期刊出刊周期;④大幅减少稿费支出,促进期刊可持续发展;⑤促进英文版发行量的提高;⑥为中国科协开展调查研究、决策咨询、学术交流活动、科技信息发布、专家队伍建设等工作提供多方面的科技信息支持。相信随着“文摘出刊管理信息系统”的建成,未来可以为广大科技工作者和中国科协的工作提供更加多元化、深层次的科技信息数据服务。

(二)专家数据库建设

经不断调整,《科技导报》审稿专家数据库现有审稿专家 7500 余人,包含每位专家的姓名、通信地址、工作单位、研究方向、联系电话、电子邮件、审稿范围、审稿质量等详细资料;《科技导报》作者数据库还有 12000 多条记录,包含自 2005 年以来所有作者的信息,《中国学术期刊文摘》所刊载文摘作者数据库更加庞大。2010 年,为了有的放矢地扩大《科技导报》的征稿和征订范围,2010 年还建立全国自然科学领域博士生导师专家数据库。以上几种数据库的联合使用,为《科技导报》的掌握和使用专家信息大大提供了方便。

(三)发行资源数据库建设

经过几年的建设,科技导报社已有了不少发行资源数据库,对要使之真正起到作用,还必须对其进行实时维护。2010年，在原有中国科协七大代表数据库、中国青年科技奖历届获奖者数据库、中国科协所属全国学会理事长秘书长数据库、中国科学院和中国工程院院士数据库、地方科协负责人及科协委员数据库、高等院校和科研院所图书馆数据库、《科技导报》热心读者数据库的基础上，又新收集了国家"973"计划项目数据库、"863"计划项目数据库、国家自然科学基金项目数据库、自然科学领域博士生导师专家数据库等新的内容，并对原有数据进行维护，为三刊的扩大发行提供了支撑。2011年，计划对以上数据库进行整合，使数据库整体更加系统，以方便信息的检索。

二、网站建设

《科技导报》网站不仅实现了作者在线投稿、专家远程审稿、编辑在线办公等功能，并实现读者在线浏览当期刊物，以及检索查询以往刊载内容的功能。目前，《科技导报》网站的过刊浏览已追溯到2005年的内容。

《中国学术期刊文摘》网站创建于2006年，2007年9月全面更新并使用新的网址：www.csciabs.org.cn。2010年网站改版，除了原有的期刊基本信息、资料下载内容外，重点进行了两处改变：①对索引检索进行了改版，按年度将关键词索引、作者索引和作者单位索引分开，同时将已出版的人力资源索引特刊上网，便于读者查询。同时，注重"索引检索"栏目的及时更新，为读者提供每期文摘的关键词索引、作者索引及作者单位索引；②积极推进网站链接，文摘网站已经链接202个来源期刊网站，具有自有网站的来源期刊，如北京大学学报(自然科学版)、电子学报、高等学校化学学报、催化学报、计算机研究与发展、土木工程学报、农药学学报、植物生态学报等27家期刊的网站链接文摘网站。链接面的扩大加强了《中国学术期刊文摘》编辑部与收录源期刊编辑部之间的联系，扩大了《中国学术期刊文摘》中、英文版的影响力。改版后的文摘网站主页增加了信息量，主题更加突出，栏目划分清晰，链接更加方便。

三、开设博客

《科技导报》博客于2009年7月移居"科学网"(http://www.sciencenet.cn/u/kejidaobao/)，以"机构博客"身份被放置在"科学网"博客首页显著位置。此举方便了编辑部与读者的直接沟通，听取他们的最新意见和建议，拉近了与广大科技工作者的距离，建立了刊物与作者、读者更为快捷、亲近的互动联系。截至2010年年底，博客点击量已逾75万次。

第四节　队伍建设

一、编辑队伍建设

为适应期刊的快速发展，近年来，科技导报社不断充实引进人才，调整人员结构，优化编辑队伍,目前已形成一支具有5名博士,6名硕士,1位双学士的20余人的编辑发行队伍。

在日常的业务工作中,重视学习培训,提高业务水平。各部门都建有工作会议制度,做到及时交流工作信息,探讨并解决在编辑出版业务中遇到的问题。2010年,全社人员参加各类业务培训13人次,参加学术会议约20次,组织业务讲座4次;通过出版专业技术人员职业资格考试4人次;公开发表学术文章80篇,其中在《科技导报》以外的书刊发表论文6篇;有1人获得中国科技期刊编辑学会颁发的期刊编辑金牛奖,3人获得银牛奖,2人获得青年编辑骏马奖。

通过近年的人员结构调整,整个科技导报社逐步呈现人员年轻化的趋势,因此,科技导报社比较重视对年轻人的培养和教育,积极倡导诚实正直做人、实事求是做事的风气,努力营造轻松和谐、团结互助的氛围。2010年,《中国学术期刊文摘》编辑部还利用一次老编辑欢送会为年轻人上了一堂生动的尊重师长、互助友爱、珍惜友情的教育课,使年轻人受益匪浅。目前,一支朝气蓬勃、积极进取的编辑队伍逐渐形成。

二、编委和审稿专家队伍建设

为提高刊物的学术质量,《科技导报》在不断充实编委和审稿专家队伍。利用每年一度的科技导报社新春答谢会之际,《科技导报》定期召开编委会会议,对未来一年刊物的发展进行充分讨论;借助每月2次的主编工作会,定期向编委发送会议纪要,加强同编委的联系和沟通,使他们不仅能及时掌握主编的思想、刊物的细微变化,还能通过出席会议和邮件往来及时发表对办好刊物的意见和建议,密切编委与编辑部之间的工作关系。为快速提升刊物学术质量,2010年年底,《科技导报》对编委会又进行了扩充,目前已形成一支由74人组成的之中具有22位两院院士的编委队伍。与此同时,还成立了11人的《科技导报》常务编委会。2010年,编辑部还同相关机构合作,扩充外审专家数据库,目前已拥有审稿专家7500余人,方便了审稿,使稿件审理时间进一步缩短。

三、作者和读者队伍建设

《科技导报》的"读者之声"栏目、"学术沙龙"、"博士生创新研究资助计划"以及协助承办的"科技期刊与媒体见面会"一直是其联合一线科技工作者的桥梁,并为发现优秀作者和热心读者提供了平台。通过"科技期刊与媒体见面会"推介科研成果,作者更加深入地了解《科技导报》在他们的科研工作中所起到积极作用,不仅成为它的作者、读者,还是它的热心朋友,他们愿意借助《科技导报》"学术沙龙"的平台开展学术交流。"博士生创新研究资助计划"的开展维系了博士生作者,使他们与《科技导报》有了更紧密的联系。

《科技导报》常年开设"主编心语"栏目,冯长根主编先后撰写了《博士生如何夯实成功科研生涯的基础》、《年轻科研人员如何走向成功》两个系列的指导性文章,每期连续刊载。与此相结合,冯长根主编还应邀在全国88所高校、科研院所就以上两个专题给博士生、青年教师和年轻科研人员作学术报告,直接受众达6万余人。

第五节　三种期刊的经营

科技导报社下设出版发行部，专门负责《科技导报》、《中国学术期刊文摘》和《中国学术文摘》(英文版)的发行工作。近年来，3 种刊物的发行量在不断上升，发行覆盖面逐步扩大，《科技导报》在包括香港和台湾在内的全国所有省、自治区、直辖市都有固定读者群体，直接读者 6500 余人，包括中国科学院院士、中国工程院院士、中国科协第七次代表大会代表、历届中国青年科技奖获得者、历届女科学家奖获得者、中国科协所属全国学会秘书长均是《科技导报》的固定读者群体。

《中国学术期刊文摘》覆盖全国 20 多个省、自治区、直辖市，在全国高等院校图书馆均有收藏。

3 种刊物发行收入逐年增加，发行收入不断增长，综合实力不断得到提升。

第八章　积极推动中国科协科技期刊的转型与变革

2011 年，我国经济与社会发展进入新的五年发展时期，我国科技期刊“十二五”期间将在包括体制机制诸多方面发生重大的变化。中国科协及全国学会主办的科技期刊须抓住科技期刊发展的契机，实现与国家科技创新战略保持一致，与国家科技期刊总体战略保持一致，在国家科技期刊的发展上保持主导地位。围绕这一战略目标，中国科协科技期刊须把握发展方向，厘清发展思路，明确发展战略，保障发展重点，推进重点项目，破解发展难题，继续加强和提升期刊的学术质量和出版水平，进一步加强科技期刊能力建设，着力打造精品科技期刊，改善科技期刊基础设施建设，重视科技期刊编辑人才的引进和培养以及编辑出版队伍的整体素质，保持科技期刊的可持续发展，进一步增强科技期刊的学术地位和学术影响力，提升科技期刊对国家创新体系建设的贡献力，推动期刊出版与国家科技创新建设的协调发展。

第一节　科技期刊的发展环境与发展态势

当今科技期刊正在经历一个复杂的发展环境，诸多因素对科技期刊的发展产生至关重要的影响。科技期刊必须在特定的环境作用下寻求自身的出路和发展路径。从历史和现实看，科技期刊正在出现的一些发展态势值得关注，从某种程度上，代表着科技期刊的发展趋向。

一、科技期刊面临的发展环境

进入 21 世纪以来，世界科学技术正呈现超常规发展态势，科学研究范式正在走向数据驱动、数字模拟、网络协同，走向 e-science、e-research、e-scholarship、e-communication。有研究表明①，科研活动阵地从宏观和微观两个层面向更深、更广、更远的未知领域推进，并呈现出一系列的新特点：规模大、跨学科、合作性、高共享性和投资强度大等，人类开始进入“大科学”时代。科学技术对人类社会的文明进程正在产生巨大的推动作用。专家预测，当今世界科技正处在革命性的变革的前夜，在 21 世纪上半叶出现新的科技革命的可能性较大②。

我国的科学技术正在从跟踪模仿走向自主创新，从单一学科研究走向多学科、跨学科研究，从线性发展走向跨越式发展，科技创新正日益提升国家的竞争潜能。国家实施的科教兴国战略是推动科学技术发展的重要力量。《国家中长期科学和技术发展规划纲要

---

① 孙坦．数字化科研——e-Science 研究．北京：电子工业出版社，2009.

② 中国科学院．科技革命与中国的现代化．北京：科学出版社，2009.

（2006—2020 年）》指出①，我们比以往任何时候都更加需要紧紧依靠科技进步和创新，带动生产力质的飞跃，推动经济社会的全面、协调、可持续发展。

科技期刊作为学术交流、科学传承、科学评价的主要载体，不仅演绎着科学技术发展的历史、内涵和外延，而且在一定意义上代表着某一学科的学术领导权，引导和推动着科学技术的进步和科学研究创新的发展，是一个国家创新成果积累和科技竞争力的重要标志之一。科技期刊与科学研究创新互为因果，相互推动。未来科技创新必然要求科技期刊同步发展，而科技期刊的发展必须能动地适应科技创新的要求。

科技期刊的发展越来越受到环境的影响和制约。国际大环境和国家的宏观政策对科技期刊的发展走向具有重大作用，经济发展成为科技期刊发展的重要影响因素，技术进步和网络信息技术的应用已成为科技期刊出版形态变革的重要驱动力，科学研究与文化教育的变革呼唤学术信息交流模式因应而变。

科技期刊的发展将面临更加激烈的国内外竞争环境。以维基、博客为代表的基于网络的新型出版模式，为快速及时的信息交流带来了极大便利，为信息传播提供了新的渠道和新的内容，但同时也给科期刊出版模式带来新的挑战。科技期刊未来的发展面临的机遇和挑战均前所未有。科技期刊必须主动寻求更深刻的变革，更积极有效地推动科学信息的交流，在科学交流体系中扮演更加重要的角色。

可以说，未来若干年，科技期刊将经历一个复杂的转型过程。环境的变化将推动科技期刊更加适应科学研究自主创新的需要，更加适应读者对获取科技信息的需求，更加适应作者对学术成果交流的需要。科技期刊将充分利用网络的优势，充分利用新的技术潜能，推动科学研究成果的传播，加快信息交流的进程，提升支撑科学研究创新的能力。科技期刊在科学交流中的作用将愈加凸显。

二、科技期刊的发展正经历着转型与变革

信息技术的发展，计算机和互联网络迅速普及，学术研究和科学交流方式的改变，彻底改变了传统科技期刊出版模式，科技期刊开始进入数字化网络化时代。当前世界科技期刊正在经历从传统出版到数字出版、从内容提供到服务提供、从分散式经营到集约化运作、从本土化到国际化、从订购许可到开放获取、从自我发展到优胜劣汰等多方面的转型与变革。这种转型与变革在今后的若干年将会越来越显现。

为提高市场竞争力，各主要国际性出版商在近半个世纪以来通过期刊兼并、新刊创办等手段进行资源整合，实施期刊集群化经营战略，以实现最大限度占据市场份额的目的。国际最大期刊出版商 Elsevier 于 1947 年创办第一份期刊 *Biochimica et Biophysica Acta*，直到 1970 年，其拥有的期刊数量也不超过 10 种。但 1970 年以后，Elsevier 通过持续不断的兼并手段，整合了 North Holland、Excerpta Medica、Pergamon、The Lancet、Cell 等出版社或期刊社。目前 Elsevier 已拥有 2500 余种期刊，每年超过 26％的中国科技论

① 中华人民共和国国务院. 国家中长期科学和技术发展规划纲要（2006—2020 年）. http://www.gov.cn/jrzg/2006-02/09/content_183787.htm.

文发表在 Elsevier 学术期刊上，中国科研工作者每年下载的科技论文中，有 59%来自 Elsevier 的科技与医学全文数据库 Science Direct(SD)。

自 20 世纪 90 年代中期开始，Elsevier、Springer、Wiley 等主要国际性学术期刊出版机构每年都要投入数百万、数千万美元不断完善其在线出版平台，使 Science Direct、Springer Link 等期刊信息服务平台集成越来越多的信息(主要靠收购新刊)，彰显越来越好的功能，吸引越来越多的客户群(主要是集团采购)。目前 Elsevier 的期刊全文数据库 SD 可提供 900 余万篇全文文献，更重要的是，这些数字化的论文全文已经不再是一个简单的纸本文献 PDF 格式的仓库，而是综合了搜索引擎、Web 2.0、视频音频、文献格式输出(refworks、Reference Manager，ProCite，EndNote)、文献的统计分析、个性化定制等各种功能，从而正在成为研究人员获取信息的主要途径。

开放获取(OA)是科技期刊影响力提升的途径。实施 OA 出版的期刊和论文，与用户(图书馆或读者)付费购买的期刊或论文相比有更大的影响力和较高的引用率。由于 OA 出版可以最大限度地提高期刊或论文的显示度和可获取性，因此，不仅非营利性的学协会和研究机构在大力推行，商业出版机构也在积极试点，努力探索商业出版模式与开放性免费获取的协调机制。

科技期刊将适应不同用户的多元需求，更多地走向跨媒体的复合出版，更注重内容品质和品牌优势，为用户提供基于期刊内容并超越期刊载体的增值服务。当期刊所面对的信息环境发生变化，当作为作者和读者的需求和行为发生变化，科技期刊业必须因应而变，敏感而能动地适应变革，不断调整自身的定位和发展方式，创新自身的呈现形式与传播模式，保持在科学交流体系中的关键性角色。

期刊的发展正经历着前所未有的转型和变革，经历着前所未有的挑战和危机，经历着新的发展范式确立前的阵痛和迷惘，但这也正孕育着发展的机遇、新生的希望。我国的科技期刊必须顺应国际科技期刊发展的基本规律和特点，积极寻求体制机制的变革，推动科技期刊的规模化，加快数字出版进程，扩大开放获取，提升科技期刊的国际化水平，从科技期刊大国走向科技期刊强国。

三、中国科协科技期刊取得长足发展

“十一五”期间，中国科协推出精品科技期刊工程，推出一系列促进科技期刊取得稳步发展的政策和改革举措，极大地改变了我国科技期刊的发展状态，提高了科技期刊的影响力，产生积极而显著的效果。

(一)中国科协精品科技期刊工程取得显著成效

中国科协精品科技期刊工程是目前国内规模最大的科技期刊资助体系。精品科技期刊工程以服务国家创新体系建设为目标，通过大力推进办刊能力建设和期刊的学术质量建设，有效地提升了科协科技期刊的学术影响力和核心竞争力。精品科技期刊工程实施 5 年来，有力地培育了一批在学科和专业领域有较强影响力和辐射力的精品科技期刊，尤其是促进了有一定国际化基础的我国优势学科、重点学科、民族特色学科的期刊，逐步成长为具有广泛影响的国际期刊。项目的实施对全国学会科技期刊的发展起到了积极的推动作用，为我国科技期刊发展起到良好的示范引导作用，引起科技期刊界的广泛关注和较大反响。

2006—2010 年，共有 454 种（次）期刊列为精品科技期刊示范项目，其中 A 类项目 27 项（次），B 类项目 203 项（次），C 类资助项目 224 项（次），资助金额 4840 万元，该项目于 2009 年在财政部组织的绩效考评中获得“优＋”的最高评价。2009—2010 年，共有 7 种期刊列为英文版科技期刊国际推广计划资助期刊，资助金额 112 万元。据《中国科技期刊引证报告 2010》显示，总被引频次、影响因子、综合评价总分三者同时排名第一的 13 种中国学术期刊中，中国科协学术期刊达 11 种。在第二届中国出版政府奖期刊奖评选中，中国科协科技期刊获奖比例最大。中国科协精品科技期刊工程为推进中国科协科技期刊的创新与跨越发展奠定了坚实的基础。

中国科协通过精品科技期刊工程项目，重点扶植、培育一批在专业学科领域具有较强核心竞争力、在国内外有较高知名度和较强国际影响力的高端科技期刊，充分发挥示范引导作用，着力打造出精品科技期刊群体，带动了我国科技期刊整体质量和水平的提高。精品科技期刊工程扩大了科技期刊国际交流与合作，大力宣传推介我国优秀科技期刊，增强了我国科技期刊的国际影响力和市场竞争力。通过学习和借鉴世界先进办刊经验和出版理念，推进国际版权合作与代理发行，提高了我国科技期刊的国际化水平。科技期刊创新平台建设，加强了科技期刊基础理论和基础条件，推进了科技期刊体制改革，优化了科技期刊资源配置，增强了科技期刊的创新和自我发展能力。

（二）中国科协科技期刊整体推进良好

1. 学术质量稳步提升，学术影响力逐年加大

主要引证指标显示，科协精品科技期刊工程有效地提升了科技期刊的学术质量和学术影响力。例如，2006—2010 年连续获得 A 类项目资助的 5 种期刊，SCI 影响因子和被引频次（2007—2009 年）总体呈稳步上升的态势。

2. 出版能力持续提高

获得项目支持的期刊积极吸引优质稿件，不断增加信息容量，加快稿件处理流程，缩短期刊出版周期，提高印刷质量与发行量，使得期刊整体出版能力得到明显提升。

3. 国际化进程加快

5 年来，获得连续重点支持的期刊加强国际化建设，海外来稿量及发表海外论文数量增大，统计显示，2010 年受资助的 A 类期刊发表海外论文约 390 篇，海外论文所占比例多数保持在 25%以上，《分子植物》（英文版）的海外论文所占比例达 95%。更多的项目期刊加入国际检索系统和国际全文发布平台，其中《植物学报》（英文版）被 SCI-E、PubMed 等 66 种国际检索系统收录；《中国物理 B》（英文版）在英国物理学会出版集团（IOPP）网站的国际下载量由 2008 年的 17.3 万篇次增加到 2010 年的 25.8 万篇次。

4. 可持续发展能力显著增强

主要表现在：人力资源建设卓有成效，期刊的学术交流能力加强，数字化、网络化程度普遍提高。多数期刊应用“稿件远程编辑系统”，实现了网上投稿、审稿、查稿，使作者能够

及时了解稿件的处理情况,并积极配合稿件的修改,加快了稿件的处理速度;部分期刊开始尝试在线预发表,实行开放获取,读者可免费下载。各刊不断提高自身数字化、网络化水平,提高了办公效率。

(三)中国科协科技期刊的发展任重而道远

中国科协科技期刊发展成就令人瞩目,但从国际期刊和我国科研发展的现状和态势看,不同程度上也存在一些需要解决的问题,具体表现在办刊理念、集群化程度、国际学术影响力以及领军人才等方面。办刊理念仍停留在计划经济和传统的印本时代,管理体制和运行机制等目前仍然缺乏规模效应和竞争优势,科技期刊整体处于资源分散的状态,期刊的集约化、集群化、集团化水平有限,主管主办及出版单位责权不够清晰,期刊出版中的市场竞争意识不强;科技期刊数量相对较多但影响力仍然相对不足,难以为我国的科研成果提供有效的展示和交流平台,科技期刊获取高学术水平稿件依然存在较大困难,期刊计量指标相对较低,缺乏在国际主流科学交流渠道展示的途径;我国优秀稿件的大量外流与我国科技期刊的学术影响力很难得到提升互为因果,致使中国的科技期刊处于恶性循环的运作过程中,客观上使得中国科技期刊的学术影响力很难得到提升;编辑队伍的科学素养、科学交流能力和期刊管理水平等仍有待进一步提高,遴选与培养高素质的编辑人员、培养一批具有国际性期刊编辑与出版前沿意识的编辑人才已迫在眉睫。这些也是我国科技期刊领域所存在的共性问题,需要我国科技期刊各主管部门共同探索,积极应对,通过深化改革来促进科技期刊的新发展。中国科协以及中国科技期刊的发展任重而道远。

第二节　面向“十二五”的中国科协科技期刊发展举措

2011 年是我国国民经济与社会发展第十二个五年计划的开局之年,科技期刊也将迎来新的五年发展机遇期,中国科协科技期刊在“十二五”实现更大的飞跃已是大势所趋。中国科协科技期刊将积极谋划“十二五”的发展蓝图,明确发展目标与任务,明确未来发展的路线图,稳步地推进科技期刊实现转型和跨越式发展。

一、进一步凝练科技期刊发展的战略目标

新闻出版总署关于科技期刊体制机制改革方案尚未出台,但国家的总体部署和有关要求已相对明确。科技期刊改革的核心问题是科技期刊的发展必须面向世界科技发展前沿,面向学术交流传播需求。中国科协科技期刊的发展,要在中国科协“十二五”规划的指导下,深入总结“十一五”精品科技期刊专项实施的经验,认真分析我国科技期刊发展的形势,积极适应国际科技期刊业的发展趋势与变革方向,适应期刊数字化网络的挑战与转型,结合中国科协科技期刊的发展实际,依托全国学会的支持和人才队伍,加强科协科技期刊体制机制改革的规划与创新,以观念创新带动体制创新、机制创新、技术创新和服务创新,加大精品科技期刊培育力度,努力提高科技期刊办刊质量,促进科技期刊更好更快发展,努力发挥中国科协科技期刊在促进科学研究、传播科学成果中的重要作用,从而带

动我国科技期刊总体质量和水平的提高，全面推动中国科协科技期刊的快速发展，为科技自主创新和建设创新型国家作出贡献。

1. 大力加强精品科技期刊工程实施力度

加强中国科协精品科技期刊工程建设，紧紧围绕推进学术建设、促进学科发展、服务我国创新体系的宗旨，科学设置发展目标，着力培育一批代表我国科技期刊发展水平的国际知名期刊和国内领衔期刊，大力培育一批精品后备期刊，促进具有国际视野的高端科技期刊出版人才的成长。不断发挥精品科技期刊示范效应，提升科技期刊的整体水平。

2. 积极推进科技期刊国际化进程

继续加强科技期刊国际推广计划的实施，支持英文版期刊提升国际化水平；加强科技期刊国际学术交流与合作，拓宽工作渠道，引进海内外一流科技期刊人才办刊；推动全国学会建立科技期刊出版人才国际化培训有效机制、常态通道和培训基地，建立一批具有国际影响力的自主科技期刊品牌。

3. 推进科技期刊数字化平台建设

积极实施“千刊数字平台计划”战略，推动中国科协学科刊群建设和出版集群建设，提高我国优势学科科技期刊的影响力和显示度。推动科技期刊开放获取出版，促进科研成果的广泛利用。

4. 做好科技期刊发展能力建设

加强中国科协科技期刊基础理论研究和学术研讨，提升中国科技期刊发展论坛的品牌影响力；建立科技期刊与大众传媒沟通机制，增强科技期刊的社会责任；强化科技期刊出版从业人员专业培训，加强具有国际视野的高端科技期刊出版人才培养。

二、加强精品科技期刊建设

“十二五”期间，中国科协科技期刊通过精品期刊工程的建设和引领，推动期刊质量不断提高，支持一批期刊达到国际一流或者国内领先水平；着力构建科技社团科技期刊出版体系，不断提升科技期刊的国际化水平；科技期刊的学科布局更加优化，数字化、网络化程度进一步提升，体制机制变革稳步推进。

（一）加大精品科技期刊工程实施力度，创新支持模式

1. 深入实施精品科技期刊工程

加强精品科技期刊示范项目，调整、优化和拓展精品科技期刊工程的项目设置，重点培育 100 个左右具有重要国际影响、在国内相关学科（专业）领域发挥领衔作用的科技期刊，打造中国科技期刊的优势品牌，增强精品科技期刊工程项目实效。

重点支持和鼓励一批国际化程度较高、有一定国际影响力的科技期刊（英文版）或有一定国际化基础的我国优势学科、重点学科、民族特色学科科技期刊成长为在相关学科领域具有广泛影响的国际知名科技期刊；重点支持和鼓励一批在国内专业学科领域中综合评价指标居前、具有较好品牌效应或较强发展潜力、为我国科技发展战略确定的重点学科领域的科技期刊成长为学科或专业领域的领衔科技期刊。“十二五”期间总的资助期刊数

量稳定在100种左右,对不同资助类别的期刊实施明确的有针对性的考核举措,提升项目成效。

2. 建设期刊集群工程

根据国家出版产业政策导向和科技发展需求,针对科技团体的出版体制特征,发挥独特优势,建立10个左右具有学科优势和集群效应的科技期刊集群,形成规模效应,在集群内逐步建立印刷、发行、广告、宣传集群化的产业经营模式,增强竞争能力。

科技期刊集群化经营已成为国际上科技期刊发展的重要形态,国际著名出版集团以全球最优秀的论文、最好的出版平台、最新的服务理念和强势品牌赢得了全球学术市场的青睐。集群化经营的优势是多元化和专业化,在科技期刊出版的产品设计、宣传与销售等方面形成强大的竞争力,同时在人才队伍、出版资源、营销渠道和运行机制方面有着明确的市场发展战略,这些也正是国际大型出版机构的市场竞争力所在。

我国的科技期刊多为单刊式的分散经营,按照产业化发展思路形成的集群化或集团化管理的期刊出版单位只占很小比例。根据2010年对中国科协科技期刊出版单位经营模式的调查,在参与调查的433种期刊中,单刊独立经营的299种,所占比例达69.1%;一个主办单位下多种期刊规模集成经营的99种,所占比例为22.9%;学科刊群经营的14种,仅占3.2%;其他情况的21种,占4.8%(见第五章表5-6)。我国科技期刊出版单位的经营规模与国外大型期刊出版集团相比差距巨大。

中国科协科技期刊要在这一轮出版体制改革的大潮中,找准自己的位置,发挥专业优势,在国家有关部门的支持与扶持下,通过体制机制改革来增强市场竞争能力。通过改革,建立起有效的管理体制和运行机制,使科技期刊真正成为市场主体;通过联合或兼并重组,积极转变小作坊式的期刊运行方式,走规模化发展道路,建立集约化的出版模式,实现规模效益;在学科刊群的基础上,积极探索成立科技期刊专业化的出版集团,力争实现在编辑、出版、发行和期刊经营方面的整合;要研究探讨引进战略投资者,培育一批实力强大的带有战略投资主体性质的大型骨干科技期刊出版集团①。进一步发挥期刊主办单位和出版单位各自优势,创新科技期刊出版模式,加强资源整合,在试点的基础上,逐步推开,建立若干具有学科优势和集群效应的科技期刊群,在集群内逐步建立期刊印刷、发行、广告、宣传集群化的产业经营模式,推动科技期刊的学科集群、网络集群出版和运营。

3. 打造千刊数字平台

顺应科技期刊数字化发展趋势,在全国学会学科期刊网的基础上,建设具有先进水平的中国科协及全国学会主办的1000余种科技期刊数字出版平台。整合中国科协期刊的优质资源,整体推广中国科协科技期刊的品牌,实现期刊资源的开放链接和整合利用,实现期刊数字内容的深度挖掘和知识发现,推动期刊数字内容的长期保存,提高期刊出版效率,扩大期刊国内外影响。

该平台将重点致力于:①整体推广中国科协科技期刊的品牌,打造中国科协科技期刊群的整体形象;②推动中国科技期刊开放获取出版(Open Access Publishing),促进科研成果的广泛传播和利用。③全面推动中国科协科技期刊编辑出版流程的网络化,有效缩

① 冯长根同志在第六届中国科技期刊发展论坛开幕式上的致辞。

短审稿周期和出版周期。④实现期刊内容资源的开放链接(OpenURL)、深度挖掘和整合利用,推动期刊数字内容的长期保存。⑤设中、英文两个界面,提高中国科协科技期刊的国际显示度,加速期刊国际化进程。该平台由"中国科协科技期刊数字平台"门户网站、期刊内容在线发布平台、期刊稿件在线处理平台、期刊在线经营管理平台、中国科技期刊开放获取的网络平台、国家重点科研基金资助论文和研究报告的开放获取仓储、综合性和公益性科技信息发布平台等组成。

4. 实施期刊领军人才扶持计划

引进和培养100名左右具有国际视野和期刊国际化运作能力的科技期刊领军人才,与精品期刊示范工程形成协同,期刊发展与人才保障并举,加强期刊发展能力建设。

中国科协科技期刊在"十一五"精品科技期刊工程取得良好成效的基础上,"十二五"期间将重点考虑对优秀编辑人才的专项资金支持"科技期刊人才扶持计划",使人才队伍建设与科技期刊建设相得益彰,相互促进。通过期刊人才扶持计划的实施,引进和培养一批具有国际视野和期刊国际化运作能力的科技期刊领军人物,加大支持力度,与精品期刊示范工程形成协同,期刊发展与人才保障并举,加快推进科协科技期刊的国际化进程。

期刊人才扶持计划所支持的经费主要用于支持入选人才改善待遇、改善办公条件、用于进修或参加学术会议。同时,所在单位将提供配套资助,用于支持入选人才所在期刊的团队建设。要将资助机制与监督考核机制结合起来,要将经费资助与考核目标结合起来,为人才成长和发展创造良好的外部环境和有利条件。

(二)优化期刊结构布局,推进出版集群建设

《国家中长期科学和技术发展规划纲要(2006—2020年)》从学科发展、科学前沿问题、国家重大战略需求和重大科学研究计划四个层面对我国未来的前沿技术和基础研究作了部署。未来我国将确定若干重点领域,突破一批重大关键技术,全面提升科技支撑能力,同时要瞄准国家目标,实施若干重大专项,实现跨越式发展。其中战略重点之一就是要加强基础科学和前沿技术研究,特别是交叉学科的研究。科学交叉与技术融合不断催生新的学科和技术领域。基础学科之间、基础学科与应用学科、科学与技术、自然科学与人文社会科学的交叉与融合,往往导致重大科学发现和新兴学科的产生,是科学研究中最活跃的部分之一,理应给予高度关注和重点部署。作为科学研究成果交流和传播重要载体的科技期刊也必须密切结合新兴和交叉学科的发展,充分反映学科的进展及发展状况,为科学研究提供高质量的服务。

国外学术出版机构或商业出版机构,非常重视根据学科发展的趋势及热点适时创办新的期刊。他们对创办新期刊持非常慎重的态度,在创办前会进行周密的市场调查,以确保新创期刊的质量和可持续发展。这些新创办的期刊大多定位于的新兴或快速发展的学科领域,专业定位十分明确,同时,期刊创办后很快就取得广泛的学术影响,如被检索系统广泛收录,引证指标较高,等等。Elsevier下属的细胞出版社(Cell Press)自1994年以来,共创办多种细胞研究方面的期刊,如*Molecular Cell*、*Developmental Cell*、*Cancer Cell*、*Cell Metabolism*等,均取得了很大的成功。除了对学科发展具有前瞻性的判断力之外,细胞出版社在期刊出版方面的专业化、品牌影响力、先进的网络化数字化平台、集团化的

运营和营销等因素都是其成功的重要因素。

自然出版集团在应对学术出版国际化、数字化、网络化、集约化等方面也采取了极具扩张性的策略。自然出版集团(NPG)创建于1999年,在其系列期刊中,除*Nature*为1869年创办、*Nature Biotechnology*于1983年创办外,其他期刊均是在1992年以后创办的,而且很快都取得了很高的学术影响力。截至目前,NPG共出版期刊102种①,其中自办期刊40种,联合出版期刊62种,多种期刊具有很高的影响因子。

文献计量学研究显示,SCI生物学、医学领域源期刊从1984年的809种增至1997年的1537种,增幅达90%,显示出生命科学的发展非常迅猛。而对自然系列杂志数据的分析可以发现,除极个别期刊(如《自然物理学》)外,其他期刊均与生物医学研究领域密切相关,这也充分反映了NPG在创办这些期刊时是经过了细致的科学发展趋势研究和市场调研的。

我国科技期刊在推动我国的科学研究及成果的传播中发挥了重要作用,但由于长期计划经济体制的制约,我国科技期刊的学科布局存在一定的缺陷。为此,必须根据学科变化、新兴或交叉学科的涌现而不断调整和优化期刊的学科布局,支持在新学科、交叉学科、前沿与关键技术等领域创办一批新刊,更好地反映国际科技发展趋势、国家创新体系建设和我国战略性新兴产业发展要求。

与此同时,科技期刊面对国际化的竞争和网络化、数字化的冲击,迫切需要研究新形势下的生存和发展规律,完成网络环境下编辑、出版方式的转型和经营模式的重塑。集群化是科技期刊发展的必由之路②,期刊集群化经营具有资金、渠道、人才、品牌和管理上的天然优势,是期刊发展的重要条件之一,更可进一步为产业化、国际化奠定基础。期刊的集群运营要求刊物之间要有关联性、互补性和带动性。集群化具有资源共享的优势,有利于刊群内各刊的关系资源、信息渠道资源、人才资源的整合共享,有利于品牌优势的确立和核心旗舰刊对集群的带动,有利于为新刊创造良好的先天成长环境,有利于确立竞争优势,赢得合作机会,有利于充分利用公共资源,形成具规模的编辑、出版网络平台,降低成本,有利于产业化、规模化发展。

发达国家期刊的出版除部分由行业组织、协会、机构经营外,大多由企业经营,其出版经营是企业化的市场行为,集群化经营的优势和趋势较为明显,像Springer、Elsevier等实力雄厚的出版巨头都出版有上千种期刊,是综合集群的典型。国外的科技社团也以其在专业或行业领域专门化的优势出版有数种或数十种期刊,成为专业领域期刊集群的代表。

我国的科技期刊多为单刊式分散经营模式,按照产业化的发展思路形成的集群化或集团化管理的期刊出版单位所占比例还很小,这是缘于计划经济向市场经济转型的先天不足。单刊经营的出版单位,如果没有新的期刊资源加入,难以形成规模优势,因此,科技期刊从分散经营走向集群化的规模经营是市场竞争的需要,也是科技期刊产业化的发展

① http://www.nature.com/npg_/index_npg.html.

② 邢海涛.集群化是科技期刊发展必由之路[J].编辑之友,2009(6).

方向[①]。随着文化市场体制改革的推进，这种局面必须得到根本转变。

我国已经出现了期刊集群化的态势[②]。“十二五”期间，中国科协将推动科技期刊学科集群、网络集群的出版和运营，形成以学科为纽带的科技期刊数字出版产业链，提升中国科协期刊的数字出版产业规模。

(三)大力推进数字化，打造中国科协数字出版平台

数字出版是利用数字技术进行内容编辑加工，并通过网络传播数字内容产品的一种新型出版方式。这一新型出版方式具有海量存储、搜索便捷、传输快速、成本低廉、互动性强、环保低碳等特点，已经成为新闻出版业的战略性新兴产业和出版业发展的主要方向。数字出版的特征使广大期刊工作者面临自身角色的转变、工作方式的转变、经营意识的转变和版权意识的转变，即由传统的印刷出版者转向内容服务提供者，要建立专家、作者、编者和读者间的网上交流的平台，实现作者在线投稿、专家在线审稿、编辑在线处理稿件并在线完成期刊的全部生产经营过程[③]。除做好印刷版的发行工作外还要做好网上发行工作，不仅要关注单一的印刷版版权，还要关注期刊的信息网络传播权。

我国数字出版近年来取得了长足发展，并呈现出快速发展态势，传统出版模式正在向数字出版模式演变。数字出版代表着出版业的未来和方向，并已成为新闻出版界的共识，发展具有中国特色的数字出版是当前和今后出版业的重要任务。

中国科协将大力推进科技期刊由传统出版向数字出版转型，“十二五”期间将力争不断加大期刊数字化建设的投入，分期分批支持全国学会建立科技期刊数字出版、信息发布并集成各类资源的一站式数字出版平台，先期重点支持主办或参与主办多种科技期刊学会的数字平台建设，并以全国学会建立的科技期刊数字平台为基础，将中国科协1000余种期刊集成为“中国科协科技期刊数字平台”，以塑造中国科协科技期刊群的整体形象，提高中国科协科技期刊的国内外显示度，实现中国科协科技期刊“走出去”的发展战略。到“十二五”末期，中国科协科技期刊将力争全面实现数字化。

在数字平台建设中，中国科协将充分利用内容资源，建立期刊在线发布系统及全文数据库，并对信息进行深度挖掘和综合集成利用；引入科技期刊稿件在线处理系统，实现编辑工作流程的数字化；以开放获取和在线预出版为特色，实现科研成果的广泛、快速传播和利用；积极探索、巩固和发展数字出版的赢利模式。以集群化为目标，数字化为手段，打造多个以学科为纽带的科技期刊数字出版产业链，实现中国科协科技期刊的数字出版产业升级。

到“十二五”末，中国科协将显著改变科技期刊数字出版总体水平与国际主流期刊相比的差距较大的局面，最大范围地实现期刊出版流程的数字化改造，普及期刊在线采编系统，实现开放获取的期刊的比例大幅度提升，建立起较成熟的期刊数字化赢利模式，实现以内容经营、广告经营、服务经营相结合的期刊数字出版经营的多元化，使期刊经营收入

---

① 赵大良．科技期刊出版体制改的重点、难点和切入点．科技与出版，2001(12).

② 石朝云，游苏宁，袁桂清，等．传承百年经典，铸就精品中华期刊群．编辑学报，2009，2(1).

③ 刘茂林，饶邦华．数字出版——学术期刊发展的必然趋势．科技与出版，2008，(3)：52－54.

中数字出版和信息服务收入所占的份额占有明显优势;培养一批懂出版、懂新技术、懂管理的复合型人才,为数字出版的可持续发展提供人才保障。

(四)推进科技期刊国际化进程,加强国际合作与人才培养

科技期刊国际化发展的重点是,大力推进精品期刊,特别是英文刊办刊理念、服务理念、出版流程、传播方式、经营模式向国际一流刊物发展,树立国际化的办刊理念,以学者办刊为核心,培养国际化的编审队伍,争取更多国际优秀稿源,以成熟的商业模式传播和经营期刊,吸引全球范围的读者,提高其国际影响力。"十二五"期间,中国科协计划建立一批具有国际影响力的自主科技期刊品牌。

中国科协科技期刊的国际化可以分为两个层面,一个层面是以国际化的语言、国际化的视野、国际化的理念、国际化的运作手段运营的科技期刊,这类期刊大多数为以英文出版的科技期刊;另一个层面是立足于国内、主要面向国内市场,但在出版模式和运营模式上参照国际先进的出版理念和办刊方法,采取先进出版模式服务国内读者的科技期刊。

中国科学技术信息研究所"中国英文版科技期刊数据库"的统计数据表明①,2009 年我国英文版科技期刊有 212 种,分属于 34 个学科领域,占中国科技期刊总量的 4%左右(截至 2009 年 6 月)。2010 年中国科协主办英文版科技期刊 70 种,约占全国总英文版科技期刊总数的三分之一。占中国科协主办科技期刊总量(1003 种)的 7.0%。

2010 年发布的 JCR 引证报告共收录中国科技期刊 114 种,其中 56 种为中国科协期刊,占总数的 49.1%。在这 56 种期刊中,英文期刊有 42 种,其被引频次和影响因子的平均值则分别为 807 和 0.92,远远低于世界平均水平,80%的期刊影响因子小于 1,与国际一流刊物相比国际影响力仍在低水平徘徊。能够进入学科排名前 30%的期刊寥寥无几,中国科协科技期刊中仅有细胞研究(cell research)学科排名第 21,为该学科领域相对排名的 13%,具有较大的国际影响力。

科技期刊在海外来稿方面有一定程度的提升,但与国际同类知名刊物相比,仍有较大差距。在编审队伍建设过程中,近年的编辑素质整体水平有所提高,高学历人才在编辑部的比重不断加大,但在办刊的核心队伍——主编和编委会方面,与国际一流刊物相比,海外编委的比例明显较低,编委参与办刊的程度仍待加强。在期刊出版的经营和传播方面,与国际合作的刊物进步明显,但未合作的期刊发展有限,仍以小规模的单刊模式宣传和经营。尽管已有部分集群化的期刊出现,但与国际出版机构相比,其经营规模还远远不能企及。

通过科技期刊国际推广计划,积极推动中国科协英文版期刊借鉴国际科技期刊出版机构先进的出版理念和经营管理经验。一方面,重点支持一批英文版科技期刊做大做强,积极参与国际竞争,加强国际交流与合作,吸引国际国内优秀论文,通过在稿源、编审、出版、发行等方面进一步提高国际化水平,扩大中国科协英文科技期刊在国际上的影响力和权威度,打造中国的世界名刊;另一方面,促进与国际期刊出版机构开展专题学术交流与

① 潘云涛:中国英文版科技期刊的评价.[2009-12-18].[2010-12-20] http://www.istic.ac.cn.

研讨，与国际科技期刊出版集团在代理发行、版权合作、数字出版等方面进行合作，推介国内优秀科技期刊加入国际著名检索系统，组织参加重要国际性出版会议及期刊展览。

不断加强科技期刊的国际合作。实践证明，与国外著名出版机构开展国际合作是期刊提升国际化水平的有效途径。调查显示①，截至2010年6月，中国科协期刊与多家国际出版机构开展合作的数量为53种。中国期刊选择国外出版机构主要看重的是其品牌、专业影响、国际显示度、国际化市场运作和管理经验、技术支持和服务等，而其中最重要的是其国际化市场运作能力和网络平台传播能力。中国期刊当前的弱势就是缺少一个具备在全世界展示其影响力的网络传播平台，而通过国际合作借助现有知名网络平台提升中国期刊的影响力，无疑起到了弥补作用。调查表明②，开展合作的期刊大都从国际合作中有所收获，提升了中国期刊人的国际办刊理念，扩大了期刊的国际影响力。

中国科协所属期刊与国际出版机构的合作，所涉及的出版机构不仅包括大型商业出版集团，也包括大学出版社、学会/协会出版社，合作机构最多的为Springer，合作期刊数量为17种，其次为Elsevier，期刊数量15种，威利—布莱克威尔5种，英国物理学会出版社8种，还有与自然出版集团(NPG)合作的3种刊物。通过与国外出版商的合作，使期刊在宣传和网络传播方面与国际完全接轨，加快了这些刊物进入国际学术交流体系的进程。借鉴国际学会出版机构的成功商业模式经验，也有部分科技期刊按学科组建了小规模的刊群，如中国光学期刊集群化，统一数字化传播和集群经营，探索国内科技期刊出版的商业模式。

建立高层次人才的培养与引进机制。随着国际竞争的日益激烈，中国科协科技期刊迫切需要一批创新型、复合型人才和科技领军人才为提高期刊水平提供强有力的人才支撑。高层次人才是人才队伍的核心，对于提升期刊队伍整体素质、增强期刊核心竞争力、实现期刊发展目标具有极为重要的作用。借助于"期刊人才扶持计划"，引进海内外一流科技期刊办刊人才。同时，设立国际化交流与培训通道，加快具有国际视野的科技期刊办刊人才的成长，努力造就一批掌握学科前沿、勇于创新的期刊带头人，打造一批具有国际视野、创新能力、引领作用的科技期刊高层次编辑人才和业务骨干。

(五)建立科技期刊创新平台，推动可持续发展能力建设

建立科技期刊创新平台，整体推进中国科协科技期刊的全面协调发展。更加合理地配置资源，不断增强科技期刊的基础条件和创新发展能力建设。积极推进科技期刊的数字化建设项目，建立科技期刊网络发布平台与全文数据库，实现期刊内容的在线发布和开放获取。推进科技期刊出版体制改革试点项目，按照国家出版发行体制改革方向开展科技期刊的改革试点工作，深化出版管理体制和内部运行机制改革，加强整合，集成资源，增强办刊活力和市场竞争力。

继续编制中国科协科技期刊年度发展报告，及时反映中国科协科技期刊发展状况，增

---

① 《中国科协科技期刊发展报告(2011)》课题组统计数据。

② 中国科学技术协会．中国科协科技期刊发展报告(2009)．北京：中国科学技术出版社．2009：109.

加研究的深度和政策咨询力度。要加强调查数据的广泛性和权威性，加强对典型期刊的调研与分析，总结中国科协科技期刊发展中需要解决的问题，揭示中国科协科技期刊发展中的规律，分析影响中国科协科技期刊发展的各种因素，为中国科协科技期刊的持续发展提供有影响力的政策咨询建议和可行措施。

加强中国科协科技期刊基础理论研究和学术研讨，适度扩大中国科技期刊发展论坛的规模，强化论坛品牌，提高论坛的影响力。要积聚中国科技期刊编辑出版界的力量，在主办单位的主导下，发挥承办单位、协办单位的积极性，加强论坛的宣传推广活动，吸引更多的从业人员参与论坛活动，邀请政府部门、期刊界、企业界、专家学者、国外同行、新闻媒体等，参与和支持论坛，共同探讨中国科技期刊的发展之路，使中国科技期刊发展论坛成为我国科技期刊领域学术交流的第一品牌。

继续开展科技期刊与新闻媒体见面会活动，加强传播的广度和效度。扩大参加见面会期刊的规模，吸引新闻媒体的积极参与。通过与各专业学会一起筹划，联络科研人员和作者，及时向新闻界宣传介绍最新和重要的研究成果，提高科技新闻的内容质量，扩大媒体的宣传力度，拉近科技界与社会的距离，让科学更多地走进百姓生活，增强科技期刊的社会责任意识。

第三节　在改革中实现中国科协科技期刊的全面发展

中国科协为保证“十二五”期间科技期刊改革与发展任务的完成，将采取一系列相关的配套措施，并将取得各方面的努力与支持。在这些措施中，最重要的是将加强对改革重大问题的研究，积极推进出版体制机制改革，加强规范管理，完善评价机制，加强办刊队伍建设，提升编辑出版能力。

一、加强对改革重大问题的探讨，研究解决出版体制改革中的新问题

遵循国家关于科技期刊体制机制改革的部署，加强对科技社团期刊出版优势及特点的研究，重点研究中国科协期刊出版体制改革所面临的新的主要问题，推动中国科协所属全国学会在期刊出版体制机制方面的创新与实践，进一步凝练中国科协科技期刊出版体制改革的目标、任务和工作重点。

中国科协期刊在出版体制改革的进程中，面临诸多需要研究与解决的问题。由于期刊出版资源配置有限，出版单位设置比较分散，单本期刊普遍采取独立运作，并且其收入规模普遍较小；事业法人出版单位，企业法人出版单位和非法人出版单位并存，多数出版单位不具备市场主体地位；面对公益性与营利性关系的处理，科技期刊抉择难度大，经营运作方式混乱。对此，中国科协科技期刊主办单位及出版单位要落实国家有关出版体制改革的精神，结合实际情况，对科技期刊体制改革进行深入研究，进一步凝练中国科协科技期刊出版体制改革的目标和任务，具有创造性地，并且以全新的角度研究和解决中国科协科技期刊在改革和发展过程中的突出问题。

中国科协科技期刊体制改革的根本目的，是通过深化改革，清除制约发展的体制机制障碍，优化出版资源配置，创新办刊模式和运行机制，促进科技期刊进一步加快发展，从而提高中国科协科技期刊的学术质量和办刊水平，增强活力和竞争力，更好地服务于国家创新体系建设。从中国科协科技期刊的管理体制和出版实际看，体制改革中要重点推进全国学会主办科技期刊的集群化发展，重塑科技期刊的市场主体，解决科技期刊出版单位的法人准入问题，同时妥善处理主办单位、承办单位和现有单位的关系，理顺管理体制，完善中国科协科技期刊的出版管理制度。

要加强科技期刊发展过程中的难点和重点问题的研究，从理论和实践上探索和解决科技期刊公益性与商品性问题、中国科协科技期刊的非营利性界定问题、科技期刊出版机构的主体准入问题、科技期刊的产权界定问题、科技期刊转制条件问题、集团化发展的困境问题、科技期刊体制改革与经营模式问题等。通过研究和试点，进一步明确中国科协科技期刊发展的方向和路径。

二、加强规范管理，完善评价机制

科技期刊出版机构的生产经营活动和参与市场竞争，必须而且只能在法律的范围内进行。科技期刊出版法制的建立健全可以使政府真正地在市场经济中扮演“服务”的角色，使国家有效地引导出版活动，规范出版的生产、流通各环节，规范出版市场。在科技期刊出版业发达的国家，多实行宽松的市场准入，而这种低门槛是以完善的法律环境为支撑，除了公民的守法意识成为行为准则外，以及期刊出版行业协会在法律框架内进行行业自律外，关键就是这些完善的法律和法规可以对违法行为进行有效制止和依法惩处。目前，有关支撑我国科技期刊发展的法律和法规还不够完善，需要进一步完善科技期刊出版单位法人制度、准入和退出制度、主管主办制度、新媒体出版服务制度等相关法律制度。

国家新闻出版总署制定的《报纸期刊退出机制实施办法》和《报纸期刊综合指标评估实施方法》即将出台。这个政策的实施将有助于科技期刊的科学布局和动态调整，根据学科发展的专业化特征和新兴学科的出现，及时创办重要或热点领域的新刊，加强急需的前沿学科与交叉学科领域科技期刊建设，按照科学的评价体系，对不符合科技期刊基本标准的期刊令其退出，使科技期刊更好地服务于科技界，满足科学交流的需要，打造具有国际影响力的中国科技期刊品牌。

借助于我国科技期刊的专业学会与相关研究机构，需要着手建立完善科技期刊的行业规范、标准和评价体系。在科技期刊出版发达的国家，在法律框架内期刊行业协会的自律、服务和维权是其保证期刊规范运行、公共服务、维护权益的基本经验。目前，我国科技期刊界虽然已经成立一些学会、协会，但在起到行业协会组织方面发挥的作用有限。通过科技期刊行业协会，能充分发挥其在规范行为、提供服务、反映诉求中的作用，建立完善科技期刊的行业规范、标准和评价体系。

多年来，科学家、科技期刊工作者和相关管理部门都始终呼吁建立和完善权威的中国科技期刊评价体系，正确引导我国科技期刊事业的发展。要通过多方面的努力，制定一套实用、可行的科技期刊评价体系，在科技期刊从创刊、管理、评价等系统流程中，对科技期刊实行动态和科学的管理。从科技期刊编辑者的角度出发,明确发展目标,明确优秀期刊标准,并希望依据权威的科技期刊评价体系来认清不足,准确定位。从广大科研工作者的角度出发,希望通过科技期刊评价体系的公正和公开机制,合理选择适合本专业的科技期刊,发表自己的科研成果,从而促进我国科技工作的发展。完善相关政策,建立起与国际接轨并具有我国特色的科技期刊评价体系和科研评价体系。针对学术不端行为,制定国家层面的法律、法规和政策,加强对科技工作者的科学道德诚信教育,培养自律诚信的科学道德素质,制定学术期刊学术不端行为防范处理措施,加大对学术腐败的惩治力度,推动科研诚信与科技期刊质量信用的互动体系建设。

三、加强办刊队伍建设,提升编辑出版能力

中国科协科技期刊的从业人员队伍近几年来不断增加高学历人员,但高素质人才比例仍然偏低,人员队伍中具有高级职称人员偏少,经营人员严重不足。2010 年的调查显示,中国科协只有 31.0%的期刊所在出版单位有专职的经营人员,只有 23.5%的期刊所在出版单位设立了专门的经营部门(见第五章表 5－9),其中有些甚至没有经营业务。而且,各类人员缺乏应有的继续教育与系统的职业培训。

为此,中国科协将建立科技期刊编辑出版人员培养专项计划,加强领军人物的培养(期刊人才扶持计划),着力培养科技期刊编辑、管理、经营人员队伍。办好科技期刊主编持证上岗培训班,积极开展科技期刊国际化出版专业培训,建立良好的国际交流合作机制,在交流合作中互相学习、共享知识、互利合作、共同发展①。通过学习国外优秀经验,学习国外先进的办刊模式,提升办刊人员素质,提升我国期刊的管理水平。

继续办好职业资格认证和岗位培训,将岗位培训与资格认证结合起来,建立常态化、规范化的培训教育体系,实行岗位培训证书制度,实行定期的轮训制度。不断改进科技期刊编辑人员的学科结构、年龄结构、层级结构、能力结构,健全人才管理机制,加强办刊优秀人才的培养,造就一批具有创新能力和发展潜力的中青年业务骨干,打造一支结构合理、素质优良、有一定总量和规模的办刊人才队伍。

采取有效方式,构建促进人才成长的良好政策环境,建立人才激励与考核评价体系,建立符合学术期刊发展规律、有利于期刊发展和稳定编辑人员的晋升制度,营造编辑人员专心致编、经营人员开拓进取的期刊文化和政策环境,建立健全编辑人员动态调整机制,推动期刊编辑队伍的持续优化。建立优秀人才吸纳机制,建立复合型人才的培养与引进机制,建立海外人才引进机制,为中国科协科技期刊发展提供强有力的人才保障。

四、加强中国科协科普期刊建设,重振科普期刊业

广泛开展科学技术普及工作,宣传科学思想,倡导健康文明的生活方式,不仅是我国经济建设和物质文明的迫切需求,同时也是加强和改进思想政治工作,建设社会主义精神

① 路甬祥于 2009 年 8 月 31 日在《中国科学》与《自然科学进展》理事会第二次会议上的发言。

文明的重要内容。科普报刊、图书等出版物作为普及科学技术知识、传播科学思想的重要载体,承担着重要使命。加强科普出版物内容建设,必须从源头改变对科普创作重视不足的问题,倡导科学家、科研工作者和科普作家多进行科普创作,提高科普作品地位,将科普创作与科研成果同等对待,再配合其他激励机制,全方位加强科普原创能力建设,从而在科技界以及在社会上形成支持科普创作的良好氛围,进一步促进科普创作能力的提高,提升科普期刊等科普出版物的内容质量。

打造中国科协科普期刊精品,一方面需要全国学会及期刊主办单位充分认识到科普期刊在科普工作中所发挥的重要作用,同时在政治导向、出版方向及期刊发展规划等方面加强对科普期刊的引导和管理。全国学会要真正重视科普期刊的发展,在学会的科普活动中发挥好科普期刊的宣传作用,为科普期刊发展提供平台,扩大科普期刊影响。同时,相关管理部门也有必要通过项目资助等方式,扶持科普期刊,并将科普期刊吸纳进科技期刊资助项目中。科普期刊自身也应该加强品牌建设,扩大影响力。

我国数字出版产业在近年来发展迅猛,并已进入快速发展期。越来越多的科普期刊开始重视传统出版与新媒体出版模式的融合与发展。科普内容的传播面越广对提高我国公民科学素质越有利,因此,有必要向人民群众推广可以免费使用的科普期刊数字服务平台,由国家集中采购相关科普期刊的数字内容资源,并将这些内容作为科普资源免费向公众开放。同时,进一步加大投入,加强在购买科普期刊内容资源的经费支持,对扩大科普期刊影响力,解决科普期刊在网站建设和数字出版等方面存在的问题能够发挥积极的作用。科普期刊也可以借数字出版的发展成熟,转变赢利模式,顺应媒介融合的发展趋势。

科普期刊出版单位要进一步转变观念,搞活用人机制,吸引高素质人员加入到科普期刊出版业,提升科普期刊出版发行能力。另一方面,科普期刊要找准市场定位,瞄准目标群体,重视读者需求,优化内容,培育市场,争创名牌。只有大胆改革,努力创新,才能营造出科普期刊的竞争优势,开辟出科普期刊工作的新局面。

五、积极推动中国科协科技期刊体制机制变革

我国科技期刊在办刊体制上,基本上是由学会、科研机构、高校、协会等类型的单位主办,其业务主管部门、主办单位等呈现多元化的特点。科技期刊主办单位为社会团体的比例较高,办刊水平比较高、学术影响较大的也多为学会主办期刊①。所以中国科协科技期刊体制机制改革要紧紧围绕其社团属性展开,发挥好科技社团作为非营利组织的价值体系与运营理念、在期刊编辑出版中体现出非营利性特点。

根据国家关于科技期刊体制机制改革的总体部署和具体要求,推进中国科协科技期刊体制机制改革,转变发展方式,增强发展活力。要探索将经营与编辑分开,编辑部只专注于期刊的质量与水平的提升,而将经营权交由专业化的出版公司运作。随着数字出版的推进,科技期刊将从印刷主导型走向数字主导型,而数字出版不可能是基于期刊编辑部,而必须是数量可观的期刊走向集约化经营。

① 中国科学技术协会. 中国科协科技期刊发展报告 2010. 北京:中国科学技术出版社,2010.

紧紧抓住国家正在进行的出版体制机制改革的契机，做好政策引导与支持，积极强化科技期刊的市场主体建设，以战略集成的角度，探索和推进中国科协科技期刊集约化经营的路径，通过精品期刊工程引导与推动集约化发展。

明确中国科协及全国学会与科技期刊出版单位的关系，加强学科、地域等方面的联合，实现同一学会或相关学会主办的科技期刊的集约化经营和规模化发展，以学科集群形式强化中国科协科技期刊的品牌影响力和学术市场竞争力。

支持学会深化期刊出版管理体制和内部运行机制改革，加强整合，集成资源，增强科技期刊活力和市场竞争力，根据国家对出版体制改革的总体要求，以集群化为目标，以数字化为手段，坚持区别对待、分类指导，试点先行、逐步推开，有计划、分步骤地组织实施。

六、探索建立中国科协科技期刊出版产业发展机制

中国科协将在科技期刊体制机制不断完善的基础上，按照《新闻出版总署关于进一步推动新闻出版产业发展的指导意见》的要求①，进一步探索中国科协科技期刊集团化发展途径，适时组建中国科协科技期刊集团，推动中国科协科技期刊的产业化、规模化，打造具有中国特色的国际上有影响力的科技期刊出版产业。

期刊产业化是指在期刊通过自身在用户和市场中的影响力，借助于广告、发行以及相关的经营活动，实现期刊的增值和赢利的一种办刊模式与管理方式。期刊的集团化是多个期刊杂志社联合起来，形成合作联盟，联合经营，规模化经营，实现在市场中的竞争优势。期刊的产业化和集团化是中国期刊业态的深刻变革，是期刊改革发展的方向。期刊必须成为市场主体，实行企业化运作，优化资源配置，降低成本，提高效率，增强期刊的市场竞争力。为此，也必须提供改革必需的配套条件，如政策支持，产权明晰，规模化经营，企业化管理。要鼓励期刊兼并或联合办刊，允许融资与联盟。

依据中国科学出版集团的经验，“集团化发展就是要打造一个优秀学术期刊的孵化器”，通过良好的专业化出版运作和管理能力，建立高质量、高标准的期刊出版和服务平台，从基础服务、增值服务、信息服务等多个方面入手，不断培育、推出一批在业界乃至国际上都具有影响力的优秀学术期刊②。中国科协科技期刊具有得天独厚的学科优势，具有依托学会的环境优势，具有数量上的规模优势，但小、散、弱的问题十分突出。从数字化和未来发展看，如果没有集约化、集团化、产业化，中国科协的科技期刊将不会具有更大的影响力，不会具有国内外市场的竞争力。但集约化、集团化、产业化的道路并非轻而易举，要克服各种困难，清除各种障碍，改革的道路依然漫长。但是，改革的方向不容置疑，前景无限广阔。

---

① 新闻出版总署关于进一步推动新闻出版产业发展的指导意见．[2010－12－24] http://www.china.com.cn/policy/txt/2010－01/06/content_19190871.htm.

② 打造科技期刊集团军 集约化进军．[2010－12－24] http://news.xinhuanet.com/newmedia/2010－04/29/c_1263837.htm.

附录 A

中国科协科技期刊名录(2010)

序号	中文刊名	英文刊名	国内统一连续出版物号	主管单位	主办单位
1	癌变·畸变·突变	Carcinogenesis, Teratogenesis and Mutagenesis	CN44－1063/R	中国科协	中国环境诱变剂学会、汕头大学医学院
2	癌症康复[5]	Cancer Rehabilitation	CN11－3882/R	中国科协	中国抗癌协会、北京市肿瘤防治研究办公室、北京大学临床肿瘤学院
3	安全与环境学报	Journal of Safety and Environment	CN11－4537/X	中国兵器工业集团公司	北京理工大学、中国环境科学学会、中国职业安全健康协会
4	白血病·淋巴瘤	Journal of Leukemia & Lymphoma	CN11－5356/R	卫生部	中华医学会、山西省肿瘤研究所、山西省肿瘤医院
5	办公自动化[5]	Office Automation	CN11－3749/TP	中国科协	中国仪器仪表学会
6	半导体学报[4]	Journal of Semiconductors	CN11－5781/TN	中国科学院	中国科学院半导体研究所、中国电子学会
7	包装与食品机械[6]	Packaging and Food Machinery	CN34－1120/TS	合肥通用机械研究院	中国机械工程学会包装与食品工程分会
8	爆破器材	Explosive Materials	CN32－1163/TJ	中国科协	中国兵工学会
9	爆炸与冲击[1,4]	Explosion and Shock Waves	CN51－1148/O3	四川省科协	中国力学学会、四川省力学学会、中国科学院流体物理研究所
10	北京医学	Beijing Medical Journal	CN11－2273/R	北京市卫生局	中华医学会北京分会
11	编辑学报	Acta Editologica	CN11－2493/G2	中国科协	中国科学技术期刊编辑学会
12	表面技术	Surface Technology	CN50－1083/TG	中国兵器装备集团公司	中国兵器工业第五九研究所、中国兵工学会防腐包装分会、中国兵器工业防腐包装情报网
13	冰川冻土	Journal of Glaciology and Geocryology	CN62－1072/P	中国科学院	中国地理学会、中国科学院寒区旱区环境与工程研究所

续表

序号	中文刊名	英文刊名	国内统一连续出版物号	主管单位	主办单位
14	兵工学报[4]	Acta Armamentarii	CN11－2176/TJ	中国科协	中国兵工学会
15	兵工学报(英文版)	Journal of China Ordnance	CN11－5282/TJ	中国科协	中国兵工学会
16	兵器材料科学与工程	Ordnance Material Science and Engineering	CN33－1331/TJ	中国科协	中国兵工学会、中国兵器工业集团第五二研究所
17	兵器知识[5]	Ordnance Knowledge	CN11－1470/TJ	中国科协	中国兵工学会
18	病毒学报	Chinese Journal of Virology	CN11－1865/R	中国科协	中国微生物学会
19	波谱学杂志	Chinese Journal of Magnetic Resonance	CN42－1180/O4	中国科学院	中国物理学会波谱学专业委员会、中国科学院武汉物理与数学研究所
20	博物[5,6]	—	CN11－5176/P	中国科学院	中国科学院地理科学与资源研究所、中国地理学会
21	材料保护	Journal of Materials Protection	CN42－1215/TB	中国机械工业联合会	中国腐蚀与防护学会、中国表面工程协会、武汉材料保护研究所
22	材料开发与应用	Development and Application of Materials	CN41－1149/TB	中国船舶重工集团公司	中国船舶重工集团公司第七二五研究所、中国造船工程学会船舶材料学术委员会
23	材料科学技术(英文版)[2]	Journal of Materials Science & Technology	CN21－1315/TG	中国科协	中国金属学会、中国材料研究学会、中国科学院金属研究所
24	材料科学与工艺[4,6]	Materials Science and Technology	CN23－1345/TB	国防科学技术工业委员会	哈尔滨工业大学、中国材料研究学会
25	材料热处理学报[4]	Transactions of Materials and Heat Treatment	CN11－4545/TG	中国科协	中国机械工程学会
26	材料研究学报[4]	Chinese Journal of Materials Research	CN21－1328/TG	中国科学院	国家自然科学基金委员会、中国材料研究学会
27	蚕业科学	Acta Sericologica Sinica	CN32－1115/S	中国科协	中国蚕学会、中国农业科学院蚕业研究所
28	草地学报	Acta Agrestia Sinica	CN11－3362/S	中国科协	中国草学会

续表

序号	中文刊名	英文刊名	国内统一连续出版物号	主管单位	主办单位
29	草业科学	Pratacultural Science	CN62－1069/S	兰州大学草地农业科技学院	中国草学会、兰州大学草地农业科技学院
30	草业学报[1]	Acta Prataculturae Sinica	CN62－1105/S	兰州大学草地农业科技学院	中国草学会、兰州大学草地农业科技学院
31	草原与草坪	Grassland and Turf	CN62－1156/S	甘肃省教育厅	甘肃农业大学、中国草学会
32	测绘工程	Engineering of Surveying and Mapping	CN23－1394/TF	黑龙江省教育厅	黑龙江工程学院、中国测绘学会
33	测绘学报[4]	Acta Geodaetica et Cartographica Sinica	CN11－2089/P	中国科协	中国测绘学会
34	测试技术学报	Journal of Test and Measurement Technology	CN14－1301/TP	山西省教育厅	华北工学院、中国兵工学会
35	茶叶科学	Journal of Tea Science	CN33－1115/S	中国科协	中国茶叶学会
36	车辆与动力技术	Vehicle & Power Technology	CN11－4493/TH	中国科协	中国兵工学会、坦克装甲车学会、发动机学会
37	沉积学报[6]	Acta Sedimentologica Sinica	CN62－1038/P	中国科学院	中国科学院地质研究所、中国矿物岩石地球化学学会委员会、中国地质学会沉积地质专业委员会
38	成组技术与生产现代化	Group Technology & Production Modernization	CN41－1226/TB	机械工业第六设计研究院	机械工业第六设计研究院、中国机械工程学会成组技术分会、中原工学院
39	城建档案	The Urban Construction Archives Magazine	CN11－3484/TU	住房与城乡建设部	中国城市科学研究会城建档案信息专业委员会
40	城市发展研究	Urban Studies	CN11－3504/TU	中国科协	中国城市科学研究会
41	城市公共交通	Urban Public Transport	CN11－4416/U	中国科协	中国土木工程学会、北京公共交通控股(集团)有限公司
42	船舶工程	Ship Engineering	CN31－1281/U	中国船舶重工集团公司	中国造船工程学会
43	船舶力学[4]	Journal of Ship Mechanics	CN32－1468/U	中国船舶重工集团公司	中国船舶科学研究中心、中国造船工程学会船舶力学学术委员会

续表

序号	中文刊名	英文刊名	国内统一连续出版物号	主管单位	主办单位
44	船电技术	Marine Electric & Electronic Engineering	CN42－1267/U	中国船舶重工集团公司	武汉船用电力推进装置研究所、中国造船工程学会轮机学术委员会
45	催化学报[3,4]	Chinese Journal of Catalysis	CN21－1195/O6	中国科学院	中国化学会、大连化学物理研究所
46	大坝与安全	Dam and Safety	CN33－1260/TK	中国科协	国家电力监管委员会大坝安全监察中心、中国水力发电工程学会
47	大学化学	University Chemistry	CN11－1815/O6	教育部	高等学校化学教育研究中心、中国化学会
48	大学物理	College Physics	CN11－1910/O4	中国科协	中国物理学会
49	大众软件	Popsoft	CN11－3751/TN	中国科协	中国科学技术情报学会
50	大自然[5]	China Nature	CN11－1385/N	中国科协	中国自然科学博物馆协会、北京自然博物馆、中国野生动物保护协会
51	淡水渔业[5]	Freshwater Fisheries	CN42－1138/S	中国科协	中国水产学会、中国水产科学研究院长江水产研究所、中国水产科学研究院淡水渔业研究中心
52	弹道学报[4]	Journal of Ballistics	CN32－1343/TJ	中国科协	中国兵工学会
53	弹箭与制导学报	Journal of Projectiles; Rockets; Missiles & Guidance	CN61－1234/TJ	中国科协	中国兵工学会
54	当代矿工	Modern Miner	CN11－2762/C	中国科协	中国煤炭学会
55	档案学研究[5]	Archives Science Study	CN11－1226/G2	中国科协	中国档案学会
56	等离子体科学和技术(英文版)[3]	Plasma Science and Technology	CN34－1187/TL	中国科学院	中国科学院等离子体物理研究所、中国力学学会
57	低温物理学报	Chinese Journal of Low Temperature Physics	CN34－1053/O4	中国科学院	中国科技大学、中国物理学会低温物理专业委员会
58	地理学报[1]	Acta Geographica Sinica	CN11－1856/P	中国科学院	中国地理学会、中国科学院地理科学与资源研究所

续表

序号	中文刊名	英文刊名	国内统一连续出版物号	主管单位	主办单位
59	地理学报(英文版)[3]	Journal of Geographical Sciences	CN11－4546/P	中国科协	中国地理学会、中国科学院地理科学与资源研究所
60	地球	The Earth	CN11－1467/P	国土资源部	中国地质学会科普委员会、中国地质博物馆
61	地球化学[5]	Geochimica	CN44－1398/P	中国科学院	中国科学院广州地球化学研究所、中国矿物岩石地球化学学会
62	地球物理学报[1,2,3]	Chinese Journal of Geophysics	CN11－2074/P	中国科学院	中国科学院地质与地球物理研究所、中国地球物理学会
63	地球物理学进展	Progress in Geophysics	CN11－2982/P	中国科学院	中国科学院地质与地球物理研究所、中国地球物理学会
64	地下空间与工程学报	Chinese Journal of Underground Space and Engineering	CN50－1169/TU	教育部	重庆大学、中国岩石力学与工程学会
65	地震	Earthquake	CN11－1893/P	中国地震局	中国地震局分析预报中心、中国地震学会地震预报专业委员会
66	地震地磁观测与研究	Seismological and Geomagnetic Observation and Research	CN11－2327/P	中国地震局	中国地震台网中心、中国地震局地球物理研究所、中国地震学会地震观测技术专业委员会
67	地震工程与工程振动	Earthquake Engineering and Engineering Vibration	CN23－1157/P	中国地震局	中国地震局工程力学研究所、中国力学学会
68	地震学报	Acta Seismologica Sinica	CN11－2021/P	中国科协	中国地震学会
69	地震学报(英文版)	Earthquake Science	CN11－5695/P	中国科协	中国地震学会
70	地质论评	Geological Review	CN11－1952/P	中国科协	中国地质学会
71	地质学报	Acta Geologica Sinica	CN11－1951/P	中国科协	中国地质学会
72	地质学报(英文版)[2,3]	Acta Geologica Sinica (English Edition)	CN11－2001/P	中国科协	中国地质学会

续表

序号	中文刊名	英文刊名	国内统一连续出版物号	主管单位	主办单位
73	地质学刊[6]	Jiangsu Geology	CN32－1796/P	江苏省国土资源厅	江苏省地质调查研究院、江苏省地质学会、中国地质学会
74	地质与勘探	Geology And Prospecting	CN11－2043/P	中国钢铁工业协会	中国冶金地质勘查工程总局、有色金属矿产地质调查中心、中国地质学会
75	电波科学学报[4,6]	Chinese Journal of Radio Science	CN41－1185/TN	中国科协	中国电子学会
76	电测与仪表	Electrical Measurement & Instrumentation	CN23－1202/TH	国家机械工业局	哈尔滨电工仪表研究所、中国仪器仪表学会电磁测量信息处理仪器分会
77	电工技术学报[4]	Transactions of China Electrotechnical Society	CN11－2188/TM	中国科协	中国电工技术学会
78	电化学	Electrochemistry	CN35－1172/O6	中国科协	中国化学会
79	电加工与模具[6]	Electromachining & Mould	CN32－1589/TH	苏州电加工机床研究所	苏州电加工机床研究所、中国机械工程学会特种加工分会
80	电力安全技术	Electric Safety Technology	CN32－1543/TM	国家电网公司	中国电机工程学会安全技术专业委员会、苏州热工研究院有限公司
81	电力科技与环保[6]	Electric Power Environmental Protection	CN32－1808/X	中国国电集团公司	国家电力公司环境保护办公室、中国电机工程学会电力环保专委会、国家电力公司电力环境保护研究所
82	电力系统通信	Telecommunications for Electric Power System	CN11－4848/TK	国家电网公司	国电通信中心、中国电机工程学会
83	电脑与信息技术	Computer and Information Technology	CN43－1202/TP	湖南省信息产业厅	湖南省电子研究所、中国电子学会
84	电气(英文版)	Electricity	CN11－2908/TM	中国科协	中国电机工程学会

续表

序号	中文刊名	英文刊名	国内统一连续出版物号	主管单位	主办单位
85	电气传动	Electric Drive	CN12－1067/TP	天津电气传动设计研究所	天津电气传动设计研究所、中国自动化学会
86	电气化铁道	Electric Railway	CN11－2701/U	中国铁路工程集团有限公司	中铁电气化局集团有限公司、中国铁道学会电气化委员会
87	电气技术	Electrical Engineering	CN11－5255/TM	中国科协	中国电工技术学会
88	电信科学	Telecommunication Science	CN11－2103/TN	中国科协	中国通信学会、人民邮电出版社
89	电子测量与仪器学报	Journal of Electronic Measurement and Instrument	CN11－2488/TN	中国科协	中国电子学会
90	电子工艺技术[6]	Electronics Process Technology	CN14－1136/TN	信息产业部	中国电子科技集团公司第二研究所、中国电子学会
91	电子竞技	E-athletics	CN11－5293/TP	中国科协	中国科技新闻学会
92	电子商务[5]	E-business	CN11－4499/TN	中国科协	中国电子学会、中国信息产业商会
93	电子世界	Electronics World	CN11－2086/TN	中国科协	中国电子学会
94	电子显微学报[5]	Journal of Chinese Electron Microscopy Society	CN11－2295/TN	中国科协	中国物理学会
95	电子学报[1,2,4]	Acta Electronica Sinica	CN11－2087/TN	中国科协	中国电子学会
96	电子游戏软件	Game Software	CN11－3505/TP	中国科协	中国电子学会
97	电子元件与材料[5]	Electronic Components and Materials	CN51－1241/TN	工业和信息化部	国营第 715 厂、中国电子学会、中国电子元件行业协会
98	雕塑	Sculpture	CN11－3579/J	中国轻工业联合会	中国工艺美术学会雕塑专业委员会
99	动力工程学报[6]	Journal of Power Engineering	CN31－1279/TK	上海市国有资产监督管理委员会	中国动力工程学会、上海发电设备成套设计研究院
100	动力学与控制学报	Journal of Dynamics and Control	CN43－1409/O3	教育部	中国力学学会、湖南大学

续表

序号	中文刊名	英文刊名	国内统一连续出版物号	主管单位	主办单位
101	动物分类学报	Acta Zootaxonomica Sinica	CN11－1831/Q	中国科学院	中国科学院动物研究所、中国动物学会、中国昆虫学会
102	动物学报[3]	Current Zoology	CN11－5794/Q	中国科学院	中国科学院动物研究所、中国动物学会
103	动物学杂志	Chinese Journal of Zoology	CN11－1830/Q	中国科学院	中国科学院动物研究所、中国动物学会
104	动物营养学报	Chinese Journal of Animal Nutrition	CN11－5461/S	中国科协	中国畜牧兽医学会动物营养学分会
105	锻压技术	Forging & Stamping Technology	CN11－1942/TG	中国机械工业联合会	北京机电研究所、中国机械工程学会塑性工程分会
106	儿科药学杂志	Journal of Pediatric Pharmacy	CN50－1156/R	重庆市卫生局	重庆医科大学附属儿童医院、中国药学会儿科药学专业组
107	发电设备[6]	Power Equipment	CN31－1391/TN	上海市国有资产监督管理委员会	机械工业发电设备行业科技情报网、上海发电设备成套设计研究所、中国动力工程学会编辑出版工作委员会
108	发光学报[4]	Chinese Journal of Luminescence	CN22－1116/O4	中国科学院	中国物理学会发光分科学会、中国科学院长春光学精密机械与物理研究所
109	发现	Finding	CN11－1585/N	中国科协	中国未来研究会、北京国际交流协会
110	纺织学报	Journal of Textile Research	CN11－5167/TS	中国科协	中国纺织工程学会
111	分析化学[1,3]	Chinese Journal of Analytical Chemistry	CN22－1125/O6	中国科学院	中国化学会、中国科学院长春应用化学研究所
112	分析试验室	Chinese Journal of Analysis Laboratory	CN11－2017/TF	中国有色金属工业协会	北京有色金属研究总院、中国分析测试协会

续表

序号	中文刊名	英文刊名	国内统一连续出版物号	主管单位	主办单位
113	分析仪器	Analytical Instrumentation	CN11－1822/TH	中国机械工业联合会	中国仪器仪表行业协会、北京分析仪器研究所（北京市北分仪器技术公司）
114	分子科学学报（中、英文版）	Journal of Molecular Science	CN22－1262/O4	中国科协	中国化学会
115	分子细胞生物学报	Journal of Molecular Cell Biology	CN31－2002/Q	中国科学院	中国科学院上海生命科学研究院生化细胞所、中国细胞生物学学会
116	分子植物（英文版）[2,3]	Molecular Plant	CN31－2013/Q	中国科学院	中国科学院上海植物生理所、中国植物生理学会
117	粉末冶金技术	Powder Metallurgy Technology	CN11－1974/TF	中国科协	中国机械工程学会、中国金属学会、中国有色金属学会
118	风景园林	Landscape Architecture	CN11－5366/S	教育部	北京林业大学、中国风景园林学会
119	辐射防护	Radiation Protection	CN14－1143/TL	中国核工业集团公司	中国核学会辐射防护分会、中国辐射防护研究院
120	辐射研究与辐射工艺学报	Journal of Radiation Research and Radiation Processing	CN31－1258/TL	中国科学院	中科院上海应用物理研究所、中国辐射研究与辐射工艺学会、上海市核学会
121	福建医药杂志	Fujian Medical Journal	CN35－1071/R	福建省卫生厅	中华医学会福建分会
122	复合材料学报[1,4]	Acta Materiae Compositae Sinica	CN11－1801/TB	国防科学技术工业委员会	北京航空航天大学、中国复合材料学会
123	腹部外科	Journal of Abdominal Surgery	CN42－1252/R	武汉市卫生局	中华医学会武汉分会
124	干旱气象[6]	Arid Meteorology	CN62－1124/P	中国气象局	中国气象局兰州干旱气象研究所、中国气象学会干旱气象学委员会
125	干旱区资源与环境	Journal of Arid Land Resources and Environment	CN15－1112/N	内蒙古农业大学	中国自然资源学会、内蒙古农业大学

续表

序号	中文刊名	英文刊名	国内统一连续出版物号	主管单位	主办单位
126	钢铁	Iron and Steel	CN11－2118/TF	中国科协	中国金属学会、钢铁研究总院
127	港口装卸[6]	Port Operation	CN42－1116/U	教育部	武汉理工大学、中国工程机械学会港口机械分会
128	高电压技术[6]	High Voltage Engineering	CN42－1239/TM	国家电力公司	国网武汉高压研究院、中国电机工程学会
129	高分子科学(英文版)[3]	Chinese Journal of Polymer Science	CN11－2015/O6	中国科协	中国化学会、中国科学院化学研究所
130	高分子通报	Chinese Polymer Bulletin	CN11－2051/O6	中国科协	中国化学会
131	高分子学报[3]	Acta Polymerica Sinica	CN11－1857/O6	中国科学院	中国科学院化学研究所、中国化学会
132	高科技与产业化	High－technology & Industrialization	CN11－3556/N	中国科学院	中国科学院文献情报中心、中国高科技产业化研究会
133	高压物理学报[4]	Chinese Journal of High Pressure Physics	CN51－1147/O4	四川省科协	中国物理学会、高压物理专业委员会、四川省物理学会
134	高原医学杂志[6]	Journal of High Altitude Medicine	CN63－1019/R	青海省卫生厅	青海省医药卫生学会联合办公室、中华医学会高原医学分会
135	给水排水	Water & Wastewater Engineering	CN11－4972/TU	住房与城乡建设部	亚太建设科技信息研究院、中国建筑设计研究院、中国土木工程学会
136	工程勘察	Geotechnical Investigation & Surveying	CN11－2025/TU	住房与城乡建设部	中国建筑学会工程勘察分会、建设综合勘察研究设计院有限公司
137	工程抗震与加固改造	Earthquake Resistant Engineering and Retrofitting	CN11－5260/P	住房与城乡建设部	中国建筑科学研究院、中国建筑学会
138	工程力学[4]	Engineering Mechanics	CN11－2595/O3	中国科协	中国力学学会
139	工程热物理学报	Journal of Engineering Thermophysics	CN11－2091/O4	中国科学院	中国工程热物理学会、中国科学院工程热物理研究所

续表

序号	中文刊名	英文刊名	国内统一连续出版物号	主管单位	主办单位
140	工程设计学报	Journal of Engineering Design	CN33－1288/TH	教育部	浙江大学、中国机械工程学会
141	工程塑料应用	Engineering Plastics Application	CN37－1111/TQ	中国兵器工业集团公司	中国兵器工业集团第五三研究所、中国兵工学会非金属专业委员会
142	工程图学学报	Journal of Engineering Graphics	CN11－2725/T	中国科协	中国工程图学学会
143	工程与试验	Test Technology and Testing Machine	CN22－1392/TH	中国机械工业集团公司	长春试验机研究所、中国仪器仪表学会试验机分会
144	工业控制计算机	Industrial Control Computer	CN32－1764/TP	江苏省科技厅	中国计算机学会工业控制计算机专业委员会、江苏省计算机技术研究所
145	公共卫生与预防医学	Journal of Public Health and Preventive Medicine	CN42－1734/R	湖北省卫生厅	湖北省预防医学会、中华预防医学会、湖北省疾病预防控制中心
146	功能材料[4]	Journal of Functional Materials	CN50－1099/TH	重庆仪表材料研究所	重庆仪表材料研究所、中国仪器仪表学会仪表材料学会
147	功能材料与器件学报	Journal of Functional Materials and Devices	CN31－1708/TB	中国科学院	中国科学院上海微系统与信息技术研究所、中国材料研究学会
148	供用电	Distribution & Utilization	CN31－1467/TM	上海市电力公司市区供电公司	中国电机工程学会城市供电专业委员会
149	古地理学报	Journal of Palaeogeography	CN11－4678/P	教育部	中国石油大学、中国矿物岩石地球化学学会
150	古生物学报	Acta Palaeontologica Sinica	CN32－1188/Q	中国科学院	中国古生物学会、中国科学院古生物所
151	骨科[6]	Orthopaedics	CN42－1799/R	湖北省卫生厅	华中科技大学同济医学院附属同济医院、中华医学会武汉分会

续表

序号	中文刊名	英文刊名	国内统一连续出版物号	主管单位	主办单位
152	固体火箭技术	Journal of Solid Rocket Technology	CN61－1176/V	中国航天科技集团公司	中国航天科技集团公司第四研究院、中国宇航学会固体推进专业委员会
153	固体力学学报[4]	Acta Mechanica Solida Sinica	CN42－1250/O3	中国科协	中国力学学会
154	固体力学学报(英文版)[3,4]	Acta Mechanica Solida Sinica (English Edition)	CN42－1121/O3	中国科协	中国力学学会
155	管理现代化	Modernization of Management	CN11－1403/C	中国科协	中国管理现代化研究会
156	灌溉排水学报	Journal of Irrigation and Drainage	CN41－1337/S	水利部	水利部中国农业科学院农田灌溉研究所、中国水利学会
157	光电子·激光[4]	Journal of Optoelectronics·laser	CN12－1182/TN	天津市教育委员会	中国光学学会、天津理工大学
158	光机电信息[6]	OME Information	CN22－1250/TH	中国科学院	中国光学学会、长春光学精密机械研究所
159	光明中医[3]	Journal of Traditional Chinese Medicine	CN11－1592/R	国家中医药管理局	中华中医药学会
160	光谱学与光谱分析[3,4]	Spectroscopy and Spectral Analysis	CN11－2200/O4	中国科协	中国光学学会
161	光散射学报	Journal of Light Scatting	CN51－1395/O4	四川省科协	中国物理学会光散射专业委员会、四川省物理学会
162	光学技术	Optical Technique	CN11－1879/O4	中国兵器工业集团公司	中国兵工学会、北京理工大学、中国北方光电工业总公司
163	光学精密工程[1,4]	Optics and Precision Engineering	CN22－1198/TH	中国科学院、中国科协	中国科学院长春光学精密机械与物理研究所、中国仪器仪表学会
164	光学学报[1,4]	Acta Optica Sinica	CN31－1252/O4	中国科协	中国科学院上海光学精密机械研究所、中国光学学会

续表

序号	中文刊名	英文刊名	国内统一连续出版物号	主管单位	主办单位
165	光学仪器	Optical Instruments	CN31－1504/TH	中国科协	中国仪器仪表学会、上海光学仪器研究所、中国光学学会工程光学专业委员会
166	光子学报[4]	Acta Photonica Sinica	CN61－1235/O4	中国科学院	中国光学学会、中国科学院西安光机所
167	广西中医药	Guangxi Journal of Traditional Chinese Medicine	CN45－1123/R	广西中医学院	广西中医学院、中国中医药学会广西分会
168	硅谷	Silicon Valley	CN11－4775/N	中国科协	中国科技新闻学会
169	硅酸盐通报	Bullention of the Chinese Ceramic Society	CN11－5440/TQ	中国科协	中国硅酸盐学会、中材人工晶体研究院
170	硅酸盐学报[1,4]	Journal of the Chinese Ceramic Society	CN11－2310/TQ	中国科协	中国硅酸盐学会
171	贵金属	Precious Metals	CN53－1063/TG	云南锡业集团有限责任公司	中国有色金属学会、昆明贵金属研究所
172	国际病毒学杂志	International Journal of Virology	CN11－5394/R	卫生部	中华医学会、北京市疾病预防控制中心
173	国际地震动态	Recent Developments in World Seismology	CN11－2362/P	中国科协	中国地震学会、中国地震局地球物理研究所
174	国际儿科学杂志	International Journal of Pediatrics	CN21－1529/R	卫生部	中华医学会、中国医科大学
175	国际耳鼻咽喉头颈外科杂志	International Journal of Otolaryngology － Head and Neck Surgery	CN11－5395/R	卫生部	中华医学会、北京市耳鼻咽喉科研究所
176	国际放射医学核医学杂志	International Journal of Radiation Medicine and Nuclear Medicine	CN12－1381/R	卫生部	中华医学会、中国医学科学院放射医学研究所
177	国际呼吸杂志	International Journal of Respiration	CN13－1368/R	卫生部	中华医学会、河北医科大学
178	国际护理学杂志	International Journal of Nursing	CN22－1370/R	卫生部	中华医学会、吉林省医学期刊社

续表

序号	中文刊名	英文刊名	国内统一连续出版物号	主管单位	主办单位
179	国际检验医学杂志	International Journal of Laboratory Medicine	CN50－1176/R	卫生部	中华医学会
180	国际结核病与肺部疾病杂志	The International Journal of Tuberculosis and Lung Disease	CN11－5437/R	中国科协	中国防痨协会
181	国际流行病学传染病学杂志	International Journal of Epidemiology and Infectious Disease	CN33－1340/R	卫生部	中华医学会、浙江省医学科学院
182	国际麻醉学与复苏杂志	International Journal of Anesthesiology and Resuscitation	CN32－1761/R	卫生部	中华医学会、徐州医学院
183	国际泌尿系统杂志	International Journal of Urology and Nephrology	CN43－1460/R	卫生部	中华医学会、中华医学会湖南分会
184	国际免疫学杂志	International Journal of Immunology	CN23－1535/R	卫生部	中华医学会、哈尔滨医科大学
185	国际脑血管病杂志	International Journal of Cerebrovascular Diseases	CN11－5541/R	卫生部	中华医学会、南方医科大学南方医院、解放军海军总医院
186	国际内分泌代谢杂志	International Journal of Endocrinology and Metabolism	CN12－1383/R	卫生部	中华医学会、天津医科大学
187	国际皮肤性病学杂志	International Journal of Dermatology and Venereology	CN32－1763/R	卫生部	中华医学会、中国医学科学院皮肤病研究所
188	国际生物医学工程杂志	International Journal of Biomedical Engineering	CN12－1382/R	卫生部	中华医学会、中国医学科学院生物医学工程研究所
189	国际生物制品学杂志	International Journal of Biologicals	CN31－1962/R	卫生部	中华医学会、上海生物制品研究所
190	国际石油经济	International Petroleum Economics	CN11－3112/F	中国石油天然气集团公司	中国石油集团经济技术研究中心、中国石油学会石油经济专业委员会、中国石油规划总院

续表

序号	中文刊名	英文刊名	国内统一连续出版物号	主管单位	主办单位
191	国际输血及血液学杂志	International Journal of Blood Transfusion and Hematology	CN51－1693/R	卫生部	中华医学会、四川大学华西第二医院、中国医学科学院数学研究所
192	国际外科学杂志	International Journal of Surgery	CN11－5396/R	卫生部	中华医学会、首都医科大学附属北京友谊医院
193	国际眼科杂志[3]	International Journal of Ophthalmology	CN61－1419/R	陕西省卫生厅	中华医学会西安分会
194	国际眼科纵览	International Review of Ophthalmology	CN11－5500/R	卫生部	中华医学会、北京市眼科研究所
195	国际医学寄生虫病杂志	International Journal of Medical Parasitic Diseases	CN31－1961/R	卫生部	中华医学会、中国疾病预防控制中心寄生虫病预防控制所
196	国际移植与血液净化杂志	International Journal of Transplantation and Hemopurification	CN11－5399/R	卫生部	中华医学会
197	国际遗传学杂志	International Journal of Genetics	CN23－1536/R	卫生部	中华医学会、哈尔滨医科大学
198	国际造纸	World Pulp and Paper	CN11－3573/TS	中国轻工业联合会	中国造纸学会、中国制浆造纸研究院
199	国际中医中药杂志	International Journal of Traditional Chinese Medicine	CN11－5398/R	卫生部	中华医学会、中国中医科学院中医药信息研究所
200	国际肿瘤学杂志	Journal of International Oncology	CN37－1439/R	卫生部	中华医学会、山东省医学科学院
201	过滤与分离[6]	Journal of Filtration & Separation	CN36－1178/TH	中国机械工程学会	中国分离机械专业委员会 南昌过滤机械研究所
202	海陆空天惯性世界	Naas & Inertial Technology	CN11－4491/O3	中国科协	中国惯性技术学会
203	海南医学[5,6]	Hainan Medical Journal	CN46－1025/R	海南省卫生厅	中华医学会海南分会
204	海峡药学	Strait Pharmaceutical Journal	CN35－1173/R	福建省药品监督管理局	中国药学会福建分会、福建省药学会
205	海峡预防医学杂志	Strait Journal of Preventive Medicine	CN35－1185/R	福建省卫生厅	中华预防医学会、福建省预防医学会

续表

序号	中文刊名	英文刊名	国内统一连续出版物号	主管单位	主办单位
206	海洋测绘	Hydrographic Surveying and Charting	CN12－1343/P	海军司令部直属工作部	海军海洋测绘研究所、中国测绘学会海洋测绘专业委员会
207	海洋工程	The Ocean Engineering	CN32－1423/P	中国科协	中国海洋学会、南京水利科学研究院、上海交通大学
208	海洋科学进展	Advances in Marine Science	CN37－1387/P	国家海洋局	中国海洋学会、国家海洋局第一海洋研究所
209	海洋世界	Ocean World	CN11－1261/P	中国科协	中国海洋学会
210	海洋学报[5]	Acta Oceanologica Sinica	CN11－2055/P	中国科协	中国海洋学会
211	海洋学报(英文版)[3]	Acta Oceanologica Sinica (English Edition)	CN11－2056/P	中国科协	中国海洋学会
212	海洋学研究	Journal of Marine Sciences	CN33－1330/P	国家海洋局	中国海洋学会、国家海洋局第二海洋研究所、浙江省海洋学会
213	海洋渔业	Marine Fisheries	CN31－1341/S	中国科协	中国水产学会、中国水产科学研究院东海水产研究所
214	海洋与湖沼	Oceanologia et Limnologia Sinica	CN37－1149/P	中国科协	中国海洋湖沼学会
215	焊接	Welding	CN23－1174/TG	国家机械工业联合会	机械科学研究院哈尔滨焊接研究所、中国机械工程学会焊接学会
216	焊接学报[4]	Transactions of the China Welding Institution	CN23－1178/TG	中国科协	中国机械工程学会、中国机械工程学会焊接学会、机械科学研究院哈尔滨焊接研究所
217	航海技术	Marine Technology	CN31－1251/U	中国科协	中国航海学会、中国海运(集团)总公司(正在审批中)
218	航空材料学报[4]	Journal of Aeronautical Materials	CN11－3159/V	中国科协	中国航空学会
219	航空动力学报[4]	Journal of Aerospace Power	CN11－2297/V	中国航空工业集团公司	中国航空学会

续表

序号	中文刊名	英文刊名	国内统一连续出版物号	主管单位	主办单位
220	航空模型	Model Airplane	CN11－1525/V	中国科协	中国航空学会、中国航空运动协会
221	航空学报[1,4,5]	Acta Aeronautica et Astronautica Sinica	CN11－1929/V	中国科协	中国航空学会
222	航空知识	Aerospace Knowledge	CN11－1526/V	中国科协	中国航空学会
223	核电子学与探测技术[5]	Nuclear Electronics & Detection Technology	CN11－2016/TL	中国核工业集团公司	中国电子学会核电子学与核探测技术分会
224	核化学与放射化学	Journal of Nuclear and Radiochemistry	CN11－2045/TL	中国核工业集团公司	中国核学会核化学与放射化学分会
225	核技术[1]	Nuclear Techniques	CN31－1342/TL	中国科学院	中国科学院上海应用物理研究所、中国核学会
226	核技术（英文版）	Nuclear Science and Techniques	CN31－1559/TL	中国科学院	中国科学院上海应用物理研究所、中国核学会
227	核科学与工程	Chinese Journal of Nuclear Science and Engineering	CN11－1861/TL	中国科协	中国核学会
228	黑龙江医学	Heilongjiang Medical Journal	CN23－1326/R	黑龙江省卫生厅	中华医学会黑龙江分会
229	红外技术	Infrared Technology	CN53－1053/TN	中国兵器工业集团公司	昆明物理研究所、中国兵工学会夜视技术专业委员会
230	红外与毫米波学报[3,4]	Journal of Infrared and Millimeter Waves	CN31－1577/O4	中国科学院	中国科学院上海技术物理研究所、中国光学学会
231	湖泊科学[1]	Journal of Lake Science	CN32－1331/P	中国科学院	中国科学院南京地理与湖泊研究所、中国海洋湖沼学会
232	华南预防医学	South China Journal of Preventive Medicine	CN44－1550/R	广东省卫生厅	广东省疾病预防控制中心、中华预防医学会
233	化工环保	Environmental Protection of Chemical Industry	CN11－2215/X	中国石化集团公司经济技术研究院	中国石化集团公司北京化工研究院环保所、中国化工防治污染技术协会、中国化工学会环境保护专业委员会

续表

序号	中文刊名	英文刊名	国内统一连续出版物号	主管单位	主办单位
234	化工机械	Chemical Engineering & Machinery	CN62－1041/TQ	中国昊华化工集团总公司	天华化工机械及自动化研究设计院、中国化工学会化工机械专业委员会
235	化工进展[1]	Chemical Industry and Engineering Progress	CN11－1954/TQ	中国科协	中国化工学会、化学工业出版社
236	化工学报[1,4]	CIESC Journal	CN11－1946/TQ	中国科协	中国化工学会、化学工业出版社
237	化学传感器	Chemical Sensors	CN32－1406/TP	中国科协	中国仪器仪表学会
238	化学教育	Chinese Journal of Chemical Education	CN11－1923/O6	中国科协	中国化学会
239	化学通报	Chemistry	CN11－1804/O6	中国科学院	中国科学院化学研究所、中国化学会
240	化学物理学报(英文版)[3]	Chinese Journal of Chemical Physics	CN34－1295/O6	中国科协	中国物理学会
241	化学学报[3]	Acta Chimica Sinica	CN31－1320/O6	中国科学院	中国科学院上海有机化学研究所、中国化学会
242	环境	Environment	CN44－1167/X	中国科协、广东省环境保护局	中国环境科学学会、广东省环境保护局
243	环境工程[5]	Environmental Engineering	CN11－2097/X	中国钢铁工业协会	中冶集团建筑研究总院、中国环境科学学会环境工程分会
244	环境化学	Environmental Chemistry	CN11－1844/X	中国科学院	中国科学院生态环境研究中心、中国环境科学学会
245	环境昆虫学报[6]	Natural Enemies of Insects	CN44－1640/Q	广东省科学技术协会	广东省昆虫学会中国昆虫学会
246	环境与健康杂志	Journal of Environment and Health	CN12－1095/R	卫生部	中华预防医学会、天津市卫生防病中心
247	环境与生活	Environment and Life	CN11－5582/X	中国科协	中国环境科学学会
248	环境与职业医学	Journal of Environmental & Occupational Medicine	CN31－1879/R	上海市卫生局	上海市疾病预防控制中心、中华预防医学会

续表

序号	中文刊名	英文刊名	国内统一连续出版物号	主管单位	主办单位
249	环球科学	Global Science	CN11－5480/N	中国科协	中国科技新闻学会
250	火炮发射与控制学报[5]	Journal of Gun Launch & Control	CN61－1280/TJ	中国科协	中国兵工学会
251	火炸药学报[4]	Chinese Journal of Explosives & Propellants	CN61－1310/TJ	中国科协	中国兵工学会、中国兵器工业第二〇四研究所
252	机床与液压	Machanical Tool & Hydraulics	CN44－1259/TH	中国科协	中国机械工程学会、广州机械科学研究院
253	机器人[4]	Robot	CN21－1137/TP	中国科学院	中国科学院沈阳自动化研究所、中国自动化学会
254	机械传动	Journal of Mechanical Transmission	CN41－1129/TH	中国机械工业联合会	郑州机械研究所、中国自动化学会、中国齿轮专业协会
255	机械工程学报[1,4]	Journal of Mechanical Engineering	CN11－2187/TH	中国科协	中国机械工程学会
256	机械强度	Journal of Mechanical Strength	CN41－1134/TH	中国机械工业联合会	郑州机械研究所、中国机械工程学会
257	机械设计	Journal of Machine Design	CN12－1120/TH	中国科协	中国机械工程学会、天津市机械工程学会、天津市机电工业科技信息研究所
258	基层医学论坛[6]	Public Medical Forum Magazine	CN14－1314/R	山西省卫生厅	中华医学会山西分会
259	激光生物学报	Acta Laser Biology Sinica	CN43－1264/Q	中国科协	中国遗传学会
260	疾病监测与控制[6]	Journal of Diseases Monitor & Control	CN15－1350/R	中华预防医学会、内蒙古医学院	内蒙古医学院附属人民医院
261	脊柱外科杂志	Journal of Spinal Surgery	CN31－1907/R	上海市卫生局	中华医学会上海分会
262	计量学报	Acta Metrologica Sinica	CN11－1864/TB	国家质量监督检验检疫总局	中国计量测试学会

续表

序号	中文刊名	英文刊名	国内统一连续出版物号	主管单位	主办单位
263	计算机辅助绘图设计与制造（英文版）	Computer Aided Drafting, Design and Manufacturing	CN11－2862/TP	中国科协	中国工程图学学会
264	计算机辅助设计与图形学学报[4]	Journal of Computer－Aided Design & Computer Graphics	CN11－2925/TP	中国科协	中国计算机学会
265	计算机工程与应用	Computer Engineering and Application	CN11－2127/TP	信息产业部	华北计算技术研究所、中国计算机学会
266	计算机技术与发展	Computer Technology and Development	CN61－1450/TP	陕西省信息产业厅	中国计算机学会、陕西省计算机学会
267	计算机科学技术学报（英文版）	Journal of Computer Science and Technology	CN11－2296/TP	中国科学院	中国科学院计算技术研究所、中国计算机学会
268	计算机学报[1,4]	Chinese Journal of Computers	CN11－1826/TP	中国科学院	中国科学院计算技术研究所、中国计算机学会
269	计算机研究与发展	Journal of Computer Research and Development	CN11－1777/TP	中国科学院	中国科学院计算技术研究所、中国计算机学会
270	计算机应用研究	Application Research of Computers	CN51－1196/TP	四川省科学技术厅	四川省计算机研究院、中国计算机学会
271	计算技术与自动化[6]	Computing Technology and Automation	CN43－1138/TP	中华人民共和国教育部	湖南大学、中国自动化学会、湖南省自动化学会、湖南省计算机学会
272	计算力学学报[4]	Chinese Journal of Computational Mechanics	CN21－1373/O3	教育部	大连理工大学、中国力学学会
273	计算物理[4]	Chinese Journal of Computational Physics	CN11－2011/O4	中国科协	中国核学会
274	技术经济	Technology Economics	CN11－1444/F	中国科协	中国技术经济研究会
275	技术物理教学	Technical Physics Teaching	CN15－1224/O3	中国科协	中国物理学会教学委员会
276	寄生虫与医学昆虫学报	Acta Parasitologica et Medica Entomologica Sinica	CN11－3158/R	军事医学科学院	中国动物学会、中国昆虫学会、军事医学科学院微生物流行病研究所

续表

序号	中文刊名	英文刊名	国内统一连续出版物号	主管单位	主办单位
277	家庭医学	Family Medicine	CN41－1076/R	卫生部	中华预防医学会
278	家用电脑与游戏[5]	Fantasy Computer and Game Monthly	CN11－4490/TP	中国科协	科学普及出版社
279	价值工程[5,6]	value engineering	CN13－1085/N	河北省科学技术协会	中国技术经济研究会价值工程专业委员会、河北省技术经济管理现代化研究会
280	减速顶与调速技术	Retarders and Speed Control Technology	CN23－1198/U	铁道部哈尔滨铁路局	哈尔滨铁路局减速顶调速系统研究所、中国铁道学会减速顶调速系统委员会
281	建筑电气	Building Electricity	CN51－1297/TU	住房与城乡建设部	中国建筑西南设计研究院有限公司、中国建筑学会建筑电气分会、全国建筑电气设计技术协作及情报交流网
282	建筑结构	Building Structure	CN11－2833/TU	住房与城乡建设部	亚太建设科技信息研究院、中国建筑设计研究院、中国土木工程学会
283	建筑结构学报[4]	Journal of Building Structures	CN11－1931/TU	中国科协	中国建筑学会
284	建筑经济	Construction Economy	CN11－1326/F	住房与城乡建设部	中国建筑学会、中国建筑设计研究院、亚太建设科技信息研究院
285	建筑科学与工程学报[6]	Journal of Architecture and Civil Engineering	CN 61－1442/TU	教育部	长安大学、中国土木工程学会
286	建筑热能通风空调	Building Energy & Environment	CN42－1439/TV	中国科协	中国建筑学会
287	建筑学报	Architectural Journal	CN11－1930/TU	中国科协	中国建筑学会
288	建筑知识	Architectural Knowledge	CN11－1243/TU	住房与城乡建设部	中国建筑学会
289	健康世界	Health World	CN11－3251/R	中国科协	中华医学会
290	健康向导[5]	Health Guide	CN14－1211/R	山西省卫生厅	中华医学会山西分会

续表

序号	中文刊名	英文刊名	国内统一连续出版物号	主管单位	主办单位
291	舰船电子工程	Ship Electronic Engineering	CN42－1427/U	中国船舶重工集团公司	中国船舶重工集团公司七〇九研究所、中国造船工程学会电子技术学术委员会
292	舰船知识	Naval & Merchant Ships	CN11－1007/U	中国船舶工业集团公司	中国造船工程学会
293	交通运输系统工程与信息[5]	Journal of Transportation Systems Engineering and Information Technology	CN11－4520/U	中国科协	中国系统工程学会
294	节水灌溉	Water Saving Irrigation	CN42－1420/TV	水利部	中国水利学会灌溉排水委员会、中国灌溉排水发展中心、国家节水灌溉北京工程技术研究中心、武汉大学
295	洁净与空调技术	Contamination Control & Air－conditioning Technology	CN11－3395/TM	信息产业部	中国电子工程设计院、中国电子学会洁净技术分会
296	结构化学(英文版)[3]	Chinese Journal of Structural Chemistry	CN35－1112/TQ	中国科学院	中国化学会、中国科学院福建结构所
297	解剖科学进展	Progress of Anatomical Sciences	CN21－1347/Q	中国科协	中国解剖学会
298	解剖学报	Acta Anatomica Sinica	CN11－2228/R	中国科协	中国解剖学会
299	解剖学研究	Anatomy Research	CN44－1485/R	广东省科协	广东省解剖学会、中国解剖学会
300	解剖学杂志	Chinese Journal of Anatomy	CN31－1285/R	中国科协	中国解剖学会
301	今日国土	China Territory Today	CN11－4757/N	国土资源部	中国国土经济学研究会
302	今日科苑	Today Panorama of Modern Sciences	CN11－4764/N	中国科协	中国老科学技术工作者协会
303	今日药学[6]	Pharmacy Today	CN44－1650/R	广东省药品监督管理局	中国药学会、广东省药学会
304	金融研究[6]	Journal of Financial Research	CN11－1268/F	中国科协	中国金融学会

续表

序号	中文刊名	英文刊名	国内统一连续出版物号	主管单位	主办单位
305	金属功能材料	Metallic Functional Materials	CN11－3521/TG	中国钢铁工业协会	中国钢研科技集团公司、安泰科技股份有限公司、中国金属学会功能材料分会
306	金属矿山	Metal Mine	CN34－1055/TD	马鞍山矿山研究院	马鞍山矿山研究院、中国金属学会
307	金属热处理	Heat Treatment of Metals	CN11－1860/TG	中国机械工业联合会	北京机电研究所、中国机械工程学会热处理学会、中国热处理行业协会
308	金属世界	Metal World	CN11－1417/TG	中国科协	中国金属学会、中国有色金属学会
309	金属学报[1,2,3,4]	Acta Metallurgica Sinica	CN21－1139/TG	中国科协	中国金属学会
310	金属学报（英文版）[4]	Acta Metallurgica Sinica (English Letters)	CN21－1361/TG	中国科协	中国金属学会
311	经济地理	Economic Geography	CN43－1126/K	中国科协	中国地理学会、湖南省经济地理研究所
312	精细化工	Fine Chemicals	CN21－1203/TQ	大连化工研究设计院	大连化工研究设计院、中国化工学会精细化工专业委员会、辽宁省化工研究院
313	菌物学报	Mycosystema	CN11－5180/Q	中国科学院	中国科学院微生物研究所、中国菌物学会
314	菌物研究	Journal of Fungal Research	CN22－1352/S	吉林省教育厅	吉林农业大学、中国菌物学会
315	科幻画报	Science Fiction	CN11－4854/N	中国科协	中国科技报研究会
316	科技传播[5,6]	Public Communication of Science and Technology	CN11－5820/N	中国科协	中国科技新闻学会
317	科技创新与品牌	Science Technology Innovations and Brands	CN11－5588/G3	中国科协	中国科技新闻学会
318	科技导报	Science & Technology Review	CN11－1421/N	中国科协	中国科学技术协会

续表

序号	中文刊名	英文刊名	国内统一连续出版物号	主管单位	主办单位
319	科技和产业	Science Technology and Industry	CN11-4671/T	中国科协	中国技术经济研究会
320	科技尚品	—	CN11-5573/Z	中国科协	中国科教电影电视协会、摄影与摄像杂志社
321	科技新时代	Popular Science	CN11-3750/N	中国科协	大众科技报社、北京新时代润诚科技咨询有限公司
322	科技与企业[5]	Science-Technology Enterprise	CN11-3096/N	中国科协	中国科普作家协会
323	科技与生活[6]	Technology and Life	CN11-5595/N	中国科协	中国科技新闻学会
324	科普研究	Science Popularization	CN11-5410/N	中国科协	中国科普研究所
325	科协论坛	Science & Technology Association Forum	CN42-1341/G3	中国科协	中国科协科普部
326	科学大观园	Grand Garden of Science	CN11-1607/N	中国科协	科学普及出版社
327	科学技术与工程[5]	Science Technology and Engineering	CN11-4688/T	中国科协	中国技术经济研究会
328	科学学研究	Studies in Science of Science	CN11-1805/G3	中国科学院	中国科学学与科技政策研究会、中国科学院科技政策与管理科学研究所、清华大学科学技术与社会研究中心
329	科学学与科学技术管理[6]	Science of Science and Management of S. & T.	CN12-1117/G3	天津市科学技术委员会	天津市科学学研究所、中国科学学与科技政策研究会
330	科学养鱼	Scientific Fish Farming	CN32-1131/S	中国科协	中国水产学会、中国水产科学研究院淡水渔业研究中心、全国水产技术推广总站
331	科学中国人[5]	Scientific Chinese	CN11-3292/G3	中国科协	中国科技新闻学会
332	科研管理[5,6]	Science Research Management	CN11-1567/N	中国科学院	中国科学院科技政策与管理科学研究所、中国科学学与科技政策研究会

续表

序号	中文刊名	英文刊名	国内统一连续出版物号	主管单位	主办单位
333	颗粒学报[3,4]	Particuology	CN11－5671/O3	中国科协	中国颗粒学会、中国科学院过程工程研究所
334	客车技术与研究[6]	Bus Technology and Research	CN50－1109/U	交通部	重庆交通科研设计院、重庆车辆检测研究院、中国公路学会客车分会
335	空间科学学报	Chinese Journal of Space Science	CN11－1783/V	中国科学院	中国空间科学学会、中国科学院空间科学与应用研究中心
336	空气动力学学报[4]	Acta Aerodynamica Sinica	CN51－1192/TK	中国空气动力研究与发展中心	中国空气动力学会
337	矿床地质	Mineral Deposits	CN11－1965/P	中国科协	中国地质学会矿床地质专业委员会、中国地质科学院矿产资源研究所
338	矿物学报	Acta Mineralogica Sinica	CN52－1045/P	中国科学院	中国科学院地球化学研究所、中国矿物岩石地球化学学会
339	矿物岩石地球化学通报	Bulletin of Mineralogy Petrology and Geochemistry	CN52－1102/P	中国科协	中国科学院地球化学研究所、中国矿物岩石地球化学学会
340	矿冶工程	Mining and Metallurgical Engineering	CN43－1104/TD	长沙矿冶研究院	长沙矿冶研究院、中国金属学会
341	矿业研究与开发	Mining Research and Development	CN43－1215/TD	长沙矿山研究院	长沙矿山研究院、中国有色金属学会
342	昆虫学报	Acta Entomologica Sinica	CN11－1832/Q	中国科学院	中国科学院动物研究所、中国昆虫学会
343	昆虫知识	Chinese Bulletin of Entomology	CN11－1829/Q	中国科学院	中国科学院动物研究所、中国昆虫学会
344	雷达科学与技术	Radar Science and Technology	CN34－1264/TN	工业和信息化部	中国电子科技集团公司第 38 研究所、中国电子学会无线电定位技术分会

续表

序号	中文刊名	英文刊名	国内统一连续出版物号	主管单位	主办单位
345	理化检验·化学分册	Physical Testing and Chemical Analysis Part B: Chemical Analysis	CN31－1337/TB	上海科学院	上海材料研究所、中国机械工程学会理化检验分会
346	理化检验·物理分册	Physical Testing and Chemical Analysis Part A: Physical Testing	CN31－1338/TB	上海科学院	上海材料研究所、中国机械工程学会理化检验分会、中国机械工程学会失效分析分会
347	理论物理通讯(英文版)[3]	Communications in Theoretical Physics	CN11－2592/O3	中国科学院	中国物理学会、中国科学院理论物理所
348	力学季刊	Chinese Quarterly of Mechanics	CN31－1829/O3	上海市科协	上海市力学学会、同济大学、上海交通大学、中国力学学会
349	力学进展	Advances in Mechanics	CN11－1774/O3	中国科学院	中国科学院力学研究所、中国力学学会
350	力学学报[4]	Chinese Journal of Theoretical and Applied Mechanics	CN11－2062/O3	中国科学院	中国科学院力学研究所、中国力学学会
351	力学学报(英文版)[3,4]	Acta Mechanica Sinica	CN11－2063/O3	中国科协	中国力学学会、中国科学院力学研究所
352	力学与实践	Mechanics in Engineering	CN11－2064/O3	中国科学院	中国力学学会、中国科学院力学研究所
353	连铸	Continuous Casting	CN11－3385/TG	中国科协	中国金属学会
354	炼钢	Steelmaking	CN42－1265/TF	武汉钢铁集团公司	武汉钢铁(集团)公司、中国金属学会
355	炼铁	Iron Making	CN42－1156/TF	武汉市钢铁设计研究总院	武汉市钢铁设计研究总院、中国金属学会
356	粮食储藏	Grain Storage	CN51－1243/S	国家粮食局	国家粮食储备局成都粮食储藏科学研究所、中国粮油学会储藏分会
357	粮食与食品工业	Cereal & Food Industry	CN32－1710/TS	国家粮食局	国家粮食储备局无锡科学研究设计院、中国粮油学会

续表

序号	中文刊名	英文刊名	国内统一连续出版物号	主管单位	主办单位
358	粮油仓储科技通讯	—	CN51－1480/TS	国家粮食局	国家粮食储备局成都粮食储藏科研所、中国粮油学会储藏专业分会
359	量子电子学报	Chinese Journal of Quantum Electronics	CN34－1163/TN	中国科学院	中国光学学会基础光学专业委员会、中国科学院安徽光学精密机械研究所
360	辽宁医学杂志[6]	Medical Journal of Liaoning	CN21－1129/R	辽宁省卫生厅	中华医学会辽宁分会
361	林产化学与工业	Chemistry and Industry of Forest Products	CN32－1149/S	国家林业局	中国林学会林产化学化工分会、中国林科院林产化学工业研究所
362	林业科学[1]	Scientia Silvae Sinicae	CN11－1908/S	中国科协	中国林学会
363	临床口腔医学杂志	Journal of Clinical Stomatology	CN42－1182/R	湖北省科协	中华医学会武汉分会、华中科技大学同济医学院附属同济医院、中华口腔医学会口腔黏膜病专业委员会
364	临床麻醉学杂志[6]	The Journal of Clinical Anesthesiology	CN32－1211/R	南京市卫生局	中华医学会南京分会
365	临床内科杂志[6]	Journal of Clinical Internal Medicine	CN42－1139/R	湖北省卫生厅	中华医学会湖北分会
366	临床肾脏病杂志	Journal of Clinical Nephrology	CN42－1637/R	湖北省科协	中华医学会武汉分会、湖北省微循环学会
367	临床外科杂志[6]	Journal of Clinical Surgery	CN42－1334/R	湖北省卫生厅	中华医学会湖北分会
368	临床心电学杂志	Journal of Clinical Eletrocardiology	CN34－1107/R	安徽省卫生厅	中华医学会安徽分会、中华医学会心电生理和起搏分会、北京大学附属人民医院
369	临床医学	Clinical Medicine	CN41－1116/R	河南省卫生厅	中华医学会河南分会
370	临床与实验病理学杂志	Chinese Journal of Clinical and Experimental Pathology	CN34－1073/R	安徽省教育厅	安徽医科大学、中华医学会安徽分会

续表

序号	中文刊名	英文刊名	国内统一连续出版物号	主管单位	主办单位
371	临床肿瘤与癌症研究(英文版)	Clinical Oncology and Cancer Research	CN12－1404/R	中国科协	中国抗癌协会
372	岭南急诊医学杂志[6]	Lingnan Journal of Emergency Medicine	CN44－1539/R	广东省卫生厅	中华医学会广东分会
373	岭南现代临床外科	Lingnan Modern Clinics in Surgery	CN44－1510/R	广东省卫生厅	中华医学会广东分会
374	流行色	Fashion Colour	CN31－1175/J	中国流行色协会	中国流行色协会、上海纺织控股(集团)公司、上海国际服装服饰中心
375	流体机械[5]	Fluid Machinery	CN34－1144/TH	中国科协	中国机械工程学会
376	慢性病学杂志[6]	Chronic Pathematology Journal	CN11－5900/R	卫生部	中华预防医学会、北京东方讯达医药信息咨询中心
377	煤炭经济研究[6]	Coal Economic Research	CN11－1038/F	国家矿山安全监督局	煤炭科学研究总院、中国煤炭经济研究会
378	煤炭学报[1,4]	Journal of China Coal Society	CN11－2190/TD	中国科协	中国煤炭学会、煤炭科学研究总院(承办)
379	煤炭学报(英文版)	Journal of Coal Science & Engineering	CN11－3747/TD	中国科协	中国煤炭学会
380	棉花学报	Cotton Science	CN41－1163/S	中国科协	中国农学会
381	免疫学杂志	Immunological Journal	CN51－1332/R	第三军医大学	第三军医大学、中国免疫学会
382	模式识别与人工智能[4]	Pattern Recognition and Artificial Intelligence	CN34－1089/TP	中国科协	中国自动化学会、国家智能计算机研究开发中心、中国科学院合肥智能机械研究所
383	内燃机	Internal Combustion Engines	CN50－1100/TK	机械工业第三设计研究院	中国内燃机学会
384	内燃机工程	Chinese Internal Combustion Engine Engineering	CN31－1255/TK	中国科协	中国内燃机学会
385	内燃机学报[4]	Transactions of Csice	CN12－1086/TK	中国科协	中国内燃机学会

续表

序号	中文刊名	英文刊名	国内统一连续出版物号	主管单位	主办单位
386	泥沙研究	Journal of Sediment Research	CN11－2532/TV	中国科协	中国水利学会
387	酿酒	Liquor Making	CN23－1256/TS	黑龙江省轻工业局	中国标准化协会、黑龙江省酒业协会、黑龙江省轻工业科学研究院
388	宁夏医学杂志	Ningxia Medical Journal	CN64－1008/R	宁夏回族自治区卫生厅	中华医学会宁夏分会
389	农村电气化	Rural Electrification	CN11－2181/TM	中国科协	中国电机工程学会
390	农村养殖技术[6]	Journal of Rural Animal－Breeding Technology	CN11－3715/S	农业部	中国农村杂志社、中国畜牧兽医学会
391	农电管理	Rural Power Management	CN11－3778/D	中国科协	中国电机工程学会
392	农机化研究[6]	Journal of Agricultural Mechanization Research	CN23－1233/S	黑龙江省农业机械科学研究院	黑龙江省农业机械学会、黑龙江省农业机械工程科学研究院、中国农业机械学会农业机械分会
393	农业工程技术	Agricultural Engineering Tcchnology	CN11－5436/S	农业部	农业部规划设计研究院、中国农业工程学会
394	农业工程学报[1]	Transactions of the Chinese Society of Agricultural Engineering	CN11－2047/S	中国科协	中国农业工程学会
395	农业机械学报[4]	Transactions of the Chinese Society for Agricultural Machinery	CN11－1964/S	中国科协	中国农业机械学会、中国农业机械化科学研究院
396	农业科研经济管理	Management for Economy in Agricultural Scientific Research	CN11－3801/S	中国科协	中国农学会
397	农业系统科学与综合研究	System Sciences and Comprehensive Studies in Agriculture	CN23－1158/S	黑龙江省科学院	中国科学院黑龙江农业现代化所、中国系统工程学会农业系统工程委员会
398	暖通空调	Heating Ventilating and Air Conditioning	CN11－2832/TU	住房与城乡建设部	亚太建设科技信息研究院、中国建筑设计研究院、中国建筑学会

续表

序号	中文刊名	英文刊名	国内统一连续出版物号	主管单位	主办单位
399	排灌机械工程学报[6]	Drainage and Irrigation Machinery	CN32－1814/TH	中国农业机械学会	中国农业机械学会排灌机械学会、江苏大学流体机械工程技术研究中心
400	皮肤病与性病[6]	Journal of Dermatology and Venereology	CN53－1082/R	昆明市卫生局	中华医学会昆明分会
401	气象水文海洋仪器	Meteorological, Hydrological and Marine Instruments	CN22－1135/TH	中国科协	中国仪器仪表学会气象水文海洋仪器分会、长春气象仪器研究所
402	气象学报[1]	Acta Meteorologica Sinica	CN11－2006/P	中国气象局	中国气象学会
403	气象学报(英文版)[3]	Acta Meteorologica Sinica (English Edition)	CN11－2277/P	中国科协	中国气象学会
404	气象知识	Meteorological Knowledge	CN11－1332/P	中国气象局	中国气象学会
405	汽车工程[5]	Automotive Engineering	CN11－2221/U	中国科协	中国汽车工程学会
406	汽车工业研究	Auto Industry Research	CN22－1231/U	国务院国有资产监督管理委员会	中国第一汽车集团公司企业形象策划部、中国汽车工业经济技术信息研究所、中国汽车工程学会经济技术研究分会
407	汽车工艺与材料	Automobile Technology & Material	CN22－1187/U	国家经济贸易委员会	中国汽车工程学会、长春汽车材料研究所
408	汽车技术	Automobile Technology	CN22－1113/U	国家经济贸易委员会	中国汽车工程学会、长春汽车研究所
409	汽车之友	Auto Fan	CN11－1308/U	中国机械工业联合会	中国汽车工程学会
410	汽车知识[5]	Auto Knowledge	CN11－4722/TH	中国科协	中国机械工程学会、中国汽车工业经济技术信息研究所
411	情报科学[5]	Information Science	CN22－1264/G2	教育部	吉林大学、中国科技情报学会
412	情报学报	Journal of the China Society for Scientific and Technical Information	CN11－2257/G3	中国科协	中国科学技术情报学会、中国科学技术信息研究所

续表

序号	中文刊名	英文刊名	国内统一连续出版物号	主管单位	主办单位
413	全科护理[6]	Chinese General Nursing	CN14－1349/R	山西省卫生厅	中华护理学会山西分会
414	燃料化学学报[4]	Journal of Fuel Chemistry and Technology	CN14－1140/TQ	中国科学院	中国化学会、中国科学院山西煤炭化学研究所
415	染整技术[6]	Textile Dyeing and Finishing Journal	CN32－1420/TQ	常州市纺工局	中国纺织工程学会染整专业委员会、江苏省纺织工程学会、常州印染科学研究所
416	热带医学杂志	Journal of Tropical Medicine	CN44－1503/R	广东省科协	中华预防医学会、广东省寄生虫学会
417	热带作物学报	Chinese Journal of Tropical Crops	CN46－1019/S	中国科协	中国热带作物学会
418	热加工工艺	Hot Working Technology	CN61－1133/TG	中国船舶重工集团公司	中国船舶重工集团公司热加工工艺研究所、中国造船工程学会船舶材料学术委员会
419	人工晶体学报[4]	Journal of Synthetic Crystals	CN11－2637/O7	中国建筑材料工业协会	中国硅酸盐学会晶体生长与材料分会、中非人工晶体研究院
420	人文地理	Human Geography	CN61－1193/K	陕西省教育厅	中国地理学会、西安外国语学院 人文地理研究所
421	软件	Software	CN12－1151/TP	中国科协	中国电子学会、天津电子学会
422	软件学报[1,4]	Journal of Software	CN11－2560/TP	中国科学院	中国科学院软件研究所、中国计算机学会
423	软件与光盘	Software and CD	CN11－3941/N	中国科协	大众科技报社
424	润滑与密封[5]	Lubrication Engineering	CN44－1260/TH	中国科协	中国机械工程学会、广州机械科学研究院
425	色谱	Chinese Journal of Chromatography	CN21－1185/O6	中国科协	中国化学会
426	森林与人类	Forest & Humankind	CN11－1224/S	国家林业局	中国绿色时报、中国林学会

续表

序号	中文刊名	英文刊名	国内统一连续出版物号	主管单位	主办单位
427	山地学报[5]	Journal of Mountain Research	CN51－1516/P	中国科学院	中国科学院水利部成都山地灾害与环境研究所、中国地理学会
428	山西医药杂志	Shanxi Medical Journal	CN14－1108/R	山西省卫生厅	中华医学会山西分会
429	陕西中医	Shanxi Journal of Traditional Chinese Medicine	CN61－1105/R	陕西省中医管理局	中国中医药学会陕西分会
430	设备管理与维修	Plant Maintenance Engineering	CN11－2503/F	中国科协	中国机械工程学会、卓众出版有限公司
431	设计	Design	CN11－5127/TB	中国科协	中国工业设计协会
432	摄影与摄像[5]	Photo & Video	CN11－3625/TB	中国科协	中国科教电影电视协会
433	神经解剖学杂志[5]	Chinese Journal of Neuroanatomy	CN61－1061/R	第四军医大学	第四军医大学、中国解剖学会
434	生理科学进展	Progress in Physiological Sciences	CN11－2270/R	中国科协	中国生理学会、北京大学
435	生理学报	Acta Physiologica Sinica	CN31－1352/Q	中国科学院	中国科学院上海生命科学研究院、中国生理学会
436	生命的化学	Chemistry of Life	CN31－1384/Q	中国科协	中国生物化学与分子生物学会
437	生命世界	Life World	CN11－5272/Q	中国科学院	中国科学院植物研究所、中国植物学会、高等教育出版社
438	生态学报[1,5]	Acta Ecologica Sinica	CN11－2031/Q	中国科协	中国生态学学会、中国科学院生态环境研究中心
439	生态学杂志	Chinese Journal of Ecology	CN21－1148/Q	中国科协	中国生态学学会、中国科学院沈阳应用生态研究所
440	生物产业技术[6]	Biotechnology&Business	CN11－5606/Q	中国石油和化学工业协会	化学工业出版社、中国生物工程学会
441	生物多样性	Biodiversity Science	CN11－3247/Q	中国科学院	中国科学院生物多样性委员会、中国植物学会、中国科学院植物研究所、中国科学院动物研究所、中国科学院微生物研究所

续表

序号	中文刊名	英文刊名	国内统一连续出版物号	主管单位	主办单位
442	生物工程学报	Chinese Journal of Biotechnology	CN11－1998/Q	中国科学院	中国科学院微生物研究所、中国微生物学会
443	生物化学与生物物理进展[3]	Progress in Biochemistry and Biophysics	CN11－2161/Q	中国科学院	中国科学院生物物理研究所、中国生物物理学会
444	生物技术世界[6]	Biotech World	CN11－5672/Q	中国科协	中国科普作家协会
445	生物数学学报	Journal of Biomathematics	CN34－1071/Q	中国数学会	中国数学会生物数学学会
446	生物物理学报	Acta Biophysica Sinica	CN11－1992/Q	中国科协	中国生物物理学会
447	生物学通报	Bulletin of Biology	CN11－2042/Q	中国科协	中国动物学会、中国植物学会、北京师范大学
448	声学学报[4]	Acta Acustica	CN11－2065/O4	中国科学院	中国科学院声学所、中国声学学会
449	声学学报（英文版）	Chinese Journal of Acoustics	CN11－2066/O3	中国科学院	中国科学院声学所、中国声学学会
450	施工技术	Construction Technology	CN11－2831/TU	住房与城乡建设部	亚太建设科技信息研究院、中国建筑设计研究院、中国建筑工程总公司、中国土木工程学会
451	石油化工	Petrochemical Technology	CN11－2361/TQ	中国石油化工集团公司	中国石化集团北京化工研究院、中国化工学会石油化工专业委员会
452	石油机械	China Petroleum Machinery	CN42－1246/TE	中国石油天然气集团公司	中国石油物资装备（集团）总公司、中国石油学会石油工程学会、中国石油集团钻井工程技术研究院江汉机械研究所、江汉石油管理局
453	石油实验地质	Petroleum Geology & Experiment	CN32－1151/TE	中国石油化工集团公司	中国石油化工股份有限公司石油勘探开发研究院、中国地质学会石油地质专业委员会
454	石油学报[1,4]	Acta Petrolei Sinica	CN11－2128/TE	中国科协	中国石油学会

续表

序号	中文刊名	英文刊名	国内统一连续出版物号	主管单位	主办单位
455	石油学报(石油加工)[4]	Acta Petrolei Sinica(Petroleum Processing Section)	CN11－2129/TE	中国科协	中国石油学会、石油化工科学研究院
456	石油与天然气地质	Oil & Gas Geology	CN11－4820/TE	中国石油化工集团公司	中国石油化工股份有限公司石油勘探开发研究院、中国地质学会石油地质专业委员会
457	石油知识	Petroleum Knowledge	CN11－4725/TE	中国科协	中国石油学会
458	实验力学[5]	Journal of Experimental Mechanics	CN34－1057/O3	中国科协	中国力学学会、中国科学技术大学
459	实验流体力学[4]	Journal of Experiments in Fluid Mechanics	CN11－5266/V	中国科协	中国空气动力学会
460	实验与检验医学[6]	Experimental and Laboratory Medicine	CN36－1298/R	江西省卫生厅	中华医学会江西分会
461	实用肝脏病杂志	Journal of Clinical Hepatology	CN34－1270/R	安徽省科协	中华医学会安徽分会
462	实用骨科杂志[6]	Journal of Practical Orthopedics	CN14－1223/R	山西省卫生厅	中华医学会山西分会、北京医科大学第三医院
463	实用全科医学	Applied Journal of General Practice	CN11－5464/R	卫生部	中华预防医学会、安徽省微循环学会
464	实用糖尿病杂志	Journal of Practical Diabetology	CN21－1523/R	辽宁省卫生厅	中华医学会辽宁分会
465	实用医技杂志	Journal of Practical Medical Techniques	CN14－1298/R	山西省卫生厅	中华医学会山西分会
466	实用医学影像杂志[6]	Journal of Practical Medical Imaging	CN14－1281/R	山西省卫生厅	中华医学会山西分会、山西省人民医院
467	实用预防医学	Practical Preventive Medicine	CN43－1223/R	卫生部	中华预防医学会、湖南省预防医学会
468	实用肿瘤杂志	Journal of Practical Oncology	CN33－1074/R	教育部	浙江大学、中国抗癌协会
469	世界地理研究	World Regional Studies	CN31－1626/P	中国科协	中国地理学会

续表

序号	中文刊名	英文刊名	国内统一连续出版物号	主管单位	主办单位
470	世界地震工程	World Earthquake Engineering	CN23－1195/P	中国地震局	中国地震局工程力学研究所、中国力学学会
471	世界中西医结合杂志	Word Journal of Integrated Traditional and Western	CN11－5511/R	中国科协	中华中医药学会
472	兽类学报	Acta Theriologica Sinica	CN63－1014/Q	中国科协	中国科学院西北高原生物研究所、中国动物学会兽类学分会
473	数据采集与处理	Journal of Data Acquisition & Processing	CN32－1367/TN	中国科协	中国电子学会、信号处理学会、中国仪器仪表学会、中国物理学会、微弱信号检测学会、南京航空航天大学
474	数理天地（初中版）	—	CN11－3091/O1	中国科协	中国优选法统筹法与经济数学研究会
475	数理天地（高中版）5	—	CN11－3095/O1	中国科协	中国优选法统筹法与经济数学研究会
476	数理统计与管理5	Application of Statistics and Management	CN11－2242/O1	中国科协	中国现场统计研究会
477	数码影像时代	Broadcast Network Technology	CN11－5714/TN	中国科协	中国科学技术投资有限公司
478	数学的实践与认识	Mathematics in Practice and Theory	CN11－2018/O1	中国科学院	中国数学会、中国科学院数学与系统科学研究院
479	数学进展	Advances in Mathematics	CN11－2312/O1	中国科协	中国数学会
480	数学通报	Bulletin des Sciences Mathematics	CN11－2254/O1	中国科协	中国数学会、北京师范大学
481	数学学报	Acta Mathematica Sinica	CN11－2038/O1	中国科学院	中国数学会、中国科学院数学与系统科学研究院
482	数学学报（英文版）3	Acta Mathematica Sinica, English Series	CN11－2039/O1	中国科协	中国数学会、中国科学院数学与系统科学研究院
483	水产学报	Journal of Fisheries of China	CN31－1283/S	中国科协	中国水产学会

续表

序号	中文刊名	英文刊名	国内统一连续出版物号	主管单位	主办单位
484	水电能源科学	Water Resources and Power	CN42－1231/TK	教育部	中国水力发电学会、华中科技大学、国测水电技术研究院
485	水电站机电技术[6]	Mechanical & Electrical Technique of Hydropower Station	CN11－5130/TV	水利部	全国水利水电机电技术信息网、中国水力发电工程学会、中国水利水电科学研究院
486	水科学进展[4]	Advances in Water Science	CN32－1309/P	水利部	南京水利科学研究院、中国水利学会
487	水力发电学报[4]	Journal of Hydroelectric Engineering	CN11－2241/TV	中国科协	中国水力发电工程学会
488	水利学报[1,4]	Journal of Hydraulic Engineering	CN11－1882/TV	中国科协	中国水利学会
489	水生生物学报	Acta Hydrobiologica Sinica	CN42－1230/Q	中国科学院	中国科学院水生生物研究所、中国海洋湖沼学会
490	丝网印刷	Screen Printing	CN11－2348/TS	北京印刷集团有限责任公司	中国网印及制像协会、北京市印刷技术研究所
491	塑性工程学报	Journal of Plasticity Engineering	CN11－3449/TG	中国科协	中国机械工程学会
492	太空探索	Space Exploration	CN11－4492/V	中国科协	中国宇航学会
493	太阳能[5]	Solar Energy	CN11－1660/TK	中国科协	中国可再生能源学会
494	太阳能学报[4,5]	Acta Energiae Solaris Sinica	CN11－2082/TK	中国科协	中国可再生能源学会
495	探测与控制学报	Journal of Detection & Control	CN61－1316/TJ	中国兵器工业集团公司	西安机电信息研究所、机电工程与控制国家级重点实验室、中国兵工学会
496	糖尿病天地	Diabetes World	CN11－5210/R	中国科协	中华中医药学会
497	糖尿病新世界[5]	Diabetes New World	CN11－5019/R	中国科协	中国病理生理学会
498	特产研究[5]	Special Wild Economic Animal and Plant Research	CN22－1154/S	农业部	中国农业科学院特产研究所、中国农学会特产学会

续表

序号	中文刊名	英文刊名	国内统一连续出版物号	主管单位	主办单位
499	特殊钢	Special Steel	CN42－1243/TF	中国金属学会	中国金属学会特殊钢分会、大冶特殊钢股份有限公司
500	特种铸造及有色合金	Special Casting & Non-ferrous Alloys	CN42－1148/TG	中国科协	中国机械工程学会
501	体育科学	China Sport Science	CN11－1295/G8	国家体育总局	中国体育科学学会
502	天文爱好者	Amateur Astronomer	CN11－1390/P	中国科协	中国天文学会、北京天文馆
503	天文和天体物理学研究(英文版)[3,5]	Research in Astronomy and Astrophysics	CN11－5721/P	中国科学院	中国科学院国家天文台、中国天文学会
504	天文学报	Acta Astronomica Sinica	CN32－1113/P	中国科学院	中国天文学会
505	天文学进展	Progress in Astronomy	CN31－1340/P	中国科学院	中国科学院上海天文台、中国天文学会
506	铁道工程学报	Journal of Railway Engineering Society	CN11－3567/U	中国科协	中国铁道学会、中国铁道建筑技术总公司、中国中铁股份有限公司
507	铁道机车车辆	Railway Locomotive & Car	CN11－1917/U	铁道部	中国铁道科学研究院机车车辆研究所、中国铁道学会牵引动力委员会
508	铁道建筑技术	Railway Construction Technology	CN11－3368/TU	铁道部	中国铁道学会、中国铁道建筑技术总公司
509	铁道科学与工程学报[6]	Journal of Railway Science and Engineering	CN43－1423/U	教育部	中南大学、中国铁道学会
510	铁道学报[4]	Journal of the China Railway Society	CN11－2104/U	中国科协	中国铁道学会
511	铁道知识	Railway Knowledge	CN11－1372/U	中国科协	中国铁道学会
512	铁路计算机应用[5]	Railway Computer Application	CN11－3471/TP	铁道部	中国铁道科学研究院电子计算技术研究所、中国铁道学会计算机委员会
513	通信学报[4]	Journal on Communications	CN11－2102/TN	中国科协	中国通信学会

续表

序号	中文刊名	英文刊名	国内统一连续出版物号	主管单位	主办单位
514	同位素	Isotopes	CN11－2566/TL	中国核工业集团公司	中国核学会同位素学会
515	涂料工业[6]	Paint & Coatings Industry	CN32－1154/TQ	中海油常州涂料化工研究院	中国化工学会涂料涂装专业委员会
516	涂料技术与文摘	Coatings Technology & Abstracts	CN32－1672/TQ	中化常州涂料化工研究院	中化常州涂料化工研究院、中国化工学会涂料涂装专业委员会
517	土木工程学报[4]	China Civil Engineering Journal	CN11－2120/TU	住房与城乡建设部	中国土木工程学会
518	土壤通报	Chinese Journal of Soil Science	CN21－1172/S	中国科协	中国土壤学会
519	土壤学报[1]	Acta Pedologica Sinica	CN32－1119/P	中国科学院	中国土壤学会
520	玩具世界	Toys World	CN31－1287/TS	中国轻工业联合会	中国工艺美术学会玩具专业委员会
521	网络财富	Network Wealth	CN12－1392/G2	国家海洋局	中国电源学会
522	网友世界	Netfriends	CN11－4852/TP	中国科协	中国电子学会
523	微波学报[5]	Journal of Microwaves	CN32－1493/TN	中国科协	中国电子学会
524	微生物学报	Acta Microbiologica Sinica	CN11－1995/Q	中国科学院	中国科学院微生物研究所、中国微生物学会
525	微生物学通报	Microbiology	CN11－1996/Q	中国科学院	中国科学院微生物研究所、中国微生物学会
526	微生物学杂志	Journal of Microbiology	CN21－1186/Q	辽宁省科学技术厅	中国微生物学会、辽宁省微生物学会、辽宁省微生物科学研究院
527	微循环学杂志	Chinese Journal of Microcirculation	CN42－1321/R	教育部	武汉大学人民医院、中国病理生理学会微循环专业委员会
528	卫生职业教育[6]	Health Vocational Education	CN62－1167/R	卫生部科教司甘肃省卫生厅	全国中等医学教育研究会、甘肃省医学科学研究院、中华医学会医学教育分会
529	未来与发展	Future and Development	CN11－1627/G3	中国科协	中国未来研究会

续表

序号	中文刊名	英文刊名	国内统一连续出版物号	主管单位	主办单位
530	无机化学学报[3]	Chinese Journal of Inorganic Chemistry	CN32－1185/O6	中国科协	中国化学会
531	无机盐工业	Inorganic Chemicals Industry	CN12－1069/TQ	天津化工研究设计院	天津化工研究设计院、中国化工学会无机酸碱盐专业委员会
532	无损检测	Nondestructive Testing	CN31－1335/TG	中国科协	中国机械工程学会、上海材料研究所
533	物理	Physics	CN11－1957/O4	中国科学院	中科院物理所、中国物理学会
534	物理化学学报[2,3]	Acta Physico－Chimica Sinica	CN11－1892/O6	中国科协	中国化学会
535	物理教学	Physics Teaching	CN31－1033/G4	中国科协	中国物理学会
536	物理学报[1,3]	Acta Physica Sinica	CN11－1958/O4	中国科学院	中国物理学会、中国科学院物理研究所
537	物理学进展	Progress in Physics	CN32－1127/O4	中国科协	中国物理学会、南京大学
538	西北地震学报	Northwestern Seismological Journal	CN62－1048/P	中国地震局	中国地震局兰州地震研究所、中国地震学会
539	稀土	Chinese Rare Earths	CN15－1099/TF	包头稀土研究院	中国稀土学会
540	稀土学报(英文版)[3,4]	Journal of Rare Earths	CN11－2788/TF	中国科协	中国稀土学会、北京有色金属研究总院
541	稀有金属(英文版)[3,4]	Rare Metals	CN11－2112/TF	中国有色金属工业协会	中国有色金属学会、北京有色金属研究总院
542	稀有金属材料与工程[3,4]	Rare Metal Materials and Engineering	CN61－1154/TG	中国科协	中国有色金属学会、中国材料研究学会、西北有色金属研究院
543	稀有金属与硬质合金	Rare Metals and Cemented Carbides	CN43－1109/TF	长沙有色冶金设计研究院	中国有色金属学会、长沙有色冶金设计研究院
544	系统仿真学报	Journal of System Simulation	CN11－3092/V	中国航天科工集团公司	中国航天科工集团706所、中国系统仿真学会

续表

序号	中文刊名	英文刊名	国内统一连续出版物号	主管单位	主办单位
545	系统工程理论与实践[4]	Systems Engineering – Theory & Practice	CN11－2267/N	中国科协	中国系统工程学会
546	系统工程学报	Journal of Systems Engineering	CN12－1141/O1	中国科协	中国系统工程学会
547	系统工程与电子技术[4]	Systems Engineering and Electronics	CN11－2422/TN	中国航天科工集团公司	中国航天科工集团二院、中国宇航学会、中国系统工程学会
548	系统工程与电子技术(英文版)[3,4]	Journal of Systems Engineering and Electronics	CN11－3018/N	中国航天科工集团公司	中国航天科工集团公司二院、中国宇航学会、中国系统工程学会
549	系统科学与系统工程学报(英文版)[3]	Journal of Systems Science and Systems Engineering	CN11－2983/N	中国科协	中国系统工程学会
550	细胞研究[2,3]	Cell Research	CN31－1568/Q	中国科学院	中国科学院上海生命科学研究院生物化学与细胞生物学研究所、中国细胞生物学会
551	细胞与分子免疫学杂志	Chinese Journal of Cellular and Molecular Immunology	CN61－1304/R	第四军医大学	第四军医大学、中国免疫学会
552	现代电视技术	Advanced Television Engineering	CN11－4864/TN	国家广电总局	中央电视台、中国电影电视技术学会
553	现代技术陶瓷	Advanced Ceramics	CN37－1226/TQ	山东工业陶瓷研究设计院	山东工业陶瓷研究设计院、中国硅酸盐学会特陶分会
554	现代免疫学	Current Immunology	CN31－1899/R	上海市教委	中国免疫学会、上海市免疫学会、上海市免疫学研究所
555	现代情报	Modern Information	CN22－1182/G3	吉林省科技信息研究所	中国科技情报学会
556	现代隧道技术	Modern Tunnelling Technology	CN51－1600/U	中国铁道工程总公司	中铁西南科学研究院有限公司、中国土木工程学会隧道及地下工程分会

续表

序号	中文刊名	英文刊名	国内统一连续出版物号	主管单位	主办单位
557	现代通信	Communications Today	CN31－1363/TN	中国科协	中国通信学会
558	现代物理知识	Modern Physics	CN11－2441/O3	中国科学院	中国科学院高能物理研究所、中国物理学会
559	现代药物与临床[5,6]	Drugs & Clinic	CN12－1407/R	天津市科委	天津药物研究院、中国药学会
560	现代预防医学	Modern Preventive Medicine	CN51－1365/R	卫生部	中华预防医学会、四川大学华西公共卫生学院
561	现代中西医结合杂志	Modern Journal of Integrated Traditional Chinese and Western Medicine	CN13－1283/R	河北省科协	河北省中西医结合学会河北分会、中华中医药学会
562	现代肿瘤医学	Journal of Modern Oncology	CN61－1415/R	陕西省科协	陕西省抗癌协会、中国抗癌协会、陕西省肿瘤防治研究所、陕西省医学会
563	现代铸铁	Modern Cast Iron	CN32－1112/TG	一汽铸造有限公司	中国机械工程学会、无锡一汽铸造有限公司
564	乡镇企业导报	—	CN11－3564/F	中国科协	中国乡镇企业协会
565	消防技术与产品信息	Fire Technique and Products Information	CN11－2628/TU	公安部	中国消防协会
566	消防科学与技术	Fire Science and Technology	CN12－1311/TU	公安部	中国消防协会
567	小水电	Small Hydropower	CN33－1204/TV	水利部	水利部农村电气化研究所、中国水力发电工程学会
568	小型微型计算机系统	Mini－micro Systems	CN21－1106/TP	中国科学院	中国科学院辽宁计算技术研究所、中国计算机学会
569	校园心理	Campus Life & Mental Health	CN14－1326/R	山西省卫生厅	中华医学会山西分会
570	心理科学	Psychological Science	CN31－1582/B	中国科协	中国心理学会
571	心理学报	Acta Psychologica Sinica	CN11－1911/B	中国科学院	中国心理学会、中国科学院心理研究所

续表

序号	中文刊名	英文刊名	国内统一连续出版物号	主管单位	主办单位
572	心理与健康	Psychology & Health	CN11－3387/R	中国科协	中国心理卫生协会
573	心血管康复医学杂志[5,6]	Chinese Journal of Cardiovascular Rehabilitation Medicine	CN35－1193/R	福建省科协	福建省康复医学会、中国康复医学会
574	新中医	New Journal of Traditional Chinese Medicine	CN44－1231/R	国家中医药管理局	广州中医药大学、中华中医药学会
575	信号处理	Signal Processing	CN11－2406/TN	中国科协	中国电子学会
576	信息网络安全	Netinfo Security	CN31－1859/TN	公安部	公安部第三研究所、中国计算机学会计算机安全专业委员会
577	信息与控制	Information and Control	CN21－1138/TP	中国科学院	中国科学院沈阳自动化研究所、中国自动化学会
578	畜牧兽医学报	Chinese Journal of Animal and Veterinary Sciences	CN11－1985/S	中国科协	中国畜牧兽医学会
579	学会	Learned Society	CN35－1127/G3	福建省科协	福建省科学技术协会、中国科协学会学术部
580	压力容器	Pressure Vessel Technology	CN34－1058/TH	中国科协	中国机械工程学会压力容器分会
581	岩矿测试	Rock and Mineral Analysis	CN11－2131/TD	中国科协	中国地质学会岩矿测试专业委员会、国家地质实验测试中心
582	岩石矿物学杂志	Acta Petrologica et Mineralogica	CN11－1966/P	中国科协	中国地质学会岩石学专业委员会、中国地质学会矿物学专业委员会、中国地质科学院地质研究所
583	岩石力学与工程学报[1,2,4]	Chinese Journal of Rock Mechanics and Engineering	CN42－1397/O3	中国科协	中国岩石力学与工程学会
584	岩石学报[1,3]	Acta Petrologica Sinica	CN11－1922/P	中国科学院	中国矿物岩石地球化学学会、中国科学院地质与地球物理研究所

续表

序号	中文刊名	英文刊名	国内统一连续出版物号	主管单位	主办单位
585	岩土工程学报[1,4]	Chinese Journal of Geotechnical Engineering	CN32－1124/TU	中国科协	中国水利学会、中国土木工程学会、中国力学学会、中国建筑学会、中国水力发电工程学会、中国振动工程学会
586	遥感学报[1]	Journal of Remote Sensing	CN11－3841/TP	中国科学院	中国科学院遥感应用研究所、中国地理学会环境遥感分会
587	药物分析杂志	Chinese Journal of Pharmaceutical Analysis	CN11－2224/R	中国科协	中国药学会
588	药物流行病学杂志	Chinese Journal of Pharmacoepidemiology	CN42－1333/R	中国科协	中国药学会、武汉医药(集团)股份有限公司
589	药物评价研究	Drug Evaluation Research	CN12－1409/R	天津市科委	天津药物研究院、中国药学会
590	药物生物技术	Pharmaceutical Biotechnology	CN32－1488/R	教育部、江苏省教育厅	中国药科大学、中国医药科技出版社、中国药学会
591	药物与人	Medicine and People	CN11－2233/R	北京市药品监督管理局	北京药学会
592	药学实践杂志[5]	The Journal of Pharmaceutical Practice	CN31－1685/R	第二军医大学	第二军医大学、中国药学会药事管理专业委员会
593	药学学报[1]	Acta Pharmaceutica Sinica	CN11－2163/R	中国科协	中国药学会
594	冶金分析	Metallurgical Analysis	CN11－2030/TF	中国钢铁工业协会	钢铁研究总院、中国金属学会
595	冶金经济与管理	Metallurgy Economy	CN21－1094/F	中国金属学会	中国金属学会冶金技术经济分会、中国有色金属学会经济管理学术委员会、东北大学
596	冶金设备	Metallurgical Equipment	CN11－2183/TF	中国钢铁工业协会	北京冶金设备研究设计总院、中国金属学会冶金设备分会、中国贸促会冶金行业分会

续表

序号	中文刊名	英文刊名	国内统一连续出版物号	主管单位	主办单位
597	野生动物	Chinese Wildlife	CN23－1271/S	国家林业局	国家濒危物种进出口管理办公室、中国野生动物保护协会、东北林业大学
598	液晶与显示	Chinese Journal of Liquid Crystals and Displays	CN22－1259/O4	中国科学院	中国科学院长春光学精密机械与物理研究所、中国光学光电子行业协会液晶专业分会、中国物理学会液晶分会
599	液压与气动	Chinese Hydraulics & Pneumatics	CN11－2059/TH	中国机械工业联合会	北京机械工业自动化研究所、中国机械工程学会机械工业自动化分会
600	医学信息[6]	Medical Information	CN61－1278/R	科学技术部	国家医学教育发展中心、陕西省文博生物信息工程研究所、国家卫生部信息化管理领导小组、中国电子学会医药信息学分会
601	医学与哲学	Medicine & Philosophy	CN21－1093/R	中国科协	中国自然辩证法研究会
602	医药导报	Herald of Medicine	CN42－1293/R	湖北省食品药品监督管理局	中国药理学会、华中科技大学同济医学院附属同济医院、中国医药商业协会
603	医药论坛杂志	Journal of Medical Forum	CN11－5479/R	卫生部	中华预防医学会、河南省医学情报研究所
604	仪表技术	Instrumentation Technology	CN31－1266/TH	上海科学院	上海仪器仪表研究所、上海市仪器仪表学会、中国仪器仪表学会汉字信息处理系统研究会
605	仪器仪表学报[4]	Chinese Journal of Scientific Instrument	CN11－2179/TH	中国科协	中国仪器仪表学会
606	仪器仪表用户	Electronic Instrumentation Customer	CN12－1334/TH	天津市电子仪表工业总公司	天津仪表集团公司、中国仪器仪表学会

续表

序号	中文刊名	英文刊名	国内统一连续出版物号	主管单位	主办单位
607	遗传	Hereditas	CN11－1913/R	中国科学院	中国科学院遗传与发育生物学研究所、中国遗传学会
608	遗传学报[3]	Journal of Genetics and Genomics	CN11－5450/R	中国科学院	中国科学院遗传与发育生物学研究所、中国遗传学会
609	英国医学杂志（中文版）	BMJ Chinese Edition	CN11－3904/R	中国科协	中华医学会
610	营养学报[1]	Acta Nutrimenta Sinica	CN12－1074/R	军事医学科学院	卫生学环境医学研究所、中国营养学会
611	影像技术	Image Technology	CN12－1173/TB	全国轻工感光材料信息中心	中国感光学会、全国轻工感光材料信息中心
612	影像科学与光化学	Imaging Science and Photochemistry	CN11－5604/O6	中国科学院	中国科学院理化技术研究所、中国感光学会
613	应用地球物理（英文版）[3]	Applied Geophysics	CN11－5212/O	中国科协	中国地球物理学会
614	应用概率统计	Chinese Journal of Applied Probability and Statistics	CN31－1256/O1	中国科协	中国数学会概率统计学会
615	应用光学	Journal of Applied Optics	CN61－1171/O4	中国兵器工业集团公司	中国兵器工业第二〇五研究所、中国兵工学会
616	应用化学[6]	Chinese Journal of Applied Chemistry	CN22－1128/O6	中国科学院	中国化学会
617	应用基础与工程科学学报[4]	Journal of Basic Science and Engineering	CN11－3242/TB	中国科协	中国自然资源学会
618	应用激光	Applied Laser	CN31－1375/TN	上海科学院	中国光学学会激光加工专业委员会、上海市激光技术研究所
619	应用生态学报[1]	Chinese Journal of Applied Ecology	CN21－1253/Q	中国科学院	中国生态学学会、中国科学院沈阳应用生态研究所
620	应用声学	Applied Acoustics	CN11－2121/O4	中国科学院	中国科学院声学研究所，中国声学学会

续表

序号	中文刊名	英文刊名	国内统一连续出版物号	主管单位	主办单位
621	应用数学学报	Acta Mathematicae Applicatae Sinica	CN11－2040/O1	中国科学院	中国数学会、中国科学院数学与系统科学研究院
622	应用数学学报(英文版)[3]	Acta Mathematicae Applicatae Sinica (English Edition)	CN11－2041/O1	中国科学院	中国数学会、中国科学院数学与系统科学研究院
623	铀矿地质	Uranium Geology	CN11－1971/TL	中国核工业集团公司	中国核学会铀矿地质学会、核工业北京地质研究院
624	铀矿冶	Uranium Mining and Metallurgy	CN11－1969/TL	中国核工业集团公司	中国核学会铀矿冶学会
625	有机化学[3]	Chinese Journal of Organic Chemistry	CN31－1321/O6	中国科学院	中国化学会、中国科学院上海有机化学研究所
626	有色设备	Nonferrous Metallurgical Equipment	CN11－2919/TG	中国有色金属工业协会	中国有色金属学会、中国有色工程设计研究总院
627	渔业科学进展	Progress in Fishery Sciences	CN37－1466/S	农业部	中国水产学会、中国水产科学研究院黄海水产研究所、科学出版社
628	宇航学报[4]	Journal of Astronautics	CN11－2053/V	中国科协	中国宇航学会
629	预防医学论坛	Preventive Medicine Tribune	CN37－1428/R	卫生部	中华预防医学会、山东省疾病预防控制中心
630	预防医学情报杂志	Journal of Preventive Medicine Information	CN51－1276/R	四川省卫生厅	中华预防医学会、四川省疾病预防控制中心
631	园林	Garden	CN31－1118/S	上海市建设和交通委员会	上海市园林科学研究所、中国风景园林学会
632	园艺学报[5]	Acta Horticulturae Sinica	CN11－1924/S	中国科协	中国园艺学会、中国农业科学院蔬菜花卉研究所
633	原子核物理评论	Nuclear Physics Review	CN62－1131/O4	中国科学院	中国科学院近代物理研究所、中国核物理学会
634	原子与分子物理学报	Journal of Atomic and Molecular Physics	CN51－1199/O4	四川省科协	四川大学、四川省物理学会、中国物理学会原子与分子物理专业委员会

续表

序号	中文刊名	英文刊名	国内统一连续出版物号	主管单位	主办单位
635	运筹学学报	Operations Research Transactions	CN31－1732/O1	中国科协	中国运筹学会
636	运筹与管理	Operations Research and Management Science	CN34－1133/G3	中国科协	中国运筹学会
637	造纸信息	China Paper Newsletter	CN11－3667/TS	中国轻工业联合会	中国造纸协会、中国造纸学会、中国制浆造纸研究院
638	噪声与振动控制	Noise and Vibration Control	CN31－1346/TB	中国科协	中国声学学会、上海交通大学(承办)
639	轧钢	Steel Rolling	CN11－2466/TF	中国钢铁工业协会	钢铁研究总院、中国金属学会轧钢分会
640	照明工程学报	China Illuminating Engineering Journal	CN11－3029/TM	中国科协	中国照明学会
641	针刺研究	Acupuncture Research	CN11－2274/R	国家中医药管理局	中国中医科学院针灸研究所、中国针灸学会
642	针灸临床杂志	Journal of Clinical Acupuncture and Moxibustion	CN23－1354/R	黑龙江省教育厅	中华中医药学会、黑龙江中医药大学、中国针灸学会临床分会
643	针织工业	Knitting Industries	CN12－1119/TS	天津市针织技术研究所	天津市针织技术研究所、中国纺织信息中心、中国纺织工程学会针织专业委员会
644	真空科学与技术学报	Chinese Journal of Vacuum Science and Technology	CN11－5177/TB	中国科协	中国真空学会
645	振动工程学报[4]	Journal of Vibration Engineering	CN32－1349/TB	中国科协	中国振动工程学会
646	振动与冲击[4]	Journal of Vibration and Shock	CN31－1316/TU	中国科协	中国振动工程学会、上海交通大学、上海市振动工程学会
647	知识就是力量	Knowledge is Power	CN11－1647/N	中国科协	中国科协、共青团中央、中华全国总工会

续表

序号	中文刊名	英文刊名	国内统一连续出版物号	主管单位	主办单位
648	职业卫生与应急救援[5]	Occupational Health and Emergency Rescue	CN31－1719/R	上海华谊集团公司	中华预防医学会化工分会、上海市化工职业病防治院
649	职业与健康	Occupation and Health	CN12－1133/R	天津市卫生局	天津市卫生防病中心、中华预防医学会
650	植物保护	Plant Protection	CN11－1982/S	中国科协	中国植物保护学会、中国农业科学院植物保护研究所
651	植物保护学报	Journal of Plant Protection	CN11－1983/S	中国科协	中国植物保护学会
652	植物病理学报	Acta Phytopathologica Sinica	CN11－2184/Q	中国科协	中国植物病理学会
653	植物分类学报[3]	Journal of Systematics and Evolution	CN11－5779/Q	中国科学院	中国科学院植物研究所、中国植物学会
654	植物检疫	Plant Quarantine	CN11－1990/S	国家质量监督检验检疫总局	中国检验检疫科学研究院、中国植物保护学会
655	植物生理学通讯	Plant Physiology Communications	CN31－1350/Q	中国科协	中国植物生理学会、中国科学院上海生命科学研究院植物生理生态研究所
656	植物生态学报	Chinese Journal of Plant Biology	CN11－3397/Q	中国科学院	中国科学院植物研究所、中国植物学会
657	植物学报	Chinese Bulletin of Botany	CN11－5705/Q	中国科学院	中国科学院植物研究所、中国植物学会
658	植物学报(英文版)[2,3]	Journal of Integrative Plant Biology	CN11－5067/Q	中国科学院	中国科学院植物研究所、中国植物学会
659	植物遗传资源学报	Journal of Plant Genetics Resources	CN11－4996/S	农业部	中国农业科学院作物科学研究所、中国农学会
660	植物资源与环境学报	Journal of Plant Resources and Environment	CN32－1339/S	江苏省科技厅	江苏省中国科学院植物研究所、江苏省植物学会、中国环境科学学会植物园保护分会(拟改)

续表

序号	中文刊名	英文刊名	国内统一连续出版物号	主管单位	主办单位
661	纸和造纸	Paper and Paper Making	CN11－2709/TS	中国科协	中国造纸学会
662	制冷学报[5]	Journal of Refrigeration	CN11－2182/TB	中国科协	中国制冷学会
663	制造技术与机床	Manufacturing Technology & Machine Tool	CN11－3398/TH	中国科协	中国机械工程学会、北京机床研究所
664	制造业自动化	Manufacturing Automation	CN11－4389/TP	中国机械工业联合会	北京机械工业自动化研究所、中国机械工程学会机械工业自动化分会
665	质谱学报	Journal of Chinese Mass Spectrometry Society	CN11－2979/TH	中国科学院	北京中科科仪技术发展有限责任公司、中国物理学会质谱分会
666	智能系统学报[6]	CAAI Transactions on Intelligent Systems	CN23－1538/TP	黑龙江省教育厅	哈尔滨工程大学、中国人工智能学会
667	中草药[1]	Chinese Traditional and Herbal Drugs	CN12－1108/R	天津市科委	天津药物研究院、中国药学会
668	中国癌症研究（英文版）[3]	Chinese Journal of Cancer Research	CN11－2591/R	中国科协	中国抗癌协会
669	中国安全科学学报	China Safety Science Journal	CN11－2865/X	中国科协	中国职业安全健康协会
670	中国比较医学杂志	Chinese Journal of Comparative Medicine	CN11－4822/R	中国科协	中国实验动物学会、中国医学科学院实验动物研究所
671	中国标准化	China Standardization	CN11－2345/T	国家质量监督检验检疫总局	中国标准化协会
672	中国标准化（英文版）	China Standardization (English Edition)	CN11－5133/T	国家质量监督检验检疫总局	中国标准化协会
673	中国表面工程	China Surface Engineering	CN11－3905/TG	中国科协	中国机械工程学会
674	中国病毒学（英文版）	Virologica Sinica	CN42－1760/Q	中国科学院	中国科学院武汉病毒研究所、中国微生物学会
675	中国病理生理杂志[1]	Chinese Journal of Pathophysiology	CN44－1187/R	中国科协	中国病理生理学会

续表

序号	中文刊名	英文刊名	国内统一连续出版物号	主管单位	主办单位
676	中国病原生物学杂志	Journal of Pathogen Biology	CN11－5457/R	卫生部	中华预防医学会、山东省寄生虫病防治研究所
677	中国材料进展[6]	Materials China	CN61－1473/TG	中国科协	中国材料研究学会
678	中国草地学报	Chinese Journal of Grassland	CN15－1344/S	农业部	中国农业科学院草原研究所、中国草学会
679	中国城乡企业卫生	Chinese Journal of Urban and Rural Industrial Hygiene	CN12－1170/R	卫生部	中华预防医学会、天津市职业病防治院
680	中国畜牧杂志[5]	Chinese Journal of Animal Science	CN11－2083/S	中国科协	中国畜牧兽医学会
681	中国地方病防治杂志	Chinese Journal of Control of Endemic Diseases	CN22－1136/R	卫生部	中华预防医学会
682	中国地方病学杂志	Chinese Journal of Endemiology	CN23－1276/R	卫生部	中华医学会、哈尔滨医科大学
683	中国地球化学学报(英文版)[4]	Chinese Journal of Geochemistry	CN52－1043/P	中国科学院出版委员会	中国科学院地化所、中国矿物岩石地球化学学会
684	中国地质教育	Chinese Geological Education	CN11－3777/G4	国土资源部	中国地质学会、中国地质大学(北京)
685	中国地质灾害与防治学报	The Chinese Journal of Geological Hazard and Control	CN11－2852/P	国土资源部	中国地质灾害研究会
686	中国电机工程学报[1,4]	Proceedings of the CSEE	CN11－2107/TM	中国科协	中国电机工程学会
687	中国电力	Electric Power	CN11－3265/TM	国家电网公司	国电信息中心、中国电机工程学会
688	中国电信业	China Telecommunication Trade	CN11－4524/TN	中国科协	中国通信学会、人民邮电报社
689	中国动脉硬化杂志	Chinese Journal of Arteriosclerosis	CN43－1262/R	中国科协	中国病理生理学会、南华大学

续表

序号	中文刊名	英文刊名	国内统一连续出版物号	主管单位	主办单位
690	中国动物保健	China Animal Health	CN11－3994/Q	中国科协	中国乡镇企业协会、北京中美欧畜牧科学研究院、中国动物保健品协会
691	中国儿童保健杂志	Chinese Journal of Child Health Care	CN61－1346/R	教育部	西安交通大学、中华预防医学会
692	中国法医学杂志	Chinese Journal of Forensic Medicine	CN11－1721/R	公安部	中国法医学会、公安部物证鉴定中心
693	中国防痨杂志	The Journal of the Chinese Antituberculosis Association	CN11－2761/R	中国科协	中国防痨协会
694	中国防汛抗旱	China Flood and Drought Management	CN11－5587/TV	中国科协	中国水利学会
695	中国肺癌杂志	Chinese Journal of Lung Cancer	CN12－1395/R	中国科协	中国抗癌协会、中国防痨协会、天津医科大学总医院
696	中国粉体技术	China Powder Science and Technology	CN37－1316/TU	中国建筑材料联合会	中国颗粒学会、济南大学、中国非金属矿业协会矿物加工利用技术专业委员会
697	中国辐射卫生	Chinese Journal of Radiological Health	CN37－1206/R	卫生部	中华预防医学会、山东省医学科学院放射医学研究所
698	中国腐蚀与防护学报	Journal of Chinese Society for Corrosion and Protection	CN21－1474/TG	中国科协	中国腐蚀与防护学会
699	中国妇幼保健	Maternal and Child Health Care of China	CN22－1127/R	卫生部	中华预防医学会
700	中国肛肠病杂志	Chinese Journal of Coloproctology	CN37－1167/R	中华中医药学会	中华中医药学会肛肠分会、山东中医药学会
701	中国工程机械学报	Chinese Journal of Construction Machinery	CN31－1926/TH	中国科协	中国工程机械学会

续表

序号	中文刊名	英文刊名	国内统一连续出版物号	主管单位	主办单位
702	中国工业医学杂志	Chinese Journal of Industrial Medicine	CN21－1267/R	卫生部	中华预防医学会、沈阳市劳动卫生职业病研究所
703	中国公共卫生[1]	Chinese Journal of Public Health	CN21－1234/R	卫生部	中华预防医学会
704	中国公共卫生管理	Chinese Journal of Public Health Management	CN23－1318/R	卫生部	中华预防医学会、黑龙江疾病控制中心
705	中国公路	China Highway	CN11－3597/F	交通运输部	中国公路学会
706	中国公路学报[1,4]	China Journal of Highway and Transport	CN61－1313/U	中国科协	中国公路学会
707	中国骨伤	China Journal of Orthopaedics and Traumatology	CN11－2483/R	国家中医药管理局	中国中西医结合学会、中国中医科学院
708	中国骨与关节损伤杂志	Chinese Journal of Bone and Joint Injury	CN11－5265/R	卫生部	中华预防医学会、中国人民解放军第一七五医院
709	中国管理科学	Chinese Journal of Management Science	CN11－2835/G3	中国科学院	中国优选法统筹法与经济数学研究会、中国科学院科技政策与管理科学研究所
710	中国惯性技术学报	Journal of Chinese Inertial Technology	CN12－1222/O3	中国科协	中国惯性技术学会
711	中国光学快报(英文版)[3,4]	Chinese Optics Letters	CN31－1890/O3	中国科学院	中国科学院上海光机所、中国光学学会
712	中国光学与应用光学	Chinese Journal of Optics and Applied Optics	CN22－1389/O4	中国科学院、中国科协	中国科学院长春光学精密机械与物理研究所、中国光学学会
713	中国国家地理	Chinese National Geography	CN11－4542/P	中国科学院	中国科学院地理科学与资源研究所、中国地理学会
714	中国海洋工程(英文版)[3,4,5]	China Ocean Engineering	CN32－1441/P	中国科协	中国海洋学会、海洋工程分会
715	中国海洋湖沼学报(英文版)[3]	Chinese Journal of Oceanology and Limnology	CN37－1150/P	中国科协	中国海洋湖沼学会、中国科学院海洋研究所

续表

序号	中文刊名	英文刊名	国内统一连续出版物号	主管单位	主办单位
716	中国海洋平台	China Offshore Platform	CN31－1546/TE	中国船舶工业集团公司	中国船舶工业集团公司船舶工艺研究所、中国造船工程学会近海工程学术委员会
717	中国海洋药物	Chinese Journal of Marine Drugs	CN37－1155/R	中国科协	中国药学会
718	中国焊接（英文版）	China Welding	CN23－1332/TG	中国机械工业联合会	哈尔滨焊接研究所、中国机械工程学会焊接学会
719	中国航海	Navigation of China	CN31－1388/U	中国科协	中国航海学会
720	中国航空学报（英文版）[3,4]	Chinese Journal of Aeronautics	CN11－1732/V	中国科协	中国航空学会
721	中国花卉盆景	Potted Landscape of China Flowers and Plants	CN11－2444/S	中国科协	中国环境科学学会
722	中国化学（英文版）[2,3,5]	Chinese Journal of Chemistry	CN31－1547/O6	中国科协	中国化学会、中国科学院上海有机化学研究所
723	中国化学工程学报（英文版）[2,3,4]	Chinese Journal of Chemical Engineering	CN11－3270/TQ	中国科协	中国化工学会、化学工业出版社
724	中国化学快报（英文版）[3]	Chinese Chemical Letters	CN11－2710/O6	中国科协	中国化学会
725	中国环境科学	China Environmental Science	CN11－2201/X	中国科协	中国环境科学学会
726	中国机械工程[1]	China Mechanical Engineering	CN42－1294/TH	中国科协	中国机械工程学会
727	中国机械工程学报（英文版）	Chinese Journal of Mechanical Engineering (English Edition)	CN11－2737/TH	中国科协	中国机械工程学会
728	中国基层医药	Chinese Journal of Primary Medicine and Pharmacy	CN34－1190/R	卫生部	中华医学会、安徽医科大学
729	中国激光[1,4]	Chinese Journal of Laser	CN31－1339/TN	中国科学院	中国科学院上海光学精密机械研究所、中国光学学会

续表

序号	中文刊名	英文刊名	国内统一连续出版物号	主管单位	主办单位
730	中国激光医学杂志	Chinese Journal of Laser Medicine & Surgery	CN11－2926/R	中国科协	中国光学学会
731	中国脊柱脊髓杂志	Chinese Journal of Spine and Spinal Cord	CN11－3027/R	卫生部	中国康复医学会、中日友好医院
732	中国计量	China Metrology	CN11－3720/T	国家质量监督检验检疫总局	中国计量测试学会
733	中国寄生虫学与寄生虫病杂志	Chinese Journal of Parasitology and Parasitic Diseases	CN31－1248/R	卫生部	中华预防医学会、中国疾病预防控制中心寄生虫病预防控制所
734	中国健康心理学杂志	China Journal of Health Psychology	CN11－5257/R	中国科协	中国心理卫生协会
735	中国交通信息化	China ITS Journal	CN11－5951/U	交通运输部	中国公路学会
736	中国结合医学杂志(英文版)[3]	Chinese Journal of Integrative Medicine	CN11－4928/R	国家中医药管理局	中国中医科学院、中国中西医结合学会
737	中国康复理论与实践	Chinese Journal of Rehabilitation Theory and Practice	CN11－3759/R	中国残疾人联合会	中国康复研究中心、中国中西医结合学会
738	中国康复医学杂志	Chinese Journal of Rehabilitation Medicine	CN11－2540/R	卫生部	中国康复医学会
739	中国科技教育	China Science & Technology Education	CN11－4765/N	中国科协	中国青少年科技辅导员协会
740	中国科技史杂志[5]	The Chinese Journal for the History of Science and Technology	CN11－5254/N	中国科协	中国科学技术史学会、中国科学院自然科学史研究所
741	中国科技信息	China Science and Technology Information	CN11－2739/N	中国科协	中国科技新闻学会
742	中国科技资源导刊	China Information Review	CN11－5649/F	科技部	中国科技信息研究所、中国科技情报学会、科技文献出版社
743	中国科学美容	China Scientific Cosmetology	CN11－3244/R	中国科协	大众科技报、北京天然香妆品研究所

续表

序号	中文刊名	英文刊名	国内统一连续出版物号	主管单位	主办单位
744	中国科学探险	—	CN11－5048/N	中国科协	中国科学探险协会、北京《电脑爱好者》杂志社
745	中国昆虫科学（英文版）[3,5]	Insect Science	CN11－3386/Q	中国科协	中国昆虫学会、中国科学院动物研究所
746	中国粮油学报	Journal of the Chinese Cereals and Oils Association	CN11－2864/TS	中国科协	中国粮油学会
747	中国临床解剖学杂志	Chinese Journal of Clinical Anatomy	CN44－1153/R	中国科协	中国解剖学会
748	中国临床实用医学	China Clinical Practical Medicine	CN11－5570/R	卫生部	中华医学会
749	中国临床心理学杂志	Chinese Journal of Clinical Psychology	CN43－1214/R	中国科协	中国心理卫生协会、中南大学湘雅二医院
750	中国临床研究[6]	Chinese Journal of Clinical Research	CN32－1811/R	卫生部	中华预防医学会
751	中国临床药理学与治疗学	Chinese Journal of Clinical Pharmacology and Therapeutics	CN34－1206/R	中国科协	中国药理学会
752	中国临床药理学杂志	The Chinese Journal of Clinical Pharmacology	CN11－2220/R	中国科协	中国药学会
753	中国临床药学杂志	Chinese Journal of Clinical Pharmacy	CN31－1726/R	中国科协	中国药学会
754	中国绿色画报	China Green Pictorial	CN11－4973/S	国家林业局	中国林业科学研究院、中国野生动物保护协会、中国绿化基金会
755	中国麻风皮肤病杂志[5]	China journal of Leprosy and Skin Diseases	CN37－1348/R	卫生部	中国麻风防治协会、山东省皮肤病性病防治研究所
756	中国马铃薯[6]	Chinese Potato Journal	CN23－1477/S	东北农业大学	东北农业大学、中国作物学会马铃薯专业委员会

续表

序号	中文刊名	英文刊名	国内统一连续出版物号	主管单位	主办单位
757	中国慢性病预防与控制	Chinese Journal of Prevention and Control of Chronic Non - Communicable Diseases	CN12-1196/R	卫生部	中华预防医学会、天津市卫生防病中心
758	中国媒介生物学及控制杂志	Chinese Journal of Vector Biology and Control	CN13-1142/R	卫生部	中国疾病预防控制中心
759	中国免疫学杂志	Chinese Journal of Immunology	CN22-1126/R	中国科协	中国免疫学会、吉林省医学期刊社
760	中国免疫学杂志(英文版)[3]	Cellular & Molecular Immunology	CN11-4987/R	中国科协	中国免疫学会、中国科学技术大学
761	中国民营科技与经济	China Non - governmental Science Technology and Economy	CN11-3821/N	中国科协	中国民营科技实业家协会
762	中国牛业科学[6]	China Cattle Science	CN61-1449/S	教育部	西北农林科技大学、中国畜牧兽医学会养牛学分会、中国良种黄牛育种委员会
763	中国农村水利水电	China Rural Water and Hydropower	CN42-1419/TV	水利部	水利部农村水利司、水电及农村电器化司、中国水利学会农田水利专业委员会
764	中国农村卫生事业管理	Chinese Rural Health Service Administration	CN11-5269/R	卫生部	中华预防医学会
765	中国农村小康科技	Chinese Countryside Well - off Technology	CN11-3871/N	中国科协	中国农学会
766	中国农史	Agriculture History of China	CN32-1061/S	教育部	中国农业历史学会
767	中国农学通报	Chinese Agricultural Science Bulletin	CN11-1984/S	中国科协	中国农学会
768	中国农业信息	China Agricultural Information	CN11-4922/S	农业部	中国农学会农业信息分会、中国农业科学院农业资源与农业区划研究所

续表

序号	中文刊名	英文刊名	国内统一连续出版物号	主管单位	主办单位
769	中国葡萄酒	Wine China	CN11－5567/TS	中国科协	中国园艺学会、中国农业大学
770	中国热带医学[5]	China Tropical Medicine	CN46－1064/R	卫生部	中华预防医学会、海南省疾病预防控制中心
771	中国人口、资源与环境	China Population Resources and Environment	CN37－1196/N	科学技术部	中国可持续发展研究会、山东省可持续发展研究中心、中国21世纪议程管理中心、山东师范大学
772	中国人兽共患病学报	Chinese Journal of Zoonoses	CN35－1284/R	中国科协	中国微生物学会
773	中国伤残医学	Chinese Journal of Trauma and Disability Medicine	CN11－5516/R	卫生部	中国康复医学会、黑龙江省截瘫研究所
774	中国神经免疫学和神经病学杂志	Chinese Journal of Neuroimmunology and Neurology	CN11－3552/R	卫生部	卫生部北京医院、中国免疫学会神经免疫学分会
775	中国神经再生研究(英文版)[3]	Neural Regeneration Research	CN11－5422/R	卫生部	中国康复医学会
776	中国生物防治	Chinese Journal of Biological Control	CN11－3515/S	农业部	中国农业科学院植物保护研究所、中国植物保护学会
777	中国生物工程杂志	China Biotechnology	CN11－4816/Q	中国科学院	中国生物工程学会、中国生物技术发展中心、中国科学院文献情报中心
778	中国生物化学与分子生物学报	Chinese Journal of Biochemistry and Molecular Biology	CN11－3870/Q	中国科协	中国生物化学与分子生物学会、北京大学
779	中国生物医学工程学报	Chinese Journal of Biomedical Engineering	CN11－2057/R	中国科协	中国生物医学工程学会
780	中国生物医学工程学报(英文版)	Chinese Journal of Biomedical Engineering (English Edition)	CN11－2953/R	中国科协	中国生物医学工程学会、天津市泌尿外科研究所

续表

序号	中文刊名	英文刊名	国内统一连续出版物号	主管单位	主办单位
781	中国生物制品学杂志	Chinese Journal of Biologicals	CN22－1197/Q	卫生部	中华预防医学会、长春生物制品研究所
782	中国实验动物学报	Acta Laboratorium Animalis Scientia Sinica	CN11－2986/Q	中国科协	中国实验动物学会、中国医学科学院实验动物研究所
783	中国实验方剂学杂志	Chinese Journal of Experimental Traditional Medica	CN11－3495/R	国家中医药管理局	中国中医科学院中药研究所、中国中西医结合学会中药专业委员会
784	中国实验血液学杂志	Journal of Experimental Hematology	CN11－4423/R	中国科协	中国病理生理学会
785	中国实用护理杂志	Chinese Journal of Practical Nursing	CN21－1501/R	卫生部	中华医学会、大连理论医学研究所
786	中国实用眼科杂志	Chinese Journal of Practical Ophthalmology	CN21－1348/R	卫生部	中华医学会、中国医科大学
787	中国实用医刊	Chinese Journal of Practical Medicine	CN11－5689/R	卫生部	中华医学会
788	中国实用医药	China Practical Medicine	CN11－5547/R	卫生部	中国康复医学会
789	中国食品卫生杂志	Chinese Journal of Food Hygiene	CN11－3156/R	卫生部	中华预防医学会、中国疾病预防控制中心营养与食品安全所
790	中国食品学报	Journal of Chinese Institute of Food Science and Technology	CN11－4528/TS	中国科协	中国食品科学技术学会
791	中国兽医杂志	Chinese Journal of Veterinary Medicine	CN11－2471/S	中国科协	中国畜牧兽医学会、中国农业大学动物医学院
792	中国水土保持科学	Science of Soil and Water Conservation	CN11－4988/S	中国科协	中国水土保持学会
793	中国疼痛医学杂志	Chinese Journal of Pain Medicine	CN11－3741/R	教育部	北京大学、中华医学会疼痛学分会
794	中国体视学与图像分析	Chinese Journal of Stereology and Image Analysis	CN11－3739/R	中国科协	中国体视学学会
795	中国天然药物	Chinese Journal of Natural Medicines	CN32－1708/R	教育部	中国药科大学、中国药学会

续表

序号	中文刊名	英文刊名	国内统一连续出版物号	主管单位	主办单位
796	中国通信（中、英文版）[3]	China Communications	CN11－5439/TN	中国科协	中国通信学会
797	中国通信年鉴	Year Book of China Communications	CN11－5492/Z	工业和信息化部	中国通信学会
798	中国图书馆学报	Journal of Library Science in China	CN11－2746/G2	文化部	国家图书馆、中国图书馆学会
799	中国图像图形学报	Journal of Image and Graphics	CN11－3758/TB	中国科学院	中国科学院遥感应用研究所、中国图像图形学学会、北京应用物理与计算数学研究所
800	中国土地科学	China Land Science	CN11－2640/F	中国科协	中国土地学会、中国土地勘测规划院
801	中国危重病急救医学[1]	Chinese Critical Care Medicine	CN12－1189/R	卫生部	中华医学会、天津市天和医院
802	中国微生态学杂志	Chinese Journal of Microecology	CN21－1326/R	卫生部	中华预防医学会、大连医科大学
803	中国卫生工程学	Chinese Journal of Public Health Engineering	CN22－1333/R	卫生部	中华预防医学会、吉林省预防医学会
804	中国卫生检验杂志	Chinese Journal of Health Laboratory Technology	CN41－1192/R	卫生部	中华预防医学会
805	中国物理B（英文版）[3,4]	Chinese Physics B	CN11－5639/O4	中国科学院	中国物理学会、中国科学院物理研究所
806	中国物理C（英文版）[3]	Chinese Physics C	CN11－5641/O4	中国科学院	中国物理学会、中国科学院高能物理研究所、中国科学院近代物理研究所
807	中国物理快报（英文版）[3]	Chinese Physics Letters	CN11－1959/O4	中国科学院	中国物理学会、中国科学院物理研究所
808	中国误诊学杂志	Chinese Journal of Misdiagnostics	CN11－4518/R	卫生部	中华预防医学会
809	中国稀土信息	China Rare Earth Information	CN15－1147/T	中国稀土学会	包头稀土研究院

续表

序号	中文刊名	英文刊名	国内统一连续出版物号	主管单位	主办单位
810	中国稀土学报	Journal of the Chinese Society of Rare Earth	CN11－2365/TG	中国科协	中国稀土学会、北京有色金属研究总院
811	中国细胞生物学学报[6]	Chinese Journal of Cell Biology	CN31－2035/Q	中国科学院	中国科学院上海生命科学研究院生物化学与细胞生物学研究所、中国细胞生物学学会
812	中国现代应用药学	The Chinese Journal of Modern Applied Pharmacy	CN33－1210/R	中国科协	中国药学会
813	中国消毒学杂志	Chinese Journal of Disinfection	CN11－2672/R	军事医学科学院	军事医学科学院微生物流行病研究所、中华预防医学会
814	中国消防	China Fire	CN11－1566/TU	公安部	中国消防协会
815	中国小儿急救医学[5]	Chinese Pediatric Emergency Medicine	CN11－5454/R	卫生部	中华医学会、中国医科大学
816	中国小儿血液与肿瘤杂志[6]	Journal of China Pediatric Blood and Cancer	CN11－5466/R	卫生部	中日友好医院、中国抗癌协会
817	中国校医	Chinese Journal of School Doctor	CN32－1199/R	江苏省卫生厅	江苏省预防医学会、中华预防医学会
818	中国心理卫生杂志[1]	Chinese Mental Health Journal	CN11－1873/R	中国科协	中国心理卫生协会
819	中国心脏起搏与心电生理杂志	Chinese Journal of Cardiac Pacing and Electrophysiology	CN42－1421/R	中国科协	中国生物医学工程学会、武汉大学人民医院
820	中国新通信	China New Telecommunications	CN11－5402/TN	工业和信息化部	中国电子学会
821	中国新药与临床杂志	Chinese Journal of New Drugs and Clinical Remedies	CN31－1746/R	中国科协	中国药学会、上海市食品药品监督管理局科技情报研究所
822	中国新药杂志	Chinese Journal of New Drugs	CN11－2850/R	国家食品药品监督管理局	中国医药科技出版社、中国医药集团总公司、中国药学会

续表

序号	中文刊名	英文刊名	国内统一连续出版物号	主管单位	主办单位
823	中国修船	China Shiprepair	CN12－1144/U	中国船舶重工集团公司	中国船舶重工集团公司生产经营部、中国造船工程学会修船技术学术委员会、天津修船技术研究所
824	中国修复重建外科杂志	Chinese Journal of Reparative and Reconstructive Surgery	CN51－1372/R	卫生部	中国康复医学会、四川大学华西医院
825	中国学术期刊文摘	Chinese Science Abstracts (Chinese Edition)	CN11－3501/N	中国科协	科技导报社
826	中国学术期刊文摘（英文版）	Chinese Science Abstracts	CN11－5411/N	中国科协	科技导报社
827	中国学校卫生	Chinese Journal of School Health	CN34－1092/R	卫生部	中华预防医学会
828	中国血吸虫病防治杂志	Chinese Journal of Schistosomiasis Control	CN32－1374/R	卫生部	中华预防医学会、江苏省血吸虫病防治研究所
829	中国血液流变学杂志	Chinese Journal of Hemorhcology	CN32－1625/R	中国科协	中国生物医学工程学会、苏州大学
830	中国烟草学报[1]	Acta Tabacaria Sinica	CN11－2985/TS	中国科协	中国烟草学会
831	中国药理学报（英文版）[2,3]	Acta Pharmacologica Sinica	CN31－1347/R	中国科协	中国药理学会、中国科学院上海药物研究所
832	中国药理学通报[1]	Chinese Pharmacological Bulletin	CN34－1086/R	中国科协	中国药理学会、安徽医科大学出版中心
833	中国药理学与毒理学杂志	Chinese Journal of Pharmacology and Toxicology	CN11－1155/R	军事医学科学院	军事医学科学院毒物药物研究所、中国药理学会、中国毒理学会
834	中国药物化学杂志	Chinese Journal of Medicinal Chemistry	CN21－1313/R	辽宁省教育厅	沈阳药科大学、中国药学会
835	中国药学（英文版）	Journal of Chinese Pharmaceutical Sciences	CN11－2863/R	中国科协	中国药学会
836	中国药学杂志	Chinese Pharmaceutical Journal	CN11－2162/R	中国科协	中国药学会

续表

序号	中文刊名	英文刊名	国内统一连续出版物号	主管单位	主办单位
837	中国冶金	China Metallurgy	CN11－3729/TF	中国科协	中国金属学会
838	中国冶金工业医学杂志	Chinese Medical Journal of Metallurgical Industry	CN21－1340/R	中国钢铁工业协会	鞍山钢铁集团公司、中国冶金工业医学杂志编委会
839	中国医师进修杂志	Chinese Journal of Postgraduates of Medicine	CN11－5455/R	卫生部	中华医学会
840	中国医师杂志	Journal of Chinese Physician	CN43－1274/R	卫生部	中华医学会、湖南省医学会
841	中国医学物理学杂志	Chinese Journal of Medical Physics	CN44－1351/R	南方医科大学	南方医科大学、中国医学物理学会
842	中国医药	China Medicine	CN11－5451/R	卫生部	中华医学会
843	中国医院药学杂志	Chinese Journal of Hospital Pharmacy	CN42－1204/R	中国科协	中国药学会
844	中国印刷	China Print	CN11－1701/TS	新闻出版总署	中国印刷技术协会
845	中国印刷年鉴	China Graphic Arts Annual	CN11－3649/TS	新闻出版总署	中国印刷技术协会
846	中国应用生理学杂志	Chinese Journal of Applied Physiology	CN12－1339/R	军事医学科学院	中国生理学会、军事医学科学院、军事医学科学院卫生学环境医学研究所
847	中国有色金属学报[1,4]	The Chinese Journal of Nonferrous Metals	CN43－1238/TG	中国科协	中国有色金属学会、中南大学
848	中国有色金属学报(英文版)[3,4]	Transactions of Nonferrous Metals Society of China	CN43－1239/TG	中国科协	中国有色金属学会、中南大学
849	中国渔业经济	Chinese Fisheries Economics	CN11－4508/F	农业部	中国水产科学研究院、中国农业发展集团总公司、中国海洋大学、上海水产大学、中国水产学会
850	中国预防医学杂志	China Preventive Medicine	CN11－4529/R	卫生部	中华预防医学会

续表

序号	中文刊名	英文刊名	国内统一连续出版物号	主管单位	主办单位
851	中国园林	Chinese Landscape Architecture	CN11－2165/TU	中国科协	中国风景园林学会
852	中国运动医学杂志	Chinese Journal of Sports Medicine	CN11－1298/R	国家体育总局	中国体育科学学会
853	中国造船	Shipbuilding of China	CN31－1497/U	中国船舶重工集团公司	中国造船工程学会
854	中国造纸	China Pulp & Paper	CN11－1967/TS	中国轻工业联合会	中国造纸学会、中国制浆造纸研究院
855	中国造纸学报	Transactions of China Pulp & Paper	CN11－2075/TS	中国科协	中国造纸学会
856	中国针灸	Chinese Acupuncture & Moxibustion	CN11－2024/R	中国科协	中国针灸学会、中国中医科学院针灸研究所
857	中国职业医学	China Occupational Medicine	CN44－1484/R	卫生部	中华预防医学会、华南区域劳动卫生职业病防治中心
858	中国中西医结合耳鼻咽喉科杂志	Chinese Otorhinolaryngological Journal of Integrative Medicine	CN34－1159/R	中国科协	中国中西医结合学会
859	中国中西医结合急救杂志	Chinese Journal of Integrated Traditional and Western Medicine in Intensive and Critical Care	CN12－1312/R	中国科协	中国中西医结合学会
860	中国中西医结合皮肤性病学杂志	Chinese Journal of Dermatovenerology of Integrated Traditional and Western Medicine	CN12－1380/R	中国科协	中国中西医结合学会、天津市中西医结合皮肤病研究所
861	中国中西医结合肾病杂志	Chinese Journal of Integrated Traditional and Western Nephrology	CN14－1277/R	中国科协	中国中西医结合学会
862	中国中西医结合外科杂志	Chinese Journal of Surgery of Integrated Traditional and Western Medicine	CN12－1249/R	中国科协	中国中西医结合学会

续表

序号	中文刊名	英文刊名	国内统一连续出版物号	主管单位	主办单位
863	中国中西医结合影像学杂志	Chinese Imaging Journal of Integrated Traditional and Western Medicine	CN11－4894/R	中国科协	中国中西医结合学会、山东中医药大学附属医院
864	中国中西医结合杂志[1,2]	Chinese Journal of Integrated Traditional and Western Medicine	CN11－2787/R	中国科协	中国中西医结合学会、中国中医科学院
865	中国中药杂志[1]	China Journal of Chinese Materia Medica	CN11－2272/R	中国科协	中国药学会
866	中国中医骨伤科杂志	Chinese Journal of Traditional Medical Traumatoloy &Orthopeics	CN42－1340/R	中国科协	中华中医药学会、湖北省中医药研究院
867	中国中医急症	Journal of Emergency in Traditional Chinese Medicine	CN50－1102/R	国家中医药管理局	中华中医药学会
868	中国中医药科技[6]	Chinese Journal of Traditional Medical Science and Technology	CN23－1353/R	国家中医药管理局	中华中医药学会
869	中国肿瘤临床	Chinese Journal of Clinical Oncology	CN12－1099/R	中国科协	中国抗癌协会
870	中国肿瘤生物治疗杂志	Chinese Journal of Cancer Biotherapy	CN31－1725/R	中国科协	中国免疫学会、中国抗癌协会
871	中国铸造装备与技术	China Foundry Machinery & Technology	CN37－1269/TG	中国科协	中国机械工程学会、济南铸造锻压机械研究所
872	中国自然医学杂志	Chinese Journal of Natural Medicine	CN11－4003/R	卫生部	中华预防医学会
873	中国综合临床	Clinical Medicine of China	CN12－1361/R	卫生部	中华医学会、天津环湖医院、华北煤炭医学院
874	中国总会计师	China Chief Financial Officer	CN11－5056/F	中国科协	中国总会计师协会
875	中国组织工程研究与临床康复	Journal of Clinical Rehabilitative Tissue Engineering Research	CN21－1539/R	卫生部	中国康复医学会、中国临床康复杂志社

续表

序号	中文刊名	英文刊名	国内统一连续出版物号	主管单位	主办单位
876	中国组织化学与细胞化学杂志	Chinese Journal of Histochemistry and Cytochemistry	CN42－1300/Q	中国科协	中国解剖学会、华中科技大学同济医学院
877	中华病理学杂志	Chinese Journal of Pathology	CN11－2151/R	中国科协	中华医学会
878	中华超声影像学杂志	Chinese Journal of Ultrasonography	CN13－1148/R	中国科协	中华医学会
879	中华传染病杂志	Chinese Journal of Infectious Diseases	CN31－1365/R	中国科协	中华医学会
880	中华创伤骨科杂志	Chinese Journal of Orthopaedic Trauma	CN11－5530/R	中国科协	中华医学会
881	中华创伤杂志	Chinese Journal of Traumatology	CN50－1098/R	中国科协	中华医学会
882	中华创伤杂志（英文版）	Chinese Journal of Traumatology (English Edition)	CN50－1115/R	中国科协	中华医学会
883	中华儿科杂志[1]	Chinese Journal of Pediatrics	CN11－2140/R	中国科协	中华医学会
884	中华耳鼻咽喉头颈外科杂志[1]	Chinese Journal of Otorhinolaryngology Head and Neck Surgery	CN11－5330/R	中国科协	中华医学会
885	中华放射学杂志[1]	Chinese Journal of Radiology	CN11－2149/R	中国科协	中华医学会
886	中华放射医学与防护杂志	Chinese Journal of Radiological Medicine and Protection	CN11－2271/R	中国科协	中华医学会
887	中华放射肿瘤学杂志	Chinese Journal of Radiation Oncology	CN11－3030/R	中国科协	中华医学会
888	中华风湿病学杂志	Chinese Journal of Rheumatology	CN14－1217/R	中国科协	中华医学会
889	中华妇产科杂志	Chinese Journal of Obstetrics and Gynecology	CN11－2141/R	中国科协	中华医学会

续表

序号	中文刊名	英文刊名	国内统一连续出版物号	主管单位	主办单位
890	中华妇幼临床医学杂志(电子版)	Chinese Journal of Obstetrics & Gynecology and Pediatrics	CN11－9273/R	卫生部	中华医学会
891	中华肝胆外科杂志	Chinese Journal of Hepatobiliary Surgery	CN11－3884/R	中国科协	中华医学会
892	中华肝脏病杂志	Chinese Journal of Hepatology	CN50－1113/R	中国科协	中华医学会
893	中华高血压杂志	Chinese Journal of Hypertension	CN11－5540/R	卫生部	中华预防医学会、福建医科大学
894	中华骨科杂志[1]	Chinese Journal of Orthopaedics	CN12－1113/R	中国科协	中华医学会
895	中华行为医学与脑科学杂志	Chinese Journal of Behavioral Medical Science	CN37－1468/R	卫生部	中华医学会、济宁医学院
896	中华航海医学与高气压医学杂志	Chinese Journal of Nautical Medicine and Hyperbaric Medicine	CN31－1847/R	中国科协	中华医学会
897	中华航空航天医学杂志	Chinese Journal of Aerospace Medicine	CN11－3854/R	中国科协	中华医学会
898	中华核医学杂志	Chinese Journal of Nuclear Medicine	CN32－1137/R	中国科协	中华医学会
899	中华护理教育	Chinese Journal of Nursing Education	CN11－5289/R	中国科协	中华护理学会
900	中华护理杂志[1]	Chinese Journal of Nursing	CN11－2234/R	中国科协	中华护理学会
901	中华急诊医学杂志	Chinese Journal of Emergency Medicine	CN11－4656/R	中国科协	中华医学会
902	中华疾病控制杂志	Chinese Journal of Disease Control & Prevention	CN34－1304/R	中华预防医学会	安徽医科大学
903	中华检验医学杂志	Chinese Journal of Laboratory Medicine	CN11－4452/R	中国科协	中华医学会

续表

序号	中文刊名	英文刊名	国内统一连续出版物号	主管单位	主办单位
904	中华健康管理学杂志[6]	—	CN11－5624/R	中国科协	中华医学会
905	中华结核和呼吸杂志[1]	Chinese Journal of Tuberculosis and Respiratory Diseases	CN11－2147/R	中国科协	中华医学会
906	中华精神科杂志	Chinese Journal of Psychiatry	CN11－3661/R	中国科协	中华医学会
907	中华口腔医学杂志[1]	Chinese Journal of Stomatology	CN11－2144/R	中国科协	中华医学会
908	中华劳动卫生职业病杂志	Chinese Journal of Industrial Hygiene and Occupational Diseases	CN12－1094/R	中国科协	中华医学会
909	中华老年医学杂志	Chinese Journal of Geriatrics	CN11－2225/R	中国科协	中华医学会
910	中华临床感染病杂志	Chinese Journal of Clinical Infectious Diseases	CN11－5673/R	中国科协	中华医学会
911	中华临床营养杂志[6]	Chinese Journal of Clinical Nutrition	CN11－5822/R	中国科协	中华医学会、中国医学科学院
912	中华流行病学杂志[1]	Chinese Journal of Epidemiology	CN11－2338/R	中国科协	中华医学会
913	中华麻醉学杂志	Chinese Journal of Anesthesiology	CN13－1073/R	中国科协	中华医学会
914	中华泌尿外科杂志	Chinese Journal of Urology	CN11－2330/R	中国科协	中华医学会
915	中华内分泌代谢杂志	Chinese Journal of Endocrinology and Metabolism	CN31－1282/R	中国科协	中华医学会
916	中华内分泌外科杂志	Chinese Journal of Endocrine Surgery	CN11－5807/R	中国科协	中华医学会
917	中华内科杂志[2]	Chinese Journal of Internal Medicine	CN11－2138/R	中国科协	中华医学会

续表

序号	中文刊名	英文刊名	国内统一连续出版物号	主管单位	主办单位
918	中华皮肤科杂志	Chinese Journal of Dermatology	CN32－1138/R	中国科协	中华医学会
919	中华普通外科杂志	Chinese Journal of General Surgery	CN11－3855/R	中国科协	中华医学会
920	中华器官移植杂志	Chinese Journal of Organ Transplantation	CN42－1203/R	中国科协	中华医学会
921	中华全科医师杂志	Chinese Journal of General Practitioners	CN11－4798/R	中国科协	中华医学会
922	中华全科医学	Chinese Journal of General Practice	CN11－5710/R	卫生部	中华预防医学会、安徽省微循环学会
923	中华烧伤杂志	Chinese Journal of Burns	CN50－1120/R	中国科协	中华医学会
924	中华神经科杂志[1]	Chinese Journal of Neurology	CN11－3694/R	中国科协	中华医学会
925	中华神经外科杂志	Chinese Journal of Neurosurgery	CN11－2050/R	中国科协	中华医学会
926	中华神经医学杂志	Chinese Journal of Neuromedicine	CN11－5354/R	中国科协	中华医学会
927	中华肾脏病杂志	Chinese Journal of Nephrology	CN44－1217/R	中国科协	中华医学会
928	中华生物医学工程杂志[6]	Journal of Modern Clinical Medical Bioengineering	CN11－5668/R	中国科协	中华医学会
929	中华实验和临床病毒学杂志	Chinese Journal of Experimental and Clinical Virology	CN11－2866/R	中国科协	中华医学会
930	中华实验外科杂志	Chinese Journal of Experimental Surgery	CN42－1213/R	中国科协	中华医学会
931	中华手外科杂志	Chinese Journal of Hand Surgery	CN31－1653/R	中国科协	中华医学会
932	中华糖尿病杂志	Chinese Journal of Diabetes	CN11－5791/R	教育部	中华医学会

续表

序号	中文刊名	英文刊名	国内统一连续出版物号	主管单位	主办单位
933	中华外科杂志[1]	Chinese Journal of Surgery	CN11－2139/R	中国科协	中华医学会
934	中华微生物学和免疫学杂志	Chinese Journal of Microbiology and Immunology	CN11－2309/R	中国科协	中华医学会
935	中华围产医学杂志	Chinese Journal of Perinatal Medicine	CN11－3903/R	中国科协	中华医学会
936	中华卫生杀虫药械	Chinese Journal of Hygienic Insecticides & Equipments	CN32－1637/R	南京军区联勤部卫生部	南京军区疾病预防控制中心、中华预防医学会
937	中华胃肠外科杂志	Chinese Journal of Gastrointestinal Surgery	CN44－1530/R	中国科协	中华医学会、中山大学
938	中华物理医学与康复杂志	Chinese Journal of Physical Medicine and Rehabilitation	CN42－1666/R	中国科协	中华医学会、华中科技大学同济医学院
939	中华显微外科杂志	Chinese Journal of Microsurgery	CN44－1206/R	中国科协	中华医学会
940	中华现代护理杂志[6]	Modern Nursing	CN11－5682/R	中国科协	中华医学会
941	中华消化内镜杂志	Chinese Journal of Digestive Endoscopy	CN32－1463/R	中国科协	中华医学会
942	中华消化外科杂志	Chinese Journal of Digestive Surgery	CN11－5610/R	中国科协	中华医学会
943	中华消化杂志	Chinese Journal of Digestion	CN31－1367/R	中国科协	中华医学会
944	中华小儿外科杂志	Chinese Journal of Pediatric Surgery	CN42－1158/R	中国科协	中华医学会
945	中华心律失常学杂志	Chinese Journal of Cardiac Arrhythmias	CN11－3859/R	中国科协	中华医学会
946	中华心血管病杂志[1]	Chinese Journal of Cardiology	CN11－2148/R	中国科协	中华医学会

续表

序号	中文刊名	英文刊名	国内统一连续出版物号	主管单位	主办单位
947	中华胸心血管外科杂志	Chinese Journal of Thoracic and Cardiovascular Surgery	CN11－2434/R	中国科协	中华医学会
948	中华血液学杂志	Chinese Journal of Hematology	CN12－1090/R	中国科协	中华医学会
949	中华眼底病杂志	Chinese Journal of Ocular Fundus Diseases	CN51－1434/R	中国科协	中华医学会
950	中华眼科杂志	Chinese Journal of Ophthalmology	CN11－2142/R	中国科协	中华医学会
951	中华眼视光学与视觉科学杂志[6]	Chinese Journal of Optometry & Ophthalmology	CN11－5909/R	中国科协	中华医学会
952	中华养生保健	—	CN11－4536/R	国家中医药管理局	中华中医药学会
953	中华医史杂志[5]	China Journal of Medical History	CN11－2155/R	中国科协	中华医学会
954	中华医学教育杂志	Chinese Journal of Medical Education	CN11－5259/R	中国科协	中华医学会
955	中华医学科研管理杂志	Chinese Journal of Medical Science Research Manage	CN11－3565/R	中国科协	中华医学会
956	中华医学美学美容杂志	Chinese Journal of Medical Aesthetics and Cosmetology	CN11－4657/R	中国科协	中华医学会
957	中华医学信息导报	China Medical News	CN11－5178/R	中国科协	中华医学会
958	中华医学遗传学杂志	Chinese Journal of Medical Genetics	CN51－1374/R	中国科协	中华医学会
959	中华医学杂志[1]	National Medical Journal of China	CN11－2137/R	中国科协	中华医学会

续表

序号	中文刊名	英文刊名	国内统一连续出版物号	主管单位	主办单位
960	中华医学杂志(英文版)[1,2,3]	Chinese Medical Journal	CN11－2154/R	中国科协	中华医学会
961	中华医院感染学杂志[1]	Chinese Journal of Nosocomiology	CN11－3456/R	解放军总医院	中华预防医学会
962	中华医院管理杂志	Chinese Journal of Hospital Administration	CN11－1325/R	中国科协	中华医学会
963	中华胰腺病杂志	Chinese Journal of Pancreatology	CN11－5667/R	上海市卫生局	中华医学会上海分会
964	中华预防医学杂志	Chinese Journal of Preventive Medicine	CN11－2150/R	中国科协	中华医学会
965	中华整形外科杂志	Chinese Journal of Plastic Surgery	CN11－4453/R	中国科协	中华医学会
966	中华纸业	China Pulp & Paper Industry	CN37－1281/TS	中国轻工业联合会	中国造纸协会
967	中华中医药学刊	Chinese Archives of Traditional Chinese Medicine	CN21－1546/R	国家中医药管理局	中华中医药学会
968	中华中医药杂志	China Journal of Traditional Chinese Medicine and Pharmacy	CN11－5334/R	中国科协	中华中医药学会
969	中华肿瘤防治杂志	Chinese Journal of Cancer Prevention and Treatment	CN11－5456/R	卫生部	中华预防医学会、山东省肿瘤防治研究院
970	中华肿瘤杂志	Chinese Journal of Oncology	CN11－2152/R	中国科协	中华医学会
971	中兽医学杂志	Chinese Journal of Traditional Veterinary Science	CN36－1096/S	江西省农业厅	江西省中兽医研究所、中国畜牧兽医学会中兽医学分会
972	中外管理	Sino Foreign Management	CN11－2812/C	中国科协	中国管理现代化研究会、中国工业经济联合会、中国中小企业国际合作协会

续表

序号	中文刊名	英文刊名	国内统一连续出版物号	主管单位	主办单位
973	中外能源[5]	Sino – Global Energy	CN11 – 5438/TK	中国科协	中国能源研究会
974	中外食品	Global Food Industry	CN11 – 4823/TS	中国轻工业联合会	中国食品工业(集团)公司、中国食品科学技术学会
975	中文信息学报[5]	Journal of Chinese Information Processing	CN11 – 2325/N	中国科协	中国中文信息学会、中国科学院软件研究所
976	中西医结合肝病杂志	Chinese Journal of Integrated Traditional and Western Medicine on Liver Diseases	CN42 – 1322/R	湖北省教育厅	中国中西医结合学会、湖北中医学院
977	中学生数学	School Student Mathematics	CN11 – 1531/O1	中国科协	中国数学会、北京数学会、首都师范大学
978	中药药理与临床[5]	Pharmacology and Clinics of Chinese Materia Medica	CN51 – 1188/R	四川省中医药管理局	中国药理学会
979	中医文献杂志	Journal of Traditional Chinese Medical Literature	CN31 – 1682/R	上海市卫生局	上海市中医文献馆、中华中医药学会
980	中医研究	Traditional Chinese Medicinal Research	CN41 – 1124/R	国家中医药管理局	中华中医药学会、河南省中医药研究院
981	中医药管理杂志	Chinese Journal of Management in Chinese Medicine	CN11 – 3070/R	国家中医药管理局	中华中医药学会
982	中医药临床杂志[6]	Clinical Journal of Traditional Chinese Medicine	CN34 – 1268/R	安徽省卫生厅	中华中医药学会、中医药临床杂志社
983	中医药通报	Traditional Chinese Medicine Journal	CN35 – 1250/R	厦门市卫生局	中华中医药学会、厦门市中医药学会
984	中医药学报	Acta Chinese Medicine and Pharmacology	CN23 – 1193/R	黑龙江省教育厅	中华中医药学会、黑龙江中医药大学

续表

序号	中文刊名	英文刊名	国内统一连续出版物号	主管单位	主办单位
985	中医杂志	Journal of Traditional Chinese Medicine	CN11－2166/R	国家中医药管理局	中华中医药学会、中国中医科学院
986	中医杂志（英文版）	Journal of Traditional Chinese Medicine（English Edition）	CN11－2167/R	国家中医药管理局	中华中医药学会、中国中医科学院
987	中医正骨	The Journal of Traditional Chinese Orthopedics and Traumatology	CN41－1162/R	国家中医药管理局	河南省洛阳正骨研究所、中华中医药学会
988	肿瘤防治研究	Cancer Research on Prevention and Treatment	CN42－1241/R	卫生部	湖北省卫生厅、中国抗癌协会、湖北省肿瘤医院
989	肿瘤研究与临床	Cancer Research and Clinic	CN11－5355/R	卫生部	中华医学会、山西省肿瘤研究所、山西省肿瘤医院
990	蛛形学报	Acta Arachnologica Sinica	CN42－1376/Q	湖北省教育厅	中国动物学会蛛形学专业委员会、湖北大学
991	竹子研究汇刊	Journal of Bamboo Research	CN33－1118/S	浙江省科技厅	国家林业局竹子研究开发中心、中国林学会竹子分会、浙江省林业科学研究院
992	铸造	Foundry	CN21－1188/TG	沈阳铸造研究所	沈阳铸造研究所、中国机械工程学会铸造分会
993	专用汽车[6]	Special Purpose Vehicle	CN42－1292/U	中国汽车工程学会专用车分会	中国汽车工程学会专用车分会、汉阳专用汽车研究所
994	自动化博览	Automation Panorama	CN11－2516/TP	中国科协	中国自动化学会、北京中煤电气有限公司
995	自动化技术与应用[6]	Techniques of Automation and Applications	CN23－1474/TP	黑龙江省科学院	中国自动化学会、黑龙江省自动化学会、黑龙江省科学院自动化研究所

续表

序号	中文刊名	英文刊名	国内统一连续出版物号	主管单位	主办单位
996	自动化学报[1,4]	Acta Automatica Sinica	CN11－2109/TP	中国科学院	中国科学院自动化研究所、中国自动化学会
997	自动化仪表	Process Automation Instrumentation	CN31－1501/TH	中国科协	中国仪器仪表学会、上海工业自动化仪表研究所
998	自然辩证法研究	Studies in Dialectics of Nature	CN11－1649/B	中国科协	中国自然辩证法研究会
999	自然科学史研究	Studies in the History of Natural Sciences	CN11－1810/N	中国科学院	中国科学院自然科学史研究所、中国科学技术史学会
1000	自然资源学报[1]	Journal of Natural Resources	CN11－1912/N	中国科协	中国自然资源学会
1001	组合机床与自动化加工技术	Modular Machine Tool & Automatic Manufacturing Technology	CN21－1132/TG	中国科协	大连组合机床研究所、中国机械工程学会
1002	作物学报[1,2]	Acta Agronomica Sinica	CN11－1809/S	中国科协	中国作物学会、中国农业科学院作物科学研究所
1003	作物杂志	Crops	CN11－1808/S	中国科协	中国作物学会、中国农业科学院作物科学研究所

说明:1. 2009 年中国百种杰出学术期刊(66 种);
2. 2010 年度国家自然科学基金重点学术期刊专项基金资助期刊(22 种);
3. 2010 年 SCIE 收录中国科协期刊(62 种);
4. 2010 年 EI 核心库收录中国科协期刊(89 种);
5. 科普类期刊目录(63 种);
6. 2010 年新增期刊目录(74 种)。

注:按刊名汉语拼音排序。

附录 B

中国科协开放获取期刊名录(2010)

序号	期刊中文名	网　址	网站特点或名称
1	癌变·畸变·突变	http://www.egh.net.cn/	期刊自建网站
2	半导体学报(英文版)	http://www.jos.ac.cn/	期刊自建网站
3	波谱学杂志	http://magres.wipm.ac.cn/	期刊自建网站
4	材料科学技术(英文版)	http://www.jmst.org/	期刊自建网站
5	材料研究学报	http://www.cjmr.org/	期刊自建网站
6	草地学报	http://www.paper.edu.cn/index.php/default/journal/display_journal_detail/2770	中国科技论文在线
7	草业科学	http://www.paper.edu.cn//index.php/default/journal/display_journal_detail/1430	中国科技论文在线
8	草业学报	(1)http://cyxb.lzu.edu.cn/ (2)http://www.paper.edu.cn//index.php/default/journal/display_journal_detail/31	(1)期刊自建网站 (2)中国科技论文在线
9	测绘学报	http://xb.sinomaps.com/	期刊自建网站
10	测试技术学报	http://www.paper.edu.cn/index.php/default/journal/display_journal_detail/1490	中国科技论文在线
11	催化学报	http://www.chxb.cn/	期刊自建网站
12	弹箭与制导学报	(1)http://www.djzdxb.cn/ (2)http://www.paper.edu.cn/index.php/default/journal/display_journal_detail/1491	(1)期刊自建网站 (2)中国科技论文在线
13	等离子体科学和技术(英文版)	http://www.iop.org/EJ/journal/pst	The Institute of Physics
14	低温物理学报	http://dwwl.ustc.edu.cn/	期刊自建网站
15	地理学报	http://www.geog.com.cn/	期刊自建网站
16	地球化学	http://www.gig.ac.cn/chu/de.htm	中国科学院广州地球化学研究所
17	地球物理学报	http://www.geophy.cn/	期刊自建网站
18	地球物理学进展	http://www.progeophys.cn/	期刊自建网站
19	地下空间与工程学报	http://www.paper.edu.cn/index.php/default/journal/display_journal_detail/231	中国科技论文在线

续表

序号	期刊中文名	网　　址	网站特点或名称
20	地质论评	http://www.geojournals.cn/georev/	中国地学期刊网
21	地质学报	http://www.geojournals.cn/dzxb/	中国地学期刊网
22	地质学报(英文版)	http://www.geojournals.cn/dzxben/	中国地学期刊网
23	地质与勘探	http://dzykt.alljournal.net/	期刊自建网站
24	电化学	http://electrochem.xmu.edu.cn/	期刊自建网站
25	电气传动	http://www.au365.cn/dq.asp	中国电气传动网
26	电子测量与仪器学报	http://www.etmchina.com/periodical.do?method=view&id=5	中国仪器与测量网
27	电子商务	http://www.eb-online.cn/	期刊自建网站
28	电子学报	http://www.ejournal.org.cn/	期刊自建网站
29	动力学与控制学报	http://www.dlxykzxb.cn/	期刊自建网站
30	动物学报(英文版)	http://www.actazool.org/	期刊自建网站
31	动物营养学报	http://www.chinajan.com/	期刊自建网站
32	儿科药学杂志	http://journal.shouxi.net/qikan/guokanll_zzxq.php?id=250	首席医学网
33	纺织学报	http://www.fzxb.org.cn/	期刊自建网站
34	分析化学	http://journal.shouxi.net/qikan/guokanll_zzxq.php?id=132	首席医学网
35	复合材料学报	http://fhclxb.buaa.edu.cn/	期刊自建网站
36	干旱气象	http://www.chinaam.com.cn/publication.asp?ID=1	中国干旱气象网
37	高电压技术	http://hve.sgepri.sgcc.com.cn/vhe/ch/index.aspx	国网电力科学研究院杂志社
38	高分子科学(英文版)	http://www.cjps.org/	期刊自建网站
39	高分子通报	http://www.gfztb.com/	期刊自建网站
40	工程力学	http://gclx.tsinghua.edu.cn/	期刊自建网站
41	工程设计学报	http://www.paper.edu.cn/journal_page.php?issn=1006-754X	中国科技论文在线
42	古地理学报	http://www.paper.edu.cn/index.php/default/journal/display_journal_detail/4031	中国科技论文在线
43	固体火箭技术	http://pub.gthjjs.com/	期刊自建网站

续表

序号	期刊中文名	网　　址	网站特点或名称
44	光谱学与光谱分析	http://www. gpxygpfx. com/	期刊自建网站
45	光学精密工程	http://www. eope. net/	期刊自建网站
46	光子学报	http://www. photon. ac. cn/	期刊自建网站
47	国际地震动态	http://www. gjdzdt. org. cn/	期刊自建网站
48	国际石油经济	http://www. petroecon. com. cn/magzine. php	石油经济网
49	国际眼科杂志	(1)http://www. world-eye. cn/ijo/ (2) http://journal. shouxi. net/qikan/guokanll _ zzxq. php? id=153	(1)国际眼科网 (2)首席医学网
50	海洋科学进展	http://www. fio. org. cn/department/marine/index. asp	国家海洋局第一海洋研究所
51	海洋与湖沼	http://159. 226. 158. 205/hyyhz/ch/index. aspx	与《海洋科学》、《海洋科学集刊》3 刊
52	核化学与放射化学	http://www. jnrc. org. cn/	期刊自建网站
53	黑龙江医学	http://journal. shouxi. net/qikan/guokanll _ zzxq. php? id=32	首席医学网
54	红外与毫米波学报	http://journal. sitp. ac. cn/hwyhmb/hwyhmbcn/ch/index. aspx	中国科学院上海技术物理研究所联合编辑部
55	湖泊科学	(1)http://www. jlakes. org/ (2) http://www. paper. edu. cn/journal _ page. php? issn=1003-5427	(1)期刊自建网站 (2)中国科技论文在线
56	化工学报	http://www. hgxb. com. cn/	期刊自建网站
57	化学物理学报(英文版)	http://cjcp. ustc. edu. cn/	期刊自建网站
58	化学学报	http://sioc-journal. cn/hxxb/cn/gywm_zzjs. asp	中国科学院上海有机化学研究所学报联合编辑室
59	环境	http://www. huanjingzazhi. com/	期刊自建网站
60	环球科学	http://www. sciam. com. cn/	与《科学美国人》中文版两刊
61	火炸药学报	http://www. hzyxb. cn/	期刊自建网站
62	机械工程学报	(1)http://www. cjmenet. com. cn/ (2)http://www. paper. edu. cn/index. php/default/journal/display_journal_detail/2011	(1)与《中国机械工程学报》(英文版)两刊共用 (2)中国科技论文在线

续表

序号	期刊中文名	网　　址	网站特点或名称
63	基层医学论坛	http://www.fihoo.net/	中国医学在线
64	计算机工程与应用	http://www.ceaj.org/	与《计算科学与探索》两刊
65	计算机技术与发展	http://www.xactad.org/	期刊自建网站
66	计算机科学技术学报(英文版)	http://jcst.ict.ac.cn/	期刊自建网站
67	计算机学报	http://cjc.ict.ac.cn/	期刊自建网站
68	计算机研究与发展	http://crad.ict.ac.cn/	期刊自建网站
69	计算机应用研究	(1)http://www.arocmag.com/ (2)http://www.paper.edu.cn/journal_page.php?issn=1001-3695	(1)期刊自建网站 (2)中国科技论文在线
70	计算技术与自动化	http://www.paper.edu.cn/index.php/default/journal/display_journal_detail/3752	中国科技论文在线
71	计算力学学报	http://www.paper.edu.cn/journal_page.php?issn=1007-4708	中国科技论文在线
72	技术经济	http://www.jishujingji.cn/	期刊自建网站
73	建筑科学与工程学报	(1)http://zzs.chd.edu.cn/jz/index.html (2)http://www.paper.edu.cn/index.php/default/journal/display_journal_detail/28	(1)长安大学杂志社 (2)中国科技论文在线
74	交通运输系统工程与信息	http://www.tseit.org.cn/	期刊自建网站
75	结构化学(英文版)	http://jghx.fjirsm.ac.cn/	期刊自建网站
76	今日药学	http://www.jinriyaoxue.com/	期刊自建网站
77	金属学报	http://www.ams.org.cn/	期刊自建网站
78	金属学报(英文版)	http://www.amse.org.cn/	期刊自建网站
79	菌物学报	http://journals.im.ac.cn/jwxtcn/ch/index.aspx	中国科学院微生物所期刊联合编辑部
80	科技创新与品牌	http://www.kjcxpp.com/	期刊自建网站
81	科技导报	http://www.kjdb.org/	期刊自建网站
82	科学技术与工程	http://www.stae.com.cn/	期刊自建网站
83	科学中国人	http://www.scichi.net/	期刊自建网站
84	空间科学学报	http://www.cjss.ac.cn/	期刊自建网站

续表

序号	期刊中文名	网　　址	网站特点或名称
85	矿床地质	http://www.kcdz.ac.cn/	期刊自建网站
86	昆虫学报	http://www.insect.org.cn/	期刊自建网站
87	林业科学	http://www.linyekexue.net/	期刊自建网站
88	煤炭学报	http://www.mtxb.com.cn/	期刊自建网站
89	棉花学报	http://journal.cricaas.com.cn/	中国棉花杂志社
90	免疫学杂志	(1)http://myxzz.tmmu.com.cn/ (2)http://journal.shouxi.net/qikan/guokanll_zzxq.php?id=316	(1)期刊自建网站 (2)首席医学网
91	泥沙研究	http://www.chinawater.net.cn/Journal/SediRes/	中国水利国际合作与科技网
92	宁夏医学杂志	http://journal.shouxi.net/qikan/guokanll_zzxq.php?id=24	首席医学网
93	农电管理	http://www.chinarein.com/qkhc/ndgl/index.asp	农村电气化信息网
94	农业工程学报	http://www.tcsae.org/	期刊自建网站
95	农业机械学报	http://www.agro-csam.org/njxb/	中国农业机械学会
96	气象学报	http://www.cmsjournal.net/qxxb_cn/ch/index.aspx	中国气象学会杂志社
97	气象学报(英文版)	http://www.cmsjournal.net/qxxb_en/ch/index.aspx	中国气象学会杂志社
98	汽车之友	http://www.autofan.com.cn/	期刊自建网站
99	汽车知识	http://akm.dooland.com/	读览天下
100	全科护理	http://journal.shouxi.net/qikan/guokanll_zzxq.php?id=419	首席医学网
101	热带作物学报	http://www.rdnyjournals.cn/rdzwxb/ch/	中国热带农业科学院信息研究所期刊社
102	软件学报	http://www.jos.org.cn/	期刊自建网站
103	色谱	http://www.chrom-china.com/	期刊自建网站
104	陕西中医	http://journal.shouxi.net/qikan/guokanll_zzxq.php?id=28	首席医学网
105	神经解剖学杂志	http://www.chinjna.cn/	期刊自建网站

续表

序号	期刊中文名	网　　址	网站特点或名称
106	生命世界	http://www.lifeworld.com.cn/	期刊自建网站
107	生态学报	http://www.ecologica.cn/	期刊自建网站
108	生态学杂志	http://www.cje.net.cn/	期刊自建网站
109	生物多样性	http://www.biodiversity-science.net/	期刊自建网站
110	生物工程学报	http://journals.im.ac.cn/cjbcn/	中国科学院微生物所期刊联合编辑部
111	生物化学与生物物理进展	http://www.pibb.ac.cn/	期刊自建网站
112	生物物理学报	http://www.cjb.org.cn/	期刊自建网站
113	实验力学	http://sylx.ustc.edu.cn/	期刊自建网站
114	实用骨科杂志	http://journal.shouxi.net/qikan/guokanll_zzxq.php?id=133	首席医学网
115	兽类学报	http://www.mammal.cn/	期刊自建网站
116	数学学报	http://www.actamath.com/actamath_new/index.asp	《数学学报》(英文版)两刊
117	水产学报	http://www.scxuebao.cn/	期刊自建网站
118	水利学报	http://jhe.ches.org.cn/	期刊自建网站
119	水生生物学报	http://ssswxb.ihb.ac.cn/	期刊自建网站
120	探测与控制学报	http://www.tcykz.com/	期刊自建网站
121	天文和天体物理学研究(英文版)	http://www.raa-journal.org/	期刊自建网站
122	天文学报	http://www.pmo.cas.cn/xscbw/twxb/	中国科学院紫金山天文台
123	天文学进展	http://center.shao.ac.cn/twxjz/index.htm	中国科学院上海天文台
124	铁道建筑技术	http://www.rctech.com.cn/	期刊自建网站
125	铁道知识	http://www.itdzs.com/	期刊自建网站
126	同位素	http://www.tws.org.cn/	期刊自建网站
127	微生物学报	http://journals.im.ac.cn/actamicrocn/	中国科学院微生物所期刊联合编辑部
128	微生物学通报	http://journals.im.ac.cn/wswxtbcn/	中国科学院微生物所期刊联合编辑部

续表

序号	期刊中文名	网　　址	网站特点或名称
129	无机化学学报	http://www. wjhxxb. cn/	期刊自建网站
130	物理化学学报	http://www. whxb. pku. edu. cn/	期刊自建网站
131	物理学报	http://wulixb. iphy. ac. cn/cn/ch/index. aspx	与《中国物理》(英文版)两刊
132	物理学进展	http://pip. nju. edu. cn/	期刊自建网站
133	稀土学报(英文版)	http://www. re-journal. com/en/	与《中国稀土学报》两刊
134	稀有金属材料与工程	http://www. rmme. ac. cn/rmme/ch/	与《钛工业进展》两刊
135	系统工程理论与实践	http://www. sysengi. com/	期刊自建网站
136	系统工程与电子技术(英文版)	http://www. jseepub. com/EN/volumn/home. shtml	与中文版两刊
137	细胞研究(英文版)	(1)http://www. cell-research. com/ (2)http://www. nature. com/cr/index. html	(1)期刊自建网站 (2) Nature Publishing Group-nature. com
138	细胞与分子免疫学杂志	http://www. shouxi. net/journal/noimage. aspx? mag_id=35	首席医学网
139	现代物理知识	http://hepnp. ihep. ac. cn/mp/	与《中国物理 C》两刊
140	心理学报	http://journal. psych. ac. cn/	与《心理科学进展》两刊
141	心血管康复医学杂志	http://journal. shouxi. net/qikan/guokanll_zzxq. php? id=379	首席医学网
142	畜牧兽医学报	http://www. xmsyxb. com/	期刊自建网站
143	岩矿测试	http://www. ykcs. ac. cn/	期刊自建网站
144	岩石矿物学杂志	http://www. yskw. ac. cn/	期刊自建网站
145	岩石力学与工程学报	http://www. rockmech. org/	期刊自建网站
146	岩石学报	http://www. ysxb. ac. cn/ysxb/	与《中国科技期刊研究》两刊
147	药物评价研究	http://tiprpress. com/ywpjyj/ch/index. aspx	天津中草药杂志社
148	药学学报	http://www. yxxb. com. cn/	英文界面为英文网络版
149	冶金分析	http://journal. yejinfenxi. cn/	期刊自建网站
150	医药导报	http://www. yydbzz. com/	期刊自建网站
151	仪器仪表学报	http://www. asiatest. org/yqyb. asp	中国仪器与测量网
152	遗传	http://www. chinagene. cn/Jwk _ yc/CN/volumn/current. shtml	中国遗传网

续表

序号	期刊中文名	网　　址	网站特点或名称
153	遗传学报(英文版)	http://www.jgenetgenomics.org/	期刊自建网站
154	应用概率统计	http://aps.ecnu.edu.cn/	期刊自建网站
155	应用光学	(1)http://www.yygx.net/ (2)http://www.paper.edu.cn/journal_page.php?issn=1002-2082	(1)期刊自建网站 (2)中国科技论文在线
156	应用化学	http://yyhx.ciac.jl.cn/	期刊自建网站
157	应用生态学报	http://www.cjae.net/	期刊自建网站
158	应用数学学报	http://www.applmath.com.cn/index.asp	与《应用数学学报》(英文版)两刊
159	有机化学	http://sioc-journal.cn/Jwk_yjhx/CN/volumn/current.shtml	中国科学院上海有机化学研究所学报联合编辑室
160	宇航学报	http://www.yhxb.org.cn/	期刊自建网站
161	园艺学报	http://www.ahs.ac.cn/	期刊自建网站
162	原子核物理评论	http://www.npr.ac.cn/	期刊自建网站
163	原子与分子物理学报	http://jamp.scu.edu.cn/	期刊自建网站
164	噪声与振动控制	http://nvc.sjtu.edu.cn/	期刊自建网站
165	振动与冲击	(1)http://jvs.sjtu.edu.cn/ (2)http://www.paper.edu.cn/journal_page.php?issn=1000-3835	(1)期刊自建网站 (2)中国科技论文在线
166	植物保护	http://www.plantprotection.ac.cn/	期刊自建网站
167	植物分类学报(英文版)	http://www.plantsystematics.com/	期刊自建网站
168	植物生态学报	http://www.plant-ecology.com/	期刊自建网站
169	植物学报(英文版)	http://www.jipb.net/	期刊自建网站
170	植物学报	http://www.chinbullbotany.com/	期刊自建网站
171	质谱学报	http://www.jcmss.com.cn/	期刊自建网站
172	智能系统学报	http://www.paper.edu.cn/index.php/default/journal/display_journal_detail/3895	中国科技论文在线
173	中国病毒学(英文版)	http://www.virol.cn/	期刊自建网站
174	中国病理生理杂志	http://www.cjpp.net/	期刊自建网站
175	中国地质教育	http://www.chinageoeducation.net.cn/	期刊自建网站
176	中国电机工程学报	http://www.pcsee.org/	期刊自建网站
177	中国动脉硬化杂志	http://www.sinoas.com/journal/journal01/	中国动脉粥样硬化网
178	中国动物保健	http://www.zgdwbj.com/	期刊自建网站
179	中国肺癌杂志	http://journal.shouxi.net/qikan/guokanll_zzxq.php?id=404	首席医学网

续表

序号	期刊中文名	网　址	网站特点或名称
180	中国腐蚀与防护学报	http://www.jcscp.org/	期刊自建网站
181	中国公共卫生	http://journal.shouxi.net/qikan/guokanll_zzxq.php?id=349	首席医学网
182	中国公路学报	http://zzs.chd.edu.cn/gl/	长安大学杂志社
183	中国光学快报(英文版)	http://www.col.org.cn/	期刊自建网站
184	中国光学与应用光学	http://chineseoptics.net.cn/	期刊自建网站
185	中国海洋湖沼学报（英文版）	http://cjol.qdio.ac.cn/	期刊自建网站
186	中国化学工程学报（英文版）	http://www.cjche.com.cn/	期刊自建网站
187	中国环境科学	http://www.zghjkx.com.cn/	期刊自建网站
188	中国机械工程	(1)http://www.cmemo.org.cn/ (2)http://www.paper.edu.cn/index.php/default/journal/display_journal_detail/1051	(1)期刊自建网站 (2)中国科技论文在线
189	中国机械工程学报（英文版）	http://www.cjmenet.com.cn/	与《机械工程学报》两刊共用
190	中国寄生虫学与寄生虫病杂志	http://www.jsczz.cn/	期刊自建网站
191	中国康复医学杂志	http://www.rehabi.com.cn/	期刊自建网站
192	中国科技资源导刊	http://www.zgkjzydk.com.cn/	期刊自建网站
193	中国马铃薯	hhttp://www.paper.edu.cn/index.php/default/journal/display_journal_detail/1212	中国科技论文在线
194	中国媒介生物学及控制杂志	http://www.bmsw.net.cn/	期刊自建网站
195	中国免疫学杂志	http://qikan.shouxi.net/qikan/guokanll_zzxq.php?id=148	首席医学网
196	中国免疫学杂志（英文版）	http://www.cmi.ustc.edu.cn/	期刊自建网站
197	中国农学通报	http://www.casb.org.cn/	期刊自建网站
198	中国热带医学	http://journal.shouxi.net/qikan/guokanll_zzxq.php?id=121	首席医学网
199	中国人口·资源与环境	http://www.paper.edu.cn/index.php/default/journal/display_journal_detail/3732	中国科技论文在线
200	中国生物工程杂志	http://www.biotech.ac.cn/	期刊自建网站
201	中国生物化学与分子生物学报	http://cjbmb.bjmu.edu.cn/	期刊自建网站

续表

序号	期刊中文名	网　　址	网站特点或名称
202	中国实验血液学杂志	http://www.shouxi.net/journal/noimage.aspx?mag_id=37	首席医学网
203	中国天然药物	http://cjnm.alljournal.net.cn/	期刊自建网站
204	中国物理B(英文版)	http://wulixb.iphy.ac.cn/en/ch/	与《物理学报》两刊
205	中国物理C	http://hepnp.ihep.ac.cn/cn/infomation.asp?id=21	与《现代物理知识》两刊
206	中国物理快报(英文版)	http://cpl.iphy.ac.cn/	期刊自建网站
207	中国稀土学报	http://www.re-journal.com/	与《稀土学报》(英文版)两刊
208	中国现代应用药学	http://www.chinjmap.com/	期刊自建网站
209	中国修复重建外科杂志	http://www.xfcjwkzazhi.cn/	期刊自建网站
210	中国畜牧杂志	http://www.zgxmzz.cn/	期刊自建网站
211	中国学校卫生	http://journal.shouxi.net/qikan/guokanll _ zzxq.php?id=204	首席医学网
212	中国烟草学报	http://ycxb.tobacco.org.cn/	期刊自建网站
213	中国药理学报(英文版)	http://www.chinaphar.com/	期刊自建网站
214	中国药理学通报	http://ylx.ahmu.edu.cn/	期刊自建网站
215	中国药理学与毒理学杂志	http://www.cjpt.ac.cn/	期刊自建网站
216	中国药学(英文版)	http://www.jcps.ac.cn/	期刊自建网站
217	中国有色金属学报	(1)http://www.ysxbcn.com/ (2)http://www.paper.edu.cn/index.php/default/journal/display_journal_detail/34	(1)与英文版共用 (2)中国科技论文在线
218	中国有色金属学报(英文版)	(1)http://www.ysxbcn.com/ (2)http://www.paper.edu.cn/index.php/default/journal/display_journal_detail/3576	(1)与中文版共用 (2)中国科技论文在线
219	中国针灸	http://www.cjacupuncture.com/	期刊自建网站
220	中国中药杂志	(1)http://www.cjcmm.com.cn/ (2)http://www.paper.edu.cn/index.php/default/journal/display_journal_detail/670	(1)期刊自建网站 (2)中国科技论文在线
221	中国肿瘤临床	http://www.cjco.cn/	与《中国肿瘤临床》(英文版)两刊

续表

序号	期刊中文名	网　　址	网站特点或名称
222	中国肿瘤生物治疗杂志	http://www.biother.org/	期刊自建网站
223	中国组织工程研究与临床康复	http://www.crter.org/	期刊自建网站
224	中华妇幼临床医学杂志（电子版）	http://www.cjogp.com/	期刊自建网站
225	中华疾病控制杂志	http://journal.shouxi.net/qikan/guokanll_zzxq.php?id=134	首席医学网
226	中华普通外科杂志	http://www.cjgs.com.cn/	期刊自建网站
227	中华神经医学杂志	http://www.cjnm.com.cn/	期刊自建网站
228	中华现代护理杂志	http://www.modernnursing.net/	期刊自建网站
229	中华消化外科杂志	http://journal.shouxi.net/qikan/guokanll_zzxq.php?id=147	首席医学网
230	中华行为医学与脑科学杂志	http://www.xwyx.org.cn/	期刊自建网站
231	中华眼视光学与视觉科学杂志	http://journal.shouxi.net/qikan/guokanll_zzxq.php?id=384	首席医学网
232	中华医学美学美容杂志	http://www.cosmagzine.com/	期刊自建网站
233	中华医学杂志(英文版)	http://www.cmj.org/	期刊自建网站
234	中华肿瘤防治杂志	http://www.cjcpt.org/	期刊自建网站
235	中外能源	http://www.zshg.com/zwny/zwny.htm	中国石油化工信息网
236	中医文献杂志	http://journal.shouxi.net/qikan/guokanll_zzxq.php?id=144	首席医学网
237	肿瘤防治研究	(1)http://www.zlfzyj.com/ (2)http://journal.shouxi.net/qikan/guokanll_zzxq.php?id=383	(1)期刊自建网站 (2)首席医学网
238	自动化学报	http://www.aas.net.cn/	期刊自建网站
239	自动化仪表	http://www.paimag.com/	期刊自建网站
240	作物学报	http://www.chinacrops.org/zwxb/	中国作物学会
241	作物杂志	http://www.chinacrops.org/zazhi/	中国作物学会

注:按刊名汉语拼音排序。

后 记

《中国科协科技期刊发展报告(2011)》的组织协调、全书统稿以及第一章、第二章、第三章、第七章的研究撰写和附录《中国科协科技期刊名录(2010)》的调查统计工作由中国科学院国家科学图书馆承担,主要研究成员包括初景利、翁彦琴、张宏翔、周金龙、杜杏叶、任红梅、易飞、林晶晶、石傲兰、寿景依、徐健、王传清、李春源、赵玉蓉、王善军、高丹、孙扬、蔡迎春、李慧、张倩、赵婵;第四章的研究撰写及附录《中国科协开放获取期刊名录(2010)》的调查统计工作由中国作物学会负责,主要研究成员包括程维红、任胜利、路文如、严谨、王应宽、方梅;第五章的研究撰写工作由北京卓众出版有限公司承担,主要研究成员包括刘泽林、张品纯、初迎霞、韩振中、苏婧、孙明、朱艳霞、牛星慧;第六章的研究撰写工作由中国科普期刊研究会承担,主要研究成员包括张品纯、孙明、初迎霞、梁小建、苏婧、张伟、朱艳霞、林育智。全书由沈爱民、刘兴平、王晓彬、张利军、张建国组织策划、指导、修改、终审并报书记处审定。

本报告的研究编制得到张晓林、张泽青、魏玉山、张薇、游苏宁、颜帅、郝梓国、崔金钟、陈兵、朱诚等专家的支持和帮助,同时有关全国学会和期刊出版单位为本报告提供了期刊年度发展方面的大量数据,中国科学技术信息研究所《中国科技期刊引证报告2009》(CJCR2009)、中国科学院国家科学图书馆"中国科学引文数据库"(CSCD)和中国学术期刊(光盘版)电子杂志社《中国学术期刊综合引证报告2009》(CAJCCR2009)提供数据支持。在此,对所有为本报告的研究编制工作给予支持和关注的单位、专家表示衷心感谢。

编制《中国科协科技期刊发展报告》是一项浩大的工程,除数据采集、整理、分析要求科学准确之外,如何保证每年的发展报告常变常新,而且在兼顾社会对科协期刊的了解的同时,对科协期刊的发展有所助益,是对本书编者的一个考验。花费的时间、精力是次要的,如果本书有助于期刊编辑出版人更好地认识科技期刊,有助于社会更好地了解科协期刊,我们付出再多都心甘情愿。也期待着科技期刊界、广大读者给我们提供更好的建议,我们也将继续做出新的努力。

课题组

2011年3月